Les Voluptueuses

DE LA MÊME AUTRICE

Elsa Schiaparelli, l'extravagante, Flammarion, 2022.

Dictionnaire amoureux du parfum, Plon, 2021.

La Grande Histoire du parfum, Paris, Larousse, 2019.

L'Eau de rose de Marie-Antoinette et autres parfums voluptueux de l'Histoire, Paris, éditions Prisma, 2017.

Le Roman des Guerlain. Parfumeurs de Paris, Flammarion, 2017.

La Collection privée Christian Dior, Assouline, 2015.

Bourjois : la beauté à l'accent français depuis 1863, Paris, Éditions du Chêne, coll. « Patrimoine », 2014.

Les 101 Mots du parfum, Archibooks, coll. « 101 Mots », 2013.

L'Herbier de Marie-Antoinette, Flammarion, 2012.

Les Parfums : histoire, anthologie, dictionnaire, Éditions Robert Laffont, 2011.

Diptyque, Perrin, 2007.

Jean-Louis Fargeon, parfumeur de Marie-Antoinette, Perrin, 2005.

Élisabeth de Feydeau

Les Voluptueuses

Une histoire parfumée des femmes de légende

Flammarion

ISBN : 978-2-0804-6012-7

À mon fils Charles

Introduction

« La panthère […] dont l'odeur se répand
en tous lieux, mais qui nulle part
ne se laisse voir. »

Dante, *De Vulgari Eloquentia*, I. XVI.

Comment expliquer le mystérieux pouvoir d'une femme odorante, si ce n'est par cette métaphore de la panthère parfumée ? Les mythes fondateurs du parfum engendrent des récits fantastiques dont celui-ci, qui met en évidence les pouvoirs d'attraction de l'odeur, semblant relever autant de la magie que de la volupté. Les philosophes grecs, comme Aristote ou Théophraste nous racontent que la panthère est de tous les animaux le seul qui sente bon naturellement. Elle exhale une odeur qui est agréable à toutes les autres bêtes, c'est pourquoi elle chasse en se tenant cachée dans un fourré profond ou sous un épais feuillage. Elle se borne à respirer, attirant les bêtes vers elle, envoûtées par son parfum : « D'où vient-il qu'aucun animal n'a une odeur plaisante sauf la panthère, qui est agréable aux bêtes elles-mêmes : car on dit que les bêtes sauvages la reniflent avec plaisir [1]. », questionne Aristote, soulignant la jouissance, la vive délectation que ressentent ces animaux avant d'être dévorés par la belle prédatrice. Au moment où ils sont hypnotisés et qu'ils s'approchent, la panthère alors bondit de sa cachette et se saisit de sa proie.

Pline l'Ancien qui rassembla les savoirs de son époque, ajoute dans son *Histoire Naturelle* : « La panthère, à ce qu'on dit, a en privilège de répandre un parfum admirable, auquel d'ailleurs nous ne sommes pas sensibles, et elle connaît ce privilège [2]. » Il met en exergue le caractère séducteur et rusé de la panthère. La panthère de ce mythe antique qui exprime l'ensorcellement lié au parfum deviendra l'incarnation de la séduction féminine car l'odeur, qui fait partie du rituel de l'attirance et des rapprochements, abolit la frontière entre féminité et animalité. La parure olfactive, tel un règlement des apparences odorantes, priment dans ce mythe de la panthère comme chez la femme, à qui elle est comparée assez tôt dans l'histoire humaine.

La panthère fut associée une déesse de la mythologie égyptienne, sous le nom de Mafdet – qui signifie « la coureuse ». Elle était en Égypte ancienne symbole de guérison, aussi bien du corps que de l'esprit, représentée avec le corps d'une femme et la tête d'une panthère. Dans l'Antiquité grecque, la panthère et son affiliation féminine se retrouvent dans plusieurs représentations théâtrales et littéraires. La pièce de théâtre d'Aristophane, *Lysistrata* [3], a pour sujet principal le désir comme arme de paix. Lassée par les guerres à répétition et l'abandon de leur mari, les femmes grecques décident de faire la grève de l'amour et du sexe. Menées par Lysistrata, athénienne brillante, elles usent de tous les charmes dont elles disposent – dont les parfums, cosmétiques, parures et vêtements – pour séduire leur mari avant de les laisser sur leur faim… Un stratagème vainqueur qui est comparé à celui de la panthère, métaphore de la femme séductrice et indomptable.

Dans cette comédie, le chœur des Vieillards, venu pour assiéger la citadelle et en déloger les femmes, déclame : « Il n'est pas d'animal féroce plus difficile à dompter que la femme, pas de feu plus terrible, pas de panthère plus impudente. » Ils venaient d'assister, aussi couards que lubriques, à la scène de séduction entre Myrrhine et son mari Cinésisas. Cette dernière, après s'être inondée de parfum pour l'ensorceler, se refuse à lui et le quitte, en le laissant se consumer, prisonnier de son excitation. Ne fait-elle pas preuve, interroge l'auteur, d'une férocité plus grande encore que la panthère envers les victimes convoquées par son odeur [4] ? Le parfum, cet attrait irrésistible, ne sera pour l'époux que la seule volupté de ce stratagème féminin, destiné à se révolter contre la domination des hommes et à prendre le pouvoir.

Quelques siècles plus tard, la courtisane est comparée à un félin, montrant animalité et perversité à l'instar de la Nana d'Émile Zola, qui, en tournant sur elle-même nue, rend fou de désir le Comte Muffat. Cocotte, Nana est associée à l'odeur de son sexe, exclusivement charnelle et « fauve », comparée à « la bête d'or, inconsciente comme une force, et dont l'odeur seule gâtait le monde ».

Dans la littérature tout comme dans l'Histoire, qu'elles soient reines, impératrices, bourgeoises, artistes ou courtisanes, les femmes furent assimilées à la panthère dans leur aspect érotique et animal, au sens littéral et figuré du terme. Ces femmes se parent de parfum et, certaines pour en accentuer l'effet, se couvrent d'une peau de panthère, qui était utilisée dès la préhistoire pour non seulement se protéger du froid mais aussi pour s'approprier les pouvoirs de l'animal. Symbole du triomphe de l'homme sur l'animal, elle est, pour la femme, celui de sa victoire et de sa libération sur le pouvoir de l'homme. Cette femme libre, indomptable devient une séductrice complexe, à la manière de la panthère parfumée entre le désir et l'instinct ; la fascination et le prestige [5].

Au vu du pouvoir qu'elle exerce, l'odeur de la peau féminine se nimbe d'enjeux moraux, participant à la sémiologie du genre. La bonne odeur, attrait véritable, est signe de séduction, de jouissance et de délectation, voire d'ensorcellement, alors que la mauvaise odeur, châtiment suprême, est repoussante car elle réveille l'instinct de méfiance, trahissant la maladie ou la débauche. Le mythe des Lemniennes, dont on a une version dans la sixième lettre des *Héroïdes* d'Ovide, raconte comment Hypsipile, reine de l'île de Lemnos et des Lemniennes, ne respectant pas le rite dû à la déesse Aphrodite, reçurent comme punition d'être affligées d'une odeur tellement nauséabonde que leurs époux s'enfuirent pour aller chercher en Thrace meilleures compagnes. Selon les traditions, cette mauvaise odeur, siégeant dans les aisselles, les parties génitales ou la bouche est symbole du mal et de l'impureté du corps de la femme [6].

C'est ainsi que mères, filles, épouses, amantes, prostituées, chaque femme est étiquetée selon la senteur qu'on lui prête. Aux femmes licencieuses les parfums capiteux, qui cachent l'odeur du péché, aux femmes convenables, l'odeur des fleurs discrètes, révélant l'odeur de la vertu. C'est pour cette raison qu'il est dit que les prostituées, menant des vies dépravées, « puent », jusqu'à inventer le terme de « putain » dérobé au terme latin *putare*, signifiant sentir trop fort.

La méfiance envers le parfum des femmes est telle qu'au XVIIIe siècle, en 1770, un édit du Parlement anglais proclame : « Toute femme qui, à dater dudit acte, trompera, séduira ou entraînera au mariage quelqu'un des sujets de Sa Majesté, au moyen de parfums [...] encourra les peines établies par la loi actuellement en vigueur contre la sorcellerie. »

Un climat de suspicion règne dans la société, accusant la femme parfumée de corrompre et tromper le consentement de l'homme. C'est le caractère sensuel du parfum, masquant l'odeur véritable de la femme, que l'on accuse de mensonge en conduisant l'homme, tel une proie, au plaisir intense, à la jouissance sexuelle profonde, qui neutralise le pouvoir de sa raison.

Au XIXe siècle, cette même défiance se retrouve dans les thèses de la physiognomonie, qui se nourrit de l'odeur comme une voie d'accès à l'intimité, voire à l'intériorité d'une personne. Cette méthode pseudoscientifique très controversée, remontant à l'Antiquité, met en évidence que l'observation du physique d'une personne, et particulièrement de son visage, peut éclairer sa personnalité. Le peintre mais surtout historien et critique d'art Jean-Baptiste Delestre s'est intéressé à cette méthode de la connaissance du rapport, qui lie l'extérieur à l'intérieur. Il en déduit en 1866 que : « De chaque corps vivant émane une odeur générique [7] », faisant de la senteur individuelle un trait révélateur comme les traits du visage ou les courbes du corps.

Cependant, en utilisant des parfums, la femme vient troubler, masquer son odeur naturelle. La lecture olfactive est faussée au point que Jean-Baptiste Delestre en conclut par cette injonction implacable : « Les femmes qui se parfument doivent être admirées de loin [8]. »

Et pourtant, le parfum avait créé la femme. Dans les codes traditionnels de la féminité, le parfum était une arme de séduction redoutable. Ce parfum traçait la femme, lui donnait une forme olfactive, affinait les traits de son visage et la définissait aussi au sein de la société. La femme construisait son être dans le paraître, se créait une aura, ce pouvoir aussi invisible que puissant, qui l'annonçait, signait sa présence et qui la rappelait encore qu'elle était déjà partie.

Une telle force, une telle puissance se devait d'être gardée comme un secret. Le silence était la protection du talisman. Quelle impudence que de demander à une femme le nom de son parfum, ainsi que Louis Aragon le rappelle dans son roman d'amour *Aurélien* : « Le parfum d'une femme, c'est son secret. Le dévoiler, c'est se déshabiller devant le premier venu. »

De ce parfum, l'autre ne pouvait en avoir que le sillage ; c'était peu mais c'était beaucoup. Un signal invisible et troublant qui entraînait celui qui le sentait vers des terres inconnues. Pendant des siècles, ces artifices de la féminité ont été les seules armes dont les femmes disposaient pour conquérir le pouvoir qui leur était refusé. Un « Sois belle et tais-toi ! » implacable qui leur faisaient trouver des subterfuges. En secret, ces femmes influençaient les décisions du monarque et décidaient du destin de la nation et de ses représentants. Pour y parvenir, les femmes pratiquaient l'art de la séduction, se faisant tour à tour chastes ou passionnées, insaisissables ou omniprésentes, cultivées ou frivoles, soumises ou rebelles.

Dans *Sauvée* (1885), Guy de Maupassant évoque cette entreprise de longue haleine afin d'échapper à l'aventure d'un soir sans lendemain. Le parfum était le complice invisible de celles qui voulaient s'attacher le cœur de leur amant : « Oui Madame, fait-il dire à son héros, le parfum est essentiel pour séduire un homme ; cela lui donne des ressouvenirs inconscients qui le disposent à l'action ; le parfum établit les confusions obscures dans son esprit, le trouble et l'énerve en lui rappelant ses plaisirs » Honoré de Balzac avait, lui, déclaré en 1834, que « L'amour n'est pas seulement un sentiment, il est aussi un art ». Dans cet art, le parfum y est roi par sa manière de « toucher un cœur sans le flétrir ».

Ces parfums de femme que les hommes sentent et qui brillent en eux comme du feu représentent un choc émotionnel intense pour une extase sexuelle. La vertu n'a pas d'odeur, comme dans les pièces de Feydeau, quand on découvre les amants dans les placards qui sentent le musc ! Da Ponte, le librettiste du Don Giovanni de Mozart lance son air « odor di femina », pour décrire l'odeur spécifique des femmes et son impact sur les hommes. Cela peut aller aussi jusqu'au fétichisme de ces lieux intimes révélés par l'odeur.

Ces odeurs de peau que l'on ne peut oublier sont un prolongement public de l'odeur intime, un voile levé sur et au-delà des exsudations odorantes, dans lesquelles on enfouit son nez avec volupté, cette expérience de plaisir sensoriel ou émotionnel intense, souvent associée à une gratification sensuelle et esthétique profonde. Ce parfum de fourrure est un subterfuge pour être habillée même en étant nue, à tel point que Charles Baudelaire en confondait l'odeur avec celle de la femme, liant les serments aux baisers infinis et aux parfums. La chevelure, dont le parfum est chargé, toujours selon Baudelaire, de « nonchaloir », provoque l'extase d'une senteur qui monte, sauvage et fauve. L'ivresse de ces parfums doux exhalés de la peau d'une femme nous renvoie à un glamour sensuel, qui se nourrit des légendes des grandes séductrices. Dans l'imaginaire esthétique de la séduction, les beautés fatales, glaciales ou voluptueuses ont l'élégance suprême de celles, qui ont cette secrète assurance de se connaître mieux. Moteur de nos métamorphoses, le parfum est une force de séduction autant que d'émancipation.

Capturer ces instants afin de raconter ces femmes de légende, c'est traduire l'évanescence par l'invisible mais voluptueux effluve des parfums qu'elles ont portés. Miroirs de leur être profond, ces parfums les tracent, représentent leur intimité, leur identité, leur secret. L'art du parfum est un langage silencieux, qui permet d'exprimer ce que l'on ne peut dire avec des mots. Puisant sa force dans notre sens le plus intime et le plus instinctif, le parfum déclenche nos émotions, réveille nos souvenirs enfouis, traduit nos identités. Il est un murmure qui fait parler la peau. Tantôt l'émissaire des messages amoureux, tantôt complice intime des femmes, le parfum les raconte et nous livre leur récit invisible.

Du pouvoir à la séduction, de la liberté à la dissidence, de l'amour à l'érotisme, le parfum fut pour ces femmes, comme pour toutes les femmes, un véritable refuge. Il est un luxe protégé, que l'on pourrait qualifier de « luxe de forteresse » parce que porter une odeur seulement pour envoûter, paraît finalement bien vulgaire. Le parfum est bien davantage dans la vie d'une femme.

I

La myrrhe et le kyphi de Cléopâtre

Ou comment les essences divines furent dérobées aux dieux à des fins de séduction

La séduction de Cléopâtre pourrait être, si l'on en croit la légende, une histoire de nez. Le sien d'abord, dont Blaise Pascal aurait dit que « s'il eût été plus court, toute la face de la terre aurait changé », mais aussi celui de ses amants, asservis par ses parfums envoûtants. Est-ce pour cette raison que le nom de Cléopâtre est devenu dès son vivant synonyme de pouvoir et de volupté ? Cléopâtre VII *Philopator* est la plus célèbre des reines de l'Antiquité, née vers 69 av. J.-C., probablement à Alexandrie. Son nom, *Kleopátra*, signifie en grec ancien « de père illustre », et il nous faut d'emblée rectifier une légende : Cléopâtre n'est pas égyptienne, mais grecque ! Elle fut, en réalité, la reine grecque d'un royaume prestigieux, dernier vestige de l'empire d'Alexandre le Grand, ainsi que le souligne l'historien Maurice Sartre, spécialiste de l'Antiquité [1]. Son royaume, dont l'Égypte est le cœur, est multi-territorial, comprenant le sud de la Syrie, Chypre, Cyrène… Cléopâtre est la dernière représentante des Lagides, qui règnent sur l'Égypte depuis la mort d'Alexandre le Grand. Descendante de l'illustre et puissante dynastie macédonienne des Ptolémées, elle est

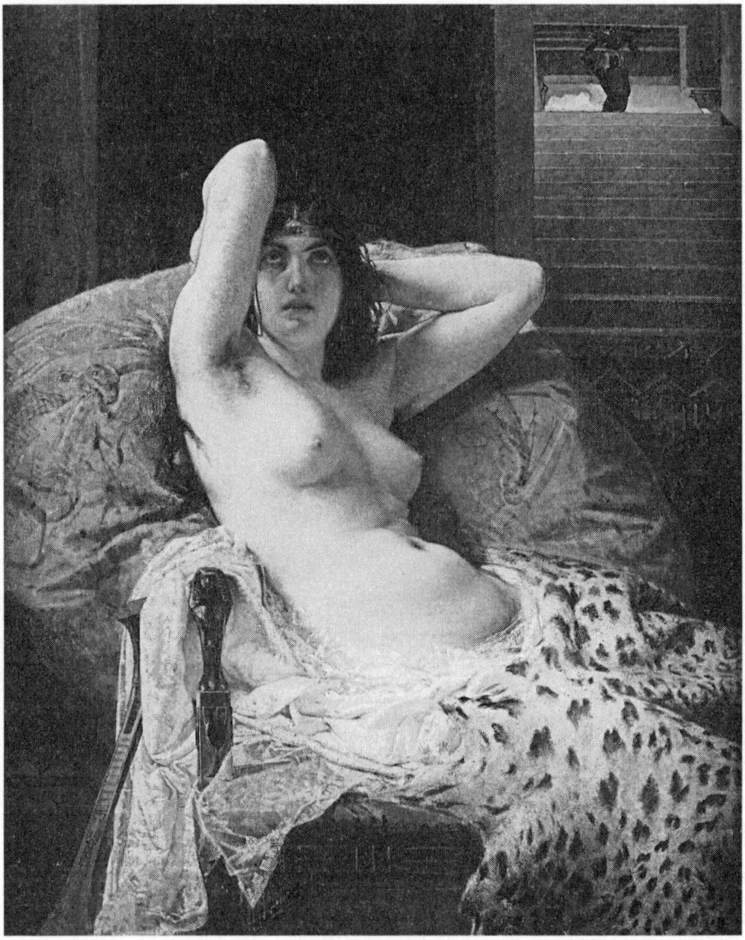

Cléopâtre
Tableau de Mosè Bianchi, 1865
Galleria Civica d'Arte Moderna, Milan.

élevée en princesse de haut rang. Son père est le roi et pharaon d'Égypte, Ptolémée XII (80 à 58 av. J.-C.).

Succédant à son père, en 51 av. J.-C., Cléopâtre partage le trône avec son frère cadet Ptolémée XIII, ainsi que stipulé par le testament de son père. Suivant les usages pharaoniques, les deux jeunes gens sont mariés ; elle a vingt ans, lui quatorze. Leur royaume est riche mais subalterne, car vassal de Rome dans un Orient composé de provinces romaines. Un temps évincée du trône par son frère, elle y est restaurée par l'intermédiaire de César, réconciliant les deux époux. Quand Ptolémée XIII meurt, Cléopâtre dirige seule le pays, de 47 à 30 av. J.-C., cherchant à gouverner son royaume sur fond de guerres civiles romaines, en politicienne tenace, employant tous les moyens pour arriver à ses fins. Ambitieuse, car dévouée à la restauration de la grandeur égyptienne, Cléopâtre n'hésite pas à user de ses attraits pour séduire Jules César (100-44 av. J.-C.) puis Marc Antoine (83-30 av. J.-C.), venus à sa rencontre en vainqueurs, mais vaincus par les charmes de la belle Orientale.

La réputation sulfureuse de celle qui ne choisit pas ses amants au hasard se construit, nourrie principalement par la propagande d'Octave (63 av. J.-C.-14 apr. J.-C.), qui en fait une « reine séductrice et manipulatrice », l'objet de tous les fantasmes. Dans le récit des Anciens, elle est tour à tour femme fatale, avide et cruelle, maîtresse de César et épouse de Marc Antoine, les hommes les plus puissants de Rome. Elle est désignée comme « l'Égyptienne » ou « l'Orientale rusée », réputée assoiffée de pouvoir et utilisant ses passions amoureuses à ses fins politiques. Plutarque (46-125 apr. J.-C.), philosophe et historien romain d'origine grecque, lui reconnaît d'être une femme érudite et polyglotte, mais la dépeint en Circé « attirant dans son palais pour les perdre les hommes puissants de son époque » ! Le consul et historien romain d'expression grecque Dion Cassius (vers 163-235 apr. J.-C.) affirme même qu'elle fit perdre la raison à Marc Antoine, « après des pratiques de sorcellerie ». Plusieurs siècles plus tard, cette légende noire est reprise par la littérature occidentale, qui la dépeint comme une dangereuse Salomé. C'est Shakespeare qui, dans sa tragédie *Antoine et Cléopâtre* (1606), écrit : « Il faut, dit Antoine, que je m'arrache à cette reine enchanteresse. » Au XIXe siècle, Théophile Gautier, dans *Une nuit de Cléopâtre* (1838), la représente comme une souveraine cruelle et capricieuse, mais irrésistible.

Ses contemporains ne se répandent pas trop en détail sur l'aspect physique de Cléopâtre. Plutarque précise juste que « sa beauté n'était pas incomparable au point de ravir l'étonnement dès le premier abord ». Son visage est représenté avec réalisme sur le fameux tétradrachme d'Ascalon, une pièce d'argent commune en Orient après la conquête d'Alexandre. Sur ces images officielles, Cléopâtre est représentée de profil, en tant que reine grecque et comme pharaon, parée de colliers et de boucles d'oreilles, portant une coiffure dite « en côtes de melon », un chignon porté assez bas sur la nuque, et le diadème dit *stéphanos* des souverains hellénistiques. Sur ce profil de médaille, le fameux nez royal n'est pas « droit et spirituel », tel que l'a dessiné Albert Uderzo dans *Astérix et Cléopâtre* (1965), mais « fort et busqué [2] », plutôt proéminent et un peu plongeant, comme le remarque Maurice Sartre, ajoutant que son menton est pointu et son cou assez long. Deux bustes représentant Cléopâtre se trouvent l'un au Vatican, dont le nez est cassé, et l'autre à Berlin. Ils représentent une jeune et jolie femme, loin cependant de la beauté physique des stars qui l'ont incarnée au cinéma, comme Elizabeth Taylor (*Cléopâtre* de Joseph L. Mankiewicz, 1963) ou encore Monica Bellucci (*Astérix et Obélix. Mission Cléopâtre* d'Alain Chabat, 2002). Plutarque nous précise que sa séduction était ailleurs, reposant sur une force et une détermination, et surtout sur le charme unique que possédaient la douceur de sa voix et l'intérêt de sa conversation. Bref, une enjôleuse qui va nourrir tous les fantasmes, transformée peu à peu en légende moderne.

Théophile Gautier nous livre un portrait vibrant de sensualité dans *Une nuit de Cléopâtre*. Il nous décrit sa peau comme transparente et ses tempes blondes comme l'ambre, révélant un « réseau de veines bleues ». Son front est d'une rondeur et d'une forme parfaite. Les traits de son visage sont fins. Ses yeux sombres, écartés et allongés, brillent avec fierté. Sa bouche est petite et ronde. Ses lèvres pulpeuses sont disposées à rire. Son nez est sévère et droit, en façon de camée, coupé de narines roses qui palpitent à la moindre émotion, « comme les naseaux d'une tigresse amoureuse ». Tout en elle rayonne d'une ardeur de vie. Son regard est un feu à embraser, à faire tourner la « tête de chien d'Anubis lui-même ». Son corps aurait aussi, selon l'écrivain, brisé Vénus de dépit ! On en frissonne… Pour se transformer en cette femme-déesse au charme envoûtant, Cléopâtre avait quelques secrets de beauté laissant à penser que la belle Égyptienne avait une peau à parfum, de celles qui alanguissent le sillage. Sur elle, la myrrhe et l'encens formaient des volutes dont nul encensoir des temples n'aurait été capable de les dessiner.

La tradition égyptienne, répandue dans toute l'Antiquité, invite à s'occuper de son corps et à chercher le bonheur dans l'instant présent. Il s'agit pour une femme de protéger son corps et la peau qui le recouvre, pour devenir celle dont brille la grâce. Cléopâtre s'enduit d'onguents parfumés, use et abuse de multiples recettes répertoriées dans un manuscrit grec, intitulé *Kosmètikon de Kléopatra*. Ce texte, connu depuis le Ier siècle de notre ère, a inspiré de nombreux savants grecs. Au Moyen Âge, divers remèdes destinés aux femmes et associés à Cléopâtre se trouvent dans des recueils de médecine. Parmi ceux-ci, dix-neuf concernent des soins capillaires et cinq des soins dermatologiques. Ils se composent de myrrhe* [3], de poudre d'iris, de safran, de ciste ladanifère*, de nard*, d'oliban*, de miel, de baies rouges, de lait, de vinaigre, d'argile, d'huile de laurier, d'huile d'olive, mais aussi de plomb ou encore d'arsenic.

Grâce à ces écrits, on sait que Cléopâtre possède quelques recettes miracle, comme son bain au lait d'ânesse, pour lequel elle a son propre troupeau de sept cents têtes. Ce bain est additionné de jus d'aloès, plante grasse poussant principalement en Afrique, à Madagascar, en Arabie et en Inde. Connu depuis l'Antiquité, l'aloès a la réputation, chez les Égyptiens, de préserver la beauté des femmes. C'est pour cette raison que de nombreux cosmétiques en contiennent, et que les Égyptiens l'appellent la « plante de l'immortalité ». Cléopâtre suit un rituel bien précis pour sa toilette. Accroupie sur une natte de jonc, elle se livre à de nombreuses ablutions, assistée par des esclaves. Son corps est enduit d'onguents parfumés, comme l'huile de cumin noir, réalisée à partir des graines de fleurs de nigelle. On lui fait respirer les senteurs du lotus, avant de lui parer les seins d'une guirlande de fleurs.

La reine plonge ensuite une aiguille d'ébène ou d'ivoire dans du khôl, ce précieux collyre dont elle cerne ses yeux. Par ce geste, Cléopâtre respecte une coutume égyptienne ancestrale : le khôl sert avant tout à se protéger des infections provoquées par le soleil et le sable. Il se compose de sulfure d'antimoine* porphyrisé, composé d'un mélange d'alquifoux – sulfure de plomb – et de cuivre brûlé dans un citron, que l'on met sur le feu. Une fois le tout carbonisé, le résidu est pilé avec du corail, du santal*, des perles fines, de l'ambre, ainsi qu'une aile de chauve-souris et un morceau de caméléon, puis brûlé de nouveau [4]. Cléopâtre dispose aussi d'un fard à paupières très bleu, couleur d'éternité. Si, en se maquillant, la souveraine cherche à s'embellir, la portée de son geste est elle aussi symbolique, puisque le bleu est censé porter bonheur dans l'au-delà. D'essence divine, puisque associée aux nuances du ciel, de l'air ou de l'eau d'où jaillit la vie, cette couleur bleue, appliquée aux limites du front, là où commence la pensée, permettrait également à Cléopâtre d'observer le monde avec une acuité accrue.

Enfin, la reine parfait son teint majestueux de couleurs : le blanc pour corriger les éventuels tons bistrés de la peau, le rouge pour rendre la fraîcheur des joues, le bleu, encore, pour dessiner les veines du front, le carmin pour rehausser l'incarnat des lèvres. Puis le henné est posé sur les doigts, afin de leur donner une teinte orangée, qui rappelle celle de l'aurore. Son haleine est rafraîchie par des pastilles de miel, augmentant très certainement le charme de sa voix. La coiffure de Cléopâtre, à en juger par ses représentations, requérait aussi une attention particulière. Les soins des cheveux, tout d'abord, sont multiples, et comprennent le lavage, la coiffure et les onctions. Le lavage se faisait avec des savons en poudre à base de cendres végétales ou liquides. Coiffée de son chignon bas sur la nuque à la grecque, Cléopâtre apparaît en divinité égyptienne ; elle s'appliquait huile et onguent comme une nécessité quotidienne, car le vent et le soleil desséchaient, fragilisaient et abîmaient les cheveux. D'ailleurs, sur les représentations égyptiennes, les cônes, dits « cônes parfumés » qui figurent au-dessus des coiffures et des perruques, symbolisent le parfum et les huiles parfumées que l'on mettait sur les cheveux, les transformant en appât sexuel.

Cléopâtre maîtrisait parfaitement les codes ancestraux de l'amour permettant de se rendre attirante. Les scènes érotiques et comportements sexuels figuraient largement dans l'art égyptien, tout comme dans le papyrus érotique de Turin, datant de la période ramesside (environ 1150 av. J.-C.) [5]. Aussi, porter une coiffure parfumée, se vêtir d'une robe ouverte exposant son ventre et ses cuisses, révélant l'éclat de sa peau, permet d'offrir un bouquet des plus stimulant, sur le plan tant olfactif que sensuel, à son amant. Ce sont peut-être ces leçons de séduction que les Romains considéraient comme de la sorcellerie ?

Mais ce qui place Cléopâtre au-dessus de tous les mortels est cette aura, cet habit de lumière, qu'elle est seule à pouvoir revêtir, en tant que reine d'Égypte et pharaon. L'aura est un pouvoir invisible mais olfactif qui s'apparente à un ensorcellement. Ayant reçu les titres réservés aux successeurs de Ramsès, Cléopâtre est considérée comme une divinité, vénérée de son vivant. Lors des grandes cérémonies de son règne, elle apparaît vêtue en déesse grecque (Arsinoé) ou égyptienne (Isis), ou encore en déesse Aphrodite, comme lors de son mariage avec Marc Antoine. Fille du soleil, elle porte la double couronne, le serpent royal au front, entre les cornes et les plumes d'Amon. Mais surtout, elle a accès au parfum qui associe son pouvoir à celui des dieux [6].

L'art de la parfumerie égyptienne est né dans l'enceinte des temples. Selon leurs traditions, c'est le dieu Thot qui aurait enseigné à ses prêtres le secret de la fabrication des huiles de senteur, à lui seul réservées. Les autres dieux l'imitèrent et exigèrent qu'au cours de leur culte, des odeurs suaves montent jusqu'à eux. Les prêtres égyptiens – qui furent ainsi les premiers parfumeurs, en même temps que les premiers médecins – ont légué plusieurs recettes de parfums liturgiques, gommes et résines à brûler. Cléopâtre, en tant que déesse humaine, respire et porte les vapeurs épicées du *sonter*[7]. En égyptien, *sonter* désigne l'encens. Le mot est précédé, à partir du Nouvel Empire (1500 av. J.-C.), de l'idéogramme du dieu ou du domaine divin, qui se traduit par « la divine odeur », ou « l'odeur qui plaît aux dieux »[8]. Le *sonter* sert à encenser les dieux et à réveiller chaque jour leurs statues. Ce véritable « souffle de vie » odorant est également respiré par les prêtres et les fidèles, qui ne peuvent que se sentir transportés par ces vapeurs, agissant comme une drogue à la fois euphorisante et stupéfiante. Le parfum – *per fumum* signifiant en latin « à travers la fumée » – désigne donc, au départ, une purification par fumigation, une fragrance libérée par la fumée, qui met en relation le ciel et la terre.

Selon Hérodote (vers 484-425 av. J.-C.), les Égyptiens surpassaient tous les autres peuples dans le culte rendu à la divinité. Ils aiment les sciences de l'esprit et se passionnent pour le devenir de l'âme humaine après la mort. Les Égyptiens ont appris à conserver le « double » du pharaon : ils manifestent un grand soin dans la préparation des momies et approfondissent volontiers leur art du parfum autant que leur ferveur à l'égard du monarque. Si l'Égypte est considérée comme étant le berceau du parfum, elle a transmis par la suite son savoir aux Grecs, ainsi qu'aux Crétois et aux Phéniciens. Cet âge d'or du parfum antique, commun aux trois cultures, s'étend de l'invention de l'écriture, vers 3500 av. J.-C., jusqu'à la fin de l'empire romain d'Occident, au Ve siècle apr. J.-C.

La Grèce, comme tout l'Occident, avait subi une « révolution parfumée », grâce aux conquêtes d'Alexandre le Grand en Asie et à la découverte de la route des épices et des aromates. De nouvelles senteurs firent alors leur apparition avec les parfums d'origine animale, composés de musc et d'ambre gris. D'autre part, les Grecs vont contribuer à l'évolution des gammes de parfums, en imaginant des huiles et des graisses aux odeurs de fleurs, notamment à base d'iris, de rose, de lis, et de marjolaine. L'encens, la myrrhe, le safran et la cannelle comptent parmi les essences les plus précieuses. Elles proviennent d'Égypte, de Syrie et de Phénicie. La vie de l'Égypte ancienne est ainsi rythmée par l'usage des aromates et des onguents, et il n'existe pas un rituel sans encensoir et encensements. Le soir, lors de l'offrande trinitaire, est brûlé le grand parfum sacré, appelé *kyphi*, probablement utilisé par les rois et reines d'Égypte dès la période prédynastique (4000-3000 av. J.-C.), pour faire de leur force vitale une âme lors de leurs funérailles.

Le kyphi, aussi surnommé le parfum « deux fois bon », est un philtre mythique, mélange d'accords épicés et sucrés, utilisé à des fins à la fois sacrées ou curatives. Il se compose de myrrhe, de raisin, d'encens et de miel, de vin de palme, de genêt, de safran, de genièvre, de souchet* rond, de séséli*, de lentisque*, d'asphalte, de jonc, de patience*, de cardamome, de cinnamome* et de roseau aromatique. L'ensemble de ces ingrédients lui donne de la douceur, tout autant qu'un aspect résineux et balsamique. Le styrax*, cette plante très parfumée, lui confère une odeur de vanille et un caractère oriental, et la myrrhe livre au kyphi sa tonalité olfactive finale. Brûlé par les prêtres égyptiens en hommage au dieu Râ, cet étonnant accord est aussi reconnu comme bénéfique aux hommes. Il possède des capacités thérapeutiques qui favorisaient le sommeil, apaisaient les tensions, et faisaient peut-être même tourner la tête des hommes et des femmes ! Par ses vertus, devenu panacée, ce parfum sacré va dominer le monde antique. C'est l'une des plus célèbres fragrances égyptiennes. Plutarque loue ses effluves bénéfiques, « sous l'action desquels [...] le corps, insensiblement et doucement ému, acquiert une complexion somnifère et relâche et dénoue, sans le secours de l'ivresse, la pénible tension des soucis de la journée[9] ». Sa recette se retrouve au laboratoire du temple ptolémaïque d'Horus à Edfou, qui date du IIe siècle av. J.-C., mais aussi sur le papyrus Ebers, un long document découvert en 1862 et datant de 1500 av. J.-C. Plutarque et Pline l'Ancien (vers 23-79 apr. J.-C.) en mentionnent également des recettes dans leurs ouvrages. Cinq jours étaient nécessaires pour le réaliser.

À l'instar de la reine Hatchepsout (vers 1508-vers 1457 av. J.-C.), régente de la XVIIIe dynastie et l'une des premières femmes pharaons de l'Égypte antique, qui avait ordonné une expédition vers le mystérieux « pays du Pount », à la recherche de la précieuse résine de myrrhe, c'est sous le règne de Cléopâtre que l'on fait des plantations d'arbres de baume* et d'encens en Égypte. La reine aime les parfums élaborés à partir de toutes les recettes ancestrales, à base de jasmin, de myrrhe (le très convoité *ânti* des Égyptiens), d'agrumes ou encore de résineux. Cléopâtre connaissait le pouvoir des parfums épais qui restent longtemps sur la peau, comme le métopion. D'élaboration complexe, celui-ci était composé d'huile d'amande amère exprimée en Égypte, dans laquelle étaient incorporés de l'omphacion (huile d'olive verte), de la cardamome, du jonc odorant, du roseau aromatique, du miel, du vin, de la myrrhe, des graines de baumier*, du galbanum* et de la térébenthine. Cléopâtre aimait aussi se faire préparer ce que les Latins baptiseront le « parfum égyptien », qui était un coûteux mélange obtenu, entre autres, à partir de cinnamome et de myrrhe, et réputé pour sa ténacité. Il devait être recherché davantage pour ses vertus narcotiques que pour son arôme. Si elle aimait les parfums enivrants, Cléopâtre utilisait aussi les pétales de rose, qu'elle mangeait parfois, afin de purifier son corps et de devenir cette fleur à la beauté incomparable. Après un massage aux huiles odorantes, une servante vaporisait sur son corps une eau parfumée dont elle s'était au préalable emplie la bouche.

Le rituel de séduction de Cléopâtre consistait en outre à parfumer le parvis de la salle des festins, dans son fastueux palais d'Alexandrie de la dynastie des Ptolémées, auxquels étaient conviés ses invités et ses amants. À leur arrivée, des esclaves versaient des essences sur leur perruque, puis leur glissaient autour du cou une guirlande de lotus, de crocus et de safran. Pour les banquets, des fleurs étaient jetées au sol, des parfums vaporisés, des tresses odorantes accrochées sur les murs, et l'on brûlait de l'encens [10]… Le parfum royal et sacré – le *sti-hid* – qu'utilisait Cléopâtre pour les grandes occasions, se composait de graines de *tekh* [11], de graines d'acacia et d'encens frais. Une magnificence sans égal, destinée à impressionner les hôtes autant qu'à les honorer par d'enivrantes senteurs.

Ainsi, à la fois reine et divinité sur terre, Cléopâtre se parait de parfums, autant dans un souci de culte de son corps spirituel et immortel que dans un jeu subtil et humain de séduction. En cela, elle se comportait en femme et en mortelle, détournant le parfum des temples et des autels au service de son pouvoir personnel et de la défense de son royaume. En effet, Cléopâtre n'a pas connu que les pompes de la royauté, elle en a vécu aussi toute la violence. Pour s'en protéger et s'en défendre, il lui fallut maîtriser l'art de l'intrigue, auquel elle a été initiée très jeune. Étant « non-romaine », donc « étrangère », elle est considérée comme « inférieure », femme à qui il est reproché d'avoir réussi à circonvenir deux grands hommes politiques romains par des pratiques aussi magiques que néfastes, s'apparentant à de la sorcellerie. Or ne s'agissait-il pas tout simplement de l'usage profane des parfums, transformés en armes fatales ?

Ainsi parée, Cléopâtre veut séduire le cœur de Jules César et s'introduit clandestinement à Alexandrie afin de le rencontrer. Elle, la reine du petit royaume d'Égypte, dont la civilisation et les richesses surpassent celles de Rome, parle plusieurs langues, dont le latin et le grec, et elle espère faire rendre les armes au puissant représentant de Rome, lequel veut la conquérir politiquement. César ne résista pas au charme envoûtant de la belle Cléopâtre et se laissa prendre dans ses filets, en constatant son ingéniosité de politicienne : « Le charme de son commerce acheva de le subjuguer », écrit Plutarque. La jeune reine séduit autant qu'elle captive César, bien plus âgé qu'elle, et déjà trois fois marié. Les amants ne se quittent plus, restant ensemble jusqu'à l'aube, naviguant jusqu'en Éthiopie, visitant la vallée du Nil. De leurs amours naît un fils, Césarion Ptolémée. En 44 av. J.-C., César est assassiné de vingt-trois coups de poignard. Pour lui succéder, trois hommes s'unissent, qui bientôt se déchireront : son jeune petit-neveu et fils adoptif, Octave (futur empereur Auguste), son ancien maître de cavalerie, Lépide, et son ancien lieutenant, Marc Antoine.

L'Histoire a retenu la passion tragique de Cléopâtre et Marc Antoine, dans laquelle le parfum joue une fois encore le rôle de complice facétieux. En effet, le général romain succombe à son tour, ensorcellé par la reine égyptienne dès leur première rencontre. Celle-ci était allée au-devant de lui, parfumée de senteurs enivrantes, sur un bateau à poupe dorée, dont les voiles de couleur pourpre sont, elles aussi, imprégnées d'un parfum voluptueux. De l'encens est également répandu sur le rivage. Cette anecdote, racontée par Plutarque, a été reprise par José-Maria de Heredia, dans son poème « Le Cydnus » (1893), inspiré du récit de Plutarque :

Sous l'azur triomphal, au soleil qui flamboie,
La trirème d'argent blanchit le fleuve noir
Et son sillage y laisse un parfum d'encensoir
Avec des sons de flûte et des frissons de soie.
À la proue éclatante où l'épervier s'éploie
Hors de son dais royal se penchant pour mieux voir,
Cléopâtre debout en la splendeur du soir
Semble un grand oiseau d'or qui guette au loin sa proie [12].

La reine attend Marc Antoine sous un dais d'or. Elle est assise sur un trône, entourée de jeunes filles et d'enfants, telle Vénus en compagnie de ses nymphes et d'amours. Conformément à la tradition égyptienne, son corps est huilé de mélanges sacrés réservés aux dieux et aux pharaons, à base de myrrhe, aromates, agrumes et fleurs, dont le jasmin, qui est le symbole de la beauté et de la tentation féminine. Sereine et déterminée, elle est sûre d'elle et a confiance en son pouvoir.

Le général Marc Antoine, peu habitué à tant de raffinement et d'ivresse olfactive, s'éprend rapidement de l'Égyptienne. On chuchote que même le vent ne put résister à ce parfum de séduction : « Et la poupe, c'était de l'or battu, les voiles / De la pourpre, et si parfumées / Que les vents alentour en défaillaient de désir [13] », déclame plusieurs siècles plus tard Shakespeare, impressionné par la légende de la reine. Marc Antoine reviendra cependant à la raison pour suivre la « vertu romaine », qui le ramène en Italie jusqu'à Octavie, jeune nièce de Jules César, qu'il accepte d'épouser. Cependant, loin d'être dégrisés, son cœur et ses pensées restent attachés à la captivante Cléopâtre, qu'il part finalement retrouver, plein de fougue. Trois enfants vont couronner leur amour : les jumeaux Alexandre Hélios et Cléopâtre Séléné, nés en 40 av. J.-C., et Ptolémée Philadelphe, né en 36 av. J.-C.

Octavie, furieuse de ne pouvoir rivaliser avec cette reine magicienne et séductrice, posera un ultimatum à son mari. Utilisant avec noblesse d'autres arguments, elle fait appel au patriotisme et au sens de l'honneur de son époux, en lui demandant de faire un choix : soit il quitte Cléopâtre, soit il devient à jamais l'ennemi de Rome. À Rome, Marc Antoine est accusé d'avoir été « envoûté » par Cléopâtre et de faire souffrir sa femme légitime de cruelles injustices. Il est surtout soupçonné de vouloir livrer le peuple romain et l'Occident à une reine orientale, ce qui lui vaut d'être déchu du consulat en l'an 31 avant Jésus-Christ, alors même qu'Octave engage la guerre contre l'Égypte. Marc Antoine est finalement vaincu à la bataille navale d'Actium, en 31 av. J.-C. Profondément abattu, il comprend que la guerre est perdue et cherche à retrouver sa bien-aimée.

Mais, un an plus tard, Marc Antoine donne foi à une rumeur lui annonçant que Cléopâtre vient de mettre fin à ses jours. Brisé, il se suicide à l'âge de cinquante-trois ans, en se jetant sur son épée. Octave entre alors à Alexandrie et met Cléopâtre sous surveillance, l'autorisant à organiser des funérailles pleines de magnificence pour son amant. Enfermée dans un mausolée avec deux de ses fidèles servantes, elle est la prisonnière d'Octave, qui veut la montrer déchue et soumise aux yeux de tous, lors de sa parade triomphale à Rome. Orgueilleuse et fière, ne supportant pas l'idée d'être humiliée par le chef romain, préférant se donner la mort plutôt que d'affronter un avenir de déchéance, elle se fait apporter secrètement un panier de figues contenant un aspic et un cobra égyptien. Ainsi, raconte Plutarque, s'achève la vie de la reine d'Égypte, qui, allongée sur un lit d'or, parée des habits royaux et de son diadème [14], se laisse piquer au sein par un serpent, orchestrant sa mort comme l'acte final de sa tragédie. En hommage, Octave lui offre des funérailles royales.

Réduire Cléopâtre à ses aventures galantes et faire d'elle une tentatrice serait oublier le bilan politique d'une reine profondément attachée à l'Égypte. Cléopâtre s'est efforcée de tenir son royaume, dont elle a hérité en piteux état, à l'abri des guerres fratricides opposant les empereurs romains entre eux : César et Pompée d'abord, Antoine et Octave ensuite. Elle a rendu à son royaume une partie des possessions extérieures qui avaient été perdues au fil du temps. Elle réussit enfin une réforme monétaire. Cléopâtre est enterrée près d'Antoine dans un tombeau gigantesque, au nord-est d'Alexandrie, près du temple d'Isis. Leurs enfants sont épargnés par Octave, tandis que l'Égypte devient une nouvelle province romaine.

Cléopâtre, descendante des dieux d'Égypte, image vivante du dieu Amon, « fille du soleil », n'échappe pas au rituel d'embaumement cher aux Égyptiens, et passe sur l'autre rive parfumée et parée. Le cadavre de la pharaonne est éviscéré, son corps nettoyé au vin de palme, puis mis à macérer dans le natron (un minéral composé de carbonate et de sodium hydratés) pendant soixante-dix jours, avant d'être rempli de sciure de bois odorant et enveloppé de linges trempés dans des essences parfumées. Ensuite, le corps est enduit d'huile de cèdre, de cinnamome et de myrrhe, et de bandelettes trempées dans du bitume et recouvertes de gomme d'acacia. Des vases de parfum sont enfin disposés autour du sarcophage, comme pour toute personne d'origine divine. En Égypte, la bonne odeur est une garantie du transport vers les dieux et de leur accueil favorable. Plus que jamais, le parfum est alors le symbole puissant de l'immortalité, puisqu'il anime et révèle l'âme de la belle Cléopâtre, morte en reine et en amante passionnée.

II

Le parfum langoureux de la reine de Saba

« Tes parfums ont une odeur suave ; ton nom est un parfum qui se répand », chante le *Cantique des cantiques* (I, 3). Dans cet hymne voluptueux, Salomon, roi d'Israël, sage et poète, exalte son amour naissant pour la reine de Saba, cette femme décrite comme « une beauté à la peau noire », dont le royaume, teinté d'exotisme et de mystère, s'étend du sud-ouest de la péninsule arabique à l'actuel Yémen, à l'Érythrée et au nord de l'Éthiopie [1]. Selon la tradition juive et musulmane, cette reine belle, riche et puissante aurait vécu vers le Xe siècle av. J.-C. Elle est une figure légendaire du Moyen-Orient, connue pour son aura parfumée.

La rencontre entre la reine de Saba et le roi Salomon nous est relatée par l'histoire biblique, puis par Flavius Josèphe, historien juif romain du Ier siècle. Élaboré au VIIe siècle, le Coran présente une version plus recherchée de cette histoire, tout comme le fit la littérature rabbinique juive. Ainsi, la reine de Saba prend différents noms selon les sources. Elle est « Makeda » dans la tradition éthiopienne, « Balqama » dans la tradition yéménite, et « Bilqis » ou « Belkis » dans la tradition islamique, ce qui signifie « concubine ». Enfin, dans l'Évangile selon Luc, elle est appelée « reine du Midi » (11, 31), impliquant l'idée qu'elle vient du sud. Comparée à une créature du paradis pour sa beauté, elle est la fille d'une femme surnaturelle, nommée Umeira, et de al-Himiari Bou-Scharh, vizir de Sharahbil Yakuf et roi de Saba. Orpheline de mère très jeune, elle monte sur le trône à la place de son frère, mort prématurément. Dans le *Targoum Sheni* – un recueil d'homélies sur le *Livre d'Esther*, datant vraisemblablement du VIIe ou du VIIIe siècle apr. J-C. –, le roi Salomon apprend d'une huppe que le royaume de Saba est le seul à ne pas être en son pouvoir. Il y envoie alors une lettre, apportée par l'oiseau, pour exiger de la reine de cette contrée qu'elle se soumette à lui. En réponse, celle-ci annonce sa venue à Jérusalem en grande pompe [2].

Au XIVe siècle (en 1321), un récit chrétien d'origine éthiopienne, le *Kebra Nagast*, aussi appelé *Gloire des rois*, rassemble différentes traditions et nous en révèle un peu plus sur cette personnalité légendaire, lui attribuant la fondation même de l'Éthiopie. Le *Kebra Nagast* offre aussi un portrait plus positif de la reine que celui dépeint dans les textes juifs et musulmans. La reine de Saba y est présentée comme jeune, belle et intelligente, souhaitant ardemment se rendre à Jérusalem, afin de rencontrer le roi Salomon. Ce dernier règne sur Israël unifié entre 970 et 922 av. J.-C. Il est le deuxième fils de David, roi de Juda et d'Israël, et de Bethsabée. Au temps de Mahomet (au VIe et au VIIe siècle apr. J.-C.), il est acclamé comme ayant été le plus sage d'entre les sages. Cette réputation extraordinaire arrive jusqu'aux oreilles de la reine de Saba, par l'intermédiaire d'un marchand.

Car Salomon rencontre des marchands du monde entier, dont Tamrin, qui vient du royaume d'Éthiopie pour acheter les matériaux nécessaires à la construction de son temple. Écrin de l'Arche d'alliance, ce temple est fait de bois de genévrier odoriférant et de cèdre du Liban, et exhale une odeur

La reine de Saba
Huile sur toile de Jean Jules Badin (1843-1880)
Collection privée.
© Christie's Images / Bridgeman Images.

profonde et sensuelle. En retournant dans son pays, Tamrin décrit à la reine les choses merveilleuses qu'il a vues à Jérusalem, et s'extasie sur l'immense sagesse et la générosité du roi Salomon. Fascinée par la puissance et la magie de ce grand roi « des terres du Nord », mais aussi intriguée et curieuse, la souveraine souhaite l'éprouver par des énigmes, pour lesquelles elle est réputée. Elle part vers Jérusalem « par la route de l'or et de l'encens [3] », qui reliait l'Égypte au Yémen et à l'Inde.

Le royaume de Saba est alors un carrefour stratégique entre les continents asiatique et africain. Appelée par les Romains durant l'Antiquité *Arabia Felix* (« Arabie heureuse »), la région est considérée comme la terre des parfums : de cette corne de l'Afrique proviennent les plus précieux ingrédients de la parfumerie, comme la myrrhe, l'encens, la civette* et l'ambre gris, qui représentaient, pour les civilisations anciennes, une richesse considérable, comparable à celle de l'or. En raison de leur valeur religieuse, ontologique et sociologique, leur possession attisa bien des convoitises [4]. D'ailleurs, les auteurs classiques, tels que Théophraste d'Eresos ou Pline l'Ancien, en parlent comme d'une monnaie d'échange.

De même, les lieux et méthodes de production de ces résines parfumées étaient secrets, tant elles étaient convoitées. L'encens et la myrrhe jouaient un rôle central dans la pratique religieuse, la médecine et la parfumerie, ainsi attesté en Arabie dès l'âge du bronze. Les récits grecs et latins, teintés de merveilleux, témoignent de l'odeur divinement suave qui caractérise l'« Arabie heureuse ». Ce privilège est dû à l'arbre à encens (*Boswellia sacra*), le meilleur de tous, au point qu'il était défendu, d'après l'historien Hérodote, par de petits serpents ailés de diverses couleurs, massés au pied du tronc. Pour recueillir la résine odorante, il fallait d'abord brûler du bois de styrax, dont l'odeur âcre, étouffante et puissante les mettait en fuite [5].

Le naturaliste Pline l'Ancien décrit les forêts d'arbres à encens, qui croissaient spontanément dans une région fermée de tous côtés par des rochers. Trois mille familles saintes de Minéens étaient vouées, de manière héréditaire, à cultiver cet arbre sacré. La récolte de la gomme était un acte religieux. Aussi, les collecteurs devaient se préserver de toute « souillure », allant jusqu'à se séparer de leur femme, considérée comme telle. Ils incisaient l'écorce et recueillaient la précieuse écume blanche et laiteuse, qui s'épaississait et se coagulait sur le sol de couleur rouge. La récolte de cette résine, dont la plus pure se nommait *encens blanc*, était ensuite acheminée vers la capitale de l'Arabie, rassemblée dans l'endroit le plus sacré du pays de Saba, le temple du Soleil. Le pays de Saba renfermait aussi des mines d'or, des gemmes, ainsi que des aromates et de l'huile d'olive. Pour toutes ces raisons, les habitants de l'Arabie étaient réputés riches et en bonne santé.

Le long voyage de la reine s'effectue donc dans « un grand faste, avec des chameaux chargés d'épices, de parfums, de beaucoup d'or et de pierres précieuses [6] ». Ces nombreux parfums apportés par la reine ne sont pas spécialement mentionnés par la Bible, mais, dans *La Tentation de saint Antoine* (1849-1874), Gustave Flaubert imagine une fastueuse cargaison composée du baume de Génésareth, de l'encens du cap de Gardefan, du labdanum*, du cinnamome et du silphium* – ce dernier étant également employé en cuisine [7]. Le cinnamome, ou cannelle, était l'un des aromates les plus répandus dans l'Antiquité. Les Anciens savaient différencier les deux sortes de cannelle, alors même qu'elles transitaient toutes par le détroit de Bab-el-Mandeb, reliant la mer Rouge au golfe d'Aden. Le *Livre des Proverbes* (7, 17) nous enseigne que la cannelle, mêlée à la myrrhe et au bois d'agar, composait un parfum de séduction : « J'ai aspergé ma couche de myrrhe, d'aloès, de cinnamome. » Le bois d'agar, appelé aussi bois d'aloès ou bois d'oud, était considéré, dans l'Antiquité, comme la sueur des dieux. Cet or liquide était réservé aux rois, en raison de son parfum puissant et précieux, aussi unique qu'enivrant.

Inspiré par ces récits anciens, Flaubert dépeint la reine de Saba dans une robe de brocart doré, garnie de perles de jais et de saphirs. Sa tenue est agrémentée d'émeraudes, de plumes d'oiseau, de bagues, d'un scorpion de diamants, d'une chaîne d'or et d'une ceinture d'orfèvrerie. On l'imagine s'être parée la peau de précieux parfums, en songeant à ce roi dont elle tient à troubler sinon à conquérir le cœur par son intelligence et par sa beauté. De son côté, Salomon se prépare à recevoir cette reine mystérieuse à sa cour. Un historien persan du Xe siècle, Tabari, indique, dans la première partie de sa *Chronique*, qu'avant que Bilqis [8] n'arrive, les démons du roi, craignant que sa beauté de magicienne n'envoûte le souverain au point qu'il veuille l'épouser, lui chuchotent à l'oreille que cette magnifique reine n'est pourtant pas parfaite : elle a les jambes velues et les sabots d'un âne. Pour en avoir le cœur net, Salomon a alors l'idée de faire poser un carrelage en verre devant son trône. À son arrivée au palais, la reine de Saba confond le carrelage transparent avec de l'eau et soulève sa robe pour le traverser, révélant ainsi la pilosité de ses jambes… Au grand dam de Salomon, qui ordonne qu'on lui prépare sur-le-champ un dépilatoire ! Dans la tradition judaïque du *Targoum Sheni*, Salomon lui déclare : « Ta beauté est bien celle d'une femme, mais tes poils sont plutôt ceux d'un homme. »

Avoir des poils sur le corps est un signe d'impureté en Orient, et pouvait signifier aussi et de manière très sexiste, dans le cas de la reine de Saba, que le pouvoir lui avait enlevé toute sa féminité. Le récit raconte que les démons du roi lui préparèrent un dépilatoire terrible, à base de chaux et d'arsenic. Pour s'épiler, les femmes appliquaient à l'époque sur leur peau une pâte à base de térébenthine et de chaux. Ensuite, elles enduisaient leur corps d'huile aromatisée aux épices, clous de girofle, gingembre, musc et eau de rose [9]. Magnanime, la reine de Saba offrit au roi Salomon, en hommage à sa sagesse et en gage de paix, de somptueux présents : cent vingt talents d'or, des pierres précieuses et des « aromates en très grande quantité [...] on n'a plus vu depuis autant d'aromates que ceux-là », confie le *Deuxième Livre des Chroniques* [10]. Selon Flavius Josèphe et selon le livre des Roix, elle apporte au roi Salomon le précieux baume de Galaad mais aussi la récine de cet arbre, qui était source de convoitise.

Dans le monde oriental, le parfum est un signe de pouvoir et de richesse. Ces offrandes olfactives éveillent alors une passion intense entre les deux personnages. Selon les contes anciens, l'odeur exquise que la reine de Saba dégageait la rendait irrésistible. Elle ensorcelle le roi Salomon par ses parfums, dont l'encens, le baume et surtout la myrrhe. Salomon apprécie cette résine rouge pour sa note d'humidité gourmande, qui le rafraîchit dans son royaume sec et aride [11]. Puis la reine de Saba met le roi Salomon à l'épreuve, avec ses énigmes les plus difficiles. D'une intelligence vive, il les résout promptement, ce qui ne manque pas de la charmer. Salomon s'éprend d'elle également et la demande en mariage. Mais Bilqis refuse, car elle sait que le roi a déjà plusieurs épouses. Il y a soixante reines, quatre-vingts concubines et des jeunes filles en nombre.

Salomon lui lance alors un défi : il lui fait promettre de ne rien boire tant qu'elle reste dans l'enceinte de son palais, jusqu'à son départ. Sinon, elle n'aura d'autre choix que de s'offrir à lui. La reine de Saba accepte de se prêter au jeu. Finalement, après un repas très épicé, elle demande discrètement à boire. On détourne alors une rivière d'une colline voisine pour qu'elle se désaltère d'un filet d'eau claire. Mais Salomon, qui l'observe à la dérobée, surgit soudain pour lui demander d'accéder à son vœu. Sans trop de résistance, Bilqis accepte, en bonne perdante, de partager sa couche avec le roi... Bilqis demeurera six mois au palais de Salomon, avant de rentrer s'occuper des affaires de son royaume. Au moment des adieux, Salomon donne à la reine de Saba un anneau, sur lequel est gravé le lion de Juda : « Prends-le afin de ne pas m'oublier et si jamais j'ai une descendance de ton sein, que ce lion en soit le signe. Si c'est un garçon, laisse-le venir à moi », lui dit-il. De retour en son royaume, la reine met au monde un fils, qu'elle appelle Ménélik. Son nom vient de l'hébreu *ben Melek*, « fils de roi ». Il devient le premier roi de la dynastie salomonide d'Éthiopie ayant une filiation avec le peuple hébreu.

Les cultes monothéistes qui apparaissent au cœur de la civilisation méditerranéenne considèrent le parfum comme le vecteur privilégié entre le ciel et la terre. L'usage de l'encens, qui fut appelé par les Hébreux l'« escalier du ciel », confirme cette vision d'une passerelle invisible mais olfactive, unissant l'homme à Dieu. Les parfums sont destinés à médiatiser le proche et le lointain, à relier le haut et le bas. L'encensoir est, à cet effet, utilisé dans les cérémonies. L'encens qui s'y consume provient de résines végétales odoriférantes, symbolisant la prière, la purification et la montée aux cieux. Ainsi, distinguer une personne, la hausser à la majesté divine passe par le parfum, par la bonne odeur répandue sur le corps pour le purifier de son côté organique, tout comme les volutes d'encens assèchent l'air et purifient l'atmosphère.

Chez les Hébreux, une famille de prêtres avait le monopole de la fabrication des parfums et conservait le secret de ses recettes, qu'elle avait apprises durant sa captivité en Égypte, au contact de ses maîtres. Le *Livre de Néhémie* (3, 8) décrit la corporation des parfumeurs qui semble florissante, même si peu de documents sont connus de cette tradition hébraïque. L'Ancien Testament énumère sept encens et, dans l'Exode, le Créateur prescrit à Moïse la composition d'un parfum : l'huile de messianité consacrée. C'est avec cette huile sainte, composée sous la dictée de Yahve (Dieu), que le patriarche des Hébreux consacra le Temple de Jérusalem. Dans la Bible, l'huile parfumée est une métaphore de la bénédiction reçue. Elle imprègne saintement le corps. La colère de Dieu et sa malédiction s'expriment au contraire par la peste et les puanteurs.

De cette mythique histoire d'amour entre la reine de Saba et le roi Salomon, il reste un long et voluptueux poème, le *Cantique des cantiques*, qu'on attribue au roi Salomon, écrivain fécond, et qui aurait été transcrit au IVe siècle av. J.-C. Dans ce poème, les vers de Salomon font de nombreuses allusions au parfum, auquel l'amour est continuellement lié. « Je suis la rose de Saron, le lis des vallées », s'écrie la jeune femme, « tel est le lis entre les espines, telle est mon amie entre les filles », répond son fiancé. Dans ce sublime chant d'amour, le roi loue les vertus des huiles de senteur, de la myrrhe, de l'encens, de la poudre de parfumeur, de safran, de canne odorante, de cinnamome, d'aloès et de nard.

Si, au sens littéral, le *Cantique des cantiques* est un chant nuptial et charnel, son interprétation varie d'une tradition à l'autre. Pour les pères de l'Église, il s'agit davantage d'une allégorie de l'amour spirituel de Dieu et des enfants d'Israël, d'un chant sacré dans lequel s'établit cette analogie entre le parfum, le nom, l'être et l'âme, puisque, dans la tradition biblique, le nom définit l'être même de la personne. Ainsi, ce chant annoncerait les fiançailles mystiques de celui qui a reçu l'onction du Seigneur, le Christ, avec l'âme fidèle qui l'adore [12].

Cependant, il est plaisant d'imaginer que le couple présenté au fil de ces cantiques soit le roi Salomon et la sublime « reine du Midi », qui s'aiment d'amour et de parfums. En réalité, leur rencontre aurait permis avant tout de régulariser les relations commerciales entre les deux royaumes et d'inaugurer ensuite une nouvelle ligne de communication par voie de terre à travers l'Arabie [13]. Les offrandes de la reine de Saba annoncent celles des Rois mages, ces sages venus d'Orient qui apportèrent à Jésus-Christ de l'or comme à un roi, de l'encens comme à un dieu, et de la myrrhe comme à un homme. De même, dans les Évangiles, c'est à la fois en hommage et en reconnaissance de sa divinité que Marie Madeleine, « prenant une livre d'un parfum de nard pur, de grand prix, [elle] oignit les pieds de Jésus et les essuya avec ses cheveux ; et la maison s'emplit de la senteur du parfum » (Jean, 12, 3).

La reine de Saba en avait montré le respectueux, mais bien voluptueux exemple. Mais aussi et surtout, la reine de Saba avait révélé que le parfum ne servait pas qu'à séduire l'Éternel des Hébreux, afin qu'Il porte un regard bienveillant sur l'humanité. Les femmes de la Bible comprirent que le parfum, détourné des temples au profit du profane, avait une action aphrodisiaque, comme un phénomène naturel. Elles allaient user d'odeurs artificielles, qualifiées de « parfums parures », pour attirer les hommes. Le mot phéromone n'était pas encore inventé, mais le rôle sexuel de l'odorat, ne se bornant pas à l'odeur naturelle de la femme, était déjà avéré.

Ainsi, dans le *Livre d'Esther*, les vierges envoyées au roi Assuérus, qui régnait sur la Perse, furent ointes d'huile de myrrhe pendant six mois pour lui plaire. Parmi elles se trouvait Esther, femme juive, emblématique de l'Ancien Testament, aussi « belle que l'étoile de la nuit ». Réputée pour ses vertus protectrices et curatives dans les soins de la peau, la myrrhe est un cicatrisant cutané efficace. Son odeur, à la fois amère et gourmande, mais aussi lascive, fait écho à sa symbolique forte, centrée sur le féminin et sur la pire des transgressions, à savoir l'inceste. Le rituel parfumé porta ses fruits, puisque, en 479 av. J.-C., Esther devint la nouvelle reine de Perse et eut du roi une fille, Damaspia.

De même, Ruth se couvrit de parfum pour plaire à Booz, comme Judith pour séduire Holopherne, ou encore Jézabel pour adoucir Jéhu, son vainqueur. Les hommes suivirent cet exemple : le roi David imprégnait ses vêtements de myrrhe, d'aloès et de casse, afin de troubler les femmes. Celles d'Israël se couvraient de manière capiteuse et abondante de nard, du grec *nardos*, le parfum le plus précieux et le plus onéreux de l'ancienne Palestine, selon Théophraste (*Recherches*, IX, 7,2). Cette plante de la famille des valérianacées, qui le produisait, ne poussait qu'au pied de l'Himalaya. Mais au diable l'avarice, car son rhizome émet une odeur sexuelle et animale qui rendait fous de désir les hommes. Quand le nard exhale son parfum, on le sent d'assez loin.

Presque mille ans après Salomon, Horace révèle combien le nard est précieux, quand il promet à Virgile un tonneau de son meilleur vin en échange d'une fiole du liquide aromatique. Avec l'expansion de l'Empire romain et la difficulté grandissante de se procurer la plante sur les hauts plateaux de l'Himalaya, le nom « nard » est utilisé pour désigner n'importe quelle senteur agréable, qu'elle provienne ou non du précieux rhizome. De nos jours, le nard cultivé dans l'Himalaya est utilisé localement pour aromatiser le tabac. Le seul pays où il est encore utilisé en tant que parfum est le Népal. Le nard entre parfois dans la composition de fragrances modernes sous le nom de jatamansi, dérivé du latin botanique *Nardostachys jatamansi*. Il est souvent utilisé dans la reconstitution du parfum du Oud (bois d'agar) [14].

Ainsi, la reine de Saba, cette femme de légende dont aucune preuve archéologique ne peut indiquer de manière définitive d'où elle venait, incarne à jamais le pouvoir que possède une peau qui exhale les fragrances les plus suaves. Elle déposait, dit-on, sur la sienne quelques gouttes de parfum pour en amplifier les attraits, notamment au creux du cou, au cœur du corps et au plus profond de l'intime…

III

La fabuleuse histoire de l'eau de la reine de Hongrie

Ou le plaisir chaste du parfum

L'histoire de la parfumerie compte une légende romanesque, derrière laquelle se cache une mystérieuse reine, tout aussi vertueuse que chaste, incarnant une forme de volupté mystique produite par un parfum, ou plutôt par un élixir.

Créée en 1370 à base de romarin, d'eau de rose et de fleur d'oranger, d'extraits de citron et de menthe, l'eau de la reine de Hongrie est le plus ancien parfum occidental à base d'alcool connu à ce jour. Cette eau est présentée comme un puissant remède contre les maladies et un fantastique élixir de beauté. Très rapidement, la rumeur de ses incroyables bienfaits se propage dans toute l'Europe, lui assurant succès et notoriété jusqu'à nos jours, au point qu'une fable est associée à cette eau miraculeuse, qui la rattache à une érotique idéaliste, ou plus exactement religieuse, de par sa conception magique et métaphysique. On raconte, en effet, que la reine de Hongrie, âgée de soixante-douze ans, séduisit le jeune roi de Pologne en se parfumant de cette eau, qui lui fit retrouver la jeunesse, la santé et la beauté de ses vingt ans... Les détails sont donnés dans un manuscrit en ces termes :

> Moi, doña Ysabel, reyne de Hongrie, étant âgée de soixante-douze ans, fort infirme et goutteuse, usai un an entier de la suivante recette, laquelle j'obtins d'un ermite que je n'ai jamais vu ni pu voir. Depuis elle me fit tant de bien que le roy de Pologne voulut m'épouser, ce que je refusai pour l'amour de Jésus-Christ et de l'ange duquel je crois que j'obtins ladite recette : mettre dans une bouteille de verre feuilles de romarin et de marjolaine, sauge et esprit-de-vin. L'exposer au soleil pendant cinq à six jours [1].

Cet amour transcendé donne à la reine déjà très âgée des pouvoirs supranormaux, par la seule force d'un parfum. Reçu de manière surnaturelle, il est ascèse et voie de salut à la fois, un exercice de purification intérieur et extérieur. Qui est donc cette reine de Hongrie, qui fit le sacrifice de son amour et reçut dans son cœur et son corps les plus hautes vertus ? L'histoire semble s'être bâtie sur plusieurs confusions ou approximations pour construire ce personnage de femme céleste et idéalisée, typique du XIVe siècle. La reine de Hongrie appartient en effet à cette féminité surnaturelle, qui ne cède pas à l'appétit charnel par crainte de ne plus être digne d'être aimée d'un amour franc et sincère.

On l'identifia d'abord à Élisabeth de Pologne, la fille de Ladislas Ier de Pologne, qui épousa le roi de Hongrie Charles Robert en 1320. D'autres auteurs l'ont associée à sainte Élisabeth de Hongrie, qui naquit en 1207, épousa Louis IV de Thuringe et mourut en 1231 [2], mais son histoire ne correspond pas à la légende. Serait-ce alors Élisabeth de Pologne, reine de Hongrie et régente de Pologne, née en 1305 et morte en 1380 à soixante-quinze ans ? Cette hypothèse est mise à mal, lorsqu'on sait qu'à cette époque le roi de Pologne et de Hongrie n'est autre que son fils, Louis Ier le Grand, qu'on imagine mal demander la main de sa propre mère ! À moins qu'il ne s'agisse de Jeanne Ire, reine de Naples et comtesse de Provence (1326-1382), liée au royaume de Pologne. Lors d'un séjour en Provence, les notes rafraîchissantes de cette « eau parfumée » séduisirent cette princesse, connue pour sa vie dissolue, mais aussi pour la finesse de ses traits. Certes, sa grande beauté pourrait rendre grâce à l'utilisation de l'eau de la reine de Hongrie, mais aucun roi de Pologne ne l'a jamais demandée en mariage !

En 1666, dans son traité *La Chymie charitable et facile en faveur des dames*, la chimiste et alchimiste française Marie Meurdrac brouille encore un peu plus les cartes, en associant l'apparition de cette eau parfumée au règne d'une certaine reine Isabelle, en 1652. Or, à cette époque, la reine de Hongrie se nomme Éléonore de Mantoue, et elle n'a que vingt-deux ans, soit cinquante années de moins que l'âge évoqué dans la légende… Finalement, les différentes versions, plus ou moins abracadabrantesques, concernant la véritable origine de l'eau de la reine de Hongrie, laissent penser que ce produit miracle cache en réalité la première opération « publicitaire » de l'histoire de la parfumerie, orchestrée par des parfumeurs de Montpellier, assez malins pour inventer une histoire fabuleuse destinée à attiser la curiosité et la convoitise de leurs clients, en leur promettant la beauté, la santé, la jeunesse et même l'amour [3] !

Quelle que soit la légende qui entoure son origine et sa création, l'eau de la reine de Hongrie est un élixir, au sens étymologique du terme : « un médicament précieux », que l'on boit et dont on se parfume le corps par friction. Au Moyen Âge, avec la diffusion du christianisme, l'emploi profane des parfums diminue, l'Église n'y voyant qu'une futilité contraire à la morale, rappelant la décadence romaine. Elle n'en tolère l'usage qu'à des fins thérapeutiques. Les premières officines d'apothicaires voient le jour à la fin du XIe siècle. Chaque apothicaire est en outre parfumeur, car les parfums sont considérés comme des remèdes, des agents antipestilentiels qui contribuent aussi à l'hygiène. Ces remèdes sont alors des alcoolats, des produits issus d'un véritable savoir-faire, celui de la fabrication des alcools et de la distillation, grâce aux connaissances et aux techniques héritées des Arabes et qui se sont développées au Moyen Âge, notamment en Italie, à Salerne, dès le XIIe siècle, puis à Montpellier, à la fin du XIIIe siècle. Il s'agit de boissons très fortes : « eau de feu » ou « eau qui arde », appelées aussi « eaux ardentes », dont l'usage est médical. Le feu s'unit à l'eau par la médiation de l'alcool, pour donner l'*aqua vitae*, ou « eau-de-vie », qui soigne et guérit. Ces solutions sont fabriquées majoritairement par les apothicaires des monastères, ce qui rend la rencontre de la reine de Hongrie avec un moine ermite dans la légende très probable.

Chaque monastère avait ses spécialités d'eaux ardentes. Ces « eaux » possédaient de multiples vertus, et étaient fabriquées à partir de plantes officinales et cultivées dans les jardins des simples des monastères [4]. Ces jardins renferment toutes les plantes relevant de Dieu, comme le thym ou le romarin – ou du diable, comme le datura* ou la « griffe du diable ». Au IXe siècle, le plan de l'abbaye de Saint-Gall, en Suisse, devient vite un modèle à suivre. Des jardins sont organisés au sein des édifices claustraux. Chacun contient des espèces végétales différentes. Le jardin *herbularius*, ou « des simples », est situé à proximité des infirmeries, le jardin potager *hortus* des cuisines, tout comme le jardin *pomarius* (« verger »), composé d'arbres fruitiers. Le jardin des simples est réparti en carrés, destinés aux plantes des femmes, aux plantes de la guerre –

pour les hommes blessés sur les champs de bataille –, aux plantes des animaux, aux plantes des petits maux, aux plantes des fièvres et aux plantes de l'hygiène.

À partir des plantes médicinales, les moines et moniales créent des eaux de senteur et autres élixirs pour eux-mêmes, mais également pour les pauvres qu'ils accueillent et soignent. Ils possèdent une connaissance empirique très précise des vertus des plantes. D'ailleurs, l'herboriste a un rôle important dans l'abbaye, puisqu'il en est à la fois l'apothicaire et le médecin. Dans les jardins des simples poussent les plantes servant aux soins de première urgence, comme le thym, qui apaise les inflammations, et la camomille, qui procure le sommeil. L'absinthe, la menthe et le chardon sont cultivés pour remédier aux maux de ventre. Contre la fièvre, on utilise la petite camomille et la verveine. Quant à l'armoise*, la mélisse ou la rue, elles permettent de soulager les maux féminins.

Le nom populaire des plantes évoque souvent les caractéristiques du végétal. Il s'agit là de la « théorie des signatures ». Ainsi donnait-on par exemple au millepertuis des vertus anti-inflammatoires et cicatrisantes, à cause de ses glandes à essence rouge couleur sang. De même, la chélidoine* était supposée soigner les troubles hépatiques, grâce à son suc jaune rappelant la bile [5]. Quant au romarin, il avait la vertu de soulager les maux de tête, les rhumatismes, la circulation, et garantissait une bonne mémoire : on disait qu'il était la plante de la jeunesse, tant du corps que de l'esprit.

Au XIIe siècle, Hildegarde de Bingen, célèbre religieuse bénédictine et mystique allemande, écrit un recueil sur les odeurs divines et un autre sur les causes des maladies et leurs remèdes. La moniale aurait d'ailleurs reçu ce savoir par la grâce de Dieu, comme elle le met en avant, de manière à ne pas être taxée de sorcellerie. L'ouvrage *Scivias* (« Sache les voies du Seigneur ») contient ses recettes et ses observations sur les plantes médicinales qu'elle préfère et leurs propriétés thérapeutiques. Ses préparations sont réalisées à base de vin (alcool), d'eau ou d'huile, et se déclinent en tisanes, décoctions, infusions, macérations, soupes, élixirs, onguents et cataplasmes. Hildegarde de Bingen fait notamment l'éloge de l'eau des Carmes, encore appelée eau de mélisse des Carmes, en ces termes : « L'on est enclin à rire lorsqu'on a mangé de la mélisse, car elle réjouit le cœur, elle mérite donc le nom de consolatrice du cœur. » Introduite en France au Xe siècle par des bénédictins venus d'Espagne, l'eau de mélisse des Carmes associe les vertus de quatorze plantes et neuf épices. La mélisse, ou citronnelle, en fait partie.

Depuis le Moyen Âge est installée à Montpellier une faculté d'apothicairerie renommée où tous les marchands préparent et vendent des poudres ou eaux odoriférantes. Les apothicaires ont une double activité : ils importent et fabriquent des drogues pour les malades, tout en composant et vendant des parfums, qui restent encore des « élixirs ». Leurs marchandises se composent alors de médicaments, de baumes, de vinaigres, d'eaux de senteur, d'épices, de cire, de confitures, d'eaux-de-vie et de plantes d'ornement rangées dans des boîtes en bois, en étain ou en argile [6].

Aux XIVe et XVe siècles, la parfumerie à base d'alcool se perfectionne. Arnaud de Villeneuve, un savant parfumeur, né vers 1240 à Villanueva de Jiloca (aujourd'hui dans la province de Saragosse, dans le nord de l'Espagne), mentionne une recette comparable à l'eau de la reine de Hongrie, qui existait déjà au XIIIe siècle, et qui était une teinture de romarin, qu'il assimile dans le jargon alchimiste à l'« or potable ». Il séjourne longtemps à Montpellier, où il exerce la médecine et la chimie tout en enseignant à l'université. Ayant appris à la faculté de Cordoue le principe de la distillation, il l'applique au vin pour réaliser de l'« esprit-de-vin ». Arnaud de Villeneuve utilise le premier l'alcool en parfumerie, confectionne les premières huiles essentielles, et découvre également les acides sulfurique, chlorhydrique et nitrique. Sa recette indique de verser dans un récipient hermétique près d'un litre d'esprit-de-vin distillé quatre fois (alcool rectifié) et quelque six cents grammes de fleurs de cette herbe poussant en Languedoc, nommée *Ros marinus* (« rosée de la mer », du romarin), de laisser macérer le mélange cinquante heures, avant de distiller le tout dans un alambic au bain-marie. L'eau de la reine de Hongrie devient donc la spécialité de Montpellier, vendue dans l'Europe entière, la garrigue fournissant en effet toutes les matières premières nécessaires à sa fabrication [7]. On raconte que le roi de France Charles V (1338-1380) reçut en cadeau la fameuse « eau de Hongrie », décrite comme composée de romarin additionné de fleur d'oranger, d'esprit de rose, d'extrait de menthe et de citron.

Contrairement aux idées reçues, l'hygiène est primordiale au Moyen Âge. En plus des élixirs et des simples qui portent remède, le bain devient une cure et un instant de bien-être. Et l'eau du bain est parfumée. Ayant conscience des dangers qu'une eau polluée fait courir à la population, on utilise l'antiseptique lavande pour la désinfecter et la parfumer à la fois [8]. Cette mode des bains a été remise à l'honneur en Occident par l'intermédiaire des croisés, qui ont découvert avec émerveillement l'Empire romain d'Orient et ses habitudes d'hygiène héritées de l'Antiquité romaine. Les gens se pressent alors dans les bains publics et les étuves.

Dès l'époque carolingienne, du VIIIe au Xe siècle, palais et monastères comportent des bains. Plus tard, au XIIe siècle, on sait que l'eau occupe une place importante grâce au témoignage des fabliaux ou encore des inventaires posthumes. À la fin du XIIIe siècle, les bains saturés de vapeur d'eau font leur apparition. En 1258, le prévôt de Paris Étienne Boileau codifie les usages corporatifs des étuviers, les propriétaires des bains ; ces lieux, dédiés à la fois à l'hygiène et au plaisir, vont faire partie intégrante de la vie quotidienne à partir du XIVe siècle [9]. On trouve aux XIVe et XVe siècles des bains publics dans plusieurs villes françaises et européennes, comme Paris, Chartres, Rouen, Digne, Dijon, Strasbourg, Baden Baden, Bruges ou encore Bruxelles – les deux dernières, notamment, comptent chacune une quarantaine d'établissements de ce type.

La dimension hygiénique des bains est soulignée dès le XIe siècle par des médecins, comme Aldebrandin de Sienne, qui écrit dans son traité *Régime du corps* que se baigner « en eau douce fait en étuve et en cuve, et en eau froide, fait la santé garder ». Il met toutefois en garde contre l'abus de bains froids, recommandant plutôt la pratique des bains chauds, qui permettraient d'« expulser l'ordure que la nature cache par les pertuis de la chair ». Au XIIIe siècle, Barthélemy l'Anglais encourage quant à lui à se laver la peau, les cheveux et la bouche. Ces conseils font écho à la pratique, répandue en ville, qui consiste à prendre soin de son corps. Le savon y joue un rôle central ; s'il vient à faire défaut, on se sert de plantes comme la saponaire, une variété à fleurs roses, dont le suc peut mousser comme du savon [10].

Si les bains relèvent essentiellement, à l'origine, d'un souci d'hygiène, au fil des ans, cette pratique semble avoir pris un caractère de plus en plus tourné vers le plaisir, prétexte à toutes sortes d'agréments galants, voire libertins. D'autant qu'il est coutume de se reposer dans des alcôves après le bain, pour remettre les « organes en place ». Les bains étant mixtes, il est facile d'imaginer ce qu'il pouvait parfois s'y passer. La prostitution, malgré les nombreux édits qui tentent de la combattre, est la cause de l'interdiction progressive des bains publics, considérés comme des lieux de débauche et d'épidémies. Au début du XVe siècle, on commence à voir s'installer une séparation entre les sexes dans les étuves. Plusieurs ordonnances sont promulguées pour réguler la fréquentation respective des bains par les hommes et les femmes. En dépit de cela, les étuves restent des lieux de plaisir. La fin du XVe siècle voit finalement le déclin de la réputation des établissements thermaux, qui ferment progressivement, alors que la syphilis se propage en Europe. Contre la dépravation qui règne dans ces « baigneries », c'est désormais un appel au redressement des mœurs qui est prôné [11].

Ambroise Paré, entré comme Premier chirurgien au service du roi Henri II, en 1551, en ordonne la fermeture définitive : il juge ablutions et bains publics contraires à l'hygiène, souscrivant à la thèse qu'ils constituent des agents de propagation de la peste et autres fléaux, tout comme l'air. L'eau, estiment désormais les médecins, est responsable des maladies. Le bain serait malfaisant pour le corps, car les miasmes de la nature le pénètrent d'autant plus facilement lorsque les pores sont dilatés sous l'effet de la chaleur. Plus question de chanter ses louanges : il faut se méfier de l'eau et n'en user que très modérément. Une croyance non dénuée de fondement en cette fin de Moyen Âge, où tanneurs, teinturiers et bouchers polluent les rivières en y jetant leurs déchets.

Cette disparition de l'hygiène en France va de pair avec une évolution de l'Église romaine, qui tend de plus en plus vers une rigidité morale, niant le corps. L'ère de la crasse commence, et le parfum devient alors le contrepoint du miasme. La propreté se résume désormais au changement de linge de corps. Il est d'usage d'imprégner les vêtements de parfums, afin de leur conserver une bonne odeur, et d'en vaporiser à l'intérieur des habitations, à la manière orientale, pour assainir l'air. L'eau, devenue ennemie publique du genre humain, disparaît peu à peu des habitudes hygiéniques, pour être remplacée par les « toilettes sèches » qui consistent dans des ablutions réalisées à l'aide de linges imbibés de vinaigres, de lotions ou d'eaux parfumées pour la toilette, comme l'eau de la reine de Hongrie.

Cette dernière est très appréciée à la cour de Versailles au XVIIe siècle. Un ouvrage intitulé *Nouveaux secrets rares et curieux, donnés charitablement au public par une personne de condition, contenant divers remèdes éprouvez, utils et profitables pour toutes sortes de maladies, et divers secrets pour la conservation de la beauté des dames, avec une nouvelle manière pour faire toutes sortes de confitures, tant seiches que liquides*, édité par Jean-Baptiste Loyson, un marchand-libraire parisien, présente une recette comme étant « la véritable qui fut donnée à Isabelle de Hongrie ». Reprenant la composition indiquée dans le traité de chimie de Marie Meurdrac, il ajoute au romarin de la marjolaine, de la lavande et du pouliot – plante aromatique proche de la menthe –, et préconise une « macération de tous ces ingrédients de quatorze heures dans le fumier ». Il recommande d'en prendre « le matin une fois la semaine une dragme [12] avec quelque autre liqueur ou boisson, ou bien avec de la viande, et en lave[r] le visage tous les matins, et en frotte[r] le mal des membres infirmes ».

Antoine Daquin, médecin de Louis XIV, obtient un brevet pour la vente de l'eau de la reine de Hongrie à Paris chez le sieur Daumont, rue de la Huchette, à l'enseigne du « Messager de Montpellier ». On lui attribue des vertus à la fois revitalisantes, esthétiques et thérapeutiques. On prétend toujours qu'elle permet de retrouver la force et la beauté, qu'elle renforce le pouvoir de séduction et qu'elle guérit de maux aussi divers que les rhumatismes, les palpitations cardiaques, la peste, l'obstruction du foie, la jaunisse, les bourdonnements d'oreille ou les douleurs abdominales. Elle est le produit favori de la très sage Madame de Maintenon, qui le conseille d'ailleurs aux pensionnaires de Saint-Cyr en usage quotidien, afin de les protéger des épidémies. Madame de Sévigné en vante aussi tous les mérites dans une lettre adressée à sa fille, Madame de Grignan : « J'en suis folle, c'est le soulagement de tous mes chagrins [...] je m'en enivre tous les jours, j'en ai dans ma poche... » Cet élixir lui avait-il permis d'être aimée par le cœur et contemplée par les yeux comme une femme idéale, dotée de forces vitales et surnaturelles ?

C'est par cette mystique amoureuse que l'eau de la reine de Hongrie trouve tout son usage et que sa renommée ne cesse de grandir jusqu'à la fin du XVIIIe siècle, pour le plus grand bonheur des parfumeurs de Montpellier. Seule l'« Eau admirable » (*Admirabilis Aqua*), une autre recette échappée d'un monastère italien, mise au point vers 1695, saura lui ravir peu à peu son succès. Après avoir gagné la ville de Cologne, elle deviendra le plus fameux des parfums et le plus ancien encore commercialisé : l'eau de Cologne.

IV

Les bains enivrants de Roxelane

À l'époque de Soliman le Magnifique, la belle Roxelane règne en maîtresse dans l'Empire ottoman. Luxuriance et magnificence sont à l'ordre du jour, baignées dans les plus enivrants parfums d'Orient. Après avoir anéanti Byzance et pris sa relève à l'aube du XIVe siècle, les Ottomans étendent durant six siècles leur domination sur trois continents. La prise de Constantinople, le 29 mai 1453, scelle la grandeur de leur puissance, l'une des plus grandes de l'Europe et du Proche-Orient. L'empire se rend maître de la Méditerranée, de l'Afrique du Nord, de l'Europe balkanique, des pays du Proche-Orient et des rives de la mer Noire. Il nourrit, en Occident, les rêves d'un Orient lointain, bercé de charmes et de mystères, comme cette incroyable histoire d'amour entre un sultan et une esclave devenue reine.

De son vrai nom Alexandra Lisovska, Roxelane naît vers 1504 en Ruthénie, près de la frontière russe, dans une famille religieuse dont le père est pope. Sa vie vire au drame quand elle est kidnappée par des pirates tatars en 1520. Prisonnière de guerre durant la campagne de Crimée, elle est ensuite vendue comme esclave au grand vizir, Ibrahim Pacha, qui lui donne cependant une solide éducation. Roxelane est offerte à la reine-mère, la sultane Hafsa, qui apprécie ses bonnes manières et sa grâce. Elle repère aussi l'atout inestimable de la jeune femme : sa très grande beauté, doublée d'une intelligence affûtée et d'une joie de vivre à toute épreuve. Hafsa la surnomme *Hürrem*, ce qui signifie « la rieuse ». Charmée par sa personnalité, elle décide de l'envoyer au harem de son fils Soliman le Magnifique. Car c'est en effet la mère du sultan elle-même qui sélectionne parmi les plus belles femmes de l'empire celle qui plaira à son fils.

Lorsqu'elle arrive au palais de Soliman, Roxelane sent que la chance peut tourner en sa faveur. Comme toutes les autres esclaves, elle se plie de bonne grâce aux rites du harem, subissant sans faiblir des examens hygiéniques par les médecins du palais pour constater sa virginité et s'assurer qu'elle n'a ni la lèpre, ni la peste, ni le choléra. Pour en avoir la certitude, un test étrange est pratiqué : un pou est posé sur son cou ; s'il y reste, c'est le signe qu'elle est saine. La nuit suivante, un eunuque est chargé de surveiller son sommeil pour vérifier que la jeune esclave ne ronfle pas. Ayant réussi tous ces examens, Roxelane peut demeurer au palais, plus déterminée que jamais à s'y faire une place.

La jeune fille s'adapte vite, se montre fine stratège et gravit rapidement tous les échelons du harem, jusqu'à être enfin présentée à Soliman. Coquette et rusée, elle revêt ses plus beaux atours et se retrouve alignée à côté des autres prétendantes. Contrairement à celles-ci, qui baissent les yeux au passage du sultan, Roxelane garde la tête haute et regarde Soliman droit dans les yeux. Son air malicieux et spirituel, ses traits fins et gracieux, son teint clair et sa poitrine avantageuse attirent irrésistiblement le souverain. Ce dernier en tombe immédiatement amoureux. Ému, il en fait sa favorite, son amante exclusive, puis son épouse légale, n'hésitant pas à briser les traditions ottomanes, afin de garder près de lui l'élue de son cœur, qui n'est pourtant qu'une esclave chrétienne. Il l'appelle « reine de toutes les beautés » et lui compose des poèmes, comme autant de déclarations d'amour :

> Trône de mon mihrab, ma richesse, mon amour, mon clair de lune,
> Ma compagne intime, ma confidente, ma toute chose, mon seul et unique amour
> La plus belle parmi les admirables…
> Mon printemps, source de toutes joies, source de lumière, mon étoile brillante, lumière de ma nuit…
> Mon doux sucre, mon trésor, ma rose, la seule qui ne me désole pas dans ce monde…
> […] Mon amour aux cheveux noirs et aux beaux sourcils, aux yeux langoureux…

Lors de son mariage, comme le veut la coutume de son pays, Roxelane porte un diadème de fleurs d'oranger et de jasmin. En Orient, le jasmin est considéré depuis des siècles comme le symbole de la beauté et de la tentation féminine. Offrir du jasmin est une preuve d'amour. De même, la fleur d'oranger est traditionnellement associée au mariage. Son rôle symbolique tient au fait que l'oranger peut porter en même temps des feuilles, des fleurs et des fruits. Les feuilles toujours vertes sont l'emblème d'un amour qui dure toute la vie, les fleurs blanches symbolisent la candeur de la fiancée, tandis que les fruits qui mûrissent sur les branches représentent l'espoir de la descendance. Le parfum de ces fleurs protège les futurs époux des génies. Revêtue de la robe traditionnelle de l'épousée, Roxelane se laisse parer d'une ceinture de perles, des mains même de la « sultane Validé » (nom donné à la mère du sultan ottoman). Seul Soliman aura le droit de dégrafer cette ceinture.

Roxelane, *La sultane rouge*
Atelier du Titien, vers 1550
State Art Museum of Florida, Sarasota.

Soliman aime Roxelane, qui le lui rend bien. En 1521, c'est la naissance de leur premier enfant, Mehmed. Trois autres suivront. Roxelane, qui porte alors des robes avec des caftans rebrodés d'or, est déclarée chanceuse et répond au nom de *haseki*, titre réservé aux femmes ayant donné un enfant au sultan. Sa jovialité, doublée d'un tempérament bien trempé et d'une ambition sans limite, valent à Roxelane de cogérer l'empire en coulisses au côté de Soliman, profitant du grand amour qu'il lui voue. Épiée et jalousée par l'entourage du palais, l'ancienne esclave devenue sultane passe pour capricieuse et manipulatrice. Elle s'exerce à la politique et fait éliminer les personnes qui s'opposent à elle, comme le grand vizir Ibrahim Pacha, fidèle compagnon de Soliman, qui fut pourtant son protecteur. Jalouse de l'amitié que lui porte Soliman, elle le prend en grippe et ne cesse de le calomnier auprès de son époux. Sur ordre de Soliman, convaincu des dires de Roxelane, Ibrahim Pacha est étranglé par un gardien sourd-muet après un copieux festin au palais de Topkapı, en 1536. Roxelane fait aussi exiler la première femme de Soliman, la sultane Mahidevran, à qui elle s'est vivement opposée. Dans le même temps, elle n'hésite pas à aider et à plaider la cause de ses proches, tel le mari de sa fille, Rüstem Pacha, qui devient grand vizir en 1544.

Bien que confinée au harem, Roxelane entretient des relations épistolaires avec les diplomates occidentaux et cultive l'intrigue. Femme de tête, elle écrit des lettres au roi de Pologne, Sigismond II Auguste, prouvant l'attachement que lui vouent les autres États. Elle se fait d'ailleurs offrir de nombreux cadeaux par les ambassadeurs venus d'Europe, permettant par conséquent l'affluence de marchandises étrangères, et donc de parfums. Outre son influence dans les relations pacifiques avec les autres cours, Roxelane s'engage dans de grands travaux, notamment la construction de plusieurs écoles coraniques, d'un hôpital pour femmes et d'une fontaine.

Sous le règne de Soliman le Magnifique, et par l'influence de son épouse Roxelane, le harem prend une dimension beaucoup plus politique, devenant l'antichambre du pouvoir. Une fois encore, Roxelane sait profiter de la conjoncture. En 1541, un incendie détruit le harem, situé dans le vieux palais. Celui-ci est alors déplacé vers le nouveau palais, ce qui permet à la jeune femme de se rapprocher du sultan. C'est ainsi que commence le « règne des femmes ». Au harem, les concubines officielles du sultan y côtoient les femmes à son service. Leur mission est de lui donner des enfants, et de le divertir par les arts de la musique, de la danse… et de l'amour. Le sens oriental du mot « harem » signifie d'abord « interdit aux hommes ». Cette interdiction ne vaut pas pour le sultan et les eunuques. Ces derniers, d'origine africaine et à la peau noire, sont castrés puis formés afin de veiller à la virginité des femmes et au maintien de l'ordre dans le harem. Les femmes sont tenues d'y parler à voix basse ou de communiquer par signes. Les historiens turcs décrivent ce lieu comme une institution éducative, puisque les esclaves y apprennent la langue ottomane, l'histoire, la géographie, la danse et la poésie. La plupart de celles qui sortent du sérail épousent d'ailleurs des gradés de l'empire.

Dans le fantasme occidental, le harem est avant tout un lieu de plaisir où le parfum tient une place centrale auprès des femmes, qui savent particulièrement bien mettre en valeur leur beauté. Le prophète dit : « Dieu est beau et aime la beauté. » Depuis l'Égypte ancienne, on l'a vu, les parfums jouent un rôle dans les relations entre les hommes et les femmes, comme l'atteste ce texte du sage Ptah-hotep :

> Si tu es un homme raisonnable et accompli, aime ta femme avec sincérité et loyauté. Rassasie-la, habille-la et sache que les parfums sont les meilleurs des soins pour son corps [1].

Roxelane est à l'origine de fameux bains, construits en 1553 sur d'anciens bains byzantins. Véritable hammam de quartier, avec des sections séparées pour les femmes et les hommes, mais interconnectées, il comprend des vestiaires situés aux deux extrémités de l'axe, les chambres froides intermédiaires et les pièces chaudes étant construites de manière adjacente. Au début de l'islam, les premiers hammams répondaient à un besoin religieux, celui d'être pur au moment de la prière. Le bain est recommandé une fois par semaine. Mais pour les Orientaux, qui ne connaissent pas de festivités comme les bals ou les concerts chers aux Occidentaux, le bain représente leur principal divertissement. Ils peuvent y passer une journée entière : ils y déjeunent, dînent, dorment, parlent… Même les gens riches, qui possèdent leurs propres bains, aiment à se rendre aux bains publics. Ces lieux conviviaux permettent de longues discussions joyeuses autour de friandises.

Le hammam devient en outre un institut de beauté pour les femmes. Les Orientales ont la réputation de posséder un teint lumineux et une peau de satin, qu'elles éclaircissent au moyen d'un masque à base d'argile blanche et d'huile d'amande douce. Pieds et coudes sont frottés avec des pierres ponces cerclées d'argent ou un morceau d'albâtre taillé. Elles se lavent les dents avec une pâte de charbon de bois pilé, mélangé à de l'écorce de noyer, de la coquille d'œuf et de la nacre [2]. Roxelane est coquette et aime se faire belle pour réjouir l'œil de son mari et continuer à le séduire. C'est la raison pour laquelle comme toute femme orientale, elle prend soin d'elle, jusqu'à l'obsession. Elle affectionne les parfums à forte senteur, synonymes de richesse et de sensualité, où se mêlent notes boisées, ambrées, vanillées et musquées. Pour sa toilette, elle apprécie les eaux de rose, de géranium et de jasmin, largement utilisées durant toute la période ottomane. Des flacons de parfums venus d'Italie arrivent dans les sérails. On retrouve ces mêmes parfums dans les boissons, les loukoums et les sorbets. Finalement, c'est une atmosphère odorante qui berce chaque réunion de ces femmes dont les cheveux sont délicieusement parfumés d'un mélange de poudre de bois de santal et d'eau de rose.

Selon le prophète Mahomet, le parfum permet d'atteindre à l'extase religieuse. Lui-même disait : « Les femmes, les enfants et les parfums sont ce que j'aime le mieux au monde. » Les Ottomans ont su donner aux fragrances tout l'éclat que l'Orient leur avait déjà procuré depuis des siècles, en perpétuant ce savoir-faire. À l'époque de Roxelane, au XVIe siècle, on trouve à Istanbul un grand marché couvert dédié aux épices qui impressionne chaque voyageur de passage par la profusion d'odeurs qui y règne. Les *aktars*, des « droguistes-apothicaires », vendent à la fois des parfums, des épices et des médicaments. Les clients ont à portée de main les essences de rose, pastilles de musc et d'ambre, pâtes et cosmétiques, bois de santal et d'aloès qui font la richesse de la ville. Lorsque les Ottomans aménagent leurs mosquées, ils incorporent parfois du musc au mortier et aspergent abondamment les murs d'eau de rose. Cette rose turque procure un plaisir sensoriel multiple grâce à ses parfums de miel, musc, citron, abricot, thé, framboise qui aromatisent crèmes, tartes, sirops, loukoums et confitures. Elle est considérée comme une des plus belles et des plus nobles en parfumerie, avec ses notes à la fois fruitées et végétales. C'est la fleur préférée des poètes persans, qui lui rendent hommage au travers de poèmes, les *ghazels*, genre poétique amoureux. Elle est le symbole de l'amour, de la virginité et de la volupté.

Originaire de Shiraz, en Iran, sous le nom de *Rosa damascena* (rose de Damas), elle est présente en abondance dans les jardins orientaux, où elle fleurit toute l'année. Une légende raconte qu'au Xe siècle, de retour de La Mecque, des caravanes de pèlerins berbères égarés se seraient arrêtées à Damas. Bouleversés par la beauté et le parfum de la rose, les croyants en auraient pris quelques boutures. Objet de contemplation, elle est appelée la « fleur du prophète Mahomet » et inspire de nombreuses métaphores qui la rapprochent souvent du vin pour sa couleur et son parfum évoquant l'ivresse – la coupe de vin étant comme une rose sans épines.

Depuis l'an 1000, les Arabes arrivent à extraire par distillation des essences et produisent de l'eau de rose, dont ils se servent pour purifier les lieux saints et les mosquées. Ainsi, Saladin, à son entrée dans Jérusalem en 1187, fit laver d'eau de rose les parois de la mosquée d'Omar. Sainte-Sophie, lors de la chute de Constantinople en 1453, fut convertie en mosquée après avoir été purifiée elle aussi avec de l'eau de rose. Mahomet demande qu'avant d'aller à la mosquée, le fidèle se parfume à l'eau de rose ou de fleur d'oranger. Les musulmans voient en cette fleur l'image frémissante de l'âme croyante, ainsi que le reflet aussi palpable que fugitif de la divinité. Pour les soufis, la rose symbolise le dépassement dans la quête mystique et offre un lien avec l'Éternel : la beauté de ses formes reflète la splendeur de Dieu.

Amoureux éperdu de Roxelane, Soliman la compare ainsi à un trésor, sa rose, la seule qui ne le désole pas dans ce monde. Il vit avec elle une éternelle lune de miel que seule la mort viendra interrompre. Roxelane décède d'une pleurésie en avril 1558, à cinquante-quatre ans, après avoir régné sur le cœur du sultan pendant trente-huit ans. Elle est enterrée à la mosquée Süleymaniye, dans le mausolée tout proche de celui de Soliman, qui viendra l'y rejoindre huit ans plus tard. Pour que leurs corps conservent une bonne odeur avant d'être inhumés, ils ont été préalablement parfumés de musc, d'ambre et d'*abîr* – un onguent composé de plusieurs essences –, et leurs organes lavés avec un mélange d'eau de rose, d'aloès, de myrrhe, de gomme d'acacia et de camphre*. Dans l'imaginaire collectif, il reste à jamais de cette histoire ces tableaux de splendeur orientale où se mêlent scènes de harem, beauté des femmes, érotisme des bains turcs, odalisques et almées au hammam, danseuses et musiciennes qui instruisent et divertissent la belle Roxelane dans son harem. De ce rêve ottoman, les parfums sont aussi les vibrants vestiges.

V

Les gants parfumés de Catherine de Médicis

Elle n'est pas très jolie, Caterina Maria Romola di Lorenzo de' Medici, la fille de Laurent II de Médicis (1492-1519), duc d'Urbino, et de Madeleine de La Tour d'Auvergne (1498-1519), lorsqu'elle arrive à la cour de France pour épouser le futur roi Henri II en 1533. Âgée de seulement quatorze ans, Catherine est décrite comme une jeune fille sans beauté et corpulente. Un portrait du peintre Corneille de Lyon la représente à cette époque sous des traits ingrats qui perdureront sur les portraits postérieurs, ceux-là mêmes où elle apparaît en « veuve noire », le visage austère, miroir de tous les défauts dont elle est accablée : avide de pouvoir, jalouse et manipulatrice. Derrière cette réputation maléfique et souvent misogyne se cache pourtant l'une des figures majeures de la Renaissance, qui introduisit en France tant de douceurs olfactives venues de ce brillant art de vivre florentin !

La famille Médicis trouve ses origines à Florence, capitale de la Toscane et berceau de la Renaissance. Laurent de Médicis (1449-1492), dit le Magnifique, est le petit-fils de Cosme de Médicis, fondateur de cette dynastie politique. Comme ce

Portrait de Catherine de Médicis
Tableau de Germain Le Mannier, environ 1550
Galerie des Offices, Florence.

dernier, Laurent soutient les grands artistes de son époque et devient leur mécène. Parmi eux, le sculpteur et peintre Andrea del Verrocchio, Léonard de Vinci, Sandro Botticelli et Michel-Ange. Les Florentins avaient pour interdiction de se désintéresser de la chose publique. Chaque citoyen se devait d'exercer une activité physique et intellectuelle, quelle que soit sa position dans l'échelle sociale. Cet esprit d'initiative est à l'origine de la Renaissance florentine. C'est grâce aux Médicis que la recherche de nouvelles essences de fleurs et de plantes se développe. C'est aussi pour leur famille que les grands verriers florentins se mettent à produire des flacons en cristal taillé, dont les motifs rappellent les peintures de Botticelli et du Pérugin.

En dépit de toute cette magnificence, rien ne semblait prédestiner la jeune Catherine, issue d'une famille de marchands, à devenir un jour reine de France. Alors que Jean de Médicis devient pape en 1513, prenant le nom de Léon X, le roi de France François Ier s'arrange pour que le neveu du nouveau pape, Laurent II de Médicis, épouse la princesse française Madeleine de La Tour, Bourbon-Vendôme par sa mère. Leur fille, Catherine de Médicis, orpheline quelques semaines seulement après sa naissance, devient comtesse d'Auvergne et duchesse d'Urbino. Léon X la ramène à Rome afin qu'elle soit éduquée par ses grand-mère et grand-tante. À la mort du pape Léon X, c'est Clément VII, né aussi Médicis, qui lui succède. Oncle de Catherine de Médicis, il devient son tuteur. François Ier, qui désire depuis longtemps faire une alliance avec le Saint-Siège, marie alors son fils cadet Henri, duc d'Orléans, à Catherine. Ce mariage permet à celle-ci d'être élevée au rang de Dauphine à la mort de François Ier. Puis, épouse de Henri II, elle devient reine de France de 1547 à 1559, et régente de 1560 à 1574, étant mère de trois rois : François II, Charles IX et Henri III.

Si Catherine de Médicis a la beauté ingrate, elle n'arrive pas les mains vides en France, et, surtout, elle fleure bon ! Florence est alors l'une des principales capitales du parfum, et son officine Santa Maria Novella, tenue par des moines, fournit en eaux parfumées les grands noms de l'aristocratie italienne. Catherine porte l'*eau de la Reine*, parfum à base de bergamote spécialement créé à l'occasion de son mariage par les frères dominicains de Florence, et qui deviendra par la suite très à la mode à la cour de France.

Son parfumeur et astrologue, Renato Bianco, connu sous le nom de René le Florentin, fait partie du voyage vers la France. Grâce à lui, la parfumerie française a gagné ses lettres de noblesse. Certes, les parfumeurs du royaume étaient réunis en corporation depuis 1190, mais ils étaient sans nul doute peu experts dans leur domaine, qui restait très rudimentaire. Ceux qui exercent le métier de parfumeur sont des artisans spécialisés. Son beau-père, le roi François Ier, a son parfumeur attitré, qui est aussi son valet de chambre. C'est un Espagnol, originaire de Valence, du nom de François d'Escobart. À Paris, René le Florentin ouvre une luxueuse boutique au pont au Change, qui connaît un franc succès. Il profite alors des nouveaux produits aromatiques rapportés par les grands explorateurs Vasco de Gama, Magellan et Marco Polo. On s'arrache ses eaux de parfum, ses pommades, ses poudres et ses crèmes. Les Parisiens s'y pressent pour trouver leurs eaux de senteur à la violette, à la camomille, leurs poudres à l'iris, à la rose, à la jacinthe, ou encore des savonnettes comme celles fabriquées à Bologne, des vinaigres de toilette pour tonifier et désinfecter la peau, et même des pastilles pour la bouche. Le bois d'aloès est apprécié brûlé dans des cassolettes, mêlé à du benjoin*, du storax, du musc, de l'ambre, de la civette, du sucre fin, de la rose et de la fleur d'oranger, même s'il est aussi utilisé par les apothicaires florentins dans de capiteux vins sucrés.

La Renaissance bat alors son plein et célèbre tous les sens, dans un raffinement inédit. D'ailleurs, les parfums circulent au sein de l'Europe comme cadeaux diplomatiques ou marchandises depuis l'Italie jusqu'à Amboise. En 1516, une ambassade vénitienne arrive à la cour de France chargée de somptueux parfums. Dans les comptes des Menus Plaisirs du roi François Ier, les dépenses liées aux parfums correspondaient non seulement à la consommation personnelle du souverain, mais aussi aux présents destinés à sa sphère curiale [1]. Les parfums sont des objets précieux, des produits de luxe issus d'un savoir-faire doublé d'un imaginaire qui témoigne du faste de la cour, autant que d'une recherche de l'esthétisme et de l'hédonisme. Même si le parfum ne fait que frôler le corps, il le séduit sans le toucher. L'odeur devient « spectacle », objet de désir et de distinction sociale. Le parfum n'est plus seulement un « masque portatif » contre le miasme, mais aussi et surtout un accessoire indispensable dans l'art de l'apparence, car il complète l'image du vêtement et du corps dénudé.

Une fois reine de France, Catherine va vite imposer la mode des parfums hespéridés et aromatiques italiens, et celle des petits flacons à odeurs qu'on glisse dans les poches des vêtements. Grâce à elle, l'univers olfactif, assombri par la fermeture des étuves et l'abandon des bains, reprend des couleurs. Au XVIe siècle, les parfums demeurent réputés pour leurs vertus purificatrices. Parfums d'ambiance et fumigations permettent, dit-on, de lutter contre les maladies. En s'infiltrant par les pores de la peau, ces effluves odorants sont censés guérir. Le manque d'hygiène corporelle est camouflé par les fragrances les plus capiteuses, que l'on porte sur soi pour repousser aussi la peste et les épidémies. Le parfum contrebalance la mauvaise odeur et la combat – c'est le masque de la pourriture –, tandis que la bonne odeur reflète la propreté et la santé. Plus elle est forte et pénétrante, comme le musc, l'ambre et la civette, plus elle est recherchée pour masquer les mauvaises odeurs corporelles, mais aussi et surtout pour en souligner les fragrances certaines, au point d'être dénoncée par les moralistes qui y reconnaissent une incitation à la sensualité, voire à la débauche.

Les odeurs sont classées en trois grandes catégories : les « aromatiques », fortes et agréables, comme l'ambre et les épices ; les plus délicates, comme les fleurs en général, qualifiées de « moyennes » ; et celles décrites comme « puantes », issues de la corruption et présentées comme dangereuses pour la santé. Selon les médecins de l'époque, le parfum agit à l'extérieur et au plus profond de l'intérieur du corps. Ainsi, on se lave de moins en moins, mais l'on imprègne ses vêtements de senteurs et l'on vaporise dans les appartements des parfums liquides à la manière orientale, avec des aspersoirs. Ces procédés sont censés faire barrage à la pénétration de l'air putride.

Les élites adoptent l'habitude de porter des perles d'encens en provenance de Venise et de disposer dans les appartements des « oiselets de chypre » façonnés en pâte d'encens, dont la mode apparaît dès 1380. Ces oiselets, en se consumant, exhalaient leurs senteurs à travers les barreaux de petites cages d'or ou d'argent. Leur composition, selon le chimiste Louis Lémery, fait intervenir du charbon de saule, de la gomme adragante, de l'eau de rose, du labdanum, du musc, de la civette, de l'ambre gris, du storax, du benjoin, de l'essence de bois de Rhodes, de la cannelle, du girofle, de l'élémi. Privilège réservé aux riches, les eaux de senteur ou les eaux florales de rose, de violette, de bergamote, d'iris ou de girofle abondent, à l'abri dans de riches flacons, souvent fabriqués à Venise.

C'est d'ailleurs dans la cité des Doges qu'est rédigé en 1555 le premier traité européen de parfumerie, par l'alchimiste Girolamo Ruscelli, traduit en français en 1557 sous le titre de *Les Secrets de Révérend Signeur Alexis Piemontois*. La dédicace de l'ouvrage mentionne : « Aux femmes vertueuses qui se délectent de l'art de la parfumerie » ! Nostradamus signe également en 1556 un traité de parfumerie livrant des recettes mirobolantes pour qu'une femme de cinquante-cinq ans n'en paraisse que douze ! Venise est au carrefour de l'Orient et de l'Occident. Les armateurs vénitiens et les banquiers florentins amassent des fortunes en important de l'ambre, de la cannelle, de l'aloès, du camphre, de la muscade et du santal.

On importe aussi alors du tabac du Nouveau Monde, qui connaît très vite un franc succès à Florence. Après avoir été réduit en poudre et purgé, il est parfumé aux fleurs de rose, de jasmin, d'oranger, puis de petites quantités d'ambre, de musc et de civette, ce qui permet d'harmoniser le tout [2]. Si Catherine de Médicis fait venir des parfums d'Italie, elle s'approvisionne également en Espagne. En effet, les Espagnols tiennent des parfumeurs arabes les secrets de fabrication de leurs fragrances et du tannage des peaux, excellant également dans le parfumage des gants. Des formules de parfums et de cosmétiques sont alors spécialement conçues pour la souveraine, qui les conserve précieusement dans son cabinet des parfums, comme au château de Blois.

Mais Catherine de Médicis reste surtout connue pour avoir lancé la mode des gants parfumés. Au XVIe siècle, ceux-ci sont le complément indispensable de la garde-robe. Ils sont portés par toutes les classes de la société : nécessaires aux gens de peine, ornement liturgique, emblème du pouvoir royal, gage d'amour apposé sur le heaume du chevalier, parure de la noble main dont il laisse deviner les bagues… Dès la fin du Moyen Âge, le gant était devenu une parure incontournable. Mais c'est la sensualité de la Renaissance qui lui donne tout son prestige, en en faisant un attribut érotique de la main. Avec les guerres d'Italie apparaissent des « peaux de senteur », qui conservent les parfums longtemps et davantage que le tissu. Le gant se couvre alors de fragrances autant que de pierreries.

Le gantier devient parfumeur et traite les peaux selon la mode orientale. Celles-ci sont d'abord purgées par un bain dans de l'eau de fleur d'oranger pendant une journée, puis séchées et de nouveau purgées avec de l'eau de rose, ou de l'eau d'ange. Typiquement italienne, l'eau d'ange est l'une des premières bases de la parfumerie, composée d'iris de Florence, de larmes de benjoin de Siam, de résine de styrax, de noix de muscade, d'écorce de cannelier*, de pétales de la rose gallique de Provins et complétée d'une trace d'ambre. Le tout infusé dans de l'eau-de-vie. Les peaux sont ensuite parfumées soit à la violette, soit à la jonquille musquée, à la jacinthe, à la rose muscade, au jasmin, à la fleur d'oranger, à la tubéreuse, ou encore au muguet ou aux œillets cramoisis.

Les « gants en fleurs » sont placés dans une caisse, alternant lits de gants et de fleurs, changées toutes les vingt-quatre heures. L'opération dure huit jours et nécessite des fleurs cueillies par temps sec une heure avant le lever du soleil ou deux heures avant son coucher. Celles-ci faisaient la renommée de Grasse et de Montpellier. Les marchands de Provence offraient aux chalands leurs « eaux de fleurs d'oranger et essences fortes et douces ». À Paris, le marché se trouvait près de Saint-Germain-l'Auxerrois, appelé aussi « cul-de-sac des Provençaux ». Les mélanges qui parfument les peaux s'appellent « ocaignes », du nom de la ville d'Ocaña, près de Tolède, réputée pour la souplesse de ses cuirs d'agneau, de chevrotin, de chamois, de chèvre, mais aussi de chien, car on prétendait que leur peau apaisait les démangeaisons !

Parmi les gantiers se trouvent beaucoup de femmes, souvent elles-mêmes couturières, car le métier exige davantage de finesse que de force physique. Les villes gantières les plus renommées sont Vendôme, connue notamment pour ses « cuirs de poule », réalisés avec la peau délicate du chevreau : celle-ci est si fine que l'ouvrier pouvait, dit-on, l'enfermer dans une coque de noix ! D'autres villes se distinguent aussi, comme Grenoble, Niort, Avignon, Montpellier, Grasse et Blois. Et c'est à Paris que revient l'art de la coupe. Cette mode du gant règne sur tout le royaume. Montaigne prétend qu'il ne sort jamais sans ses gants. « Je me passerais autant mal aysément de mes gants que de ma chemise », écrit-il. La malheureuse Marie Stuart offre au bourreau, le matin de son exécution, son gant de peau blanc brodé, tandis que sa rivale, la reine Élisabeth, pose pour son portrait avec ses gants italiens parfumés. Grâce à Catherine de Médicis, la vogue des gants parfumés devient telle que merciers et gantiers se disputent l'honneur de les vendre. Installés en communauté artisanale dès le XIIe siècle à Paris, ce sont les gantiers qui obtiendront le titre envié de parfumeurs au XVIIe siècle.

Catherine de Médicis garde aussi sur elle de petits flacons de poche et un pomander (ou « pomme d'ambre »), une boule à parfums portée à la ceinture, en collier ou au doigt, qui permet de se prémunir contre les maux de tête, les fièvres, les hémorragies et les épidémies. Le pomander, présent dès les XIVe et XVe siècles, représente un écran portatif qu'on peut opposer à l'épidémie, formant une armure, un masque protecteur, mais il protège aussi les organes féminins et guérit l'impuissance masculine. Boule souvent incrustée de pierres précieuses et de perles, cette sphère luxueuse en or, en vermeil ou en argent est un accessoire des plus sophistiqués, d'origine orientale, et s'ouvre en six compartiments. Les femmes comme les hommes y respirent les différents aromates répartis à l'intérieur. La reine choisit ses senteurs parmi les plus utilisées, comme le ciste, le musc, le citron, le styrax, le cinnamome, le camphre, le bois de santal, de rose ou d'aloès, le musc et l'ambre. « Prenez du terreau fin nettoyé et trempé pendant sept jours dans de l'eau de rose, puis du labdanum, du benjoin, du storax, de l'ambre, de la civette et du musc. Incorporez-les ensemble et faites-en des boules. Et avec cela, si vous n'avez pas l'haleine trop forte, vous sentirez aussi bon que le petit chien d'une dame », promettent alors les parfumeurs.

Mais la « pomme d'ambre », en raison de son prix, est réservée aux rois, aux princes et aux plus fortunés. Les plus modestes se contentent de pommes de senteur garnies d'ingrédients moins rares (aloès, camphre, basilic, menthe sèche), ou même d'une simple éponge imbibée de vinaigre. Dans cette orgie sensorielle, les papilles ne sont pas oubliées. Catherine de Médicis, bonne vivante au goût raffiné, introduit à la cour de France ses cuisiniers et pâtissiers, faisant découvrir les délices de la brioche et des biscuits à la cuiller, mais aussi des macarons et des frangipanes élaborées par le parfumeur italien Fabio Mirto Frangipani. Ce dernier avait imaginé un parfum pour les gants à partir d'aromates mélangés en proportions égales. La fragrance fut si appréciée qu'on voulut l'utiliser en pâtisserie pour aromatiser une crème d'amandes pilées. Il offrit ce parfum à la reine en guise de cadeau de mariage. Parfumerie et pâtisserie trouvent ainsi un parfait accord. En parfumerie, l'essence d'amande est obtenue par distillation des tourteaux pressés des amandes, des noyaux des fruits de l'abricotier, du cerisier ou du pêcher. Les macarons, élaborés à base d'amandes broyées, de blanc d'œuf et de sucre de canne, sont quant à eux parfumés essentiellement à des eaux de senteur de musc, d'eau de fleur d'oranger, de rose ou de jasmin. Tout à la fois reine, régente, mécène et bâtisseuse, Catherine de Médicis voudra éblouir ses sujets par des festivités mémorables, dans le sillage de la politique inaugurée au camp du Drap d'Or [3] par son beau-père, François Ier.

Lorsqu'en 1559, Henri II meurt tragiquement des suites d'un accident lors d'un tournoi, Catherine de Médicis troque ses robes colorées pour le noir et le blanc qui conviennent à son statut de veuve. La Florentine ne respire plus la joie de vivre, trop occupée à maintenir le rang social de sa famille et à conserver son patrimoine. Son premier geste est de récupérer sans tarder les biens mis à la disposition de Diane de Poitiers, la favorite d'Henri II, que d'aucuns qualifient de « putain du roi », qu'elle a supportée bien trop longtemps sous son toit. Elle reprend possession, entre autres, du château de Chenonceau, qui devient le lieu de toutes les fêtes royales, auxquelles la reine ne renonce pas.

En effet, exerçant son pouvoir durant près de trente ans, au milieu des guerres civiles, Catherine de Médicis est tout aussi soucieuse de préserver l'unité du royaume et l'autorité de l'État que de rétablir l'harmonie entre les Français malgré les rivalités religieuses. Pragmatique, la reine lutte à sa manière, par les plaisirs, contre les guerres confessionnelles. Elle prône le parti de la paix contre celui de la guerre, en s'entourant de femmes ravissantes qui attirent les hommes à la cour, poussant ces derniers, charmés et conquis, à renoncer aux armes. Ballets et spectacles mythologiques mettent en scène sa politique et la gloire de la France.

L'unité de la famille royale est sublimée par les danses et les spectacles auxquels participent d'ailleurs ses enfants, qu'elle a mis dix ans à avoir, après avoir ingéré d'infâmes breuvages mis au point par son parfumeur, René le Florentin, et son médecin, le docteur Fernel. Parmi eux, la « momie », dont le mot vient du latin médiéval *mummia*, qui signifie « substance liquide extraite des corps embaumés utilisée comme drogue médicinale ». Il s'agissait d'une sorte de potion supposée incorporer des restes de corps momifiés, récupérés par des pilleurs de tombeaux en Égypte. Cette préparation odorante, à usage interne et externe, était un mélange de poix et de bitume dont se servaient les anciens Égyptiens pour embaumer leurs morts. Les archives de la compagnie bancaire des Bardi, à Florence, indiquent que ce commerce macabre prospérait au XIVe siècle. Le précieux remède était supposé capable de guérir une grande variété de maux et même de lutter contre la contagion pesteuse. Toutefois, victime de son succès, cette mixture se fait plus rare à partir des siècles suivants. On raconte que Catherine de Médicis alla jusqu'à envoyer son aumônier en Égypte en 1549 pour tâcher de se procurer cette panacée réputée, à laquelle on prêtait de multiples vertus [4].

Cette recette, ou une autre dont elle avait le secret, fut-elle bonne ? À vingt-quatre ans, la reine met enfin au monde un fils, donnant un héritier au trône de France, le futur François II. Neuf autres enfants suivront. Pour chacun de ceux qui seront rois, elle organisera de manière fastueuse leurs « entrées royales », durant lesquelles chaque nouveau souverain et son gouvernement seront loués partout dans le pays par des arcs de triomphe et de petites scènes animées [5]. Chaque étape de ce tour de France donne lieu à une réception festive, où le jeune roi se fait connaître auprès du peuple dans un luxe et un raffinement sollicitant les cinq sens. Ainsi des eaux de fleurs de jasmin ou de néroli* sont-elles versées dans les fontaines. Les éventails, les bijoux, les masques, les plumes d'oiseaux rares, et même les animaux, sont imprégnés de précieuses fragrances. Les articles parfumés prennent la forme de bijoux variés, comme des chapelets d'ambre gris, des boucles d'oreilles, des bracelets, des boutons, des aiguillettes ou des ceintures remplies de pâte de musc. On fabrique aussi de véritables perles à base d'ambre gris ou d'eau de rose, mélangés à des substances telles que la poussière de brique ou la pâte résineuse.

Les bagues à parfum sont également d'usage, portées au-dessus des gants, mais non sans danger. En effet, le chaton des bagues renferme souvent, à la place d'un parfum, des poisons assez puissants pour tuer. Il est d'ailleurs déconseillé de boire du vin servi avec une main gantée et baguée… Du parfum au poison, il n'y a qu'un pas ! Les intrigues de cour et de cœur encouragent un usage immodéré des poisons, dissimulés sous des bouquets de senteur.

L'opinion prêtera à la reine, toute vêtue de noir, une aura maléfique : perçue comme une manipulatrice notoire – usant de son ascendant sur ses fils –, elle est tenue pour responsable de la Saint-Barthélemy (1572). Son fidèle René le Florentin est accusé de confectionner philtres, sachets et gants empoisonnés, sachant mieux que quiconque exploiter le pouvoir ambivalent des parfums. En 1575, un pamphlet anonyme venant du parti huguenot accuse Catherine de Médicis d'avoir empoisonné Jeanne d'Albret, la nièce de François Ier, reine de Navarre et mère du futur Henri IV, au moyen de gants parfumés que lui aurait vendus son sorcier florentin. C'est aussi ce qu'affirme Théodore Agrippa d'Aubigné, farouche adversaire de la cour de France et défenseur du parti protestant.

Désormais, les parfums lourds et forts sentent le soufre, et tout le monde s'en méfie, même s'ils ne cessent de pallier le manque d'hygiène corporelle en camouflant les odeurs de crasse. Les dames nobles et élégantes dissimulent sous leurs vêtements des sachets parfumés avec des pétales de fleurs ou de bois odorants. Les eaux aromatiques, comme l'eau de fleur d'oranger ou de romarin, sont très prisées, ainsi que les fragrances à la lavande. Les matières animales comme l'ambre, le musc ou la civette sont également très convoitées pour leur pouvoir aphrodisiaque. Chacun s'attache à soigner son apparence, déjà considérée comme primordiale.

Lorsque Catherine de Médicis voit, pour la troisième fois, l'un de ses fils, le duc d'Anjou, monter sur le trône sous le nom d'Henri III, l'abus des parfums est tel que le nouveau roi s'attire les foudres des moralistes, qui y voient des incitations à la sensualité et à l'érotisme. Durant son règne, les sols du Louvre sont ainsi jonchés de fleurs et les tentures parfumées. D'une élégance extrême, Henri III porte deux paires de gants l'une sur l'autre, dont une parfumée, doublée de satin incarnadin [6]. La nuit, il protège ses mains avec des gants cosmétiques imbibés d'un mélange de deux mesures de saindoux pour une de cire vierge. Les gants « à la frangipane », parfumés d'un mélange composé notamment de fleurs d'oranger, connaissent un grand succès. C'est le nonce Fabio-Mirto Frangipani qui les aurait apportés d'Italie dans ses bagages lors de ses nombreux déplacements à la cour de Charles IX, puis d'Henri III.

La cour d'Henri III fleure le muguet. Ses « mignons » ou favoris, comme le duc d'Épernon et le duc de Joyeuse, en font une consommation excessive, au point que l'on désigne par le mot « muguets » ces jeunes gens propres et parfumés, passant leurs journées à prendre des bains de lait, se faisant épiler et oindre d'essences. Dès le début du XVIe siècle, les barbiers ont une petite fiole d'eau de senteur dont ils aspergent sur la face, et les combattants dans les tournois emploient une toile de Hollande parfumée pour se rafraîchir le visage entre les assauts. Henri III lavait même ses bilboquets et ses perroquets dans des bains odoriférants !

Le 5 janvier 1589, à Blois, veille du jour des Rois, Catherine de Médicis se sentant partir, veut faire son testament et demande à se confesser. Dans les bras de son fils Henri III et dans les étouffements de la pleurésie, elle rend l'âme à l'âge de soixante-dix ans. Cette fin rapide stupéfie la cour, habituée à voir la reine mère si vaillante. Des rumeurs d'empoisonnement se mettent à circuler, et Henri III ordonne une autopsie. Finalement, la mort naturelle est annoncée, et le corps de la reine est embaumé puis orné des plus beaux habits d'or qui soient au palais, avant d'être déposé dans un cercueil de plomb, lui-même enfermé dans un de bois. Ses obsèques se déroulent un mois plus tard, le 4 février 1589, dans l'église Saint-Sauveur de Blois, et une bien poétique épitaphe est ajoutée pour la postérité en son honneur :

Ci-gît la fleur de l'État de Florence,
Veuve du roi, mère de rois aussi,
Qui conserva d'un merveilleux souci
Tous ses enfants contre la violence…

Parant aux coups de la haine de rancœur,
Seule fermait à nos troubles la porte.
Enfin elle est morte, une veille des Rois,
Et par sa mort je crains, peuple français,
Qu'avec la paix, la royauté ne soit morte.

Or ce que l'histoire ne dit pas, c'est que l'on s'aperçoit très vite que l'embaumement se révèle peu efficace, la ville de Blois étant dénuée des drogues et aromates nécessaires à ce genre de pratique. Il fallut donc enterrer précipitamment le cercueil en pleine terre, dans l'église Saint-Sauveur, car la dépouille dégageait une terrible odeur. Ainsi, le dernier sillage de Catherine de Médicis ne fut guère à la hauteur de cette « fleur de l'État de Florence », devenue reine de France, qui avait apporté les plus merveilleux parfums.

VI

Marie de Médicis

Et le « gousset » du roi Henri IV

La première rencontre entre Marie de Médicis et Henri IV est loin d'être un coup de foudre olfactif, à tel point que l'histoire en conserve encore le souvenir ! Car si l'être humain peut fermer les yeux pour ne pas voir, se boucher les oreilles pour ne pas entendre ou encore reculer pour éviter les contacts, il ne peut se priver de respirer ni se soustraire aux odeurs ! Marie de Médicis l'aura appris à ses dépens, en se mariant au roi de France.

La véritable raison des noces célébrées entre la Florentine et le « Vert galant » est une question d'alliances. Henri IV a d'abord épousé Marguerite de Valois, fille de Catherine de Médicis, le 18 août 1572, mais, le couple n'ayant pu avoir d'enfant, Henri IV a répudié son épouse. Devenu roi de Navarre après la disparition de sa mère, Jeanne d'Albret, en 1572, Henri IV est le fils d'Antoine de Bourbon. C'est à la mort d'Henri III, en 1589, qu'il devient roi de France, en abjurant le protestantisme devant l'archevêque de Bourges et en se convertissant au catholicisme ; selon les mots qui lui furent attribués : « Paris vaut bien une messe. »

Une fois assis sur le trône, Henri IV a des préoccupations dynastiques et financières, aussi envisage-t-il la jeune Marie de Médicis comme une parfaite alliance. Elle a vingt-cinq ans, lui vingt de plus. Née à Florence le 26 avril 1575, elle est la sixième enfant de François de Médicis, grand-duc de Toscane, et de Jeanne, archiduchesse d'Autriche. Dès l'âge de douze ans, l'enfant se retrouve orpheline. Petite-fille de l'empereur romain germanique Ferdinand Ier, elle peut à ce titre assurer légitimement une descendance royale en France. Cerise sur le gâteau, les Médicis, banquiers créanciers du roi de France, promettent une dot d'un montant total de six cent mille écus d'or, qui annule la dette contractée par la France auprès de la banque Médicis.

C'est pour cette raison que Marie de Médicis, nouvelle épouse d'un roi volage, lorsqu'elle arrive au milieu d'un véritable harem de maîtresses, est traitée de « grosse banquière » par l'une d'entre elles, Henriette d'Entragues, qui s'imaginait volontiers monter sur le trône de France à sa place. Grosse, l'Italienne l'est par sa fortune, mais, physiquement, elle serait plutôt pulpeuse, bien en chair et sensuelle, ce qu'Henri IV apprécie particulièrement. Pourtant, une fois le contrat signé, en mars 1600, lors des cérémonies officielles organisées en Toscane et en France d'octobre à décembre de la même année, le roi ne se montre pas empressé auprès de sa jeune épouse.

Le mariage se fait par procuration à Florence, en l'absence du souverain, mais au milieu de festivités grandioses, données en l'honneur de Marie par son oncle Ferdinand Ier de Médicis. La jeune épousée embarque ensuite à bord de l'une des dix-sept galères de la flotte, accompagnée de sa suite, composée de deux mille personnes, pour rejoindre la France. La galère royale, marquetée d'ivoire et de bois précieux, porte les armes des deux maisons, rehaussées de diamants, de rubis, de saphirs, d'émeraudes. Les chambres sont tendues de draps

Portrait de Marie de Médicis
Tableau de Frans Pourbus, 1605
Collection privée © Heritage Images / Aurimages.

d'or. L'embarcation se veut la vitrine somptueuse du grand-duché de Toscane et de son faste, destinée à éblouir le roi de France. Mais il n'en sera rien, car Henri IV ne prend pas la peine d'aller à Marseille accueillir son épouse, préférant y envoyer la future dame d'honneur de la reine. Vexée du peu d'intérêt que lui porte d'emblée son royal époux, Marie de Médicis est furieuse... Néanmoins, la traversée de la France se fait sous les cris d'allégresse, et Marie reste dans l'impatience toute naïve de rencontrer son époux. Ce jour arrive enfin, le 9 décembre, à Lyon. La ville réserve un bel accueil à sa nouvelle reine, attendant fébrilement la naissance d'un héritier, comme le révèle ce quatrain :

Pour une princesse aussi belle
Je pouvais paraître autrement,
Mais j'ai gardé mon ornement
Pour le Dauphin qui naîtra d'elle

Après le souper, Marie de Médicis et Henri IV passent rapidement dans la chambre à coucher, afin de répondre aux attentes du royaume. Or point d'extase ni de volupté, car le nez fin et sensible de Marie est incommodé par la forte odeur de bouc du sémillant roi Henri. Son parfum ordinaire, mélange d'ail et de fumets très personnels, la fait tourner de l'œil, et elle se sent vraiment mal. Quel désenchantement pour la jeune épousée ! Sa vue avait détaillé l'apparence de son nouvel époux avec satisfaction, mais son odorat la fait défaillir. Tallemant des Réaux en témoigne dans ses *Historiettes* : « Quand Marie de Médicis coucha avec lui pour la première fois, elle ne laissa pas d'être terriblement parfumée, quelque bien garnie qu'elle fût d'essence de son pays [1] ! »

Certes, connaissant la réputation de son époux, Marie, prudente, avait pris soin d'apporter dans ses coffres les plus fines senteurs de Toscane. Mais ce ne fut pas suffisant pour adoucir les émanations de Sa Majesté. En l'espace de quelques minutes, la raffinée grande-duchesse de Toscane vit ses délicats effluves vaincus par le sillage malodorant du roi de France. Malgré cet épisode malheureux, le tant attendu Dauphin – le futur Louis XIII – naît en septembre 1601, soit neuf mois après cette mémorable nuit de noces ! À croire que les phéromones [2] d'Henri IV furent plus fortes que la raison d'État, et Marie de Médicis découvre cette nuit-là que le parfum n'est pas un luxe, mais une nécessité, pour qui partage la couche du roi ! Surnommé le « Vert galant », Henri IV est bon vivant, paillard. Tout le contraire de son prédécesseur, le roi Henri III, qui se fardait et couvrait ses cheveux de poudre de violette musquée. Henri IV, lui, « pue comme une charogne », ose dire Henriette d'Entragues, une de ses nombreuses maîtresses !

Une autre maîtresse du roi, Gabrielle d'Estrées, eut aussi beaucoup de mal à supporter ses avances, lorsque celui-ci tomba fou amoureux d'elle, crotté et parfumé comme un commis d'étable. Elle avait du mal à partager ses rituels fétichistes lorsqu'il lui rendait visite, comme son goût immodéré pour son odeur d'aisselle moite qui lui apparaissait comme des plus aphrodisiaques au cœur du « bouquet naturel » de sa maîtresse. En effet, les cheveux et les poils transportent les phéromones, et agissent comme des réservoirs d'odeurs et de désirs. Mais la jeune femme avait été élevée au milieu des plus doux parfums, tels celui des poudres composées par sa mère, Françoise Babou de la Bourdaisière. Élégante et délicate, Gabrielle d'Estrées aime habiller ses mains de gants cousus dans les plus fines peaux parfumées. L'inventaire de son décès en 1599 mentionne ses « deux chaînes de parfums, six boutons d'or et de diamants pleins de parfums, un bracelet d'or à plusieurs senteurs, une poire de parfums, et une main de parfums garnie d'or ». Ces raffinements olfactifs adoucissent les penchants fétichistes pour les senteurs de la nature humaine qu'affectionne Henri IV, et que ne supporte pas sa favorite. Elle prend cependant son mal en patience, conservant son goût pour la toilette en échange de présents royaux. Premier roi Bourbon de la Renaissance, Henri IV apprécie les matières animales telles que le musc et l'ambre, qui caractérisent cette époque, avec les « poudres de chypre* » et de violette. Sa coquetterie consiste dans les peaux de senteur qu'il porte, ainsi qu'un pourpoint au cuir musqué et des gants chargés d'ambre.

Car, jovial, Henri IV aime pimenter ses ébats d'une petite note fauve, pour donner « entrain à l'ouvrage », ce qui plaisait en revanche à sa première épouse, Marguerite de Valois, au riche tempérament, qui aimait les effluves animaux, comme l'ambre et le musc [3], autant que les ébats d'alcôve. Cependant, dans cette charge d'« accompagner le roi au jeu de pousse avant », toutes les maîtresses, et surtout sa deuxième épouse, ne goûtent pas au fumet du Béarnais. Pourtant, alors qu'il n'était qu'adolescent, Henri IV suivait régulièrement sa mère lorsqu'elle allait se baigner et goûter aux bienfaits des Eaux-Chaudes, une station thermale des Pyrénées-Atlantiques qui avait gagné ses lettres de noblesse grâce à ses eaux admirables, reconnues contre la stérilité.

Devenu roi de France, Henri IV aime aussi se rendre aux thermes d'Aix-les-Bains. Là, il se fait oindre d'onguents et se fait masser. « Tous les bains et étuves des médecins de Paris et de France ne valaient rien en regard de ceux-ci », juge-t-il. Libertin avant l'heure, il fréquente à Paris l'hôtel Zamet, la « maison de ses menus plaisirs », un palais d'amour luxueux qui propose le meilleur bain de la capitale, mêlé des essences de Toscane et de Provence, et suivi, à la demande, de l'onguent et du massage… Aux plaisirs de l'eau succèdent d'autres plaisirs plus voluptueux. Toutefois, ces bains parfumés ne semblent pas suffire à Marie de Médicis, qui doit subir sans faiblir « les pieds et le gousset fin » de son époux. Femme de belle prestance, au teint d'une blancheur parfaite, elle mettra au monde six enfants en l'espace de neuf ans. Elle remplit ainsi parfaitement les attentes d'Henri IV, qui l'avait choisie pour sa nature robuste, et joue son rôle d'épouse et de mère. Au moment de leurs noces, il lui avait demandé sans détour de rester saine et gaillarde, écartant tout érotisme dans leurs relations intimes :

Comme vous désirez la conservation de ma santé,
Je vous recommande aussi la vôtre,
Afin qu'à votre arrivée
Nous puissions faire un bel enfant…

Aussi, Henri IV exige de Marie de Médicis une hygiène spéciale, qui se résume à des purgations et des saignées qu'effectue son chirurgien Hélie Bardin. La jeune femme s'y soumet volontiers, car elle possède une conscience très vive de son devoir de procréer, en particulier des garçons. Comme Henri IV, elle boit neuf verres d'eau de Spa (une source située dans la province de Liège) en quelques heures seulement, pour faire, disait-elle « provision de santé », qu'elle a d'ailleurs excellente, n'étant que très rarement malade [4].

Pour soulager sa répulsion envers les odeurs de « charogne » de son mari, Marie de Médicis use et abuse des parfums, qu'elle connaît fort bien. Si les Médicis ont tiré leur fortune de leur habile pratique du négoce et de l'usure, ils ont aussi élevé les parfums à Florence, capitale des arts et des lettres, au rang des beaux-arts, et accessoirement des poisons ! À l'instar de Catherine de Médicis, une fois devenue reine de France, Marie est l'ambassadrice de la pharmacie de Santa Maria Novella, qui s'est considérablement développée, possédant un des plus beaux catalogues de parfumerie de l'époque. En effet, depuis 1221, est établi à côté de la grande église Santa Maria Novella un monastère, dont l'Officina Profumo-Farmaceutica, rattachée aux moines dominicains, fabrique des parfums, savons, pots-pourris, parfums d'intérieur. Toutefois, la fondation officielle n'est réalisée qu'en 1612, sur suggestion du grand-duc de Toscane, prenant le nom de Fonderia di Sua Altezza Reale.

Marie de Médicis garde à la cour de France ses habitudes florentines. Ses coffres et son cabinet de toilette débordent de flacons de Florence, mais aussi de ses compositions personnelles ou de celles de ses parfumeurs italiens, qu'elle installe rue de Tournon, dans le luxueux hôtel de sa confidente et sœur de lait, Léonora Galigaï, qui est vite soupçonnée de sorcellerie, parfums et poisons faisant encore bon ménage. Marie de Médicis parfume toutes ses affaires en y glissant des sachets de satin brodés d'or et d'argent remplis d'essences et d'aromates. Elle affectionne en particulier les poudres et senteurs du bel et précieux iris de Florence. En revanche, elle déteste jusqu'à la syncope le parfum des roses, laissant penser à son entourage qu'un tel dégoût pour une si douce senteur doit être le signe d'une sécheresse de cœur. La rose diffuse en effet une odeur suave, mais tellement riche et facettée qu'elle était aussi réputée comme pouvant exacerber les humeurs des femmes nerveuses.

La reine n'hésite pas à utiliser l'une des recettes les plus réputées du monastère de Santa Maria Novella, l'*acqua di*

Santa Maria, dite « eau anti-hystérique », réputée pour son action sédative et antispasmodique, qui la soulage après chaque scène de ménage. En effet, de nature jalouse, Marie de Médicis supporte très mal les infidélités d'Henri IV et ses nombreuses indélicatesses à son égard. Ainsi, les senteurs délicates chassent-elles les idées noires de la reine, qui goûte davantage aux plaisirs de la toilette et des parfums qu'aux charges austères du royaume. Ses parfumeurs attitrés se nomment Simon Devaux, Emmanuel Mandez, un Portugais de Bragance et un certain Arnauld Maren. La reine aime assister aux travaux de ce dernier dans le local de l'hôtel de la rue de Tournon et n'hésite pas à manier l'alambic pour fabriquer elle-même des parfums, dont plusieurs recettes ont été consignées. Certains contiennent de l'huile de jasmin, d'ambre ou de musc, qu'elle fait venir spécialement de Florence.

Ce n'est pas pour imiter sa femme qu'Henri IV se met tardivement à apprécier et à utiliser les parfums. Mais, en 1609, le roi tombe amoureux de la très jeune Charlotte de Montmorency, âgée seulement de quatorze ans et demi (le roi en a cinquante-six !). Pour lui plaire, il se met à faire étalage de coquetterie. Le « Vert galant » se parfume, recherche les vêtements les plus élégants et porte la fraise chargée de violette musquée et le rabat au point de Flandres, cousu d'ambre et de chypre. La poudre de violette dont le roi fait usage est alors composée de racine d'iris, de fleurs de roses séchées, de bois de santal, de cyprès, de benjoin, de marjolaine, de styrax, de calamus*, de girofle, d'ambre gris, de coriandre et de lavande. C'est la liaison de trop pour Marie de Médicis, qui craint d'être répudiée à son tour. Elle ne supporte plus les humiliations répétées de son mari, comme celle d'être forcée de côtoyer ses conquêtes, de plus en plus jeunes, d'élever ses bâtards en même temps que ses propres enfants. Pour couronner le tout, Henri IV se montre pingre avec elle, refusant de régler les dépenses qu'elle engage pour manifester à tous son sang royal. Avec l'aide de son ministre Sully, Henri IV a en effet repris en main les comptes du royaume, ruiné par trente années de guerre civile. Il souhaite assainir les finances et lance des industries nouvelles, comme celle de la soie, sous la direction de Laffemas. Il juge donc inutiles les penchants pour la dépense de son épouse qui, en tant que reine, doit donner l'exemple.

Marie de Médicis a une autre obsession : celle de se faire couronner officiellement reine de France, afin de réparer tous les affronts qu'elle a subis. Son vœu finit par être exaucé le 13 mai 1610, à la basilique Saint-Denis... la veille de l'assassinat du roi par François Ravaillac, rue de la Ferronnerie, alors qu'il allait rendre visite à son ministre Sully, malade. Marie de Médicis devient alors régente, leur fils Louis étant âgé de seulement neuf ans. La Régence ouvre une période marquée par le retour aux frivolités et à l'usage des fards et des cosmétiques. L'usage de la mouche fait son apparition sur les peaux blanches des coquettes, dont les cheveux commencent à être excessivement poudrés et parfumés à l'iris, à la cannelle, au bois de rose ou encore au benjoin. Marie de Médicis commande auprès de ses parfumeurs de nouvelles pâtes de toilette, et parfume même ses jarretières. Pour ses invités, elle fait brûler dans ses appartements des cassolettes de térébenthine de Chio* ainsi que des résines de Lyon et de Bayonne [5].

En tant que régente, elle va se rapprocher de l'Espagne, en mariant notamment sa fille Élisabeth à l'infant Philippe IV d'Espagne et son fils Louis XIII à Anne d'Autriche. Mais la noblesse française entre en révolte contre la reine, et, le 3 mai 1616, le prince de Condé accède au Conseil du roi par le traité de Loudun. Louis XIII, lassé du favoritisme et de la corruption menés par sa mère, prend le pouvoir par un coup d'État, le 24 avril 1617. Marie de Médicis est exilée au château de Blois, dont elle s'évade deux ans plus tard, le 22 février 1619 ! Elle ne tarde pas à monter une rébellion contre son fils, puis se lie aux grands du royaume, avant d'être finalement pardonnée par le jeune roi.

Revenue à la cour, Marie de Médicis s'attelle à soutenir les arts et à superviser, à partir de 1615, la construction de son palais du Luxembourg. Catholique fervente, elle favorise l'installation d'ordres religieux. Quand elle commence à trouver que le cardinal de Richelieu, qu'elle avait pourtant placé elle-même auprès de son fils, prend du grade un peu trop vite, elle tente de l'évincer, ce qui est loin de plaire au roi. Elle quitte définitivement les affaires en 1631, sillonnant ensuite l'Europe pour plaider sa cause auprès de toutes les cours. En vain. Elle meurt des suites d'une maladie en 1642, à Cologne, dans la maison de Pierre-Paul Rubens, le célèbre peintre qu'elle avait soutenu et qui participa à la décoration de son palais du Luxembourg. Après sa mort, les qualificatifs les moins valorisants seront choisis pour décrire cette reine, jugée sévèrement balourde, ignorante, égoïste, insensible, aimant trop et sottement le pouvoir. Le sillage de Marie de Médicis est en revanche bien plus fin et subtil que sa légende noire.

VII

La narcotique tubéreuse de la marquise de Montespan

Le parfum de la tubéreuse tentatrice et sulfureuse évoque parfaitement Françoise-Athénaïs de Rochechouart de Mortemart, marquise de Montespan, qui partage avec le roi Louis XIV les attraits du plaisir, du faste et de la chair. La flamboyante favorite du roi, véritable reine-sultane à Versailles, aimait user des propriétés aphrodisiaques, aussi dangereuses que narcotiques, de cette longue fleur blanche qui fleurissait dans le parc du château.

En 1660, elle entre à la cour sous le titre de courtoisie de Mademoiselle de Tonnay-Charente, au service d'Henriette d'Angleterre, femme de Monsieur et belle-sœur de Louis XIV. Les jeunes filles non mariées et nobles étaient ainsi placées auprès de la reine ou d'une princesse pour prendre une place à la cour, bénéficier de gages et de faveurs, et surtout se mettre en quête d'un époux. Elle a vingt ans, et la voilà lancée dans le monde. On loue alors la modestie et la sagesse de son comportement, ce qui changera par la suite. Bien que son nom de baptême soit Françoise, elle adopte celui d'Athénaïs lorsqu'elle commence à fréquenter à Paris les salons précieux, où elle se fait remarquer par sa culture, mais

Madame de Montespan
Huile sur toile de l'École française, (XVIIe siècle)
Musée de Tessé, Le Mans, © Bridgeman Images.

surtout par son sens de la répartie, ayant hérité de son père ce que Voltaire appelait l'« esprit Mortemart ». Athénaïs descend de l'une des plus anciennes familles nobles de France, originaire du Poitou, les Rochechouart-Mortemart, dont on retrouve la trace jusqu'au XIIIe siècle. Elle aurait d'ailleurs osé déclarer devant le roi : « Vous, les Capétiens, n'étiez rien quand nous tenions déjà le haut du pavé. » Toute sa lignée gravite dans l'entourage royal depuis plusieurs générations. Son père est premier gentilhomme de la chambre de Louis XIII, et sa mère dame d'honneur d'Anne d'Autriche.

En 1663, Athénaïs épouse le très gascon Louis-Henri de Pardaillan de Gondrin, marquis de Montespan et duc d'Antin, dont les titres sont aussi flamboyants que ses finances sont plates. Elle se porte candidate en 1663 pour devenir dame d'honneur de la reine Marie-Thérèse, soutenue par Monsieur, frère du roi, qui apprécie son piquant. Même si on murmure que la reine Marie-Thérèse souhaite autour d'elle des femmes vieilles et laides, afin que le roi n'en fasse pas ses maîtresses, elle prend auprès d'elle la belle Athénaïs ! Il faut reconnaître que les fées s'étaient penchées sur son berceau le jour de sa naissance, en ce 5 octobre 1640. Athénaïs est auréolée de beaux cheveux blonds. Elle possède un regard azur et pétillant, une bouche délicate et un nez aquilin. Son corps est délicatement potelé. Elle affiche aussi un port de déesse et une démarche altière. Sa beauté rayonne, et elle se fait remarquer par son intelligence vive et sa forte personnalité, toujours prête à lancer une remarque acérée et caustique. La cour la redoute et invente l'expression « passer par les armes » pour désigner le fait d'avoir été victime d'un bon mot de la Montespan.

Ses fonctions de dame d'honneur dans la Maison de la reine l'amènent à rencontrer le roi quotidiennement, lorsqu'il rend visite à son épouse. Étant de noble extraction, Athénaïs peut aller danser aux ballets de la cour. Lors de celui donné au Louvre en 1662, *Hercule amoureux*, elle a le privilège d'être la partenaire du roi. Tout à son amour pour Louise de La Vallière, Louis XIV ne la remarque pas encore. Et pourtant, elle irradie de grâce à chacune de ses apparitions. Mais le roi est alors agacé par cette jeune femme fière et superbe qui le provoque et cherche à l'attiser. Leurs relations, tout d'abord chastes, naquirent dans un climat conflictuel, basé sur un défi permanent. Elle est imprévisible, provocante et capricieuse. Le roi n'est pas homme à se laisser faire et résiste à son joug impérieux. Elle feint la vertu, le dédain et l'indifférence, il fait mine de ne rien voir. Ce sont deux orgueils et deux volontés qui s'affrontent, ce qui pimente leurs relations. Mais la stratégie d'Athénaïs s'avère payante, et le roi, qui semble avoir trouvé son *alter ego* féminin, se pique enfin à son jeu. Il se promet de la conquérir ; la marquise provoque en lui une irrésistible attirance sensuelle.

La Montespan devient en secret la maîtresse du roi en 1667, puis sa favorite en titre en 1674, après avoir évincé Louise de La Vallière au lendemain du ballet des *Fêtes de l'Amour et de Bacchus*, écrit sur une musique de Lulli, que le roi, magnanime et amoureux, donne en son honneur le 18 juillet 1668. Ce grand divertissement royal, qui a coûté 117 000 livres – soit le prix d'un petit château –, marque le début de sa liaison officielle avec le Roi-Soleil, d'autant qu'elle est rapidement enceinte, ce qui la met au désespoir de devoir annoncer la nouvelle à son mari et d'étaler la grossesse aux yeux de la cour. Ses craintes étaient fondées, car Pardaillan, marquis de Montespan, a le déshonneur flamboyant du mari humilié. Il s'empresse d'afficher son statut de cocu officiel pour ternir la réputation de sa femme. Ne manquant ni de panache ni d'humour, et n'ayant pas réussi à faire annuler son mariage par l'Église, il prend le grand deuil, comme si son épouse était morte. Donnant à son ressentiment tout l'éclat gascon dont il peut s'aviser, il fait décorer son carrosse de bois de cerf, afin de rendre publique sa situation que, d'ailleurs, tout le monde connaît. La cour rit sous cape, jacasse et se gausse. Molière fait donner *Amphitryon* aux Tuileries devant le roi et un public hilare, mettant en scène l'adultère royal :

Un partage avec Jupiter
N'a rien du tout qui déshonore,
Et sans doute il ne peut être que glorieux
De se voir le rival du souverain des dieux.

Mais Louis XIV trouve la plaisanterie de mauvais goût. Le marquis est forcé à l'exil en Guyenne, interdit de quitter son domaine. Tout a un prix, même une épouse. Le Trésor royal lui verse cent mille écus pour l'apaiser, lui réglant ainsi ses dettes. La Montespan, à présent soulagée de son encombrant mari, se consacre tout entière au plaisir du roi. Elle a vingt-six ans, n'est donc plus dans l'extrême jeunesse – selon les canons du temps –, mais possède cette beauté épanouie que les hommes aiment de manière irrésistible et que les femmes vont jalouser. Madame de Sévigné la désigne d'ailleurs comme une « beauté à faire admirer à tous les ambassadeurs ».

Athénaïs est de ce type de favorites flamboyantes, « maîtresses régnantes », et son apogée coïncide avec celle de Louis XIV, astre de lumière aux yeux de tous, devant qui elle est la seule à ne pas trembler. Rapidement, elle est investie d'un rôle de représentation féminine qui doit normalement revenir à la reine, mais que Marie-Thérèse, personnalité effacée au physique ingrat, est incapable de tenir. Elle devient un élément fort du château de Versailles, alors à son zénith, contribuant, aux côtés de Louis XIV, dont l'emblème est le soleil depuis 1662, au faste de ces lieux de prestige du royaume de France.

Calculatrice, intrigante, hypocrite, mais terriblement intelligente, ce qui rend sa beauté si rare, la marquise organise dans ses appartements, en marge de la cour officielle, une société plus restreinte mais plus choisie, plus gaie, plus érudite et aussi plus raffinée. Elle est connue pour la délicatesse de ses goûts, et, en matière de parfums, se montre déterminée à l'extrême, se faisant frictionner nue avec des pommades odorantes et des parfums forts, deux à trois heures par jour. Son sillage enivrant lui offre une armure invisible, une aura, un pouvoir lumineux qui annonce son arrivée et prolonge sa présence. Elle ne fait jamais dans la discrétion et sait manier le pouvoir aphrodisiaque que possède une peau parfumée, sublimant l'odeur *sui generis*. Ses parfums finissent par faire tourner la tête au roi, qualifié de « roi le plus doux fleurant » par Simon Barbe, dans *Le Parfumeur françois* (1693), insinuant non sans flatterie que le roi absolu et de droit divin ne peut que dégager une bonne odeur, à la manière de celle de l'ambroisie, qui caractérise les dieux de l'Olympe.

Or il est notoire que l'odeur corporelle du roi n'est pas si douce que cela, à en croire les mémoires de Saint-Simon [1] ! Simon Barbe est parfumeur, mais aussi un habile écrivain, courtisan à ses heures, qui tenait boutique dans la seconde moitié du siècle, rue des Gravilliers à Paris, à l'enseigne de « La Toison d'or ». Sous le règne de Louis XIV, le parfum est à Versailles un véritable apanage royal et un luxe réservé aux courtisans, de la même façon qu'il était dans l'Antiquité l'exclusivité des dieux. Le parfum est le corollaire du pouvoir voulu par Dieu. Par la volonté de Louis XIV, il devient un élément de la parure, et il est alors de bon ton, à la cour, de paraître chaque jour devant le roi avec un parfum différent, si bien qu'une personnalité se distingue à son sillage. Les parfumeurs créent sur mesure des eaux de senteur pour leur illustre clientèle, et embaument les fêtes. Les fards sont aussi significatifs du rang social que chacun occupe dans la société, tout comme les vêtements [2].

Colbert, le nouvel argentier du royaume, intendant des Finances en 1661, puis contrôleur général des Finances en 1665, relance l'économie française par différentes mesures d'interventions de l'État. Il encourage le développement de la fabrication des parfums et institue les métiers d'art, à l'origine du luxe français, auxquels la parfumerie va appartenir, car le parfum représente un produit rare, précieux et cher. Dans *Le Parfumeur françois*, Simon Barbe décrit les usages parfumés de la cour :

> Les fleurs dont on se sert sont la fleur d'oranger, la rose, la muscade, la tubéreuse, le jasmin. Ce sont les odeurs les plus fortes. On les choisit à cause de l'usage des peaux, qui est d'être employées pour couvrir le corps des femmes, les boëtes et autres semblables ouvrages.

Ainsi, à la cour de Louis XIV, tous les moyens sont bons pour profiter des vertus du parfum, que ce soit avec les « mouchoirs de Vénus » – des étoffes imprégnées d'essences odoriférantes –, avec des lotions corporelles, à base de vin du Rhin, d'eau d'épinards et de verjus*, ou bien encore grâce à des crèmes renfermant du cacao et de la vanille [3]. Il est aussi recommandé aux personnes âgées de mettre des bonnets –

les « cucuphes » –, sous lesquels on glisse des gommes, des résines et toutes sortes d'aromates différents.

Louis XIV pouvait rivaliser avec la douceur enivrante de la peau parfumée de la Montespan, car il avait développé tôt le goût des frivolités et des parfums forts. Petit-fils d'Henri IV, il a hérité de son aïeul des penchants olfactifs pour la « note fauve » et se parfume à la civette, au jasmin ou au castoréum*. D'après les écrits de Saint-Simon, le roi amoureux aime se rendre chez le baigneur pour se faire laver et parfumer. Il fréquente un établissement des bains situé rue Neuve-Montmartre, tenu par un certain Lavienne. On prétend que « le roi avait trouvé chez Lavienne des confortatifs [aphrodisiaques] qui l'avaient rendu plus content de lui-même [4] ». Lavienne fut nommé premier barbier du roi, et son fils reçut la charge de gentilhomme ordinaire de la chambre du roi, en tant que premier valet de chambre. Pour sa toilette sèche, le roi a coutume d'utiliser une éponge trempée dans une eau mêlée d'esprit-de-vin.

À l'instar de leur souverain, les courtisans se frottent le corps avec des savonnettes de Bologne, au citron ou à l'orange. Les mains et le visage sont rincés à l'aide de vinaigres parfumés. Puis les mains sont enduites de pâtes d'iris, de benjoin et d'amande douce, permettant d'en ôter la saleté en douceur. Se laver les dents fait aussi partie des rituels de toilette de la cour, grâce à des opiats* à la cannelle, à l'orange, au clou de girofle et au citron. Pour les cheveux, il est courant d'utiliser des huiles et des pâtes au santal, à la rose, à la lavande ou au jasmin, afin de les rendre propres et de les entretenir sous la perruque, qui en dissimule la crasse. Tout sent fort : il s'agit de masquer les mauvaises odeurs corporelles ou d'en amplifier la note sexuelle. Un certain raffinement olfactif, poussé jusque dans les alcôves, se met en place à la cour, autant par goût que par nécessité.

La marquise de Montespan n'est pas seule à partager la couche du roi, mais elle règne sur son cœur. Le roi lui offre des cadeaux somptueux, dans lesquels il est difficile de séparer ce qui est lié à la femme dont il est amoureux de ce qui est destiné à parer la vitrine de la monarchie française qu'il expose au monde. La Montespan obtient à Versailles un appartement des Bains, situé au rez-de-chaussée, juste sous l'appartement du Roi-Soleil. Dans ce véritable temple de Vénus, elle règne sans partage et se montre experte en volupté, à la manière d'une reine-sultane. Cet appartement sert en réalité plus à l'amour qu'à l'hygiène et ferait rougir la vertu. Au bout d'une enfilade de pièces richement ornées de peintures et de colonnades, on accède à des lieux réservés à l'intimité. Dans une chambre de repos, ornée d'un miroir géant, trône un vaste lit recouvert de brocart, à figures pastorales. Plus loin, on accède au cœur secret de l'ensemble, le somptueux cabinet des bains, avec sa vaste pièce octogonale, taillée dans un seul bloc de marbre, bordée de marches et de sièges, alimentée par un savant système de tuyauteries en eau chaude parfumée d'herbes odoriférantes.

La passion de la Montespan pour le luxe développe le goût de la magnificence chez Louis XIV, qui lui fait bâtir en 1674 le somptueux château de Clagny, au nord-est du château de Versailles, avec ses allées d'orangers en caisse, sa pépinière, son potager et sa ferme. Tout comme à Versailles, Hardouin-Mansart et Le Nôtre supervisent les travaux, qui durent dix ans et coûtent au Trésor royal une somme astronomique. Pour sa favorite, qui se plaignait l'été des longues promenades sous le soleil, Louis XIV demande à Le Vau la construction, dans le parc de Versailles, d'un petit château « commode pour passer quelques heures du jour pendant le chaud de l'été ».

Entièrement décoré de faïences bleu et blanc, il est surnommé « Trianon de Flore », puis « Trianon de Porcelaine ». Lieu de détente, de réjouissances et de spectacles, cette ravissante fantaisie abrite les amours de Louis XIV et de la marquise. L'ornementation extérieure, d'une richesse à la fois légère et un peu folle, donne une impression de vie et de fraîcheur. Par son ambiance de luxe et de sensualité, l'endroit dépasse tout ce qui a été réalisé auparavant. Dans la chambre des amours, les murs sont recouverts de carreaux de porcelaine, et tous les éléments sont peints en bleu et blanc, à l'imitation de la porcelaine. Quant aux lits, ils présentent un décor d'une richesse extraordinaire. Selon un principe auquel est attaché Louis XIV, le domaine est le résultat d'une collaboration étroite entre Le Vau et Le Bouteux, le jardinier. Les parterres du Trianon sont constitués des fleurs les plus rares et les plus parfumées, plantées dans des pots qui sont ensuite enterrés dans le sol.

Au Trianon, le roi fait aussi aménager un cabinet des parfums où sont conservées toutes les essences. Il se trouvait en bordure du parterre bas où étaient répartis les orangers, dont les fleurs étaient cueillies par les jardiniers. Située à l'angle nord-ouest du parterre haut, une serre, destinée à la visite, abrite principalement la culture des tubéreuses, des jasmins et des lis. Afin que les orangers puissent survivre à la rigueur de l'hiver, des serres démontables avaient été imaginées. Le Bouteux dispose dans ce jardin des senteurs des jasmins d'Espagne, des orangers, des tulipes, des anémones, des giroflées, des jacinthes, des narcisses de Constantinople... Les jardiniers peuvent aisément changer chaque jour l'agencement des couleurs et des parfums des fleurs, selon la volonté du roi, comme le changement à vue d'un décor de théâtre.

Ainsi, le roi peut offrir à ses invités de marque, après le déjeuner, la surprise de parterres différents de ceux qu'ils ont vus le matin. Partout, l'air est parfumé, ainsi que le rapporte l'architecte et historiographe André Félibien, écrivant en 1674 que « l'air qu'on y respire est toujours parfumé [des fleurs] des Jasemins & des Orangers sous lesquels on se promène ». Un autre témoin ajoute : « J'ai vu le Roi et toute la cour quitter (les parterres) à force de tubéreuse dont l'odeur [...] était si forte par leur quantité que personne ne put tenir dans le jardin quoique très vaste ». Certains soirs d'été, l'abondance des fleurs est telle qu'il est impossible de se tenir sur la terrasse, tant les exhalaisons sont puissantes. On y trouve aussi des orangers cultivés en pleine terre. Les parfums sont si présents que, lors de l'achèvement de sa construction en 1671, André Félibien dit du Trianon de Porcelaine :

> Ce palais fut regardé de tout le monde comme un enchantement : car n'ayant été commencé qu'à la fin de l'hiver, il se trouva fait au printemps, comme s'il fût sorti de terre avec les fleurs des jardins qui l'accompagnent.

Au Trianon, le nom des petits pavillons, « des Confitures », « des Entremets », « des Potages » et « des Fruits », donnent à penser que les personnes de passage y profitent aussi des plaisirs de la table. Le Trianon de Porcelaine avait pour vocation d'être un endroit enchanteur. Le roi finit cependant par trouver ce pavillon trop exigu... Et, comme il se détache peu à peu de la belle marquise, il imagine construire une résidence de campagne plus commode, où il pourrait loger sa famille. D'autant que Madame de Maintenon, qui a pris le cœur du roi par la douceur et la vertu, est devenue secrètement son épouse en 1683, à la mort de la reine Marie-Thérèse. Elle ne peut souffrir de résider sur les lieux de son ancienne et sulfureuse rivale. Louis XIV ordonne alors la destruction du Trianon de Porcelaine dès 1687.

Peu à peu, les habitudes de se parfumer la peau comme l'aimait la Montespan sont jugées excessives par le roi, qui ne peut plus les respirer. Le règne de l'orgueilleuse marquise de Montespan commence à décliner. Le roi souffre de migraines, et ces senteurs capiteuses lui sont rendues insupportables, d'autant plus que l'« affaire des poisons » a débuté en 1676, avec le procès de la marquise de Brinvilliers. Au moment de son exécution en place de Grève, cette dernière révèle que de nombreuses personnes ont participé à ce commerce de poisons, sans dévoiler leur identité. En avril 1679, Louis XIV crée une cour instruite par le lieutenant général de police La Reynie, afin de juger ces charlatans qui s'adonnent à la magie noire, signent des pactes avec le diable et vendent des aphrodisiaques et des « poudres de succession ». Pas moins de trois cents décrets d'arrestation sont lancés en l'espace de trois ans. Sur deux cents personnes emprisonnées, trente-six sont condamnées à mort. Toute odeur devient alors suspecte, car, du poison au parfum qui en cache la présence, la frontière est poreuse. Tous les milieux seront compromis, des proches de Louis XIV étant soupçonnés d'avoir eu recours à la sorcellerie et à la magie noire. La Voisin est la principale inculpée, pour avoir fourni des préparations toxiques, et sera brûlée en 1680.

Lorsque Louis XIV apprend les liens que la Montespan entretient avec les sorciers, il la chasse de la cour, d'autant qu'on la suspecte d'avoir empoisonné la jeune Marie-Angélique de Fontanges, dont Louis XIV était tombé éperdument amoureux. À la cour, on juge que ce décès brutal ne peut être que le fait de la belle marquise, délaissée par le roi, lassé de ses caprices. On découvrira plus tard que Mademoiselle de Fontanges est en réalité morte de pleurésie. La Montespan, mère de sept enfants, dont six furent légitimés par le roi, est déchue de son titre officiel de maîtresse royale. Elle reçoit l'ordre de quitter son appartement pour n'être point vue du souverain. Ne se laissant pas démonter, et toujours éclatante, elle organise de somptueuses fêtes sous les combles, où elle réside à présent. C'est cependant à la mort de son mari, en 1691, qu'elle décide de quitter le château de Versailles, soit plus de dix ans après sa rupture avec le roi. Dans sa disgrâce, elle se fait janséniste, après s'être repentie, et mène une vie dévote.

En 1707, elle tombe malade à Bourbon-l'Archambault, où elle se rendait tous les ans prendre les eaux pour sa santé. Elle expire, dans la nuit du 27 au 28 mai, âgée de soixante-six ans. Une anecdote macabre et sujette à caution, dont on trouve plusieurs versions, raconte que son testament ordonnait que ses entrailles fussent portées à l'abbaye de Saint-Menoux. Ironie du sort pour cette favorite à la peau si bien parfumée, cette disposition ne put être exécutée : l'excessive chaleur les avait rendues si fétides que le porteur, incommodé par l'odeur de chair en décomposition, souleva le couvercle de l'urne. Devant l'horrible découverte, il les jeta dans le fossé. Quand on sut à Versailles ce qu'étaient devenues les entrailles de la capiteuse marquise de Montespan, Madame de Tencin s'écria : « Des entrailles ? Est-ce qu'elle en a jamais eu ? » La marquise de Montespan fut inhumée dans l'église des Cordeliers, où les Rochechouart avaient leur mausolée depuis 1595.

La question des parfums de la marquise, soupçonnés d'être des poisons, demeurait entière ! Poisons, peut-être, mais du cœur, certainement, puisque nous savons qu'Athénaïs achetait surtout des potions et des philtres magiques qu'elle faisait boire au roi pour s'assurer de son amour éternel. Outre l'utilisation de ces sortilèges, on raconte qu'elle participait aussi à des messes noires. On la soupçonne d'avoir usé de l'odeur puissante, incommodante et obsessionnelle des fleurs comme d'un nectar vénéneux, pour dissimuler des poisons. Toutes ces tubéreuses, ces variétés trop odoriférantes et ces parfums dont s'entoure la favorite royale se mettent alors à sentir le soufre. Ses fragrances maléfiques sont composées de fleurs dites « criminelles », car particulièrement capiteuses. Le sillage de ces fleurs banches aux lèvres vénéneuses est si persistant qu'il indispose. Celles-ci cultivent l'ambivalence entre l'innocence apparente et la séduction barbare, qu'elles doivent à leur note animale, appelée « indole », qui les rend épicées et narcotiques [5]. C'est le cas du lis et du datura, mais aussi du narcisse et de la tubéreuse, en particulier, dont on dit qu'elle peut avoir l'odeur de la chair en décomposition. Jusqu'aux entrailles de sa dépouille, la senteur de la tubéreuse avait constitué le sillage de la Montespan.

Originaire du Mexique, et non des Indes orientales, comme on le crut longtemps, cette fleur a un parfum qui diminue l'anxiété et stimule le désir. Autrefois, on interdisait aux jeunes filles qui habitaient les régions où elle était cultivée de traverser de nuit les champs avec leur amoureux, afin de ne pas être tentées par le péché de chair. La tubéreuse est une fleur en forme de long plumeau, agrémenté de clochettes blanches, qui continue de renouveler ses molécules odoriférantes plus de quarante-huit heures après avoir été coupée. Elle fut introduite en Europe en 1530 puis cultivée à Grasse au XVIIIe siècle. Son « absolue » est obtenue par la technique ancestrale de l'enfleurage. Son odeur est celle d'un nectar vénéneux ou d'une moiteur confite, qui peut aussi indisposer les femmes enceintes. C'est pour cette raison qu'elle permettait à la marquise de savoir si Louise de La Vallière, qui avait été avant elle la favorite du roi, attendait un enfant. La légende raconte aussi que, lorsque Louise de La Vallière était enceinte du roi, elle faisait disposer des bouquets de tubéreuse dans sa chambre, afin de dissimuler son état à la cour, et notamment à l'œil de la terrible Montespan.

À la fin de son règne, sous l'influence de Bossuet et du parti des dévots, mais aussi par amour pour la sage et austère Madame de Maintenon, Louis XIV n'affectionne plus que « l'eau de fleur d'oranger », comme le précise Saint-Simon dans ses mémoires, eau dont le roi fait parfumer même les fontaines à Versailles. Elle est tirée des orangers bigarades de l'Orangerie, construite par Jules Hardouin-Mansart entre 1684 et 1686, en remplacement de la petite orangerie édifiée par Le Vau en 1664. L'oranger amer est un arbre originaire de Chine, qui fournit à la parfumerie trois matières premières différentes : l'essence de néroli, à partir des fleurs, l'essence d'orange amère, à partir des écorces du fruit, et l'essence de petit grain bigarade, à partir des feuilles et des rameaux. L'oranger sera le grand séducteur du XVIIe siècle. Après Marie de Médicis, Louis XIV succombe à son tour à ses charmes apaisants. Le roi admire tant cet arbre qu'il a toujours des orangers en fleur, même pendant l'hiver, dans une galerie de son palais, où ils sont placés sur des piédestaux, dans des caisses gravées et argentées. À table, il n'y a plus que des aiguières remplies d'eau de fleur d'oranger, et Madame de Maintenon prend soin de faire ranger les serviettes entre des coussins de cette même senteur. Les oranges sont partout, jusque dans les appartements du roi et la galerie des Glaces.

Au Trianon, les orangers sont cultivés en pleine terre, dans des serres exposées au midi.

Dans les dernières années de sa vie, Louis XIV rejette tous les parfums et les bannit de Versailles. Le monarque se montre à présent peu galant si une dame de la cour tente une approche parfumée. Il n'hésite pas, même en plein hiver, à faire ouvrir en grand les fenêtres pour chasser ces senteurs qu'il avait pourtant recherchées naguère. Comme il est alors dit : « Lorsque le roi tousse, la cour éternue, la bourgeoisie s'enrhume et le marchand fait complainte. » Tous les courtisans se font alors une nécessité de haïr les parfums. Seule la fleur d'oranger réussit encore à calmer ses humeurs. Ce désamour de Louis XIV pour les fragrances fortes est à l'origine de leur déclin progressif, jusqu'à la mort du roi le 1er septembre 1715, à l'âge de soixante-seize ans. Ainsi s'achève le plus long règne de l'histoire de France, dans les senteurs de la fleur d'oranger.

Or, même si la fleur d'oranger avait chassé la tubéreuse du château de Versailles, la belle marquise poursuivit Louis XIV jusque sur son lit de mort. En effet, la dépouille du roi fut exposée dans la chambre contiguë à celle du trône, sur un lit d'apparat trouvé en grande hâte dans les combles. Personne n'avait pris garde que, dans le ciel de ce lit, figurait un portrait, celui de la marquise de Montespan au temps de sa splendeur, que l'on avait oublié d'enlever, et qui regardait fixement le roi dans son dernier sommeil [6] !

VIII

La marquise de Pompadour
Et l'odor di femina [1]

Son nom est à lui seul une promesse de style, mais aussi un synonyme de séduction et de plaisir. Pompadour, ou « Pompadourette », comme la surnommait Voltaire, résonne avec « pompon » et rime avec « amour ». À neuf ans, une vieille rempailleuse nommée Madame Lebon lui avait prédit à Paris qu'elle deviendrait la maîtresse du roi Louis XV, dont le règne avait débuté en 1722. La marquise va consacrer toute son âme, avec l'inépuisable énergie de son tempérament exalté et une confiance absolue en son destin, à conquérir « le Bien-Aimé ». Pas ingrate, une fois devenue maîtresse officielle du roi, elle fera attribuer à la voyante une coquette rente annuelle de 600 livres !

Jeanne-Antoinette Le Normant d'Étiolles, née Poisson, devenue par l'amour d'un roi la marquise de Pompadour, est brillante. La plus connue des favorites du roi Louis XV incarne à merveille la féminité puissante et triomphante du XVIIIe siècle. Elle conquiert le roi par sa beauté, son esprit et son savoir-faire, exerçant sur lui une très grande influence, même lorsqu'elle ne sera plus sa maîtresse. Femme de goût et d'action, Jeanne-Antoinette côtoie, défend et contribue à

La Marquise de Pompadour en jardinière
Huile sur toile de Carle Van Loo, vers 1754–1755
Musée de l'Histoire de France, Château de Versailles.

la promotion des œuvres des grands philosophes, des écrivains et des artistes peintres. Elle sera la protectrice de la manufacture royale de Sèvres, d'où sortaient de nombreux flacons à parfum en biscuit ou en porcelaine.

Le style Pompadour, dont on parle dans les arts décoratifs, est devenu en soi une référence, allant bien au-delà de la mode et composant un univers fait de rubans et d'angelots, de bleu, de vert et de rose en tons pastel, dont elle lance la mode, mais aussi de guirlandes de fleurs, de robes et de négligés, de vaisselle et de meubles qui symbolisent le style Louis XV. Bien plus esthète que le roi, la marquise dictait son style jusque dans les arts. Elle aurait pu être une ministre de la Culture, mais elle est née à une époque où le seul moteur d'ascension sociale des femmes sans biens ni nom était le sexe. Plus tard, moins portée sur les plaisirs d'alcôve pour des raisons médicales, elle utilisa son goût pour mettre en scène son pouvoir de séduction, mais aussi et surtout son *sex-appeal*, usant aussi bien de charmes que de parfums pour séduire Louis XV. D'elle, il aime l'*odor di femina*. De lui, elle conserve ce parfum de pouvoir et de liberté, qui changea sa destinée.

Jeanne-Antoinette Poisson, future marquise de Pompadour, naît le 29 décembre 1721. Son père, François Poisson, chargé de ravitaillement en vivres de Paris, a épousé Madeleine de La Motte, une fille de boucher, qui est « belle à miracle ». Ils forment un couple de la petite bourgeoisie relativement aisé, jusqu'à la condamnation de François Poisson pour malversations, précipitant la famille dans une débâcle financière. En l'absence de son père, parti en exil en Allemagne, Jeanne-Antoinette est confiée aux Ursulines de Poissy, établissement réputé où elle reçoit une éducation de qualité, bien meilleure que celle de la très grande majorité des femmes de son époque.

Sa mère, qui collectionne les amants bien choisis, se refait une fortune en fréquentant le beau monde et s'établit en concubinage avec Charles Lenormant de Tournehem, ce qui lui permet de reprendre sa fille adorée auprès d'elle. Elle l'appelle « reinette » et la couvre de tendresse, en prétendant qu'elle sera un « morceau de roi ». Charles Lenormant de Tournehem est également très affectueux avec la petite Jeanne-Antoinette, au point que des rumeurs courent au sujet de la relation réelle qui les unit, supputant qu'elle serait sa fille naturelle ! Ce généreux amant maternel fait partie de la famille la plus puissante des financiers du royaume, occupant le poste de fermier général. Un poste qui est détesté par les trois catégories sociales de l'époque, à savoir la noblesse, le clergé et le tiers état. Conscient de la beauté et de l'intelligence de sa filleule et protégée, il la programme pour la conduire dans le lit du roi, afin d'exercer à travers Jeanne-Antoinette une influence sur Louis XV, ce qui fit dire que la future marquise de Pompadour est une « invention des banquiers ». Jeanne-Antoinette fréquente bientôt les plus prestigieux salons, notamment ceux de Madame Geoffrin et de Madame de Tencin, où elle côtoie Montesquieu ou Marivaux, et s'initie à l'art de la conversation.

La demoiselle Poisson est une jeune fille brillante et raffinée, que Lenormant de Tournehem souhaite tout d'abord établir dignement, d'autant plus que les maîtresses officielles du roi doivent être mariées. À l'âge de vingt ans, elle épouse Charles-Guillaume Le Normant d'Étiolles, qui en a vingt-quatre, neveu et légataire de son beau-père. Le jeune couple est très uni, et Jeanne-Antoinette est sincèrement éprise de son époux. Elle le met néanmoins en garde en ces termes :

elle ne le trompera jamais, sauf pour le roi, qui est jeune et fringant. L'arrière-petit-fils du Roi-Soleil lui a succédé à cinq ans, en 1715. Après la régence agitée de Philippe d'Orléans, le règne personnel de Louis XV apparaît plein de promesses. Il est le plus beau gentilhomme d'Europe et bénéficie d'un très grand soutien populaire, au point d'être baptisé « le Bien-Aimé ». La France jouit alors d'une situation de premier plan dans tous les domaines.

Comme Jeanne-Antoinette est dotée d'une particule par son mariage, les portes des salons parisiens lui sont à présent ouvertes. Elle y brille et remporte un véritable succès mondain. Elle a tout pour plaire : l'intelligence, l'esprit et la beauté. Grande et fine, elle est d'une grâce inouïe et possède un corps admirable. Elle a des yeux bleu-gris envoûtants, des fossettes sur les joues, des dents bien plantées et blanches. Son visage à l'ovale parfait est encadré par une cascade de cheveux châtains aux reflets dorés. Rapidement après le mariage, Jeanne-Antoinette accouche de deux enfants ; un garçon qui meurt en bas âge, et une petite-fille nommée Alexandrine, dont elle est très fière. Mais sa lubie pour le roi la reprend de manière obsédante, convaincue que la voyante avait dit vrai. Sa mère, qui a une certaine expérience en la matière, lui a enseigné les secrets de l'amour, mais surtout du parfait érotisme – celui qui sait satisfaire un homme en osant tout ce que la morale réprouve et que les épouses convenables rechignent à faire ! Cette audace de courtisane réjouit son mari, comblé par ses nombreux talents. Est-elle également comblée ? Rien n'est moins sûr, à voir la stratégie bien rodée que Jeanne-Antoinette met au point afin de séduire le roi.

Comme elle habite en famille le manoir d'Étiolles, situé en forêt royale de Sénart, elle peut, bien que roturière, assister aux chasses de Louis XV. Lors de celles-ci, Jeanne-Antoinette s'arrangeait pour se trouver sur le passage du cortège royal et attirer l'attention du roi : elle assortissait ses tenues à la couleur de sa calèche (robe rose pour calèche azur, robe azur pour calèche rose). On peut supposer que le roi avait déjà repéré cette jolie jeune femme, puisque la favorite en titre d'alors, Madame de Châteauroux, faisait tout pour interdire les promenades de Madame d'Étiolles !

L'affaire commence vraiment grâce à une bonne fée, du nom de Madame de Tencin, qui lui explique comment attirer Louis XV. Confiante dans les chances de succès de celle qui n'est encore que Madame d'Étiolles pour gagner la couche royale, et bien certaine qu'une fois maîtresse du roi, elle ne l'oubliera pas, Madame de Tencin lui propose d'être son chaperon lors d'un bal masqué au château de Versailles, appelé « Bal des ifs ». Ce bal est organisé par le roi dans la nuit du 25 au 26 février 1745, afin de clôturer les festivités données à l'occasion du mariage du Dauphin, Louis de France, avec sa cousine, l'infante d'Espagne Marie-Thérèse de Bourbon. Le roi, déguisé en if, s'est mêlé à la foule, incognito, ce qui lui permet de manifester discrètement son intérêt pour la future marquise de Pompadour. Ils échangent quelques mots. Le roi est subjugué et ne quitte pas la belle inconnue de la soirée : un véritable coup de foudre devant quinze mille convives ! Quelques jours plus tard, Lebel, premier valet du roi, mais surtout rabatteur de jolies femmes et fidèle serviteur de débauches, rend visite à Jeanne-Antoinette afin de la conduire à Versailles en grand secret. L'affaire se conclut brillamment. Les leçons d'alcôve de sa mère ont porté leurs fruits, à en croire le sonnet à double entente de l'abbé de Bernis sur les « fossettes de Jeanne-Antoinette », élevée non seulement comme il faut, mais aussi « à la grivoise ». Cet ecclésiastique était visiblement très au fait de ses talents pour assouvir les désirs sensuels du roi :

Ainsi qu'Hébé la jeune Pompadour
À deux jolis trous sur la joue,
Deux trous charmants où le plaisir se joue

Les rencontres s'enchaînent, et Jeanne-Antoinette finit par emménager dans le très bel appartement du parterre Nord, au château de Versailles. Comme la duchesse de Châteauroux est morte le 8 décembre 1744 des suites d'une péritonite, à l'âge de vingt-sept ans, elle peut occuper à son tour l'« appartement d'en haut, de la maîtresse ». Là, elle n'hésite pas à recevoir les amis du roi, qui assistent à son ascension fulgurante.

Six mois plus tard, elle est élevée au rang de marquise et reçoit en cadeau le domaine de Pompadour. Le roi, très amoureux de Madame d'Étiolles, ne peut plus se passer d'elle. Or, pour être à Versailles, il faut être noble. Le marquisat de Pompadour était récemment tombé dans le domaine royal, suite à la mort du dernier membre de la famille, sans héritier mâle. Il fait alors cadeau de ce titre à sa nouvelle maîtresse, qui a été auparavant séparée de corps et de biens de son mari. Scandale à la cour, car le roi décide de passer outre cette règle, qui veut que les familles anoblies doivent attendre deux générations pour être acceptées à Versailles. Il reste tout de même un dernier obstacle : lors de la cérémonie officielle, il faut une « marraine » chargée d'introduire la nouvelle courtisane auprès de la famille royale. Aucun noble ne peut se résoudre à ce qui est considéré comme une humiliation. Alors, le roi use de la manière forte : le chantage.

En échange du règlement de toutes ses dettes par la cassette royale, la princesse de Conti marraine Jeanne-Antoinette le 14 septembre 1745, à 6 heures du soir, lors d'un cérémonial réglé selon une étiquette très stricte. Une triple présentation se fait devant la cour auprès du roi et de la reine, dans leur grand appartement respectif, puis lors d'une visite au Dauphin et à la Dauphine. Jeanne-Antoinette fait sensation, portant des plumes blanches fixées par des diamants dans la chevelure. Elle est vêtue d'une lourde robe en satin noir brodée à paniers volumineux et manches de mousseline, conformément à la tradition, dont la sobriété souligne la pureté de ses traits. Devant la reine, elle doit retirer son gant qui, sous l'émotion, tombe en brisant l'attache de son bracelet de diamants – ce qui fit l'évènement et resta dans les annales.

Durant toute sa carrière à la cour, Madame de Pompadour, fine diplomate, va entretenir des relations amicales avec la reine. Marie Leszczynska aurait dit à propos de la favorite : « Puisqu'il en faut une, mieux vaut celle-là qu'une autre. » La favorite encourage le roi à avoir des attentions pour son épouse, et la reine lui en est reconnaissante. Une entente cordiale s'installe donc entre les deux femmes, malgré quelques accrocs et confrontations. Jamais une favorite n'a eu autant de pouvoir que la marquise de Pompadour : elle régnera pendant vingt ans sur le cœur du roi et dans les affaires de l'État, jouant presque le rôle d'un Premier ministre, car toutes les relations passent par elle. À partir de 1750, elle fait la pluie et le beau temps à la cour de Versailles, et elle est crainte par les conseillers et les officiels, qu'elle reçoit lors de sa toilette du matin. Avec les ministres, elle contribue à développer les fonctions du cardinal de Bernis et du duc de Choiseul. Le cœur du roi brûle d'amour pour sa Pompadour. Elle est détestée de la cour et subit en particulier la haine du Dauphin et de la Dauphine, qui l'appellent

« Maman Putain ». Les autres cours d'Europe la critiquent, la surnommant « la reine cotillon » ou « la demoiselle poisson ». À Versailles comme à Paris circulent des pamphlets, ou « poissonnades », qui moquent son gouvernement.

Et pourtant, femme subtile et érudite, elle met ses nombreuses compétences au service des arts : la musique, la peinture et l'ébénisterie ont ses préférences. À Versailles, elle n'oublie pas son éducation salonnière, où elle a rencontré Marivaux, Voltaire, et parvient à y faire entrer leur esprit, insufflant ainsi un vent d'ouverture et de modernité, qui lui est par ailleurs reproché. Elle intercède auprès du roi en faveur de Voltaire et réussit à le convaincre à ne pas censurer l'*Encyclopédie*. À Maurice-Quentin de La Tour, elle commande son portrait au pastel, se faisant représenter en protectrice des arts et des lettres. Elle vit entourée de plus de trois mille livres, de partitions de musique et de cartons à dessin. Elle est l'instigatrice du réaménagement de la manufacture de porcelaine de Sèvres, ainsi que de la construction de divers monuments. Elle effectue de gros travaux de mécénat et soutient un grand nombre d'artistes dans l'exercice de leur métier.

Dans l'intimité, ne reculant devant aucun artifice pour satisfaire le roi, la marquise de Pompadour n'a pas sa pareille pour faire du parfum un complice, l'émissaire de son message amoureux, l'embellisseur de sa vie sentimentale. Mouchoir parfumé à l'essence de rose, poudre d'iris et de girofle pour les cheveux, dragées aromatisées à la vanille et à l'ambre : sa maîtrise des odeurs lui donne accès à celle du cœur du roi. D'ailleurs, un chroniqueur raconte qu'après la mort de la duchesse de Châteauroux, comme toutes les femmes voulurent prendre sa place dans le lit royal, imitant ainsi Jeanne-Antoinette : « On ne vendit jamais tant d'étoffes, de rubans, de dentelles, de pompons. On eût dit que toutes les femmes étaient veuves, et qu'elles se préparaient à leurs secondes noces... On prit des bains et on se parfuma pour tout évènement. Les marchands de fanfreluches travaillaient jour et nuit. » La cour de Louis XV était bel et bien surnommée dans l'Europe entière « la cour parfumée », et toutes les femmes voulaient conquérir « le Bien-Aimé ».

Cette cour brillante et légère savoure le bonheur et la douceur de vivre dans l'insouciance. De fait, le XVIIIe siècle est celui des « Lumières », mais aussi celui des parfums, et globalement de l'élégance. Il est de bon ton de porter chaque jour un parfum différent. Interdites, on l'a vu, à la fin de la vie du Roi-Soleil (Louis XIV), les fragrances sont à nouveau très prisées et deviennent les accessoires indispensables de la séduction. Désormais, il s'agit pour les hommes comme pour les femmes d'être « [des] insecte[s] léger[s] qui brille[nt] dans [leur] parure éphémère, papillonne[nt] et secoue[nt leurs] ailes poudrées [2] », et ainsi moins de sentir fort que de sentir bon, de couvrir l'odeur naturelle tout en l'évoquant. Le lourd parfum animal se dissipe bientôt au profit de volatiles senteurs balsamiques, et les narines, éduquées par l'hygiène nouvellement arrivée d'Angleterre, peuvent s'ouvrir à des fragrances plus subtiles. Le parfum ne se manie plus pour se protéger d'autrui ou ne pas l'indisposer par des odeurs incommodantes, mais pour le séduire. L'exhalaison musquée, qui prolonge plus qu'elle n'enfouit l'*odor di femina*, en particulier l'*aura vaginalis*, fait place à des parfums qui viennent flatter certaines parties du corps à présent lavées.

Les parfumeurs contribuent à célébrer une image de la femme moins corporelle, voire crûment génitale, mais davantage évanescente, à l'odeur suggestive. Chez l'homme, l'évolution suit le même cours. Alors qu'au XVIIe siècle, le parfum ne figure pas dans *Les Lois de la galanterie* datant de 1644, le voilà en bonne place dans la coquetterie masculine. Il n'efféminе plus, ou plutôt l'efféminement se généralise sans que quiconque ne l'épingle. Casanova raconte dans ses mémoires (*Histoire de ma* vie, 1789-1799) comment la conduite de l'homme et celle de la femme sont les mêmes :

> Voyez jusqu'au chevalier d'Arginy, octogénaire, qui s'enveloppe d'habits fleuris, se farde de rouge, se pommade la perruque, se peint les sourcils en brun, se parfume d'ambre et meuble sa bouche d'un rutilant râtelier d'ivoire.

Ainsi, à la cour du roi Louis XV, les parfums embaument les sachets, les éventails, les gants, et même les fontaines ! Il était de bon ton de tout parfumer, aussi bien soi-même que les étoffes, les meubles, les lambris, mais aussi de porter un parfum différent chaque jour, et même selon l'heure de la journée. La cour abandonne les lourdes senteurs animales, encore en vogue au siècle précédent, au profit de créations plus subtiles, appelées « quintessences », qui s'accordent à merveille avec les tables raffinées et qui enchantent les fêtes galantes. Le nez et le palais s'affinent par de subtiles harmonies. Tout le monde se couvre alors de parfum, hormis les philosophes, qui cherchent à se distinguer par leur mauvaise odeur, et encore y a-t-il des traîtres dans leur camp… Le chroniqueur mondain Louis-Antoine Caraccioli écrit quant à lui, en 1768, que « tous les vernis se parfument, des lambris aux pensées ».

Bel homme et grand séducteur au tempérament aussi mélancolique, Louis XV était un amoureux fou des femmes et des parfums, au point d'avoir dans ses « petits cabinets » de Versailles une distillerie. Le roi s'apprête et ne sort jamais sans être coiffé, poudré et parfumé. La toilette quotidienne du roi se limite à se laver le visage à l'eau froide. Le bain reste pour lui synonyme de plaisir et d'érotisme. En gentilhomme de son temps, il s'épile le corps pour parfaire son allure. Il fait aussi macérer ses sous-vêtements de cuir dans le musc et l'ambre gris, et aime se parfumer de vétiver* Bourbon. Afin de ne pas dégager d'odeurs corporelles trop fortes, il demande à son tailleur de doubler son vêtement, au niveau des aisselles. Pour ses cheveux, il utilise la poudre « à la Maréchale », à base d'iris, de coriandre et de girofle, mais aussi la poudre de chypre, composée de racine d'iris, de musc, de civette associés à de l'ambre et à du benjoin, des odeurs capiteuses à forte connotation sexuelle. Ses mouchoirs exhalent l'essence de rose. Il parfume son tabac et fait brûler dans sa chambre un peu de bois d'aloès dans de petites cassolettes en vermeil, ainsi que dans son cabinet de la garde-robe, où trône une étonnante fontaine à parfums.

Ce vase en porcelaine de Chine *truittée* et richement décoré de bronze rocaille a été acquis par le roi en 1743 auprès du marchand-mercier Hébert. « Le Bien-Aimé » avait ordonné à ses bronziers de détourner ce vase précieux de Chine pour en faire une somptueuse fontaine à parfums, qui répandait ses délicats effluves dans le cabinet de garde-robe du roi au château de Versailles. De même, brûle-encens, récipients en porcelaine de Meissen et de Sèvres pour pots-pourris sont des objets familiers dans les « petits appartements » – que Louis XV a fait aménager à Versailles ou au Petit Trianon, afin de préserver son intimité. C'est aussi grâce à Louis XV, par l'intermédiaire de Madame de Pompadour, que la manufacture de Baccarat acquit en 1764 ses premières lettres de noblesse. De somptueux flacons en cristal et bronze ou or façon rocaille y sont produits, afin de contenir les parfums et d'être disposés sur les tables de toilette.

D'un naturel curieux, le roi se passionne pour les sciences et les techniques, accompagnant ou suscitant de nombreuses révolutions scientifiques, particulièrement en botanique et en chimie. Dans les jardins du Grand Trianon se trouvait le « carré des parfumeurs », où étaient cultivées plantes et fleurs destinées aux eaux de senteur qu'il aimait offrir en étrennes aux dames de la Cour. Il y crée un laboratoire de chimie dans les petits appartements de la cour des Cerfs.

En 1750, Louis XV décide d'aménager à Trianon de nouveaux jardins, dont il confie la direction à Claude Richard, horticulteur et spécialiste des serres, qui va établir avec son fils Antoine la plus grande collection botanique d'Europe, riche de quatre mille variétés. C'est d'ailleurs sous Louis XV qu'eurent lieu de grands progrès techniques en parfumerie, contribuant à accroître l'excellente réputation des parfums français à l'étranger. L'enfleurage à froid est mis alors au point à Grasse, qui permet d'obtenir l'absolue d'une fleur en laissant macérer les pétales dans de la graisse animale de porc et de bœuf, mélangée avec du benjoin comme stabilisateur. Cette méthode permettait de traiter les fleurs fragiles, comme le jasmin ou la tubéreuse, jusqu'alors qualifiées de « muettes » car elles ne livraient pas leur flegme odorant. Les pétales les plus frais étaient gardés et déposés sur une fine couche de graisse étalée sur un châssis en bois. Après imprégnation par l'odeur des fleurs, la graisse, lavée à l'alcool, devenait une pommade. C'est alors que Grasse, ville des tanneurs, devint la ville des parfums, au détriment de Montpellier, recevant de nombreux privilèges royaux : liberté de commerce, liberté de culture et d'élevage, réduction et exemption d'impôts…

En 1729, les parfumeurs obtiennent des statuts approuvés par le parlement de Provence. Le climat doux de Grasse permet la culture du jasmin, appelé « la fleur », et de la rose centifolia, la reine des fleurs. Mais c'est à Paris que se créent les parfums, car, quand on y a été femme, on ne saurait l'être ailleurs, ainsi que le prétendait alors Charles de Secondat, baron de Montesquieu. Les parfumeurs français, dont le sieur Jean-Daniel Vigier, qui était le parfumeur ordinaire du roi Louis XV, et dont on retrouve le nom au sein de la très prestigieuse corporation des gantiers-parfumeurs parisiens, doivent beaucoup à l'intérêt que portait la marquise de Pompadour aux parfums. Sa boutique était établie à l'enseigne du « Parfumeur du Roy », au numéro 11 de la rue du Roule, en la paroisse de Saint-Germain-l'Auxerrois. La boutique était raffinée et délicate. Les murs étaient recouverts de boiseries peintes en blanc perle, relevé de bleu porcelaine. Les étagères en bois d'acajou montaient jusqu'à un plafond décoré d'angelots joufflus s'ébattant dans un ciel en trompe l'œil. Elles contenaient des boîtes, flacons, articles de toilette, gants, jarretières et tout ce qui pouvait être nécessaire aux femmes de qualité. Une subtile senteur de fleurs faisait oublier l'air de la rue.

Durant les vingt ans que la Pompadour passe auprès du roi, le commerce du parfum, jusqu'alors artisanat local, devient une entreprise et s'introduit jusqu'aux appartements privés et secrets du souverain, qui partage avec la marquise une passion pour les orangers, les bouquets de fleurs, ou encore les pots-pourris « à la française », à partir de pétales encore humides, et non de fleurs séchées. La Pompadour avait un goût marqué pour les essences de fruits, et surtout de l'orange dite « du Portugal », car cette eau calmait ses migraines.

La marquise est aussi une farouche adepte des bains fréquents, qu'elle prend avec volupté dans son appartement des bains, accessible par la fameuse « chaise volante », cet ascenseur lui permettant d'éviter de monter les marches de l'escalier d'Épernon. Elle s'alanguissait en chemise dans une baignoire de cuivre rouge recouverte d'un équipage, long drap brodé destiné à éviter le contact du corps avec le métal de la baignoire. Pour des questions d'hygiène, elle crée la révolution en demandant à Versailles un bidet, dont la garniture était en maroquin rouge, mais aussi une chaise percée en « piqûre de Marseille ».

Fragile et rapidement épuisée physiquement, elle use en abondance de cosmétiques et de parfums, ne dépensant pas moins de 100 000 livres par an en parfums. Elle utilise une « eau de jeunesse », une sorte de remède contre les rides, fabriquée à base de jus extrait des oignons de lis blanc, mélangé à du miel et à de la cire. La nuit, elle applique un masque de bifteck cru sur le visage pour blanchir son teint. Elle consacre des heures à sa toilette et, pour protéger son teint, applique une lotion astringente deux fois par semaine. Ce qui ne l'empêche pas – comme toutes les dames de la cour – de s'appliquer du blanc de céruse sur le visage, le cou et les épaules, un onguent fait de carbonate de plomb, véritable poison ! Une pâte carmin colore ses lèvres et ses joues. Elle lance cette mode du fard rouge en excès, car sa santé fragile lui donne le teint pâle. Elle orne ses cheveux blonds poudrés en blanc de roses « Pompon », créées pour elle, et se coiffe de chapeaux de bergère, faits de paille, de rubans et de fleurs. Son coiffeur est le célèbre Legros, créateur de mode qui appartient à la corporation des barbiers-chirurgiens-perruquiers, qui vendent aussi de l'opiat.

Elle convie à sa toilette et à ses premières visites de la matinée des hommes qui assistent à sa préparation du lever, ou d'« apparat », qui suit celle consacrée à l'hygiène. Durant cette cérémonie, qui dure des heures, on lui pose la perruque, le fard, sans oublier de la parfumer. L'eau de la reine de Hongrie la revigore, les eaux florales l'enchantent. Comme pour tous les courtisans, le langage des mouches n'a aucun secret pour elle. Effrontée, galante, coquette, baiseuse ou receleuse, la mouche indique l'humeur du jour ou de l'instant. Un langage secret que les amants connaissent parfaitement ! À en croire le comte d'Argenson :

> La toilette de cette dame est une espèce de grande Cérémonie, on la compare au fameux déculotté du cardinal de Fleury. [...] Les soirs, tous les grands y accourent pour se montrer.

Elle dispose d'un nécessaire de beauté, petit coffret de bois précieux qu'elle emporte partout avec elle, et dans lequel elle range ses essentiels : eau de la reine de Hongrie, poudres parfumées à l'iris ou à l'œillet, une série de mouches, houppette, pince à épiler, cure-oreille, brosse à dents en argent. Pour profiter encore davantage du plaisir des senteurs, la marquise garde toujours auprès d'elle, dans un vase, un bulbe de jacinthe en fleur. Elle avait une préférence pour les jacinthes, des fleurs symboles autant d'amour que de chagrin dans la littérature et l'art grecs. Avait-elle lu l'histoire tragique du beau prince spartiate Hyacinthe aimé du dieu Apollon ? Leur lien fut si fort qu'il déclencha la jalousie du dieu Zéphyrus, qui provoqua la mort du jeune homme. Du sol taché de son sang naquit la fleur de jacinthe, symbolisant la nature éphémère de la vie et la fragilité de la beauté.

Le siècle a le goût de la botanique et des allusions amoureuses, voire érotiques, qui s'y rattachent. Les roses « Pompadour » peuvent fournir plusieurs invitations. Si elles sont sans épines, elles évoquent les seins d'une femme. Quant à l'expression « effeuiller la rose », elle signifie lécher le sexe de sa partenaire. Le duc de Richelieu raconte qu'un jour d'hiver, la marquise, grande protectrice de la manufacture de Sèvres, reçoit le roi dans une serre de son château de Bellevue, à Meudon, devant un parterre de fleurs en porcelaine tendre, peintes au naturel, sur lesquelles avait été vaporisé du parfum. Louis XV s'extasie : « La nature y était jouée. Ces vases, ces roses, ces œillets, ces lis, tout était en porcelaine et l'odeur suave de ces fleurs divines était l'effet de leurs essences volatilisées par l'art. » Ces roses de porcelaine contribuèrent à la notoriété de la manufacture de Sèvres. Le 30 mai 1760, Madame de Pompadour acquiert auprès de celle-ci un vaisseau à mât, aussi appelé vaisseau pot-pourri, en porcelaine tendre, faisant office de diffuseur de parfums. Les fragrances se répandent par la partie supérieure amovible et ajourée, ainsi que par le corps de l'œuvre. Le pot-pourri est alors à la mode, rempli de fleurs humides et d'herbes séchées riches en huiles essentielles. L'ajout de sel et d'eau en favorise la fermentation et donc l'odeur.

L'amour physique entre le roi et la Pompadour fut de courte durée. Cinq ans après leur première étreinte, vers 1750, elle cesse d'être sa maîtresse, mais reste son amie. La marquise souffre de troubles gynécologiques chroniques qui lui rendent les rapports douloureux. Une leucorrhée et de fortes migraines l'affectent, au point qu'elle ne prend plus de plaisir dans l'alcôve royale. D'un commun accord, le roi et la Pompadour décident de ne plus avoir de relations sexuelles, mais restent inséparables. La marquise de Pompadour conserve le titre de favorite, et continue de faire la pluie et le beau temps à la cour de Versailles. Toutes les nominations et les faveurs passent par elle, malgré les nombreuses intrigues montées à son encontre. Entièrement dévouée au roi, elle le conseille et régit sa vie. Ce changement de statut lui octroie le titre de dame du palais de la reine, en 1756 et le roi continue de lui offrir des cadeaux somptueux, de nombreuses propriétés comme l'hôtel d'Évreux, futur palais de l'Élysée.

Cependant, la marquise a conscience que ses langueurs pourraient lui être fatales. Surnommée « la macreuse » par la cour, en raison de la froideur de son tempérament, elle risque le renvoi, puisqu'elle n'a plus de relations physiques avec le roi. Même s'il ne peut se passer de sa compagnie, ce dernier, à quarante ans, reste vaillant et insatiable sexuellement. Prête à toutes les perversités pour son roi de cœur, la Pompadour va donc se faire maquerelle, en mettant en place une organisation pour satisfaire les besoins physiques du souverain par personnes interposées. Elle devient l'« intendante des plaisirs royaux » en organisant un système « discret et décent », mais efficace. Le roi, qui ne courtise pas mais qui consomme, ne peut aller dans une maison de plaisirs en raison de son rang et par crainte phobique des maladies vénériennes. Il ne peut honorer et entretenir une autre maîtresse à la cour, car la marquise veillait jalousement au grain pour s'épargner de la concurrence !

C'est alors qu'elle fait aménager l'hôtel du Parc-aux-Cerfs, à Versailles, rue Saint-Médéric, non loin de la cathédrale Saint-Louis, permettant les rencontres clandestines de Louis XV avec de très jeunes filles, vierges de surcroît, afin de ne pas transmettre de maladies au roi. Ces oies blanches sont recrutées par le diligent Lebel dans les familles de la petite aristocratie ou de la bonne bourgeoisie. Maîtresses occasionnelles, elles sont sous surveillance, logées à tour de rôle et instruites aux plaisirs de l'alcôve. Elles vivent recluses, mais sont bien traitées. Leur expertise sexuelle jugée suffisante, « ces morceaux de roi » viennent au château en chaise à porteurs, les rideaux tirés, pour une nuit, afin de rejoindre dans une soupente clandestine, appelée le trébuchet, un homme important dont elles ignorent la véritable identité. Elles recevaient de jolis cadeaux et une somme rondelette. On leur trouvait ensuite un mari, et on assurait l'avenir de l'enfant qui naissait parfois. Ce proxénétisme était assumé, et la prostitution quasi consentie sans état d'âme, car les conditions semblaient juteuses aux yeux des familles et des jeunes filles, à qui était garantie une existence convenable, après royaux services rendus.

Ces mœurs, qui peuvent nous paraître choquantes, doivent être mises en perspective des mentalités de l'époque. Le XVIIIe siècle voit un affaiblissement de la sentimentalité profonde et sincère que la raison avait éliminée au siècle précédent. Ce qui explique le renouveau de l'érotisme, qui s'accentue à partir de 1750, surtout dans les milieux aristocratiques. Les mœurs évoluent, en marge des lois et des prescriptions de l'Église, et témoignent, de la part des femmes les plus séduisantes et les plus riches du royaume, de cette volonté de répondre à l'« asservissement légal » par un libertinage élégant. Finalement, on ne croit plus beaucoup à l'amour, mais on croit au plaisir. La raison, le goût du plaisir et le mépris de la passion triomphent dans les milieux épicuriens, jusqu'au sadisme, cette non-réciprocité des rapports sexuels, dans laquelle la chair devient un instrument et où on se précipite jusqu'au fond de l'amour comme dans un abîme. Mais avant tout, comme un contemporain le souligne :

> On effleure tout sans rien user ; les plaisirs circulent comme la monnaie ; et les maîtresses sont à peu près comme

un joli meuble, qu'on prend par caprice pour s'en servir une fois ou deux, et dont on se défait de même pour le céder à d'autres à qui il peut faire plaisir [3].

D'ailleurs, souvent le roi se lasse, et parfois il s'attache, comme avec la délicieuse Mademoiselle O'Murphy, modèle du peintre Boucher, qui immortalisa son adorable postérieur dans *L'Odalisque*. Après deux ans d'éducation au Parc-aux-Cerfs, elle devient la maîtresse du roi avec ses charmes encore enfantins. Elle sait le surprendre et le distraire par des paillardises bien apprises. Plus finaude que certaines, elle a vite deviné à qui elle avait affaire, ayant reconnu « le Bien-Aimé » du premier coup, ou presque. Elle met au monde un enfant, bâtard royal, et se voit installée au château. La Pompadour, flairant le danger, obtient qu'elle soit mariée et dotée rapidement, avec un gentilhomme qui reconnaît l'enfant.

Le Parc-aux-Cerfs devient le symbole de la turpitude du roi très chrétien, inspirant des chroniques scandaleuses et des romans pornographiques. Des rumeurs enflent, qui parlent d'orgies et d'enlèvements de jeunes filles, et contribuent à alimenter la légende noire de Louis XV. Le peuple gronde, et les émeutes éclatent dans Paris. Le parti dévot crie au scandale, reprochant au roi ses mœurs de libertin. D'ailleurs la recherche de tous les plaisirs passe par le parfum, qui en augmente l'intensité. Le flacon à parfum se fait l'émissaire des messages amoureux. Dans cet univers narcissique et illusionniste de la galanterie, les objets touchés et chéris par l'être aimé s'animent et vivent. Tels des talismans, ils dispensent l'amour, la protection, la fidélité, tout en renouvelant le désir et les plaisirs. Cupidon et Bacchus, Arlequin et Gilles accompagnaient des messages galants en lettres d'or : « Je suis fidèle », « L'amour passe, l'amitié reste », « J'engage les cœurs », « J'ai mis ma gloire à aimer ». Certains flacons étaient d'un goût libertin plus appuyé, comme ce modèle en forme de jambes de femme avec une puce sur la jarretière, « Son sort j'envie » ! Ou encore ce moine paillard portant une gerbe d'or sur son dos, d'où l'on voit dépasser les talons d'une femme !

Les amants étaient en mesure de « décoder » ces messages amoureux. La poudre de chypre est composée de racine d'iris, de musc et de civette, rejoints par l'ambre et le benjoin : des odeurs entêtantes, à forte connotation sexuelle. Le sémillant duc de Richelieu raffole du musc pur, car il souligne les émanations du corps. Il se fait tailler des culottes de peau d'Espagne parfumées de cette manière. Son odeur est si forte qu'il est reconnu à la trace, et, lorsqu'il est galant, on raconte que son souvenir olfactif prolonge celui du plaisir qu'il donne. Une conquête lui aurait dit : « Quittez, monsieur, cette pièce, vous avez de ces odeurs ! » Ou encore : « On doit, quand Richelieu paraît dans une chambre, bien défendre son cœur et bien boucher son nez [4]. » Toutes ces orgies sentent l'ambre et le musc, synonymes d'exhalaison de la plus vile perversion, symboles d'amours corrompues.

Le siècle regorge de littérature galante et de recettes érotiques, que la marquise de Pompadour, en intellectuelle érudite, avait parcourues. L'hédonisme, la science du plaisir, mettait en exergue les cinq sens dans un grand raffinement. Le palais nouveau, exquis et délicat, veut un nez nouveau, des odeurs différentes, des fragrances plus intimes et feutrées, des goûts plus subtils. Les odeurs vont avec les saveurs. La table tend à convertir en raffinement ce qu'elle perd en abondance. Parmi les trésors gastronomiques, le chocolat, « cette poudre noire » qui, pour être apprêtée, attendait « les grains de musc par charretées et de l'ambre gris par tonnes ». La

Pompadour avait compris les effets de ce « breuvage indien » adopté par les libertins, qui partagent avec le roi le goût des jolies femmes et de la mise en scène. Le marquis de Sade raconte, dans *Les Cent Vingt Journées de Sodome*, que huit jeunes sultanes nues servirent du chocolat dès 11 heures dans l'appartement des femmes. En 1772, il est accusé d'avoir empoisonné à Marseille quatre prostituées à base de chocolats fourrés à la cantharidine, une substance réputée aphrodisiaque obtenue à partir de la mouche d'Espagne, une sorte de « drogue du violeur » avant l'heure ! Il commande à la prison de la Bastille des crèmes à la vanille et au chocolat. Le marquis de Sade en boit plusieurs tasses avant la nuit, battu, mousseux et « noir comme le cul du diable », qu'il aime au point d'avouer : « Je ne pouvais ôter ma bouche des bords délicieux de ma tasse. Un chocolat à s'en faire mourir, moelleux, velouté, parfumé, grisant », seul privilège qu'il obtint lors des vingt-sept années qu'il passa en prison.

La marquise de Pompadour fait partager à Louis XV le plaisir de boire dans un salon contigu à sa chambre, cet « élixir des libertins ». Ce chocolat est un divin nectar, connu pour ses vertus aphrodisiaques, ainsi que l'explique le *Traité des aliments* (1702) de Louis Lémery, médecin et botaniste français, qui décrit ses vertus stimulantes et « propres à exciter les ardeurs de Vénus ». C'est pour cette raison qu'« inviter une dame à boire du chocolat » est sans ambiguïté ! Contrairement à son arrière-grand-père, Louis XV raffole de cette boisson, qu'il déguste à lentes gorgées en compagnie d'une petite troupe de privilégiés, ou tout simplement avec la divine marquise. C'est même devenu le seul plaisir sensuel qu'ils partagent à présent, comme un véritable philtre d'amour. Bu avant les plaisirs d'alcôve, ou en substitution, cet élixir, décrit comme un « amant alimentaire », favorise les transports voluptueux. En effet, d'après les mémoires de Madame du Hausset, femme de chambre de Madame de Pompadour, cette dernière fait préparer pour le roi, à la fin de ses « soupers des cabinets », ce chocolat à triple vanille et ambre gris dont elle a le secret et dont elle est friande [5]. Elle connaît par cœur la recette de ce délice de séduction aphrodisiaque, que l'on pourrait retranscrire ainsi :

De la fève de cacao, en extraire un chocolat noir très dense (10 livres) dont l'amertume s'évanouira au contact du sirop à triple vanille. Triple, car trois fois plus concentré en vanille, dont la gousse épaisse et tendre laissera s'échapper sa substance alanguie. Orchidée souple et aguicheuse qui s'enroule dans les papilles pour mieux vous émouvoir. L'ambre gris sera râpé et tamisé au-dessus pour y être infusé. Très peu suffit à transformer ce mélange en élixir, dont l'odeur en chauffant vous transportera. Veillez à ce que la vanille coquine ne vous joue pas un tour en faisant épaissir le chocolat. Il faut tourner doucement sur le feu et arrêter à temps. Servir dans une tasse, ne pas balayer la mousse qui dépasse et le boire bouillant sans tarder. Vous pouvez accompagner ce chocolat de son macaron au musc, qui sera trempé pour être dégusté en une seule fois : ambre, musc, vanille se mélangeront dans votre palais sur les accords de bois et de cuir, que peut prendre le précieux cacao. Un parfum à boire avec sensualité.

Il ne fait aucun doute que cette mixture stimule les propres ardeurs de la Pompadour quand elle se retrouve en compagnie du roi, sans avoir à fournir trop d'efforts pour combler le souverain… Tantôt, elle l'agrémente de fait de truffes et de céleri, dont les cris de Paris, en vers anonymes, vantaient les mérites :

Si les femmes connaissaient l'usage du céleri,
On en planterait depuis Rome jusqu'à Paris.

Mais surtout, ce sont le musc et l'ambre gris qui sont les avatars olfactifs du libertinage : quand on les associe, l'orgasme est assuré. L'odeur du musc évoque celle de la peau et possède une empreinte sexuelle par l'intensité, la chaleur et la douceur qu'il procure. Le musc est en réalité une sécrétion qui se trouve dans une poche située sous le ventre du daim musqué, un ruminant qui vit dans les montagnes de Chine, du Tibet et du Tonkin. Il a le pelage rude, deux petites cornes et deux crocs qui s'avancent de la mâchoire supérieure, lui servant à déraciner les herbes aromatiques dont il se nourrit et dont il tire son odeur. Le mâle seul possède ce précieux parfum. Les Chinois ont été les premiers à connaître et à apprécier le musc. Non seulement ils en aiment passionnément l'odeur, mais en plus ils lui attribuent une foule de propriétés thérapeutiques. Le musc est une substance onctueuse, d'un brun rougeâtre, qui devient noir au contact de l'air. L'odeur est si forte qu'aux dires du voyageur et écrivain français du début du XVIIIe siècle, Jean Chardin, le chasseur, avant de détacher la poche de l'animal, prend soin de s'envelopper d'un linge le nez et la bouche pour éviter que la violence du parfum ne lui cause une hémorragie.

Au XVIIIe siècle, l'ambre gris prend l'ascendant sur le musc et devient synonyme d'érotisme. Il donne aux parfums une finesse éthérée ainsi qu'une touche de mystère. Note irradiante, lumineuse et diffusante, l'ambre gris provoque le trouble et l'émoi, au point que, lorsque l'on dit d'un homme qu'il est « fin comme l'ambre », cela signifie qu'il est un bon amant. L'ambre gris se trouve sur les bords de la mer, en morceaux plus ou moins gros. Jean-Louis Fargeon écrit, dans

L'Art du parfumeur, qu'il s'agit d'une « substance légère, opaque, grasse, de couleur cendrée, parsemée de petites taches blanches, odoriférantes, mais dont l'odeur se développe bien plus lorsqu'elle est mêlée à une petite quantité d'autres aromates ». L'ambre gris exhale par lui-même une odeur terreuse, mais, employé dans des mélanges, il donne une finesse éthérée aux parfums[6]. Les scientifiques de l'époque expliquaient que l'ambre gris s'engendre dans les vastes flancs du cachalot à grosse tête et qu'il est la conséquence d'une maladie. Parfois, le cétacé en guérit en rejetant cette matière morbide ; parfois, il en meurt et finit mangé par les autres poissons. Dans les deux cas, l'animal dégage de l'ambre qui flotte sur la mer ou s'échoue sur le rivage.

Ces odeurs animales, très sensuelles, rappellent celles évoquées dans *Don Giovanni*, opéra en deux actes de Mozart, écrit en 1787. Dans son air « *Odor di femina* », Da Ponte, le librettiste de *Don Giovanni*, mentionne ces parfums dégagés par les femmes – comme la sueur des aisselles ou des cuisses –, qui peuvent déclencher chez les hommes un choc émotionnel intense proche d'une extase sexuelle. Cette odeur renvoie à un enivrement hypnotique, une folie douce provoquant des bouffées d'euphorie aux amants, qui se souviennent longtemps du frisson ressenti lorsque ce parfum envahit leur cœur et leur esprit.

Le roi avait-il encore en mémoire ces plaisirs olfactifs lorsque la marquise de Pompadour rendit l'âme, le 15 avril 1764, jour de Pâques, au château de Versailles ? Lors de ses obsèques, le roi éploré regarde passer le cortège, derrière les fenêtres, sans pouvoir sortir, étiquette oblige. En guise de point final et d'adieu, pour l'occasion, les gants parfumés des bedeaux et des porteurs ont été réalisés par la Dame Amey, sa gantière et parfumeuse. Cette anecdote émouvante nous rappelle combien la marquise fut frivole et dispendieuse. À sa mort, les caisses du royaume sont vides. Cette incorrigible coquette a flambé, en dix-neuf ans de règne, plus de 350 000 livres. Un inventaire des biens de la Pompadour, qui fut fait à son décès, confirme ce caractère dépensier qui lui est reproché.

Sept à neuf coffres qui contenaient ses effets personnels, furent transportés à sa mort à l'hôtel de La Reynie : robes soigneusement pliées, pantalons de satin, jupons rayés, indiennes brodées, négligés de damas bleu, casaquins (petites vestes ajustées à la taille qu'elle accordait sous différentes jupes), jupons de mousseline, coiffes, manches, falbalas (bandes d'étoffe froncées en largeur, garnissant les toilettes féminines), rubans en très grand nombre, petits nœuds nommés « tâtez-y », mais aussi garnitures de robes, qui témoignent que la marquise apparaissait comme la femme la plus élégante du royaume, sachant se mettre en scène en toute occasion et ayant imposé à partir de 1750 la « robe à la française », une robe à paniers à traîne, composée d'un corsage à grand décolleté carré et d'une surjupe ouverte sur une jupe de dessous. Elle s'éventait avec des éventails à la siamoise, représentant des figures grotesques, mais elle se permettait tout, même une forme de désinvolture dans la coiffure, ce qui signifiait la maîtrise qu'elle avait de son style et de sa personne.

Une malle pleine était consacrée aux dentelles, car la Pompadour en était folle, possédant les plus fines, comme de la dentelle de Bruxelles au point d'Argentan, des dentelles de Malines. Aussi précieuse qu'un bijou et transmise dans les héritages, la dentelle suggestive et transparente est cousue sur les robes, ornant un décolleté ou le bord des manches. En revanche, dans la malle des sous-vêtements, rien de très affriolant ! On découvre que la marquise ne portait que des pantalons, négligés, corsets, chemises en lin ou en futaine. Elle mettait des bonnets et des coiffes de nuit au nom austère de « respectueuses », comme c'était souvent l'usage. Dans les dernières années de sa vie, Madame de Pompadour avait fait découvrir au roi l'*Admirabilis Aqua* (« l'Eau admirable »), le sachant de plus en plus hypocondriaque. Cette nouveauté avait été mise au point en Italie quelques décennies plus tôt, en 1695, par Giovanni Paolo Feminis, qui s'établit à Cologne au tout début du XVIIIe siècle. « L'Eau admirable », comme une eau de tous les miracles, arrive à Versailles par l'intermédiaire des soldats français de retour de la guerre de Sept Ans, en 1763. Il s'agit alors d'un médicament, d'un élixir, plutôt que d'un parfum, fabriqué à partir d'une macération d'écorces d'agrumes et de romarin distillé. Louis XV, ayant une peur farouche des maladies, l'utilise en grande quantité pour profiter de ses vertus tonifiantes et revigorantes. La marquise avait découvert les bienfaits de cette eau de senteur, rebaptisée à Versailles « eau de Cologne », pour soulager les migraines dont elle souffrait de manière récurrente.

Le roi pleura beaucoup la disparition de Madame de Pompadour. Il l'avait follement aimée de corps et d'esprit. Elle fut son amante, sa favorite, son amie et sa conseillère. Les mois passant, son naturel revint toutefois au galop, et le roi se remit à séduire, ou plutôt à consommer. Les femmes à la cour s'évertuaient à l'attirer dans leur lit ou dans un bosquet, ces chambres vertes qui servaient à se soulager dans le parc de Versailles ou à faire la cabriole. Les maîtresses se succèdent, rêvant de remplacer la marquise, mais aucune ne réussit à devenir la favorite officielle.

Le roi a presque soixante ans, et les drames personnels se succèdent, occupant son esprit. Le Dauphin meurt le 20 décembre 1765, suivi de sa bru, la Dauphine, quelques mois plus tard. La reine, Marie Leszczynska, décède à son tour le 24 juin 1768. La même année de cet horizon funeste, le soleil revient sous les traits d'une autre Jeanne, apportant avec elle la jeunesse et le bonheur. Jeanne Bécu a vingt-cinq ans, et elle est encore célibataire, protégée par Jean-Baptiste du Barry, son amant. Elle est ravissante, diablement libertine et terriblement drôle. Sa petite bouche gourmande, son corps parfait et ses longs cheveux blonds auraient pu réveiller un mort, au point qu'elle est assortie d'une réputation sulfureuse de catin. Louis XV succombe à ses charmes et découvre dans ses bras des plaisirs insoupçonnés. Pour qu'elle puisse paraître à la cour, on la marie à Guillaume du Barry, pressé de déguerpir au plus vite. Devenue « comtesse », le roi l'installe dans ses appartements au château de Versailles et lui ouvre le Petit Trianon. La cour est heurtée, les filles du roi ont honte de la vie dissolue de leur père. Mais Jeanne s'évertue à satisfaire son souverain et veille à sa bonne santé. Son impudeur le ravit, car sa nudité est exquise. Elle le distrait et l'amuse, comme savait le faire Madame de Pompadour. Louis XV est à nouveau amoureux, et il a toutes les faiblesses pour la comtesse, moins intellectuelle que la marquise, mais tout aussi érudite et esthète.

Jeanne du Barry sut prendre le ton et les manières des femmes de la cour, comme en témoigne le marquis de Bouillé, ajoutant à ses éloges que Madame du Barry avait « un air très noble qui rehaussait une beauté irréprochable ». Selon lui, elle « était instruite, avait beaucoup lu. Sa conversation était intéressante et elle était après la toilette, sa principale occupation ». Elle possède en effet cet « air de volupté qui vous prend tout de suite à la gorge », comme on peut le lire dans ces gazettes manuscrites, appelées les « nouvelles à la main », que l'on diffusait secrètement pour éviter la censure. C'est ainsi qu'elle réussit à réveiller chez le roi ce désir de conquête de manière joyeusement sensuelle. Si l'on en croit la comtesse d'Adhémar, « le Bien-Aimé [...] était encore dans sa vieillesse le plus bel homme de son royaume ; sa physionomie offrait un mélange parfait de grâce et de majesté ; sa taille était admirablement proportionnée ; une expression d'ineffable douceur tempérait la fierté de son regard ; rien ne pouvait égaler le charme de son sourire ; sa voix allait à l'âme ». Avec elle, c'est le triomphe de la vie, le temps du *carpe diem*.

Pour son roi, Jeanne se couvre de parfums et en particulier d'eau de chypre composée, une note exquise et enhardie, où le jasmin, l'iris, l'angélique, la rose et le néroli sont soutenus par trois noix de muscade blanches pilées et trente gouttes d'ambre. L'odeur en est suave et plaît même à ceux qui ont l'ambre en horreur. Elle se nimbe, pour en prolonger l'effet, de poudre de chypre, à forte connotation sexuelle. Elle ose aussi un parfum audacieux, qu'un certain Jean-Louis Fargeon, le jeune apprenti du sieur Vigier, lui avait composé. Il avait arrangé du cédrat, du néroli, de l'iris dans une eau-de-vie de cognac sans goût avec du macis pilé et une once de daucus en graines pilé. Il avait appelé sa composition « eau sensuelle », qui était agréable, assez revigorante, voire étourdissante comme un cordial. La comtesse use avec le roi, quand il est nécessaire, de dragées parfumées, composées de sucre, d'essences d'ambre, d'angélique, de vanille, de styrax et d'alkermès [7]. Avait-elle coutume d'y ajouter, comme le voulaient les usages amoureux, quelques mèches de ses cheveux blonds, afin d'offrir au roi de savourer « quelque chose qui était d'elle », dans un tendre cannibalisme amoureux ?

Les parfums ont alors beaucoup changé depuis le temps de Madame de Pompadour, mais ils participent toujours de la carte du Tendre. Il était désormais avéré que l'odeur corporelle pouvait être cause de rapprochement ou de répulsion. Les savants attribuaient le désir sexuel à des vibrations agissant sur les fibrilles nerveuses. Dans ce même siècle, le parfum convertit la sauvagerie d'un sens jugé primaire en une perception subtile et raffinée, ouvrant la pensée. Jean-Jacques Rousseau, dans l'*Émile* (1762), fait une différence entre l'olfaction primitive et l'odorat civilisé. La première est liée à la survie, le second à l'imagination. Le plaisir ressenti par les sensations liées aux parfums est le propre du raffinement oisif, celui des « rêveries du promeneur solitaire ». Le parfum s'est ainsi ajusté à de nouvelles formes sociales. Il n'est plus le contrepoint du miasme, mais il est choisi pour sa légèreté, et devient un signe d'intimité entre soi et son corps, autant qu'un appel à l'autre, une séduction.

Ainsi, ce qui demeure de l'héritage de Madame de Pompadour, c'est ce goût raffiné pour les plaisirs sensuels. Cette amoureuse de l'amour avait souhaité connaître toutes les senteurs et les saveurs de l'existence. Passé à la postérité, son nom évoque une empreinte olfactive durable et raffinée, exemple fragrant pour qui veut susciter le désir.

IX

L'impératrice Joséphine

La folie du musc

Elle a la peau brune et parfumée, une grâce inimitable qui séduit les esprits et fait chavirer les cœurs. Son regard langoureux caresse l'âme. Elle s'appelle Marie-Josèphe-Rose de Tascher de La Pagerie, et la nature l'a dotée de beaucoup d'attraits. Née le 23 juin 1763 à la Martinique, elle grandit au sein d'une riche plantation sucrière. Marie-Josèphe-Rose est d'une grande beauté et fait preuve dès l'adolescence d'une coquetterie irrépressible. Personne ne dit jamais qu'elle est belle, mais tout le monde insiste sur son sens inné de l'élégance, sur son charme et sur la manière de son cœur. Un jour, une diseuse de bonne aventure lui annonce qu'elle aura deux enfants et deux maris, dont l'un l'élèvera si haut qu'elle sera plus que reine.

La jeune Rose rêve de Paris et part pour la France – elle a alors seize ans – afin d'épouser le séduisant vicomte Alexandre de Beauharnais, le 13 décembre 1779. C'est un mariage de raison, les deux époux se connaissent depuis longtemps, leurs familles sont amies. Le père d'Alexandre, marquis de Beauharnais, commandait aux Antilles en qualité de gouverneur général. Ce mari qui ne l'aime point lui donne

L'impératrice Joséphine
Huile sur toile de Pierre-Paul Prud'hon, 1805

deux enfants : Eugène et Hortense. Leur mariage part vite à la dérive, et le couple se sépare six ans plus tard, pour cause d'infidélités répétées du vicomte. Emprisonnée à la maison des Carmes sous la Révolution, Joséphine est libérée le 9 Thermidor, échappant de peu à la guillotine, contrairement à son époux guillotiné quelques jours plus tôt.

À présent veuve, Joséphine s'étourdit, comme tous les rescapés de l'échafaud. « Qui n'a pas connu l'Europe d'avant 1789, n'a pas connu le plaisir de vivre », disait Charles-Maurice de Talleyrand, homme d'Église et homme d'État, actif du règne de Louis XVI à celui de Louis-Philippe. La Révolution avait aboli tous les privilèges et dissous, en 1791, la corporation des gantiers-parfumeurs. Le parfum était désormais suspect, sous la République, trop associé à la monarchie. La tourmente révolutionnaire, avec sa sans-culotterie, ses conventions girondine et montagnarde, et sa Terreur, ont stoppé toutes les activités artistiques et les artisanats de luxe, dont la parfumerie. On ne respirait plus que l'odeur méphitique, cette exhalaison puante et toxique qui annonçait avec elle le chaos et la mort.

L'aristocratie et la haute bourgeoisie, qui constituaient la clientèle traditionnelle des parfums et des produits de beauté, avaient émigré quand ils avaient échappé à l'échafaud. Ainsi les parfumeurs virent-ils leurs fastueux commanditaires de l'Ancien Régime disparaître, les précipitant ainsi dans la ruine de n'avoir plus de cheveux à poudrer ou de cous à parfumer. L'austérité est à la mode, et quelques eaux de senteur continuent à se vendre, mais sous les noms au goût du jour : *Élixir de la guillotine, Eau des sans-culottes* ou *Sent-bon à la Sanson* du nom du célèbre exécuteur Charles-Henri Sanson qui avait même donné son nom à une pommade pour le visage, dont les effets bénéfiques, disait-on, lui assurèrent un grand succès ! Le parfum subit donc une éclipse momentanée, sans que son usage disparaisse, bien que les vraies citoyennes y soient rebelles, estimant que c'est une preuve de mollesse, et surtout, un exécrable souvenir de la « tyrannie ».

Si le révolutionnaire Marat voyait en toute personne parfumée un ennemi de la République, Robespierre, lui, chante les louanges de la rose, dont « le parfum flatte agréablement l'odorat », écrit-il en vers. « L'Incorruptible » avait en effet été reçu, en 1786, dans la société littéraire des *Rosati*, créée en 1778 dans une guinguette d'Arras appelée « Au berceau des roses ». Le tyran avait souhaité se faire portraiturer, portant perruque poudrée et répandant les doux effluves de la rose ! Ses victimes continuaient elles aussi de se poudrer pour monter dans la fatale charrette, avec un peu de rouge sur les joues et sur les lèvres, avant de les offrir au baiser de la mort. Cette dernière et ultime élégance, qui savait farder la frivolité dans le tragique, fut un geste bien français de bravoure, au-delà de celui de la simple coquetterie.

Après la Terreur révolutionnaire et la tourmente sanglante, le Directoire favorise la reprise de l'activité économique et mondaine. Une clientèle nouvelle et d'origine sociale très variée apparaît. Après tant de frayeurs, une frénésie de luxe, de plaisir et de fièvre ardente se développe. La jouissance est à l'ordre du jour parmi les membres de « cette nouvelle jeunesse dorée », tenant le haut du pavé en exprimant un certain défoulement collectif. Ils se nomment les « Incroyables » et les « Merveilleuses », et font des apparitions avec force parfums. Même si la Révolution a ruiné les parfumeurs français, elle n'a pas aboli le goût du parfum. Au lendemain de la Terreur, on se parfume plus que jamais, mais avec des produits étrangers. La mode impose à ses adorateurs des odeurs pénétrantes et violentes, ainsi que des couleurs vives et hardies pour leur habillement. Les « Incroyables » furent appelés ainsi du fait d'une sorte de minauderie de langage qui leur était coutumière : ils supprimaient volontairement les *r* – moyen de renier publiquement la Révolution – et répétaient continuellement : « C'est incroyable. » Ils se distinguent par leurs accoutrements excentriques, arborant des tailles pincées, de larges culottes et force fanfreluches. Les « Incroyables » furent plus une risée qu'une mode, qui n'était pas cependant sans rappeler les libertins du XVIIIe siècle, ces « petits-maîtres » frisés, musqués, d'une propreté impeccable, qui mettaient de jolies manchettes et des anneaux autour des doigts. Mais les « Incroyables », par leur allure et leur refus des conventions, annonçaient les dandys du siècle suivant. Leurs parfums à base de musc et leurs pommades à la muscade leur valent aussi le surnom de « muscadins », terme qui fut aussi utilisé par le conventionnel François Chabot, en 1793, afin de déconsidérer les jeunes insurgés de Lyon qui avaient combattu la Convention. Ils apparaissent après le 9 Thermidor, le bicorne sur la tête, tenant en main un gourdin qu'ils appellent leur « pouvoir exécutif », et grâce auquel ils peuvent exercer leur force dans la rue. Animés par Fréron, un ancien insurgé, ils se promènent en bande, organisent des expéditions punitives, essentiellement contre les Jacobins, dont ils font fermer le club.

Mais un « Incroyable » est souvent accompagné, à son bras, d'une « Merveilleuse ». Joséphine, citoyenne Beauharnais, en est une parmi les plus renommées que furent Mademoiselle Lange, Madame Tallien, Madame Récamier, et une autre « créole » très recherchée, la citoyenne Hamelin. Joséphine de Beauharnais vit avec sa tante Fanny, rue de l'Université. Elle a trente-deux ans, du charme, de l'abandon, des poses alanguies, des douceurs maternelles, et toute la poésie exotique des îles pour les Parisiens. Elle a aussi de longs cils noirs et de beaux yeux d'un bleu foncé. Elle adopte et adapte avec charme les modes nouvelles, imposant sa grâce.

Les « Merveilleuses » se fardent à nouveau, et lancent le goût pour des senteurs et des savons parfumés anglais. Ces jolies femmes cèdent à la mode de l'antiquomanie. C'est ainsi que la belle Madame Tallien offre à ses admirateurs l'incomparable splendeur de son teint, qu'elle entretient en se baignant dans des framboises et des fraises écrasées, puis se fait frictionner avec des éponges imbibées de lait et de parfum. Toutes ces « Merveilleuses » portent des multitudes de perruques très colorées, car il en existe pour toutes les heures du jour : si elles sont généralement blondes, on en voit des noires, des bleues, des vertes. Elles se parent de chapeaux extravagants. Elles sont actrices et égéries mondaines ou demi-mondaines, mais toutes vouées au plaisir de la frivolité.

Pour l'heure, la reine de Paris a pour nom Thérésa Tallien ; elle est l'amie et la protectrice de Joséphine. L'époque voit le nouvel avènement du salon, ceux de Madame Tallien ou de Madame Récamier, notamment, lieux de sociabilité où il faut être vu. Paris assoit définitivement son hégémonie sociale et culturelle sur la France et fait oublier les fastes versaillais d'antan. Les mœurs sont libres : on divorce pour se remarier avant de redivorcer au plus vite. Dans les salons de celle que l'on surnomme « Notre-Dame de Thermidor », Joséphine croise, par l'intermédiaire de Barras, un certain Bonaparte. Ce dernier erre dans Paris « d'un pas gauche et incertain, ayant un mauvais chapeau rond enfoncé sur ses yeux et laissant échapper ses deux oreilles de chien mal peignées qui tombaient sur le collet de sa redingote gris fer devenue si célèbre », comme le dépeint son amie d'enfance, Laure Permon. Une allure si misérable que Madame Tallien en a pitié et lui fait l'aumône d'un uniforme neuf ! À la seconde invitation de Madame Tallien, Napoléon, tout de beau vêtu, s'éprend de la veuve Beauharnais, celle que Barras appelle la « belle créole » et qui est son aînée de quelques années. Mais Bonaparte est alors plein d'idéaux romanesques, pour ne pas dire romantiques, et ceux-ci laissent peu de place au sentiment amoureux.

Le hasard fait toutefois bien les choses : un jour, Napoléon voit entrer dans son bureau un jeune homme lui réclamant un sabre confisqué par les patrouilles chargées du désarmement de Paris. Il s'agit d'Eugène de Beauharnais, qui l'interpelle :

– Vos sbires ont saisi le sabre de mon père. Il est mort sur l'échafaud, mais son honneur m'est précieux et ce sabre était tout ce qu'il me restait de lui.

La véhémence du jeune orphelin réjouit Bonaparte, qui lui fait rapporter l'arme réclamée. À la soirée suivante chez Barras, la jolie veuve Beauharnais, et mère de l'impétueux jeune homme, s'adresse au général en ces termes :

– C'est une maman qui vient vous remercier d'avoir rendu le sourire à ses enfants.

Le mot magique est prononcé : maman ! Bonaparte tombe fou amoureux de la veuve, lui qui, autant qu'époux, souhaite être père. Il écrira plus tard à Joséphine ces mots enflammés :

> Je me réveille plein de toi. L'enivrante soirée d'hier n'a point laissé de repos à mes sens : douce et incomparable Joséphine, quel effet bizarre faites-vous sur mon cœur ! Un million de baisers, *mio dolce amor*, mais ne m'en donne pas car ils brûlent mon sang.

Ce qui fera dire à Joséphine dans un éclat de rire : « Il est drôle, ce Bonaparte ! » « Ce Bonaparte » est né le 15 août 1769 en Corse, l'« île de Beauté ». On raconte qu'il fut conçu dans une bergerie isolée. Ses parents sont Charles Bonaparte (1746-1785), avocat au conseil supérieur de la Corse et député de la noblesse de Corse, et Maria-Letizia Ramolino (1750-1836). Il est déclaré français à la naissance. Son oncle Lucien, l'archidiacre, est allé chercher dans les greniers de la tradition familiale ce prénom de Napoléon. Ses origines sont celles d'un patricien florentin, mais, malgré l'écusson sur la maison natale, sa famille de gentillâtres corses n'a jamais régné que sur quelques maigres pâturages. Boursier du roi à l'âge de neuf ans, le jeune « Napailloné », que ses camarades appellent « la paille au nez », apprend avec une sorte de rage la servitude et la grandeur militaire à l'école royale militaire de Brienne, dans l'Aube. Il y reste cinq ans, loin de son île parfumée, sa terre natale qu'il adore et sur laquelle il écrit alors : « Les yeux fermés, par la nuit la plus noire, si par miracle je me trouvais transporté en Corse, je la reconnaîtrais tout de suite à son odeur… »

La vie précipite son destin au siège de Toulon, en 1793, avec la batterie des « hommes sans peur », qui assure la victoire. Il y contracte la gale, d'une nature particulièrement maligne, et en est très infecté, ce qui le contraint à prendre des bains sulfureux et à garder longtemps un vésicatoire. Soigné par Corvisart, il ne parvient à s'en guérir qu'au bout de longues années. Selon les médecins, cette maladie mal traitée fut à l'origine de son teint bilieux et de sa maigreur. C'est aussi cet épisode, dont il garde un pénible souvenir, qui explique le grand sens de l'hygiène qui le caractérise.

Dès janvier 1796, Joséphine s'installe dans son petit hôtel particulier, situé 6, rue Chantereine, acquis quelques mois plus tôt par Bonaparte, devenu général en chef de l'armée de l'Intérieur. Le Directoire le nomme ensuite commandant en chef de l'armée d'Italie. Bonaparte épouse Joséphine le 9 mars 1796. Avant de se marier, celle-ci consulte un notaire, qui aurait eu ce mot peu inspiré : « Quoi, un petit général sans nom et sans avenir ? Mieux vaudrait épouser un fournisseur. Mais pas ce général de cape et d'épée. » Pour lui, elle ne sera plus jamais Rose, mais elle devient Joséphine. Jaloux comme un tigre, Napoléon ne veut pas prononcer le prénom par lequel l'appelaient ses précédents amants. Couronnée impératrice en 1804, Joséphine, qu'on surnomme aussi « l'Américaine » – alors qu'elle est française –, subit la haine du clan Bonaparte, en raison notamment de son âge et de son attitude volage durant les absences de son époux.

Peu importe, ce dernier l'aime passionnément, et avec une énergie qui lui fait écrire : « Je puise sur vos lèvres, sur votre cœur, une flamme qui me brûle. Tu pars à midi, je te verrai dans trois heures. » D'elle, il aime son sillage embaumé et son accent créole qui traîne le pas et chante. Elle l'enchante. Il lui pardonne tout : son amour excessif pour les bijoux, la mode, qu'elle suit avec frénésie, et les parfums, dont les impérieux effluves lui montent au crâne. En effet, Napoléon Bonaparte a le nez fin et l'odorat délicat. Pourtant, à contempler ses portraits, il est difficile d'imaginer qu'il fût doué d'une très grande sensibilité olfactive. C'est son ordonnance Constant qui nous révèle ce secret, que l'Histoire n'avait pas spécialement retenu de lui : « Son nez, de forme grecque, était irréprochable, et son odorat excessivement fin. »

Cette sensibilité olfactive très aiguisée se révèle aussi quand il rencontre, en 1795, Joséphine, pour qui il a un vrai coup de foudre. Et si l'amour est aveugle, il a certainement du nez. Une odeur peut déclencher du désir, parce qu'elle est associée à un souvenir empreint de plaisir. Ainsi, tous les parfums peuvent être considérés comme des parfums d'amour, à condition qu'ils soient liés à un souvenir amoureux et agréable. Pour Napoléon, épris de Joséphine, fou de sa « peau brune et parfumée », l'odeur corporelle de son épouse, même chargée de composantes organiques, est délicieuse. « Ne te lave pas, j'accours et dans huit jours je suis là », écrivait le futur Empereur à sa femme, quinze jours avant son départ (*Lettres à Joséphine*) !

Depuis, les expériences scientifiques se sont multipliées pour prouver que les humains se sentent avant de s'unir, reconnaissant les partenaires « génétiquement compatibles ». Éperdu d'amour, Napoléon constate : « Joséphine, la nature t'a faite de dentelle et de gaze ! » Elle refuse de le suivre sur les routes du monde, car elle tient trop à Paris et à toutes ses frivolités. De dépit, Bonaparte conclut : « Tu ne te soucies plus de ton cher Napoléon, un caprice te l'a fait aimer, l'inconstance te le rend indifférent. » Joséphine dépense sans compter, car elle aime à la folie « le luxe et les parures ». Dans ce trousseau immense, le blanc domine, mais aussi du velours « vert naissant », des taffetas amarante, nacarat et cannelé bleu, parme et rose incandescent. Elle aime les imprimés façon cachemire [1]. Elle s'habille de robes légères et fluides, le plus souvent en mousseline, se changeant trois fois par jour. Les gants parfumés font également partie intégrante de ses goûts vestimentaires : d'ailleurs, c'est elle qui lance la mode des gants longs, et elle va jusqu'à en commander neuf cent quatre-vingt-cinq paires par an !

Cette jolie créole a un sens léger de la vie, qui la rend prodigue et coquette. Elle recherche tous les effluves, comme autant de plaisirs : les arômes délicats de la rose, les senteurs âpres et vanillées qui lui rappellent la Martinique, les capiteux et troublants parfums, comme celui de l'ambre gris. Son cabinet de toilette exhalait des effluves si lourds et variés que Napoléon ne pouvait y demeurer que quelques minutes ! Joséphine, qui a gardé des Antilles le goût des senteurs fortes et généreusement répandues, initie en France la mode des parfums exotiques à base d'écorce de cannelier, de gousse de vanille, de poudre de clou de giroflier et de diverses autres épices.

« La folle de musc », ainsi appelle-t-on l'impératrice, qui aime démesurément l'empreinte sensuelle, pour ne pas dire sexuelle, de cette fragrance. Elle se couvre la peau de ce piège olfactif, qui séduit ses amants. Le musc en poches arrive de Chine en petites boîtes de vingt onces, et se vend de trente-cinq à soixante francs l'once, suivant la qualité et l'état du marché. Le musc en grains, c'est-à-dire retiré de sa poche, coûte beaucoup plus cher. Mais son emploi en parfumerie, sous forme de teintures et d'infusions, est important, et les parfumeurs ne lésinent pas sur cet achat.

> Le musc est le plus fort et le plus persistant des parfums. Aussi est-il fort utile dans les compositions [...] employé à petites doses, il soutient les odeurs même les plus délicates et augmente leur suavité sans trahir sa présence [2].

Dans l'entourage de Joséphine et à la cour impériale, nombreux sont ceux qui se plaignent de ce « disqualifiant parfum de musc », qu'elle peut aussi associer à la civette. Intégrée à un parfum, la civette ajoute des notes chaudes et bestiales. Afin d'adoucir tout de même l'accord, Joséphine pose sur sa peau quelques touches de vanille. La vanille est alors connue des parfumeurs comme la gousse d'une liane appartenant à la famille des orchidées et originaire du Mexique, introduite ensuite sur l'île de la Réunion. Cortés, conquistador européen, la découvrit en 1520. Importée en Europe, elle fut l'objet d'un commerce réglementé. Louis XIV la cultiva dans les serres royales. Mais les mystères de sa stérilité demeuraient. Les botanistes se penchèrent sur la sexualité de cette orchidée, et découvrirent qu'elle était hermaphrodite et ne pouvait s'autoféconder. Un hymen empêchait le pollen de pénétrer son intimité. Aussi fallait-il le percer avec un stylet. Une fois fécondé (pollinisation artificielle), l'ovaire grossit rapidement. De la fécondation à la récolte, il faut compter neuf mois, puis neuf mois encore pour qu'elle exhale tous ses arômes. Liane amoureuse qui s'enroule autour du tuteur qui l'aide à grandir, elle est le double olfactif de l'irrésistible Joséphine ! Sur la peau de l'impératrice, accompagnée de notes animales, la délicieuse vanille se fait érotique.

Par filiation familiale ou professionnelle, un grand nombre de parfumeurs de l'Ancien Régime perdurent sous l'Empire. Leur palette reste la même qu'au XVIIIe siècle, engendrant les mêmes fragrances, que seule la mode olfactive bouscule. Mais les habitudes héritées de l'Ancien Régime demeurent, et Joséphine y tient. Elle s'attache les services des fournisseurs de Marie-Antoinette, dont elle cultive le souvenir – le malheur de l'ancienne reine de France la touche au plus profond de son cœur. Ainsi, en 1807 comme en 1812, la veuve Fargeon et ses deux fils revendiquent l'honneur d'être « parfumeurs de Sa Majesté l'Impératrice et de Madame Mère de Sa Majesté l'Empereur ». Jean-Louis Fargeon [3], le père, qui avait été le parfumeur de Marie-Antoinette, avait échappé, lui aussi, de justesse à la guillotine et n'avait qu'une ambition : finir ses jours en paix dans une confortable retraite. Il n'en alla pourtant pas ainsi, puisque, quelque temps après avoir cédé son affaire, il retrouva sa boutique de la rue du Roule, que les nouveaux acquéreurs, n'ayant ni sa réputation ni son expérience, conduisaient à la faillite. Sous le Directoire, Jean-Louis Fargeon parfumera « Incroyables », « muscadins » et « Merveilleuses ». Sous l'Empire, il deviendra « parfumeur distillateur breveté, fournisseur de l'impératrice ».

La maison Houbigant, Jean-Marie Farina, Lubin et Gervais-Chardin – à qui elle ne paie pas ses dettes – sont les autres principaux fournisseurs de Joséphine, qui se fait aussi rapporter des parfums de l'Empire ottoman par sa cousine, Aimée du Buc de Rivery. Terriblement coquette, l'impératrice prend, dès son lever, un bain dit chinois, à base de pâte d'amande parfumée. Certains jours, elle le veut à l'eau de rose, pour ses vertus apaisantes et hydratantes. Elle entretient aussi son corps dans des bains de champagne pour effacer les ridules. Sa toilette dure trois heures. Elle conserve dans des pots ses crèmes et dans des flacons de cristal ses eaux odorantes du Portugal, de Naples, de Cologne, de fleur d'oranger, fleur de cassie double [4], d'élixir balsamique, de rose, de musc et de vanille [5]. Joséphine utilise, à l'instar de sa belle-sœur Pauline Borghèse – la plus belle et voluptueuse des sœurs de Napoléon –, de l'« eau de Lubin ». Créée en 1798, cette eau était un excellent remède, tant vivifiant que calmant. L'« eau de Lubin » possédait une action salutaire et hygiénique, et elle conservait l'éclat et la fraîcheur du teint. Son usage était multiple, en frictions ou dans le bain : contre le hâle, les taches de rousseur, les piqûres d'insectes et les boutons, après le rasage. La réclame qui l'accompagnait en vantait un autre usage :

> Eau dite de Lubin pour parfumer les appartements : cette eau avantageusement connue s'emploie en la brûlant sur une pelle chaude sans être rougie. Elle exhale l'odeur la plus suave,

est extraite de plantes aromatiques et a la propriété de parfumer et de purifier l'air, avantages que les paillettes ne réunissent pas. Elle s'emploie comme odeur.

Au service de Joséphine, Mademoiselle Martin lui prépare le fard rouge qu'elle applique de manière extravagante sur ses pommettes. Ce même fard avait déjà détrôné tous les autres auprès de la reine Marie-Antoinette, au point que la commerçante continue de n'accepter de servir dans son échoppe du quartier du Temple que des têtes couronnées et quelques dames privilégiées. Pour son hygiène buccale, Joséphine utilise un gratte-langue. Tous les éléments propres à sa toilette et objets de coquetterie sont disposés autour de son bain dans des récipients en argent, qu'elle n'oublie jamais de prendre lors de ses voyages.

L'impératrice a aussi l'amour des fleurs. Dans les dernières années de sa vie, elle se passionne pour la botanique. Dès l'achat du château de la Malmaison, en 1799, Joséphine fait arranger le parc en un jardin anglais, grâce à l'aide de plusieurs paysagistes et horticulteurs, anglais et français. Le domaine passe alors de soixante-seize à sept cent vingt-six hectares. Elle fait cultiver des plantes exotiques jusqu'alors inconnues, auxquelles les botanistes donnent son nom : *La Pageria*, *Bonapartea* ou encore *Josephina Imperatrix*, mais aussi, la « rose Malmaison », la « rose Joséphine »... C'est ainsi qu'elle permet l'acclimatation en France de l'eucalyptus, de l'hibiscus, du camélia, de myrtes, de géraniums, de mimosas, du jasmin de Martinique, de cactus, de rhododendrons, de dahlias, de tulipes rares et de jacinthes [6], mais aussi du clérodendron aux grandes hampes et au parfum d'orange amère, du *Calla aethiopica*, du *Yucca gloriosa* et du pisang avec ses grandes feuilles. C'est aussi sa fille, Hortense de

Beauharnais, qui donne son nom à l'hortensia. Sa serre tropicale, installée en 1804, à laquelle elle accole des salons de réception, est chauffée par douze grands poêles. Des arbres mesurant jusqu'à cinq mètres de haut peuvent y pousser.

Toujours prodigue, Joséphine dépense de fortes sommes pour ses plantes. Mademoiselle Avrillon, première femme de chambre de l'impératrice, raconte dans ses *Mémoires* que Joséphine acheta trois mille francs un seul oignon de fleur qu'elle voulait voir pousser dans son domaine [7] ! Sa passion pour les fleurs est telle qu'elle se met à les étudier avec le plus grand sérieux, apprenant par cœur le nom de chacune, ainsi que leur classification. De sa voix de créole aux intonations musicales, elle aime citer la violette de Parme, le lis du Nil, la rose de Damas, et surtout son beau jasmin de Martinique, qui lui rappelle son pays, son enfance et ses parures de jeune fille. Les roses sont cependant au centre de son intérêt : la nostalgie d'un prénom abandonné pour son mari, et celle aussi d'une jeune fille arrachée à son île tropicale et luxuriante de la Martinique. Joséphine les veut toutes. Pas moins de deux cent cinquante espèces de roses sont cultivées dans ses jardins, parmi lesquelles la *Rosa gallica*, la *Rosa centifolia*, la *Rosa alba*, la rose de Chine et la rose de Damas. Elle aime particulièrement la rose de Damas, la rose cent-feuilles et la rose blanche, qui sont utilisées en parfumerie, car leur fragrance est des plus stimulantes du point de vue érotique. Les fleurs sont cultivées en pots, entreposées l'hiver dans la serre chaude. Le printemps venu, Joséphine dispose ses rosiers en bacs et en pots le long des allées et dans les massifs. Pierre-Joseph Redouté, qui fut le peintre attitré des fleurs de Marie-Antoinette, devient celui de Joséphine, mais celle-ci ne verra malheureusement jamais ses planches…

Joséphine fut adulée ou détestée, mais tous ceux qui la connurent ont observé qu'elle sut monter sur le trône impérial et en descendre avec la plus grande dignité lorsque, ne donnant pas d'héritier à l'Empereur, elle fut contrainte de divorcer en 1809 « pour raison d'État ». Napoléon se sépare de celle qu'il considérait comme sa bonne étoile et son seul véritable amour. De l'île d'Elbe, dix jours après son abdication, il écrivit à sa Joséphine : « Adieu, ma chère Joséphine, résignez-vous ainsi que moi, et ne perdez jamais le souvenir de celui qui ne vous a jamais oubliée et ne vous oubliera jamais. »

Joséphine voua un culte à l'Empereur jusqu'à sa mort, qui survint un soir de Pentecôte, le 29 mai 1814, peu après la chute de l'Empire. Elle avait cinquante et un ans. On raconte que, soixante ans après sa disparition, le cabinet des bains de Malmaison sentait encore le musc, des lambris aux placards. Napoléon avait tant aimé sa « peau brune et parfumée »... Un sillage que nul ne put oublier, et surtout pas l'Empereur. Le 14 octobre 1815, Napoléon part définitivement pour une autre île, Sainte-Hélène, non sans être retourné une ultime fois au château de Malmaison, où flotte encore le fantôme odorant de Joséphine, ce prénom tant chéri et embaumé, qui sera le dernier mot prononcé par l'Empereur avant de mourir, le 5 mai 1821.

X

George Sand

Le parfum de l'âme

« Le souvenir est le parfum de l'âme », se plaisait à dire George Sand, rappelant ainsi, et de manière indirecte, qu'à l'origine le parfum est le symbole de l'immortalité : il anime l'âme et la révèle. Son *Journal Intime* ou encore l'*Histoire de ma vie* nous livrent ses réminiscences olfactives comme autant de « souffles de vie » odorants. L'œuvre de George Sand, puissante et abondante, a été célébrée de son vivant même. Même si l'on ne s'émeut plus guère à lire ses récits champêtres – *La Mare au diable*, *La Petite Fadette* ou *François le Champi*, pour ne citer que ceux-là –, on conserve malgré tout une image de la femme forte et assumée. Et d'abord un prénom, masculin, provocateur, brandi comme un étendard : George ! Un prénom qui sent la cavalerie, la charge de la brigade légère, et qui traîne derrière lui un délicieux parfum de scandale.

Même Baudelaire ne lui ménage pas ses flèches d'une violence rare : « La femme Sand est le Prudhomme de l'immoralité. » Une telle hostilité ne peut s'expliquer, naturellement, sans de fortes raisons. C'est que, chez George Sand, l'écrivain et la femme ne font qu'un. Loin de se cantonner dans des

Portrait de George Sand
Peinture à l'huile d'Auguste Charpentier, 1838
Musée de la Vie Romantique / © CC0 Paris Musées.

bluettes bucoliques, elle a su mener des combats contre les préjugés d'un monde corseté. George Sand n'a pas seulement fait scandale, elle a incarné le scandale à elle seule dans une société bourgeoise louis-philipparde.

Née en 1804, Aurore Dupin possède déjà une double ascendance pour le moins originale. Par son père, Maurice Dupin de Francueil, elle est apparentée à deux lignées prestigieuses : les Bourbons et les rois de Pologne. Sa grand-mère, Marie-Aurore de Saxe, était la fille du célèbre Maurice de Saxe, maréchal de France et fils naturel d'Auguste II de Pologne. Côté maternel, les origines sont populaires. Le grand-père, Antoine Delaborde, était oiselier sur les quais de Paris. Saisissant contraste ! Quand Maurice rencontre la fille de l'oiselier, Sophie Laborde, il a vingt ans, et elle vingt-cinq. Dupin de Francueil est alors officier dans les armées impériales, attaché au général Murat. La France fait campagne en Italie, et Sophie est une « coureuse d'armées », sans qu'il soit possible de bien définir son emploi exact. C'est le coup de foudre. Mais une telle mésalliance ne passe pas. « Mon sang royal, dira plus tard George Sand, s'était perdu dans mes veines en s'alliant dans le sang plébéien de ma mère. »

Pendant des années, Maurice et Sophie vont vivre en concubinage. Le 5 juin 1804, après deux enfants mort-nés, et sur le point d'accoucher de la future romancière, Sophie épouse enfin Maurice. Aurore naît un mois plus tard, le 1er juillet. Cette fois, Madame Dupin capitule et accepte la triste mésalliance en contemplant le visage rayonnant de sa petite-fille. George Sand naît donc sous le signe du refus, elle qui, toute sa vie, saura également dire non aux préjugés, aux tabous, aux conventions étroites qui voudraient empiéter sur son indépendance. Ce parfum de liberté, elle le respire d'ailleurs dès l'âge de quatre ans en faisant le voyage d'Espagne pour aller retrouver son père. Nous sommes en 1808, et Napoléon livre là-bas une guerre impitoyable. Lors d'un arrêt dans les montagnes des Asturies, Sophie, voyant des liserons en fleur, lui dit : « "Respire-les. Cela sent bon le miel, et ne les oublie pas." C'est donc ma première révélation de l'odorat que je me rappelle et par un lien de souvenirs et de sensations que tout le monde connaît, sans pouvoir l'expliquer, je ne respire jamais des fleurs de liseron vrillé sans voir l'endroit des montagnes espagnoles et le bord du chemin où j'en cueillis pour la première fois. »

C'est aussi à cet âge que, pour plaire au prince Murat, on lui fait endosser, chaque fois qu'elle est en sa présence, un uniforme masculin, avec mini-sabre au côté. Une « merveille », dira-t-elle plus tard avec une sorte de nostalgie enfantine. De sa prime enfance lui reste cette habitude gratifiante de se déguiser en garçon. Tout cela l'amuse énormément. Elle apprécie beaucoup moins en revanche les traitements auxquels la soumet sa mère en cas de maladie. Les médecins hygiénistes du XIXe siècle pensent encore que les odeurs jouent un rôle majeur dans la transmission de maladies comme la peste ou le choléra. Contre la gale, on enduit la petite fille de soufre, on la force même à avaler ce soufre en boulettes mélangé à du beurre. L'odeur répugnante de cette mixture lui restera en mémoire toute sa vie : « Ma mère me soignait à sa manière, et au sortir du bain, elle m'enduisait de soufre de la tête aux pieds puis elle me faisait avaler des boulettes de soufre dans du beurre et du sucre, ce goût et cette odeur dont je fus imprégnée pendant deux mois m'ont laissé une grande répugnance pour tout ce qui me les rappelle. » Et pour arriver à supporter ces odeurs âcres d'œuf pourri qu'elle trouvait répugnantes, la petite fille pressait contre sa poitrine un bouquet de roses. Entre la rose et le soufre, George Sand se construit sa mémoire olfactive.

Au retour d'Espagne, Marie-Aurore de Saxe accueille toute la famille à Nohant, dans leur propriété du Berry. La jeune Aurore se croit immédiatement transportée au paradis. Hélas, le rêve est de courte durée. À peine arrivé, son petit frère, déjà aveugle, meurt subitement. Huit jours plus tard, c'est au tour de son père, Maurice, de rendre l'âme par suite d'une mauvaise chute de cheval. La future George Sand va désormais grandir dans un entourage exclusivement féminin où les tensions sont quotidiennes, car la grand-mère et la veuve ne s'entendent guère. Mais Sophie, bientôt, disparaît pour ne revenir à Nohant que de loin en loin. Aurore finira par apprendre la vérité : Marie-Aurore de Saxe a proposé à sa belle-fille une pension pour l'éloigner, et Sophie l'a acceptée. Elle ne verra donc plus Aurore que sur de brèves périodes. Ce marché indélicat blesse l'enfant en profondeur, incapable qu'elle est de comprendre les véritables enjeux de cette décision. Seul point positif : la vie à Nohant où, férue des principes d'éducation édictés par Jean-Jacques Rousseau, sa grand-mère la laisse libre de passer ses journées à jouer en compagnie des petits paysans du cru, habillée en garçon. Parallèlement, Marie-Aurore de Saxe tient cependant à lui enseigner les bonnes manières, les règles du comportement en société et lui fait apprendre l'équitation.

Les querelles entre sa mère et sa grand-mère au sujet de son éducation se prolongent à travers les questions d'habillement. On lui taille des vêtements ou des doublures dans les affaires de sa grand-mère, ce qui fait qu'Aurore est presque toujours vêtue de couleurs sombres et que ses tailles plates (ses corsages) lui descendent sur les hanches, alors que sa mère, « engouée de la mode du jour », voudrait lui voir porter des robes avec la ceinture sous les aisselles. Son premier corset, quand elle a douze ans, lui paraît d'ailleurs un instrument de supplice. Une amie de sa grand-mère, Madame de Bérenger, s'avise de lui « donner des formes » : « Elle me le sangla elle-même si bien, dira George, que je faillis me trouver mal la première fois. À peine fus-je hors de sa présence, que je coupai lestement les lacets, moyennant quoi je pus supporter le buste et les baleines. »

À l'adolescence, les relations d'Aurore avec sa grand-mère se dégradent. La jeune fille se rebelle, demande à quitter Nohant pour rejoindre sa mère. Les deux femmes se mettent alors d'accord, mais pour l'envoyer à Paris, au couvent des dames augustines anglaises. L'établissement, de solide réputation, est sinistre, glacial, sale et inconfortable. Tout pour mettre l'adolescente de mauvaise humeur et la jeter dans la révolte. Elle n'y manque pas, sème la pagaille et heurte ses condisciples en se voulant plus « malodorante » que les salles de classe, ainsi qu'elle le confesse elle-même sur un livre de classe : « J'ai scandalisé les jeunes ladies par ma malpropreté ! » Mais, le 12 avril 1820, à la suite d'une brève crise de mysticisme, Marie-Aurore de Saxe la sort du couvent. Retour à Nohant, où elle va devenir la garde-malade de sa grand-mère.

> Quand j'eus seize ans, racontera-t-elle, on s'aperçut comme j'arrivais du couvent que j'étais une jolie fille. J'étais fraîche quoique brune. Je ressemblais à ces fleurs de buisson, un peu sauvages, sans art, sans culture, mais de couleurs vives et agréables. J'avais une profusion de cheveux presque noirs qui sont devenus depuis presque blonds. En me regardant dans une glace, je puis dire pourtant que je ne me suis jamais fait grand plaisir. Je suis noire, mes traits sont taillés et non pas

> finis [...] Mes yeux, qu'on a vantés souvent, me semblent froids et bêtes. D'où je conclus qu'il faut qu'une femme s'aime beaucoup pour avoir de l'expression dans la figure lorsqu'elle se regarde et pour se trouver jolie. Si je me voyais dans les yeux de quelqu'un que j'aime, je serais sans doute plus contente de l'ouvrage de ma mère [...].

Le rôle de garde-malade lui permettra de parfaire sa culture livresque et d'y gagner pour toujours l'amour des mots. En 1821, sa grand-mère meurt, lui laissant le château de Nohant et les propriétés alentour. On pourrait croire Aurore au tournant d'une nouvelle vie, et elle l'est, en effet. Sa mère ayant résolu d'administrer ses biens, elle se jette dans le mariage pour échapper à sa tutelle. Le 17 septembre, elle épouse à Paris Casimir Dudevant, fils naturel légitime du baron Dudevant, lequel vit au château de Guillery, dans le Lot-et-Garonne. Mariage de raison.

La vie de George se partage désormais entre Paris et Nohant. Au fil du temps, après la naissance de deux enfants et quelques écarts de conduite, la vie conjugale s'étiole. Le ménage décide donc, d'un commun accord, d'une sorte de semi-séparation assortie de nombreuses conditions. Une véritable « révolution intime » pour l'époque ! Aurore Dupin vivra par intermittence à Paris et reviendra à Nohant pour s'occuper de ses enfants. Son mari s'engage à lui verser une pension pour ses frais. Cette séparation de fait implique cependant, pour Casimir comme pour Aurore, qu'ils puissent mener leurs amours à leur guise, ce que l'un et l'autre s'autorisent déjà librement dans le Berry. Ainsi, avec l'accord de Casimir, Aurore part avec Musset à Venise. On est en 1835, et la future George Sand a trente et un ans. Cette situation aurait pu perdurer si la mésentente entre les époux n'avait été croissante. Malgré de nouvelles conventions, notamment financières, les querelles ressurgissent au sujet des enfants. Désireuse de les préserver, menacée par son mari, fou de colère, qui a tenté de la gifler avant de la menacer d'une arme devant témoins, Aurore quitte définitivement le domicile conjugal et demande une séparation judiciaire. George Sand gagnera son procès à l'été 1836. La justice lui rendra alors la pleine possession des biens qu'elle détenait à son mariage, ainsi que la garde de ses deux enfants Maurice et Solange, dont elle sera toujours très proche.

Aurore n'a pas attendu cette victoire, cependant, pour mener sa vie comme elle l'entendait. En dépit des revenus générés par Nohant, elle s'est mis en tête de conquérir son autonomie financière. Amoureuse des mots et douée d'incontestables facilités pour manier la plume, elle s'est lancée dans l'écriture, par l'entremise de Jules Sandeau, son amant de l'époque, avec qui elle écrit tout d'abord des articles à quatre mains. Ils partagent le même pseudonyme masculin, celui de Jules Sand, ce qui lui permet de commencer à signer ses articles, dans un milieu masculin et machiste qui est celui de la presse « sérieuse ». C'est sous ce pseudonyme de Jules Sand qu'ils vont publier un premier roman sous forme de Nouvelle, *La Prima Donna*, en 1831. Elle va profiter de ce début de célébrité pour lancer définitivement sa carrière sous le nom de George Sand. Elle donnera dans son autobiographie, *Histoire de ma vie*, une explication au choix de ce pseudonyme. George est un prénom berrichon, hommage à ses origines, et elle réutilise le nom fabriqué par son éditeur pour la publication du roman à quatre mains avec Jules Sandeau.

Dès lors, la vie de celle qui publie son premier roman, *Indiana*, en 1832, à vingt-huit ans, va devenir un tourbillon où la littérature, les amours tumultueuses et les provocations font planer un parfum de scandale sur la société policée du XIXe siècle. Quelques mois après la parution de ce premier ouvrage, très vite suivi par d'autres, Aurore devenue George est déjà un romancier qui compte et qu'on suit avec d'autant plus d'intérêt qu'on a rapidement appris qu'il s'agissait d'une femme. La rumeur, qui lui prête des mœurs assez libres, fait également beaucoup pour attiser les curiosités. Rapidement, la presse s'empare du personnage, commente la moindre de ses apparitions publiques, détaille ses tenues vestimentaires. Les portraits représentant George Sand habillée en homme se multiplient ; elle devient le parangon de la femme indépendante, le drapeau de ralliement de toutes les femmes se piquant de savoir et de littérature. S'habiller en homme lui garantit, il est vrai, l'anonymat de la rue et lui ouvre les portes de l'univers masculin. Ses vêtements sont un déguisement, un passe-muraille lui permettant d'aller librement au restaurant ou au théâtre. C'est en fait à Paris que George Sand s'habille ainsi, pour fréquenter les lieux publics.

> Ayant été habillée en garçon durant mon enfance, ayant ensuite chassé en blouse et en guêtres, je ne me trouvais pas étonnée du tout de reprendre un costume qui n'était pas nouveau pour moi. À cette époque, la mode aidait singulièrement au déguisement. Les hommes portaient de longues redingotes carrées, dites à la propriétaire, qui tombaient jusqu'aux talons et qui dessinaient si peu la taille [...] Je me fis donc faire une redingote-guérite en gros drap gris, pantalon et gilet pareils. Avec un chapeau gris et une grosse cravate de laine, j'étais absolument un petit étudiant de première année. Je ne peux pas dire quel plaisir me firent mes bottes [...] avec ces petits talons ferrés, j'étais solide sur le trottoir. Je voltigeais d'un bout de Paris à l'autre. Il me semblait que j'aurais fait le tour du monde [1].

Une ordonnance de 1800 de la préfecture de police de Paris, rappelons-le, interdit aux femmes de porter un costume masculin. George Sand, en agissant ainsi, est donc hors la loi. L'acte précise que « toute femme trouvée travestie [...] sera arrêtée », et encore que « toute femme désirant s'habiller en homme doit se présenter à la préfecture de police pour en obtenir l'autorisation, et celle-ci ne peut être donnée qu'au vu d'un certificat d'un officier de santé ». George Sand devra ainsi demander une permission exceptionnelle de travestissement à la préfecture de l'Indre ! Elle est pour ses contemporains une figure scandaleuse, signe de l'émancipation de la femme qu'évoque Chateaubriand dans ses *Mémoires d'outre-tombe*, dans un chapitre entier consacré à « Madame Sand », commençant ainsi :

> Je n'ai point vu Madame Sand habillée en homme ou portant la blouse et le bâton ferré du montagnard ; je ne l'ai point vue boire à la coupe des bacchantes et fumer indolemment assise sur un sofa comme une sultane : singularités naturelles ou affectées qui n'ajouteraient rien pour moi à son charme ou à son génie [2].

Ces excentricités ne sont pas du goût de tout le monde. Peu importe que George se tue à la tâche en écrivant la nuit, qu'elle se montre une mère affectueuse et une « femme » au plein sens du terme, on ne veut retenir que l'objet de scandale. Ses plus grands détracteurs, Charles Baudelaire et Barbey d'Aurevilly, la qualifient d'écrivain « sans style ». Ils moquent ses « romans champêtres » en un temps où, l'exode rural battant son plein, lecteurs et lectrices dévorent ses œuvres par nostalgie du monde autrefois paisible et stable des campagnes. C'est pour cela que Louis Hachette, créant les bibliothèques de gare en 1852, y promeut les romans de George Sand, en raison de son style facile à lire et distrayant.

Aurore se moque des critiques. Prolifique, elle publie un ou deux romans par an, rédigés à toute allure, sans compter les nouvelles, les articles et une immense correspondance. Pour travailler tranquillement, George Sand s'aménage un coin dédié à l'écriture : le « boudoir » dans lequel elle écrit la nuit, un placard aménagé comme une écritoire, à proximité de l'ancienne chambre de sa grand-mère. Elle se couche vers 5 ou 6 heures du matin, dans un hamac qu'elle installe à cet effet, pour rester proche de ses enfants qui dorment dans la pièce attenante, plutôt que de remonter dans sa chambre et de risquer de réveiller la maisonnée.

Infatigable, elle adresse un pied de nez à tous ses détracteurs, à tous ceux qui raillent ses « naïvetés », les mêmes qui reprochent à Dumas ses facilités d'écriture et ses nègres. Tous ses écrits, en outre, sont le reflet de ses convictions féministes, sociales et républicaines. Sand magnifie les femmes du peuple, en fait les dépositaires de l'intelligence à une époque où l'on considère encore volontiers que la femme ne peut guère manifester les mêmes capacités intellectuelles que les hommes. Elle dénonce les conditions sociales qui leur sont réservées, le rôle de « génitrices », travaillant dur et mourant jeunes en raison de leurs maternités nombreuses et rapprochées.

Engagée politiquement, elle les veut « l'égale de l'homme ». L'influence du socialiste Pierre Leroux lui vaut d'ailleurs d'écrire, dans les années 1840, toute une série de romans dits « socialistes » où elle revendique également l'égalité des sexes en matière amoureuse. Bisexuelle, elle a de nombreux amants masculins – Jules Sandeau, Alexandre Dumas, Frédéric Chopin, Franz Liszt, Alfred de Musset, le plus célèbre –, mais aussi des liaisons féminines, avec l'actrice

Marie Dorval par exemple. Sa réputation est si mauvaise que son fils Maurice se plaint régulièrement des appréciations de ses condisciples du lycée Henri-IV sur l'écrivain George Sand : « L'autre jour [...] ils [ses compagnons de classe] m'ont dit toutes sortes de choses parce que tu es une femme qui écrit, que tu n'es pas une bégueule comme la plupart des mères des élèves qui sont toujours au collège. Eh bien, mille bombes quand j'y pense, ils te nomment... je ne pourrai pas te dire le mot, parce qu'il est trop vilain ! » Son militantisme politique plaide contre elle, son côté « femme d'affaires » révulse la bonne société. Soucieuse de sécuriser ses finances et l'avenir de ses enfants, elle poursuit sans relâche ses éditeurs jusqu'à obtenir gain de cause. Elle négocie avec eux des avances conséquentes, réclame un droit de regard sur les rééditions, les cessions et les impressions des textes dont elle est l'auteure. La *Revue des Deux Mondes*, à laquelle elle collabore, lui verse une rente confortable toutes les six semaines. Elle gagne en un mois et demi quatre fois ce que gagne un ouvrier en un an !

Et la femme dans tout cela ? Connue en tant que romancière et féministe, pour s'habiller en homme et fumer le cigare, pour ses amants et sa passion de l'amour libre, George Sand n'en demeure pas moins une femme d'une sensibilité exacerbée. En témoignent, dans son œuvre, toutes les notations ayant trait aux odeurs, aux parfums, à la musique, aux couleurs, aux vêtements et à cette nature dont elle s'est toujours sentie proche. Elle se surnommait avec humour Pifoel, en allusion à son nez un peu long qui fera le bonheur des caricaturistes. Aurore a très tôt décelé, par exemple, les liens qui unissaient la musique, les sons, aux odeurs, celles qui font qu'on associe par exemple un morceau à un parfum. Car, de tous les arts, la musique est certainement celui avec lequel le parfum possède le plus d'analogies, et pas seulement en termes de vocabulaire ou de processus créatif. Le parfumeur ressemble d'ailleurs à un chef d'orchestre, choisissant ses ingrédients, leurs associations, à l'instar d'instruments et de rythmes musicaux. Leurs univers se conjuguent, au point qu'on désigne également un parfumeur comme « compositeur », et qu'on nomme le bureau où sont rangées toutes ses matières premières un orgue à parfums. Les deux sont affaire d'harmonies, d'accords, de dissonances. Comme les musiciens leurs gammes, les parfumeurs travaillent chaque jour leur odorat et entretiennent leur mémoire olfactive.

Aussi évanescent et invisible qu'un morceau de musique, un parfum vibre en nous et réveille nos souvenirs enfouis, nos émotions. Comme lui, il se révèle ondoyant, enveloppant, intrusif. De tous nos sens, seul l'odorat, via ses récepteurs olfactifs, est directement relié à notre cerveau émotionnel. Voilà pourquoi George Sand, dans ses livres, célèbre volontiers les roses et les prairies fleuries de sa région du Berry, non par simple goût du champêtre, mais parce que ces odeurs évoquent de manière intense ses propres souvenirs. Lorsqu'elle parle de ses amours, les notations et les métaphores odorantes abondent également, et tout aussi naturellement, sous sa plume.

Chez elle, on dirait que l'odorat élève l'esprit humain et constitue une voie privilégiée qui relie l'homme à la nature. Dans son troisième roman, *Lélia*, paru en 1833, et qui lui apporte le succès, elle n'hésite pas décrire avec poésie l'odeur des violettes, fleurs tant appréciées au XIXe siècle :

> Moi, poète des bois et des vallées, j'écoutais le murmure mystérieux des eaux, je regardais les ondulations moelleuses des pins faiblement agités, je respirais le suave parfum des

violettes sauvages qui, au premier jour tiède qui se présente, au premier rayon de soleil pâle qui les convie, ouvrent leurs calices d'azur sous la mousse desséchée [3].

Toujours dans *Lélia*, elle évoque un homme doué d'un don très particulier :

Le sens olfactif était si développé en lui qu'il pouvait dire, rien qu'à l'odeur du vin, non seulement quel était le degré de latitude et le nom du vignoble, mais encore à quelle exposition du soleil était situé le versant de la colline qui l'avait produit.

À Nohant, qui deviendra un point de convergence de tout le monde romantique européen, littéraire et artistique, son cabinet de toilette comme sa cuisine trahissent la sensualité profonde de George. Berrichonne, elle cultive d'ailleurs son jardin, et notamment un jardin parfumé qui sert à produire des pots-pourris et des savonnettes pour les invités. Elle y passe des heures à écouter Chopin en respirant les roses de son rosarium.

Je sème, je plante, je fume mes plates-bandes, je fais des massifs, j'enfonce des pieux, je relève des murs, je fais venir de la terre légère d'une demie-lieue. Je suis en sabots toute la journée et ne rentre que pour dîner. Je ne plante pas un brin d'herbe sans penser à vous, sans me rappeler comme vous aimez et appréciez les fleurs, et comme vous les sentez, et comme vous les comprenez, et comme vous les peignez… J'ai fait multiplier dans mon jardin le mérite modeste (le réséda dans le langage des fleurs), la mauve jaune pâle à cœur violet et à étamines d'or. Elle a conservé le nom que vous lui avez donné [4]…

Et Sand ajoute, à une autre correspondante : « Je ne rentre à la maison que pour dîner, et je vis tellement au grand air que je ne sais plus comment je pourrai exister dans ma cage à Paris ! » George ne peut oublier, en effet, les belles heures de son enfance passées à Nohant et se délecte avec sensualité de tout qui l'y ramène. Jusqu'à un âge avancé, elle prendra ainsi des bains dans l'Indre, associée dans sa mémoire aux rives couvertes de menthe, se frictionnant avec une eau portant son nom et créée en 1858 par la maison Rafin. Le parfum est lié à son univers quotidien, tant il est un luxe dont elle n'a jamais pu se défaire, car, pour elle, il représente « l'harmonie des harmonies ». À Musset, rentré à Paris, elle écrit de Venise, le 1er mai 1834 :

> Quelle chose précieuse est donc le parfum, qui, sans rien faire perdre à la plante dont il émane, s'attache aux mains d'un ami, et le suit en voyage pour le charmer et lui rappeler longtemps la beauté de la fleur qu'il aime.
>
> Le parfum de l'âme, c'est le souvenir.
>
> C'est la partie la plus délicate, la plus suave du cœur, qui se détache pour embrasser un autre cœur et le suivre partout.
>
> L'affection d'un absent n'est plus qu'un parfum ; mais qu'il est doux et suave ! qu'il apporte à l'esprit abattu et malade de bienfaisantes images et de chères espérances ! Ne crains pas, ô toi qui as laissé sur mon chemin cette trace embaumée, ne crains jamais que je la laisse se perdre.
>
> Je la serrerai dans mon cœur silencieux comme une essence subtile dans un flacon scellé [5].

Elle prie également Musset de lui envoyer le « patchouli du parfumeur Leblanc », dont les notes orientales, la fraîcheur de la bergamote et du citron la ravissent. À l'époque de

George Sand, la nouvelle société bourgeoise refuse pourtant toute débauche olfactive, celle des odeurs trop fortes dont s'inondaient, par exemple, muscadins et « Merveilleuses » sous la Révolution. On assiste à un retour à la tradition florale du XVIIIe pour une « parfumerie honnête ». À la base, la rose, le jasmin, la cassie, la violette, la jonquille, le narcisse, le réséda, le lilas, l'aubépine, mais en aucun cas les odeurs lourdes de l'ambre ou du musc, à connotations plus « sexuelles ». Même les parfums comme ceux de l'œillet, de la cannelle et de la vanille doivent être employés en très petite quantité et adoucis par un mélange d'arômes plus faibles. Quant au patchouli, il « cocotte » beaucoup trop pour être honnête.

Le XIXe siècle est une société de classes, mais aussi de genres. Chez les hommes, la question des parfums ne se pose plus depuis la monarchie censitaire. À moins de jouer au dandy ou de pratiquer l'amour « antiphysique ». L'ère du propre a commencé. L'homme élégant a cessé de se parfumer, tout au plus sa personne dégage-t-elle une odeur virile de tabac. L'heure n'est plus à l'ostentation. On lui proscrit le parfum au même titre que les dentelles, les étoffes chatoyantes. Le noir lui est réservé, la couleur est pour les femmes. Il ne lui faut pas adopter une attitude « efféminée qui la rend inexcusable », selon Mme de Genlis. Ainsi, le dimorphisme sexuel ne se limite pas aux formes visibles, mais concerne aussi les puissances olfactives. Les femmes portent des robes diaprées et ont la chair embaumée. L'homme est raidi dans son habit noir et n'exhale que les relents d'un cigare froid et de quelques ablutions à l'eau de Cologne.

L'émergence du marché comme suite logique de l'industrialisation de la parfumerie à partir de 1860 officialise la notion de genre en parfumerie. Et pour des raisons sociétales, on décréta qu'il y avait désormais des parfums de femmes et des parfums d'hommes. Nul doute que George Sand ait déploré amèrement cette séparation radicale, elle qui avait si souvent joué la confusion des genres. À ses yeux certainement, la vraie nature du parfum est d'être aussi fluide qu'androgyne, brouillant les pistes et se jouant des conventions sociales ou des barrières culturelles. Cette question fait partie de la quête de l'identité, du sentiment de soi. D'ailleurs, George Sand n'ignorait pas qu'à l'origine, et au temps de sa jeunesse, le parfum n'avait pas de genre. Longtemps produit artisanal, il s'adressait à une personne en particulier sans distinction de sexe. Il était alors un art personnel conçu sur mesure sans aucun territoire olfactif, puisque l'on se plaçait dans l'harmonie entre le parfum et celui ou celle qui le portait. Il s'adressait à tous ceux qui pouvaient se l'offrir, autrement dit à une oligarchie de clients, dont elle tout comme sa famille faisaient partie. Le parfum est un marqueur de distinction sociale : la bourgeoisie répand un sillage élégant qui la distingue de la condition ouvrière et paysanne. La richesse sent bon, la pauvreté non.

Dans son petit cabinet de toilette au château de Nohant, on peut encore admirer quelques flacons anciens ayant appartenu à l'écrivaine, qui proviennent davantage des « petits faiseurs de parfumerie » que de grandes et prestigieuses enseignes. En marge de l'industrialisation, il existe encore, aussi bien à Paris qu'à Grasse, des artisans qui s'inscrivent dans la tradition française, dans l'ombre des grands. C'est visiblement à cette catégorie de parfumeurs que s'adresse George Sand. On y trouve une *Eau Distillée d'Oranger* de Muraour Frères, un parfumeur distillateur grassois (Provence), une poudre parfumée du *Printemps de Paris* et aussi une *Eau des Fleurs d'Oranger* de Félix Potin. Les Grands

Magasins dont on voit l'essor se sont jetés non seulement dans la commercialisation, mais aussi dans la fabrication de produits cosmétiques, lotions et surtout eau de Cologne, vendus meilleur marché et de manière plus accessible. Conservé pieusement par sa descendance, demeurait aussi un petit flacon scellé où figurait un reste de parfum sur mesure porté par George Sand pendant la dernière décennie de sa vie. Quelques dernières gouttes méticuleusement extraites permirent de l'analyser. Les matières en étaient évidemment oxydées, mais on a pu en identifier malgré tout les principaux composants : de l'iris, du vétiver, son bien-aimé patchouli et du labdanum, mais aussi et surtout beaucoup de rose.

Dans une lettre à Alphonse Karr [6], romancier et journaliste passionné comme elle de fleurs et de parfums, elle écrivait : « J'adore les roses, ce sont les filles de Dieu et de l'homme, des beautés champêtres délicieuses dont nous avons su faire des princesses incomparables. » Dans son conte *Ce que disent les fleurs*, George Sand affirme d'ailleurs que la rose les dépasse toutes par sa beauté et son parfum [7]... La rose que les parfumeurs utilisent comme un trésor et dont la senteur lui rappelait celle de son jardin. À Nohant, une parcelle de terre, appelée le rosarium, était vraisemblablement réservée à la culture de cette fleur emblématique. Le siècle de George Sand est d'ailleurs l'âge d'or de la rose. Au moyen de l'hybridation entre des espèces connues et d'autres plus exotiques – certaines provenant des confins de la Chine – sont alors créées des variétés toujours plus diverses et nombreuses. Quelques lettres écrites par George Sand à des amis passionnés nous renseignent sur les variétés qu'elle-même possédait :

> Vous m'avez promis aussi des greffes de roses. J'en ai déjà pas mal de très belles, mais vous devez avoir bien mieux. Ce

que j'ai de plus beau, c'est une rose, rose vif, énorme, vigoureuse en feuillage, qu'on appelle je ne sais comment ; une rouge sur laquelle j'ai compté 310 pétales l'année dernière ; une thé safrané ; une autre thé blanche à cœur vert jaunâtre ; et enfin une thé couleur de Nohant en pleine fleuraison chair rosée. Si vous avez autre chose, faites-m'en part [8]...

Dans une autre lettre, adressée à Alphonse Karr, elle soupire :

J'adore les roses [...] Ma favorite à moi est une rose modeste, d'un blanc rosé, à feuilles de pimprenelle. Je la vois rarement dans les jardins et jamais sur les catalogues. Elle n'est plus à la mode, et puis elle est si épineuse qu'on a de la peine à la cueillir. C'est elle qui a le ton le plus fin et le parfum le plus délicat. Après elle, vient pour moi la rose thé blanche à cœur verdâtre. Celle-ci ne sent que le thé, mais elle brave la gelée à glace, et j'ai une grande reconnaissance pour ces courageuses beautés qui charment généreusement nos tristes hivers de France [9]...

La multiplicité des allusions, dans la correspondance de George Sand, aux plantes cultivées dans son jardin laisse imaginer des fleurs en abondance, avec une grande diversité d'espèces, des plus communes et des plus endémiques aux plus rares. On peut se demander si leur observation attentive ne constituait pas non plus, pour elle, une source d'inspiration dont elle faisait bénéficier les parfumeurs parisiens afin qu'ils réalisent des « bouquets » olfactifs à sa convenance. Dans une lettre de 1852, peut-être décrit-elle ainsi l'une de ces compositions :

Bouquet cueilli au jardin : roses du Bengale, roses thé blanches et couleur de chair, réséda, giroflée double violette, une scabieuse, violettes, roses noisettes, verveine, valériane, mufliers, primevères, pervenches dans le bois, une dernière rose trémière, laurier-thym, fleurs de fraisier, caperon, feuilles de lierre nuancées de rouge et de jaune…

À la fin de sa vie, George Sand, pas plus qu'au début de ses années littéraires, n'est pas en odeur de sainteté. Le scandale qui a accompagné toute sa vie n'a pas disparu et demeure en filigrane malgré les années. Mais la « bonne dame de Nohant » a malgré tout gagné en respectabilité. Si elle ne multiplie plus les amants, si elle a délaissé les cigares pour le parfum des roses, elle n'en a pas moins conservé cette liberté de ton qui en fait l'un des symboles de la femme moderne en gestation dans ce « stupide XIXe siècle » dénoncé par Léon Daudet. Elle a osé bouleverser les convenances, ébranler les fondements de l'ordre établi, dévoiler les failles d'une société rigide et largement hypocrite, elle ne sera donc jamais totalement pardonnée tout en poursuivant une carrière d'écrivain à succès.

Entretemps, au cours d'une vie riche, et au beau milieu d'un univers presque exclusivement masculin, elle aura incarné une femme ayant assumé toutes les facettes d'une personnalité scandaleuse sans sombrer dans la galanterie. Indépendante, financièrement autonome, libérée de tout joug conjugal, elle éduque elle-même ses enfants avec soin, tout en poursuivant une carrière d'écrivain à succès. Une femme insaisissable, en avance sur son temps et la plupart de ses contemporains. Comment ne pas voir, dans cette destinée si singulière pour une époque pétrie de conventions, dans son comportement, dans son engagement politique, la préfiguration des luttes féministes qui suivront ?

Dans les dernières années, cependant, la maladie l'oblige à ralentir son activité. Elle souffre de douleurs abdominales extrêmement pénibles. L'année 1870 est un cauchemar. La France est envahie, les Prussiens sont sur les Champs-Élysées. Puis vient la Commune de Paris, qu'elle juge sévèrement tout en condamnant la répression sanglante des Versaillais. Mais, embourgeoisement, lassitude ou lucidité, elle se consacre désormais exclusivement aux siens et aux amis qui viennent lui rendre visite à Nohant : Flaubert, Dumas fils, Tourgueniev.

À l'hiver 1876, son mal empire. Les douleurs s'accentuant, la souffrance devenant difficilement supportable, toute la famille se retrouve au château de Nohant. La fin est proche. Le 3 juin, elle fait venir auprès d'elle ses deux petites-filles, Aurore et Gabrielle. Ultime coquetterie, elle refuse que son fils Maurice assiste à son agonie. À sa fille Solange, elle murmure : « Adieu, adieu, je vais mourir. » Le 8 juin, vers 6 heures du matin, elle cherche du regard la lumière, Solange positionne alors le lit de sa mère vers la fenêtre. George Sand a encore la force de prononcer quelques mots et perd connaissance. Elle meurt d'une occlusion intestinale dans sa soixante-douzième année, le jeudi 8 juin 1876.

À contempler son portrait par Auguste Charpentier réalisé entre 1837 et 1839, et qui orne un mur de son salon, on admire l'écrivain posant devant un décor neutre, vêtue d'une robe sombre, bien qu'elle porte alors de plus en plus souvent le costume d'homme. Deux bijoux rehaussent sa silhouette : une croix en perles au cou et une broche en camée « aux trois profils » à la ceinture. Ses cheveux noir de jais sont agrémentés de fleurs sur le côté gauche. Le peintre met l'accent sur le regard de George Sand, un regard d'un brun profond, captivant et scrutateur. Sa séparation avec Casimir Dudevant a été prononcée l'année précédente, en 1836, et la jeune femme a retrouvé sa liberté, ainsi que le domaine familial. Sa carrière littéraire est lancée depuis quelques années déjà, teintée de gloire et de scandale. La vie s'offre à elle, et Charpentier semble subjugué par cette femme « si belle et si remarquable à qui on ne donnerait pas plus de vingt-huit ans [10] ». « Je suis fort timide et fort sauvage, disait-elle pourtant. Je déplais généralement à ceux qui ne sont pas liés depuis longtemps avec moi [11]. »

Ne manque peut-être qu'un détail à ce portrait, quelque chose d'impalpable mais d'essentiel dès lors qu'on parle de George Sand. Car, en contemplant cette femme fière et forte, libre jusqu'à l'insoumission, on ne peut qu'imaginer ce parfum à la fois floral et oriental trouvé à Nohant et qui, porté sur sa nuque, devait enfiévrer les sens d'Alfred de Musset et de tous ses amants.

XI

Le patchouli d'Eugénie

Séductrice et sophistiquée, l'impératrice Eugénie ne dissimule pas son attrait pour le luxe et pour les parfums, dont elle incite son mari, l'empereur Napoléon III, à encourager l'industrie. Adoratrice des senteurs et égérie des parfumeurs, grande utilisatrice de *cold cream* – pommade cosmétique ancestrale, remise au goût du jour en Angleterre –, l'impératrice, parfois jugée frivole, mais toujours admirée pour son élégance, dégage une aura fascinante. D'origine espagnole, Eugénie naît le 5 mai 1826, au milieu des beaux jardins parfumés de Grenade. La terre a tremblé, ce jour-là, comme souvent dans cette région. Napoléon est mort cinq ans plus tôt, jour pour jour. Simple coïncidence ou présage ? Un jour, alors qu'elle est petite fille, elle descend un escalier par la rampe et en tombe assez rudement. Une vieille femme la relève, observe les lignes de sa main et lui prédit : « Tu iras très haut, tu vivras cent ans et tu finiras dans la nuit. »

Pourtant, son histoire n'avait pas commencé comme un conte de fées ! Les cheveux aux reflets roux d'Eugénie lui valent, enfant, le surnom de « Poil de carotte », ce qui la complexe terriblement, d'autant que sa sœur Paca est, elle, admirée pour sa beauté. Mais Eugénie va vite s'imposer. À l'âge de dix-sept ans, elle est ravissante : son teint rose thé, ses cheveux

L'Impératrice Eugénie au chapeau de paille
Huile sur toile de Franz Xaver Winterhalter, 1857
Washington D.C., Hillwood Estate, Museum and Gardens, INV. 151-11.
Photo : Collection particulière.

dorés et ses yeux bleu porcelaine font des ravages. Prosper Mérimée, très proche de la famille, est sous son charme, qui tient, selon lui, à sa taille élancée, à la blancheur de son teint, qui la rendent « prodigieusement belle [1] ». Sa mère cherche alors à la marier, convaincue qu'elle doit monter très haut. Elle est elle-même de très noble famille, d'origine écossaise – bien que le père de sa mère fût négociant en fruits à Malaga. Son père, le comte de Montijo, porte une dizaine de titres et se trouve plusieurs fois grand d'Espagne, tout en étant l'un des rares à soutenir Napoléon. Se nommant Eugénie de Guzmán, et portant les titres de marquise d'Ardales, marquise de Moya, comtesse de Montijo et comtesse de Teba, la jeune femme peut prétendre à une aussi noble union que sa sœur, devenue duchesse d'Albe. Elle possède un charme étrange et très personnel, que Madame Carette, qui sera, par la suite, sa lectrice, décrit ainsi :

> Ses traits étaient réguliers, et la ligne, extrêmement délicate, du profil avait la perfection d'une médaille antique, avec [...] un charme tout personnel, un peu étrange même, qui faisait qu'on ne pouvait la comparer à aucune autre femme. Le front, élevé et droit, était resserré aux tempes. Les sourcils, longs et déliés, avaient un peu d'obliquité. Les paupières [...] suivaient la ligne des sourcils voilant les yeux assez rapprochés [...] : deux beaux yeux, d'un bleu vif et profond, enveloppés d'ombre, pleins d'âme, d'énergie et de douceur.

Mais le temps passe, et, à vingt-six ans, Eugénie est toujours sans époux. Quand les guerres carlistes agitent l'Espagne, le comte de Montijo décide, en 1834, d'envoyer sa fille et sa femme en France pour plus de sécurité. Celles-ci s'installent place Vendôme à Paris, dans un petit appartement. Alors qu'elles séjournent à Versailles pour la fin de l'été, Eugénie se rend à cheval au camp de Satory, où le prince président Louis-Napoléon Bonaparte doit passer une revue. Celui-ci, né à Paris le 20 avril 1808, est le neveu de Napoléon Ier. Après la mort de Napoléon II, le fils unique de ce dernier, il se présente comme l'héritier impérial. Il tente plusieurs coups d'État infructueux, en 1840 et 1846, avant de se faire élire président de la Deuxième République en décembre 1848.

Très bonne écuyère, Eugénie aperçoit celui qui deviendra son époux. Caracolant en uniforme de général, à la tête de son état-major, il ne semble pas avoir remarqué la belle amazone. Ce n'est que plus tard, au cours d'une soirée chez sa cousine, la princesse Mathilde, en 1849, qu'il croise Eugénie. Dotée de cette beauté insolite, qui s'écarte des canons habituels, la jeune femme est raffinée, cultivée, intelligente. Elle utilise avec ingéniosité son étrange pouvoir de séduction, qui lui permet de briller aisément dans les salons qu'elle fréquente avec sa mère et d'attirer l'attention de Louis-Napoléon Bonaparte, qui n'a qu'une faiblesse : les femmes ! Qu'elles soient aristocrates, courtisanes, actrices ou aventurières, il collectionne les maîtresses qui, tant par amour que par ambition, tombent dans ses bras.

Lorsqu'on les présente au cours d'un bal, le 12 avril 1849, il est ébloui par le charme d'Eugénie de Montijo. Et il s'empresse de faire sa connaissance. Mathilde, qui croit avoir l'occasion de fournir une maîtresse de plus à son cousin, s'empresse d'obéir et invite les Montijo à dîner, le 31 décembre 1849. Habile entremetteuse, elle place Eugénie aux côtés du futur empereur. On raconte qu'à cette époque, Eugénie aurait été rejetée par deux bons partis, dont le duc d'Albe, qui lui a préféré sa sœur. Pourtant, la réputation sulfureuse de Louis-Napoléon et leurs vingt années d'écart ne semblent pas déranger la jeune femme. Ambitieuse et soutenue par sa mère, Eugénie use de ses charmes et obtient que l'empereur tombe à ses pieds [2]. Le futur Napoléon III n'est pourtant pas un Adonis, à en croire ce portrait peu élogieux :

> De petite taille, il a la figure forte et longue, les épaules larges et assez tombantes, le tronc fort, les membres inférieurs très courts. Il marche lentement, avec les pieds en dehors, le corps incliné sur le côté gauche. Voilà un portrait physique peu flatteur ! Mais l'empereur a aussi beaucoup de charme et de charisme, il sait séduire son entourage. Ses yeux petits, d'un bleu clair, ont une expression habituelle de bonté, il écoute avec attention et s'intéresse sincèrement aux gens. En privé, il sait être simple et a de l'humour. En public, il maîtrise ses émotions et parle peu, mais devine souvent ce que pense son entourage : son attitude mystérieuse et énigmatique fait penser alors au sphinx, cette créature de la mythologie grecque qui posait des énigmes aux passants et dévorait ceux qui ne savaient pas répondre [3].

Lorsque les douze coups annonçant l'année nouvelle de 1850 sonnent enfin, Mathilde crie : « Minuit ! Tout le monde s'embrasse ! » Le prince se précipite pour embrasser sa voisine, qui se dégage aussitôt en souriant. « Mais, dit Napoléon, je voulais vous souhaiter une bonne année et vous embrasser, c'est l'usage en France ! » Habitué aux conquêtes faciles, Napoléon comprend qu'Eugénie n'est pas de ces femmes dont on fait ses maîtresses. Cependant, après avoir revu à plusieurs reprises les « dames Montijo », il tente à nouveau sa chance, et invite Eugénie et sa mère à dîner à Saint-Cloud, au pavillon de Combleval. Après le repas, Louis-Napoléon propose à Eugénie une promenade dans le parc, mais celle-ci refuse, flairant le traquenard. Il n'abandonne pas pour autant. Fou amoureux d'Eugénie, dont le caractère indépendant et effronté l'amuse, il l'invite à Fontainebleau et lui déclare sa flamme, sans toutefois parler de mariage.

Louis-Napoléon Bonaparte, qui devient officiellement « Napoléon III, empereur des Français » à compter du 2 décembre 1852, décide d'épouser Eugénie, allant à l'encontre de l'opinion de la cour, qui voit surtout en celle-ci une étrangère. L'empereur lui fait sa demande de manière très galante. Il cueille du lierre, qu'il arrange en forme de couronne pour en ceindre le front de sa future promise, et lui murmure : « En attendant l'autre[4]. » Il a quarante-cinq ans, et il est temps pour lui d'assurer l'avenir de la dynastie. Napoléon III a besoin d'un héritier, et donc d'une épouse respectable et bien née. Eugénie admire et estime cet homme qui lui offre son trône, mais surtout son cœur bat de devenir impératrice. À vingt-sept ans, la belle Eugénie de Guzmán, trois fois grande d'Espagne et dix fois comtesse, épouse, le 30 janvier 1853, l'« empereur des Français » Napoléon III. À cause de son âge avancé et de sa beauté qui a fait tourner bien des têtes, une épigramme malveillante et anonyme court dans Paris :

Montijo, plus belle que sage,
De l'empereur comble les vœux :
Ce soir, s'il trouve un pucelage,
C'est que la belle en avait deux[5]...

On la dit en outre frivole et dépensière, aimant à la folie les bijoux, la mode et les parfums. Pourtant, Eugénie se refuse à jouer le rôle décoratif dans lequel on entend la cantonner : ce goût du luxe influencera en effet la politique de son mari, pour qui le développement économique de la France sera primordial. L'empereur souhaite la perfection de l'ordre social et veut créer une abondance de richesses, profitable à tous. « L'Empire, c'est la paix », avait-il promis. Et si l'impératrice devient une icône de la mode, ce n'est pas par vanité, car elle considère simplement sa garde-robe comme l'une des obligations liées à sa fonction. Elle souhaite promouvoir, par ses tenues vestimentaires et ses bijoux, les secteurs industriels en pleine expansion.

Le Second Empire connaît une vie de cour particulièrement brillante, où le faste semble être à l'image de ce monde en plein essor. L'argent coule à flots, irriguant – presque – toutes les veines du corps social. Dans les salons des Tuileries ou à Compiègne, Napoléon III et l'impératrice Eugénie reçoivent la fine fleur de l'aristocratie européenne, mais également tout un demi-monde avide de participer aux agapes, à l'image de ces séductrices, aventurières et autres courtisanes de haut vol en mal de protecteurs. André Castelot décrit ainsi l'atmosphère qui régnait lors de ces festivités : « Il faut cligner des yeux pour ne pas être ébloui par les bijoux, les chamarrures des uniformes, les diamants des décorations, les épaules nues des femmes émergeant de robes gigantesques aux imprimés de fleurs brillantes [6] ».

Eugénie et Napoléon III permettent la naissance du Tout-Paris élégant. Une bouffée d'air frais gagne la capitale, sous l'influence de l'impératrice. Les Expositions universelles, comme celle de 1867 à Paris, les premiers grands magasins et la cour raffinée offrent de nouvelles perspectives pour le monde de la parfumerie. L'industrialisation croissante, encouragée par la politique de l'empereur, entraîne d'ailleurs une production toujours plus importante des produits parfumés. L'impératrice joue un rôle clé dans ce phénomène et œuvre aussi à faire de Paris un haut-lieu de la mode au rayonnement international : elle favorise des secteurs économiques comme la manufacture de la soie à Lyon et collabore avec le couturier Charles Frederick Worth[7]. Le 23 juin 1853, en nommant le baron Georges-Eugène Haussmann préfet de Paris, l'empereur lance la rénovation de la capitale. Dans *Paris démoli* (1855), Théophile Gautier précise :

> Ce n'est pas seulement le palais du souverain qui s'embellit, la ville aussi s'aère, se nettoie, s'assainit et fait sa toilette de civilisation.

Le quartier de l'Opéra devient le nouveau quartier du luxe. Le Second Empire va le consacrer et transformer les artères, à la chaussée défoncée, comme le boulevard des Capucines, en quartiers modernes et élégants. La première pierre de l'Opéra est posée en 1862 – il sera inauguré en 1875. L'avenue de l'Opéra est percée en 1864. L'empereur Napoléon III veut aussi offrir à sa capitale un hôtel unique au monde, destiné à l'élite des voyageurs empruntant le chemin de fer. La réalisation de ce palace s'inscrit dans la perspective de l'Exposition universelle de 1867. Les frères Pereire en sont les promoteurs, et les travaux débutent en 1861. Le Grand Hôtel est inauguré dix-huit mois plus tard. Le beau monde cosmopolite y descend, et une société aisée fréquente alors ce quartier.

Paris, capitale du luxe et de l'élégance, rayonne, et devient cette « Ville lumière » qui attire à elle les riches étrangers avides de plaisirs en tout genre. « L'argent est bête si on ne le dépense pas », dira bientôt Émile Zola. Dans cette ville en constante expansion, où il est possible de satisfaire toutes les exigences, le commerce du luxe et de la parfumerie a trouvé une place de choix. Qu'il s'agisse de trouver une robe à crinoline dessinée par le couturier de l'impératrice, Charles Frederick Worth, de dénicher son parfum chez Pierre-François-Pascal Guerlain, fondateur en 1828 de la maison Guerlain, ou de courir applaudir Madeleine Brohan à la Comédie-Française, ou Hortense Schneider au Théâtre des Variétés, c'est à Paris qu'il faut être.

Le Paris de Napoléon III est propice à l'installation des parfumeurs. D'élégantes boutiques fleurissent autour de l'Opéra pour écouler une production de plus en plus importante, grâce à l'industrialisation. Le magasin de parfumerie prend des allures de « salon de vente », où l'on cherche à accueillir la clientèle dans un univers cossu. Dans ce même esprit, les parfumeurs élisent les quartiers les plus élégants de la capitale pour installer leurs boutiques. En 1860, celles-ci sont réparties à 56,2 % dans les quatre premiers arrondissements de Paris. Dès 1842, Guerlain installe la sienne au 15, rue de la Paix, adresse prestigieuse pour ce magasin de détail, réservé à la vente. Et dire qu'en 1840, la rue de la Paix était encore qualifiée de « chaussée la plus mal pavée de Paris [8] » !

Sous le Second Empire est lancée la mode du patchouli, odeur enivrante qui renvoie à l'amour et à la séduction. Il est vrai qu'Eugénie est une femme pour qui l'apparence est la première des préoccupations. Habile, elle sait séduire, voire être provocante, et n'hésite pas à utiliser ce sulfureux parfum. Maxime Du Camp (1822-1894), écrivain français, en témoigne de manière piquante, la décrivant en ces termes :

> Je dirais volontiers : « C'était une écuyère. » Il y avait autour d'elle comme un nuage de *cold cream*, de patchouli ; superstitieuse, superficielle, ne se déplaisant pas aux grivoiseries, toujours préoccupée de l'impression qu'elle produisait, essayant des effets d'épaules et de poitrine, les cheveux teints,

le visage fardé, les yeux bordés de noir, les lèvres frottées de rouge, il lui manquait, pour être dans son vrai milieu, la musique du cirque olympique, le petit galop du cheval martingalé, le cerceau que l'on franchit d'un bond et le baiser envoyé aux spectateurs sur le pommeau de la cravache.

Les Français ont découvert le patchouli au XVIIe siècle, lorsque les indiennes, ces tissus de toile de coton imprimée aux couleurs vives, furent importées par bateau, entourées de feuilles de patchouli pour les protéger des insectes : son odeur puissante éloigne notamment les mites. Le patchouli (*Pogostemon patchouli*) – du tamoul *patch*, qui signifie « vert », et *ilai* « feuille » – vient de l'Inde et de Chine occidentale. Ses petites feuilles vertes fanent vite une fois coupées. On obtient l'essence de patchouli par distillation à la vapeur d'eau des feuilles séchées. L'huile essentielle est affinée pendant plusieurs mois pour perdre son amertume. Avec ses notes camphrées, terreuses et boisées bien particulières, c'est un parfum puissant, enveloppant et persistant. Importées en Angleterre au milieu du XIXe siècle, les feuilles de patchouli deviennent des éléments de base pour sachets, pots-pourris et parfums à l'époque victorienne.

En France, le patchouli connaît à cette date une vogue inouïe. En effet, sous le Second Empire, les châles de cachemire en provenance d'Indonésie sont à la mode. Ces précieuses marchandises, tout autant que la soie, voyagent sur les bateaux au long cours, enveloppées dans des feuilles de patchouli, comme au XVIIe siècle. Une fois les châles déballés dans les élégants magasins de la capitale, les commerçants remarquent que certains ont plus de succès que d'autres, attirant de manière irrésistible les femmes. On cherche alors à savoir si ce succès est lié aux motifs ou aux couleurs des étoffes, pour finalement constater que cette attraction s'explique par l'odeur !

Les parfumeurs s'emparent de cette senteur et introduisent le patchouli dans leurs fragrances. Les demi-mondaines, ces cocottes appelées aussi les « grandes horizontales », adoptent avec enthousiasme le patchouli, qui est alors associé au parfum de l'amour, voire aux relents de l'alcôve. Pour les épouses légitimes, dont les dots pouvaient servir à entretenir les maîtresses de leur mari, le patchouli est un parfum odieux, qui renvoie à l'« antichambre de l'enfer » ! Peut-être est-ce de là que viennent les expressions péjoratives « Cela cocotte » ou « Cela sent le patchouli », pour désigner un parfum de médiocre qualité ou trop lourdement dosé. Victor Hugo n'avait-il pas osé écrire : « L'Aigle épouse une cocotte » au sujet du mariage de Napoléon III et de la belle Eugénie de Montijo !

Et pourtant, il semblerait qu'Eugénie ait eu le patchouli plus aguicheur que prometteur. S'est-elle servie de cette senteur réputée ensorcelante pour séduire l'empereur, avant de le laisser se consumer tout seul ? En effet, après une cour assidue qui a permis à Napoléon III de venir à bout des résistances de la belle Espagnole en lui proposant le mariage, il se désintéresse finalement d'Eugénie, qui prend si peu de plaisir dans l'union conjugale que son époux retourne rapidement à la fréquentation de maîtresses. L'empereur est un grand amateur de maisons closes et reçoit aussi des visites privées au palais des Tuileries, facilitées par l'entremise de son chambellan, le fidèle Baciocchi. En tant que femme légitime et impératrice, Eugénie ne peut plus se risquer à un faux pas olfactif en portant du patchouli, qui l'associerait à ces créatures que fréquente horizontalement son époux. Il lui faut choisir et incarner une senteur digne et respectable. La baronne Staffe, dans ses règles du savoir-vivre, est intraitable sur le sujet, déclarant de manière péremptoire : « Ne vous parfumez pas à outrance, car cela peut incommoder sérieusement vos voisins [9]. »

Les parfums qui sont tolérés dans le milieu mondain sont donc très normés et toujours très discrets. Aucune vulgarité n'est permise, et, d'une manière générale, n'oublions pas que la méfiance conduit à penser que « les femmes qui se parfument doivent être admirées de loin [10] ». En effet, ces fragrances artificielles, dont se couvrent certaines femmes peu recommandables, faussent les messages corporels. Les artifices de beauté et les excès de parfum déplaisent à la bourgeoisie, pour qui la propreté corporelle et les senteurs discrètes correspondent à l'hygiène de l'esprit et à la vertu. Dans *La Sylphide : journal de modes, de littérature, de théâtres et de musique*, on peut lire en 1843 :

> La fête était charmante ; de douces émanations s'élevaient de cet essaim de jolies femmes qui, comme des abeilles, étaient allées presque toutes butiner chez Guerlain et lui avaient enlevé ses douces et suaves odeurs : des cheveux, des mains, des mouchoirs de dentelle, s'élevaient les plus délicieux parfums. J'ai reconnu la nouvelle composition de Guerlain, le myrte, odeur si douce, si pénétrante en même temps, et qui ne fatigant pas même les nerfs les plus délicats, a été adopté dès son apparition par les femmes distinguées. Quelques bouquets de fleurs artificielles avaient été parfumés par Guerlain [11].

Ainsi, les nouveaux codes de valeur de la bourgeoisie « distinguée » refusent toute forme d'ostentation olfactive, et trouvent dans la propreté une distinction et une assise sociale.

Il n'est pas bienséant pour une femme du monde de céder à une trop grande ablution de parfums, car les produits ne doivent en aucun cas masquer l'odeur naturelle de la femme. « Le talent chez la femme de goût, ne consiste pas seulement à savoir choisir les parfums les plus fins ; il consiste surtout à savoir user de celui qui amplifie, sans le dénaturer en aucune façon, le parfum naturel qui lui est propre [12]. » Il est donc recommandé aux femmes de ne point en abuser et de ne pas céder à la débauche olfactive. « Les Françaises se parfument de façon très modérée ; elles aiment les odeurs fines et douces qui laissent peu de traces [13]. » Choisir sa fragrance est un acte d'intelligence, qui reste l'apanage d'une société cultivée et raffinée. L'essence de la séduction féminine est ainsi contenue dans l'odeur de la fleur, et le talent du parfumeur consiste à reproduire au plus juste ce délicat effluve, sans aller trop loin, sans s'égarer dans la sensualité. Écoutons sur ce thème l'historien Alain Corbin :

> Le symbolisme envahissant de la femme-fleur, naturelle et doucement parfumée, révèle la ferme volonté de contenir les affects, la sensualité menaçante. Les délicates senteurs signent l'image d'un corps diaphane, que l'on voudrait simple reflet de l'âme en une ambitieuse stratégie tentant de désamorcer la menace de l'animalité, d'assagir les pulsions de la femme. On la souhaite rose, violette ou lis, surtout pas féline ou musquée [14].

Le bon ton odorant suggère aussi que « chaque femme doit avoir son parfum propre si elle désire être autre », ainsi que l'affirme le romancier et journaliste français Alphonse Karr, dans la préface au *Livre des parfums* d'Eugène Rimmel (1870) [15]. Certains parfumeurs tentent de dessiner autour de la femme un écrin olfactif, premier pas vers les gammes parfumées, et signe d'un progrès esthétique en matière d'odeur. « L'harmonie des odeurs est aussi importante que celle des couleurs. Des mains sentant le musc, des cheveux sentant le jasmin, ou toute autre odeur produisent une impression désagréable sur l'odorat [16]. » Ainsi, les poudres de riz, les savons, les pommades sont parfumés à l'odeur des principaux parfums. Les extraits et essences sont appelés « eaux spiritueuses » ou « eaux d'odeurs », et reposent sur des accords de fleurs : lavande, rose, jasmin, fleur d'oranger, cassie*, violette et tubéreuse. Le *Bouquet du Jockey-Club*, le *Bouquet Chantilly*, le *Bouquet à la Frangipane* ou les odeurs de foin coupé se composent avec des senteurs naturelles nouvellement découvertes, comme l'ylang-ylang.

Dans la parfumerie honnête de la bourgeoisie respectable, la jeune fille est bien sûr tenue à l'écart du parfum, qui ne pourrait que gâcher l'odeur *sui generis* de la vierge [17], qui est un atout et compose à elle seule le meilleur parfum : « La tendre odeur de marjolaine que la vierge exhale est plus douce, plus enivrante, que tous les parfums d'Arabie [18]. » On magnifie l'odeur naturelle de la jeune femme, qui se révèle à travers la chevelure : « La chevelure de certaines femmes est tellement empreinte de leur parfum, qu'on sent leur tête avec autant de plaisir qu'un bouquet [19]. » Les comparaisons appartiennent naturellement toutes au règne floral. Autour de quelques accords de fleurs sont composés de très discrets bouquets. Les parfums corsés sont réservés aux femmes légères et vulgaires. En pleine vague hygiéniste et de bienséance, les notes claires, transparentes et fraîches traduisent la santé, la propreté et la vertu. L'eau de Cologne, profitant de l'industrialisation, devient le produit phare et universel en ce milieu du XIXe siècle, toujours recommandée par les médecins. S'il faut en croire Louise d'Alq, auteure d'un manuel de beauté, *Les Secrets du cabinet de toilette, conseils et recettes par une femme du monde* (1881) :

> L'eau de Cologne renferme à peu près toutes les vertus des eaux de toilette, c'est la meilleure sans contredit et la plus usitée dans tous les cas qui peuvent se présenter. Elle ne déplaît et n'incommode personne : son parfum plaît à tous.

Alors qu'Armand Roger et Charles Gallet, successeurs de Jean-Marie Farina en 1862, assurent qu'ils détiennent sa formule originale, en réalité chaque parfumeur personnalise sa propre eau de Cologne. Ainsi, Pierre-François-Pascal Guerlain propose une eau de Cologne dans son catalogue. Il prétend d'ailleurs avoir été l'élève de Farina. Guerlain était déjà le fournisseur attitré d'Eugénie, à l'époque où elle n'était encore que la comtesse de Montijo. Devenue l'épouse de Napoléon III, elle s'emploie à le consacrer « prince des parfumeurs » aux yeux de la cour et du monde. En témoignage de sa gratitude, Guerlain crée pour elle le parfum *Bouquet de l'Impératrice Eugénie*, et lui dédie en 1853 son eau de Cologne, qui prend alors le nom d'*Eau de Cologne Impériale*. Cela tombe à pic, car l'impératrice se dit lassée des senteurs capiteuses des courtisanes parfumées qui fréquentent avec éclat les bals de la cour, à commencer par l'intrigante comtesse Virginia de Castiglione, qui se pavane et étale sa liaison avec l'empereur.

Considérée comme l'une des plus belles femmes de son temps, la comtesse de Castiglione a laissé derrière elle une réputation qui sent plus le soufre que la violette. À la cour, ses toilettes audacieuses suscitent autant l'admiration que le scandale. On ne parle plus que de « la Castiglione », que l'empereur met dans son lit au printemps 1856… alors même que l'impératrice lui donne un fils, Louis-Napoléon, après deux grossesses avortées. Eugénie est humiliée publiquement et doit avaler de nombreuses couleuvres, comme celle d'entendre le Tout-Paris ne parler que de l'énorme émeraude que son époux a offerte à la favorite italienne, d'une valeur de cent mille francs ! Lors d'un bal costumé, donné en février 1857, l'impératrice tiendra sa revanche. Virginia paraît grimée en bohémienne, un cœur en diamants apparaissant à la jarretière de sa robe fendue… « Le cœur est un peu bas », lance Eugénie avec dédain. D'ailleurs, celui de l'empereur, qui se lasse vite et ne veut accepter dans ses plaisirs ni gêne ni privation, est déjà perdu. Il l'a remplacée par la discrète Marie-Anne Walewska, qui réalise le tour de force d'être la maîtresse de l'empereur et l'amie de l'impératrice !

On peut imaginer aisément qu'Eugénie ne puisse souffrir certains parfums, qui sont pour elle autant de relents des infidélités de l'empereur. L'odorat est le sens du souvenir autant que celui de l'imagination. Voulant affirmer sa respectabilité, l'impératrice apprécie cette eau de Cologne d'une extrême finesse, qui mêle notes hespéridées et florales. Bergamote, citron, romarin et fleur d'oranger deviennent les calmants de son cœur, et de plus en plus son unique sillage. En hommage à l'Empire, cette senteur est contenue dans un flacon en verre semi-manufacturé, une technique innovante. Fabriqué par les verreries Pochet du Courval, celui-ci est orné, dans son édition originale réalisée par Guerlain pour Eugénie, de trente et une abeilles en relief et d'une étiquette vert et blanc représentant l'aigle impériale. Son dôme de verre évoque la colonne Vendôme. Chaque tuile du flacon et chaque abeille sont peintes à la main et à l'or fin. Les abeilles sont le symbole de l'Empire depuis Napoléon Ier, elles incarnent l'immortalité et la résurrection. Eugénie en est entourée : dans la décoration de ses appartements, dans ses tenues parsemées de semis d'abeilles, sur ses traînes de soie, ses rubans, ses tulles, jusqu'aux boutons. Lors d'un bal donné le 9 février 1863 par la cousine de l'empereur, Stéphanie Tascher de La Pagerie, on admire « Le quadrille des abeilles », dansé par douze jeunes femmes aussi scintillantes que séduisantes [20]. À l'opposé d'un contenant d'apothicaire, ce flacon, frappé des armes de la famille impériale, bombé comme une robe à crinoline, est l'emblème des fastes du Second Empire.

Le 11 mai 1853, une lettre du ministère d'État de la Maison de l'impératrice, en provenance du palais des Tuileries [21], écrite de la main du secrétaire des commandements, Damas-Hinard, annonce à Pierre-François-Pascal Guerlain qu'il est nommé parfumeur breveté de Sa Majesté pour la création de l'eau de Cologne qu'il lui a dédiée. Les journaux *La Mode*, *La Corbeille*, *Le Petit Courrier des dames* entonnent un hymne de louanges à sa gloire. Le parfumeur sait admirablement tirer parti de ce brevet offert par l'impératrice : il fait ajouter les armes impériales au-dessus de son magnifique magasin de la rue de la Paix, et les imprime sur son papier à en-tête et sur tous ses documents commerciaux. Ce titre lui assure de surcroît une extraordinaire renommée auprès des cours étrangères. Les réclames Guerlain ne tardent pas à vanter les vertus de ce produit aussi miraculeux qu'élégant : « Cette Eau, composée de substances aromatiques les plus fines et les plus volatiles que produise le règne végétal, jouit pour ses qualités supérieures d'une renommée si bien établie non seulement en Europe, mais dans les contrées les plus lointaines du monde civilisé, qu'il est superflu de s'étendre ici sur son éloge. »

Selon les recommandations de l'époque, l'impératrice Eugénie l'utilise dans son cabinet de toilette pour « purifier l'atmosphère », mais aussi « en frictions dans le bain ou dans les ablutions partielles. Elle fortifie admirablement tout l'organisme, tant par son parfum vif et pénétrant que par son action éminemment tonique sur tout le système cutané ». Cette « eau impériale » n'est pas très voluptueuse – même si elle possède ce petit accent floral qui la rend si attrayante –, mais elle s'accorde parfaitement à la délectation du thermalisme naissant et du tourisme balnéaire en pleine expansion. D'ailleurs, P.F.P. Guerlain a ouvert un nouvel établissement de bains de mer au Crotoy, en baie de Somme, destiné à la venue de l'impératrice, qui ne lui rendra cependant jamais visite !

Eugénie sera la muse de bon nombre de maisons de parfumerie et de luxe. Sa beauté, son éclat et son renom les servent, et toutes n'ont de cesse de vouloir la combler. Elle est si jolie, parée de « beaux cheveux d'or soufflés en bandeaux bouffants [22] ». Le comte de Maugny s'en souvient en ces termes aussi élogieux qu'émus : « L'impératrice, toujours gracieuse, avait une façon particulière de saluer qui consistait dans une ondulation harmonieuse de la tête et du cou – un cou de statue antique – qui n'appartenait qu'à elle et qui lui gagnait, de prime abord, tous les cœurs [23]. » Ainsi, en 1854, sous son parrainage, la maison anglaise Creed [24] ouvre son magasin à Paris. À cette occasion, le parfum *Jasmin Impératrice Eugénie* est créé. Eugénie tombe immédiatement sous le charme de cette eau de toilette fabriquée à son attention. La maison Violet fournit également la souveraine et plusieurs cours d'Europe.

Du monde du parfum à celui de la mode, Eugénie soutient aussi le couturier Worth, qui lance les premiers défilés de mannequins « vivants » devant la cour. Ses toilettes sont féeriques, parées d'or et de dentelles, et instaurent la haute couture. Paris devient le moteur de la mode internationale, ce qui profitera largement à l'économie du pays. La grâce et le charme de l'impératrice Eugénie font d'elle une femme admirée et imitée dans l'Europe entière, ce qui fait vendre les créations françaises. Et pourtant, elle est critiquée pour ce rôle d'icône qu'elle incarne. En exil, elle écrira à son ami et biographe Lucien Daudet ces mots un peu amers : « On m'a reproché d'être frivole et d'avoir trop aimé la toilette, mais c'est absurde, c'est ne pas se rendre compte du rôle qu'une souveraine a à jouer, comme une actrice, mais c'est plus difficile ! La toilette fait partie de ce rôle. »

À la chute du Second Empire, au lendemain de la bataille de Sedan du 1er septembre 1870, Eugénie part rejoindre sa famille en exil en Angleterre. Elle passe soudain de la lumière à l'ombre, là où pousse l'humble et fidèle violette, emblème de la jeunesse, de la beauté et de la générosité. Autant de symboles qui correspondent bien à la nature profondément généreuse et discrète de l'impératrice qui sut se distinguer par un engagement social, en tant que fondatrice d'asiles, d'orphelinats et d'hôpitaux. Convaincue par les progrès de la vaccination, elle aura aussi assuré de sa protection les travaux de recherche de Louis Pasteur. Elle n'hésitait pas à intervenir dans la plupart des grâces accordées par l'empereur, qui ont sauvé la vie à nombre de ses ennemis politiques.

Devenue sa fleur favorite, la violette était aussi celle de son fils Louis-Napoléon, qui en usait à profusion dans ses soins de toilette. L'anecdote raconte que l'impératrice se rendit en Afrique du Sud, en avril 1880, pour se recueillir sur les lieux où Louis-Napoléon avait été tué par les zoulous l'année précédente, alors qu'il était âgé de seulement de vingt-trois ans. Le prince impérial s'était engagé dans la *Royal Horse Artillery* avec l'autorisation du gouvernement britannique, alors en guerre contre les Zoulous. C'est donc sous l'uniforme anglais que ce Bonaparte, arrière-neveu de Napoléon Ier, était allé se battre en Afrique du Sud. Pour le premier anniversaire de la mort de son fils unique, elle souhaite se rendre en Afrique du Sud se recueillir à l'endroit même où les Zoulous l'ont tuée. Elle arrive à Pietermaritzburg, accompagnée du marquis de Bassano, de quelques officiers anglais, de deux dames de compagnie, d'une escorte de vingt cavaliers et d'un guide zoulou. L'impératrice pensait que l'endroit serait facile à trouver, puisqu'un tas de pierres avait été élevé en forme de pyramide. Or, en un an, la végétation dévorante de la forêt tropicale s'est développée. Au moment où la troupe se désespérait de ne pas trouver la sépulture du prince, Eugénie fut prise d'une force surnaturelle et, pendant des heures, ne s'arrêtant pas une seconde, cette femme de cinquante-quatre ans marcha sans manifester la moindre fatigue, jusqu'au moment où, par un cri de triomphe, elle trouva l'endroit de la pyramide de pierres, cachée par les broussailles. Ce fut une forte odeur de violette qui, dit-elle, la guida dans la brousse jusqu'au tas de pierres amoncelées marquant le lieu du décès de son fils Louis…

La diseuse de bonne aventure avait vu juste. Eugénie meurt le 11 juillet 1920, succombant à un problème rénal, à quatre-vingt-quatorze ans, au palais de Liria, à Madrid. Elle avait survécu un demi-siècle à son mari et à son fils unique. Sa beauté et son élégance, célébrées par Winterhalter, le portraitiste favori des têtes couronnées d'Europe, tombèrent peu à peu dans l'oubli. Mais aujourd'hui demeure son sillage, restitué par quelques gouttes de l'« Eau de Cologne Impériale » de Guerlain. Son créateur avait prophétisé : « La gloire est éphémère, seule la renommée est durable. » Après avoir quitté le monde, Eugénie de Montijo entrait dans la légende.

XII

La Païva

Les parfums chauds de l'alcôve

De combien de noms et surnoms l'aura-t-on affublée, cette femme légère qui fit les beaux jours du Second Empire ? Lorette, courtisane, demi-mondaine, prostituée, putain ou encore… lionne ! L'un d'eux, plus que tout autre sans doute, l'incarna à merveille : « la Païva », comme on dira plus tard « la Callas ». Un nom qui fleure bon le XIXe siècle, avec toutes ses excentricités, sa démesure et son clinquant, et qui semble tout droit sorti d'un roman d'Émile Zola.

On dispose de très peu de portraits d'elle, ou de photographies. Elle fuyait l'objectif. Était-elle réellement sûre de son physique, ou, hormis un corps très bien proportionné, doutait-elle des attraits d'un visage pour le moins singulier, au nez épaté, doté de narines dilatées ? Sous Napoléon III, cette « Nana » fut l'une des reines de Paris. Pourtant, elle était née dans le ruisseau, Esther Lachmann. Elle avait vu le jour à Moscou, le 7 mai 1819, dans un quartier où s'était installée une petite communauté juive. Ses parents étaient des réfugiés polonais, peut-être convertis au catholicisme pour échapper à un éventuel renvoi hors des frontières de l'empire ou pour mener une vie plus heureuse, loin des tracasseries de la police

La Païva,
de son vrai nom Esther Pauline Lachmann.

du tsar. Son père était artisan, ou fripier. La famille, en tout cas, était pauvre.

En réalité, il existe plusieurs versions, contradictoires, de ses origines. Émile Le Senne dit qu'« elle se plaisait à répandre autour d'elle un certain mystère. Volontiers, elle racontait sur sa jeunesse des histoires étranges que ses amis colportaient complaisamment et que le public acceptait en les amplifiant [1] ». Ainsi, elle laissa croire qu'elle était une fille naturelle du prince Constantin de Russie ou encore qu'elle avait été surintendante du sérail de Constantinople. Plus tard, elle se laissera qualifier d'espionne au service de la Prusse, non sans une certaine imprudence. Elle a dix-sept ans lorsque ses parents, dans l'espoir d'un avenir meilleur pour elle, la marient à un tailleur français nommé François Hyacinthe Antoine Villoing, alors âgé de vingt-six ans. Le père Lachmann lui vendait des draps, des galons, des fourrures, des morceaux de tissu. Pourquoi pas sa fille ? Pour Esther, ce mariage est un premier pas vers la liberté. Car le couple ne va durer que deux petites années, le temps de faire un enfant et de se séparer. Du jour au lendemain, elle plaque mari et fils, et prend la route de Paris. Un départ qui ressemble à une fuite.

La nationalité française, de toute évidence, constituait pour Esther Lachmann l'attrait principal de ce mariage. *Lebn vi Got in Frankraykh* (« Vivre comme Dieu en France »), prétend un dicton yiddish. Antoine Villoing avait, en outre, de la famille à Paris. Or Paris, considérée comme la capitale européenne du luxe et du raffinement, était un lieu de prédilection pour les juifs désireux de réussir et de jouir de la vie. Après un passage par l'Europe centrale, et peut-être Constantinople, Esther Lachmann touche au but et échoue… sur le trottoir, près de l'église Saint-Paul, qui est alors un îlot crasseux constitué de masures aux façades noires et lépreuses, nauséabond, empestant la misère.

Esther n'est alors qu'une « pierreuse » : elle se livre à une prostitution de bas étage, au racolage, et risque à tout moment de se faire arrêter pour un séjour à Saint-Lazare. Très vite, cependant, elle gravit un à un les échelons de la profession et devient l'une de ces « lorettes » entretenues par des bourgeois ou des artistes. Ce sont des demi-mondaines, plus élégantes et mieux éduquées que les filles de trottoir. Elles tirent leur surnom de l'église Notre-Dame-de-Lorette, construite à la fin de la Restauration et qui jouxte les Grands Boulevards. Il ne faut pas les confondre avec les grisettes, qui, elles, travaillent comme ouvrières ou employées et ne se prostituent qu'occasionnellement pour boucler leurs fins de mois. À l'échelon supérieur, celui que vise Esther, on trouve les courtisanes ou les « grandes horizontales », qui, reines de Paris, ont pour amants des princes, des ducs, des ministres et constituent le haut du panier de la prostitution.

Esther n'y accède pas encore. Mais son physique « exotique » attire déjà les regards, et les clients. Les journalistes qui la décrivent à l'époque parlent de son nez large et aplati, de ses yeux globuleux qui lui donnent l'air d'un féroce faucon. Elle a une bouche large et charnue, et elle possède un corps sublime qui fait l'unanimité. Elle est longue et élancée avec une jolie taille fine et une poitrine provocante. Ses bras sont superbes et ses épaules harmonieuses, ses reins sont cambrés. En un mot, elle a « la beauté du diable ». En réalité, le physique d'Esther Lachmann tranche avec celui de la plupart des prostituées du boulevard, autant par son allure que par le charisme qu'elle dégage. Frédéric Lolliée la dépeint alors sous un jour flatteur :

Une taille très fine, une gorge à la grecque pour ne pas dire à l'anglaise, une ténuité trompeuse de tout son être inachevé, avec des souplesses de mouvement qu'on eût jugées inquiétantes en des milieux moins élémentaires, une chevelure plantureuse aux tons mordorés, une physionomie plus expressive que délicate et des yeux superbes légèrement à fleur de tête : tels étaient ses attributs et toute sa dot [2].

Nous sommes en 1838. Quelque temps plus tard, la jeune femme exerce déjà ses talents dans un bordel de la rue Joubert, chez La Farcy. La maison est celle d'une tenancière réputée, l'une des plus célèbres maquerelles de son temps, chez qui on ne trouve que « de très belles putains [3] ». C'est là que la future « Païva » va faire ses armes, assimiler toutes les ficelles de la galanterie et mesurer son pouvoir sur les hommes. Dans ces « maisons de tolérance », le décor semble immuable. Partout, des tapis qui amortissent le bruit des pas, des glaces immenses, des bronzes, des divans confortables, des salons discrets, des plafonds et des murs peints de larges scènes mythologiques et dénudées, des fleurs et des plantes exotiques. Quant aux chambres, on y trouve des lits à colonnes et de lourdes draperies. L'historien Alain Corbin a reconstitué l'une d'elles :

> Un meuble de toilette au plateau de marbre, sur lequel sont disposés de magnifiques flacons à parfum, est installé dans un angle de la pièce. Sur la cheminée, des bronzes évoquent des faunes ou des bacchantes ; près du lit ou dans un petit boudoir annexe, une chaise longue et un divan sont destinés à satisfaire les caprices érotiques du client. La lumière est tamisée par les vitraux des fenêtres ou savamment diffusée par les lampes à gaz qui surmontent la cheminée [4].

Et partout, écrit Maupassant en 1883, « une odeur écœurante et parfumée, rappelant la poudre de riz et la moisissure des caves. Une odeur indéfinissable dans une atmosphère lourde, accablante comme celle des étuves où l'on pétrit des corps humains [5] ». Dans ce vase clos que constitue le bordel, celle qui se fait désormais appeler Thérèse montre très vite des aptitudes exceptionnelles à la galanterie. La « lionne » à la chevelure flamboyante manifeste un tempérament de feu et un goût prononcé pour l'amour, du moins une habileté prodigieuse aux jeux érotiques. Car ni les sentiments ni les émotions ne semblent avoir prise sur elle. Son physique original plaît, et son comportement au lit affole les hommes. S'il faut en croire sa rivale, Cora Pearl, elle peut faire l'amour pendant sept heures d'affilée avec plusieurs hommes ! On la dit même, grâce à ses manières lascives (qui incluaient une véritable maîtrise des mots dans la plupart des langues européennes), capable de faire renaître un homme d'entre les morts plus vite qu'aucune autre femme de Paris.

La réputation de Thérèse franchit bientôt les murs de la rue Joubert. La putain incarne alors une sexualité transgressive, sans honte ni tabous, faite pour séduire les bourgeois pétris des conventions d'une société moralement rigide. Elle demeure celle qui mène une vie dépravée et que l'on refuse de voir, celle que l'on refuse même de sentir. Car, ne l'oublions pas, le terme lui-même est tiré du latin *putare*, qui signifie « sentir trop fort ». D'ailleurs, durant la première partie du XIXe siècle, la majorité des plaintes conservées aux archives du Conseil d'hygiène de Paris ne concernaient nullement le bruit, comme on pourrait le penser, mais les nuisances olfactives ! « Tout ce qui pue ne tue pas et tout ce qui tue ne pue pas », énonçait alors le professeur Paul Brouardel. Le « corps sociétal », si on peut le nommer ainsi, n'a rien d'animal, c'est un corps désodorisé à l'état naturel et auquel l'industrie naissante du parfum s'emploie à donner une senteur agréable. La prostituée en use également, et même de plus entêtants, mais c'est davantage pour dissimuler les odeurs corrompues que la morale réprouve.

Dans *Le Miasme et la jonquille*, l'historien Alain Corbin a montré combien le XIXe siècle français est fasciné par les odeurs, qu'il place au cœur de l'imaginaire social. Dans *Les Filles de noce*, étudiant la prostitution à cette période et la mise en place d'un système réglementariste, il était déjà frappé par l'insistance avec laquelle l'odeur, à elle seule, qualifiait la prostituée. À la lumière d'une typologie sociale et de la rédaction des *Physiologies*, il a voulu comprendre pourquoi. « C'est le temps, écrit-il, des oies blanches et des bordels ! » Le XIXe siècle s'ouvre sur ce soupir romantique de Lamartine « Hâtons-nous, jouissons ! » et finit par se dévoyer dans l'hygiénisme froid des confesseurs et des médecins. Siècle hypocrite qui réprime le sexe mais en est obsédé, traque la nudité mais regarde par le trou de la serrure, corsète le couple conjugal mais promeut les maisons closes. Comme si, à ce moment-là, toutes les contradictions du jeu amoureux se bousculaient entre elles, observe Alain Corbin.

Si l'odeur semble la clé de la stigmatisation sociale dont sont victimes les prostituées, elle participe également d'autres types de hiérarchisation et de contrôle, tels que la construction intellectuelle des stéréotypes de genre et le classement des femmes, non seulement dans l'ordre social, mais aussi sur l'échelle des âges de la vie. Par exemple, le discours médical consacre des pages entières à l'évolution des odeurs corporelles chez la jeune fille à travers la puberté, la perte de sa virginité, ou encore les divers sentiments amoureux. Les odeurs des menstrues, celles de la vieillesse suscitent également des jugements de valeur, de même que d'autres caractéristiques, telles que la couleur de la peau ou celle des cheveux.

Ainsi l'olfactif est-il au cœur du discours médical, comme en témoignent les nombreux ouvrages dédiés à cette question, à ses implications sociales, et notamment aux désirs malsains qui peuvent en résulter : *Le Parfum de la Femme et le sens olfactif dans l'amour* (Galopin, 1886), *Étude critique des odeurs et des parfums : leur influence sur le sens génésique* (thèse de doctorat d'Étienne Tardif, 1898), ou encore *La volupté et les parfums ; rapport des odeurs avec le sens génital. Le parfum naturel de la femme* (Jean Fauconney, 1903). Les odeurs liées à la sexualité sont donc un peu considérées comme émanant de l'antre du diable. Chez Aristote, déjà, le goût et l'odorat, ne renvoient pas aux meilleures facultés de l'être humain. D'autant que les odeurs corporelles au naturel peuvent être perçues comme un dévoilement involontaire de choses intimes. « Chaque individu possède sa propre odeur. Eh oui, [...] l'odeur corporelle d'un individu peut [...] trahir des secrets échappant totalement au contrôle de son propriétaire », lit-on dans *La Chimie de l'amour* de Hanns Hatt. Un constat encore plus vrai pour les odeurs de l'acte sexuel. « Elle sentait le miel, le poivre, l'encens, les roses, et une autre odeur encore », écrit avec précaution Gustave Flaubert en 1862 dans *Salammbô*.

Thérèse, à l'image de ses consœurs, fleure donc le sexe post-coïtal. Et ces odeurs corporelles suscitent alors la réflexion autant que l'émotion. « Le système olfactif est capable de discriminer une odeur, puisqu'il peut, à l'aide d'environ quatre cents détecteurs dans le nez, discriminer près de mille milliards d'odeurs. Mais il a une image olfactive globale d'une odeur et n'est pas capable de voir à l'intérieur du tableau formé par ses milliers de composés volatiles », précise le neurobiologiste de l'Institut Pasteur Gabriel Lepousez, spécialiste de la perception sensorielle. Ces effluves post-coïtales renferment donc quelques secrets – entre l'indole que secrètent les poils pubiens et le scatol, molécule qui donne leur odeur aux excréments et qui entoure l'anus proche des parties génitales. Ce constat, on s'en doute, ne ferait guère rêver les clients de la future Païva. Mais l'indole, tout comme le scatol, sont des composés qui expriment un parfum fleuri à faible concentration – on retrouve par exemple de l'indole dans le jasmin et du scatol dans la fleur d'oranger – et une désagréable odeur fécale à plus forte dose. Dans son roman, *Un cœur virginal* (1907), Rémy de Gourmont ne craint pas d'affirmer que « le sperme est une absinthe dont seuls les forts peuvent supporter la violence, elle empoisonne le sang du commun des hommes ». Cette odeur post-coïtale trouve son origine dans les fluides corporels émis par les corps. « C'est la combinaison du sperme et des sécrétions vaginales, écrit Rotimi Adesanya, qui aboutit à cette odeur après le sexe. Pendant l'acte sexuel, de nombreux fluides sont sécrétés par l'homme et la femme mais l'odeur provient majoritairement du liquide séminal et des sécrétions prostatiques, [...] composantes du sperme. Chez les femmes aussi, il existe des glandes près du vagin qui sécrètent des fluides pendant le rapport sexuel. Quand ces fluides se rencontrent lors d'une activité sexuelle, cela produit une odeur [6]. »

On a donc d'un côté le sperme, qui, selon le docteur Nitin Shori, « sent un petit peu le chlore ou encore la fleur de châtaignier », et peut aussi avoir des notes métalliques et minérales, puisque les principaux composants du produit de l'éjaculation sont le zinc et le magnésium. Et de l'autre, les sécrétions vaginales, qui sont olfactivement proches « du poisson, de l'oignon ou encore du lait qui a tourné [7] » et qui pourraient également fleurer « le parfum du muguet », aux fins d'attirer les spermatozoïdes jusqu'à l'ovule [8]. Ce bouquet caractéristique n'est cependant pas qu'une banale addition des fumets de sperme et des sécrétions vaginales, laquelle déterminerait à elle seule toute la chimie du sexe. D'autres senteurs entrent en ligne de compte. Par exemple, la sueur, dont l'odeur, chez l'homme, a des relents de truffe, mais aussi la salive ou même les larmes, qui s'ajoutent à ce cocktail dont les effluves plus ou moins forts varient selon les individus, leur régime alimentaire et surtout en fonction des bactéries qui peuplent leur corps, circulent sous leur peau ou dans leurs intestins.

Si Thérèse et la plupart de ses clients ignorent cependant tout de cette chimie complexe, ils savent très bien, en revanche, à quel point, une fois l'acte consommé, ces arômes sont, à l'instar de déchets repoussants, associées notamment aux maladies vénériennes que peuvent transmettre les prostituées et qui répandent cette odeur nauséabonde et caractéristique de « poisson pourri », plus forte encore après les rapports sexuels. Le fléau du XIXe siècle, en effet, a pour nom syphilis. Prostituées, clients et femmes mariées vivent dans la « terreur du mal vénérien ». Dans une lettre à son ami Louis Bouilhet, Flaubert s'interroge :

> Chaque livre que j'écris n'est-il pas comme une vérole que je gobe ? Je me retire d'un coït long et pénible, avec un beau chancre à l'orgueil, lequel s'indure et ainsi de suite [9].

La conception qui prévalait au début du XIXe siècle, à l'ère prépastorienne, était donc très éloignée de la nôtre, d'une transmission d'un individu à un autre, à l'occasion d'un contact sexuel, d'un germe spécifique à chaque maladie. Le virus vénérien était alors considéré comme le produit potentiel d'une altération des fluides corporels, le fruit de la malpropreté et de rapports définis comme « impurs » aux yeux de la morale bourgeoise. En 1838, Ricord évoquait cette peur en écrivant que la syphilis « court nos rues, nos salons, que les salles de nos hôpitaux en sont encombrées ».

Affranchie des risques de ce métier, devenir une courtisane à la mode et, pourquoi pas, l'une des nouvelles « reines de Paris », était l'ambition de Thérèse. Les villes d'eaux européennes lui offrent un terrain de chasse idéal. Elle a vingt-deux ans lorsqu'elle arrive à Ems. Son destin l'attend dans cette ville de Prusse qui compte tout le gotha du moment, et autant d'artistes, d'écrivains, de musiciens célèbres. « Elle s'était envolée bien au-dessus et bien loin de la crapule obscure du quartier Saint-Paul », écrit son biographe Marcel Boulenger. « Elle avait deux ou trois robes, des bijoux faux, elle pouvait se présenter le soir dans un bal public, un casino [...] Elle avait lu des romans, des journaux, son intelligence entreprenante s'attaquait à toutes les choses, et la musique la faisait presque s'évanouir de volupté dans les concerts : ce qu'on remarquait [10]. »

Un homme, en tout cas, la remarque. Il s'appelle Henri Herz. Entre eux, c'est le coup de foudre. À trente-huit ans – elle en a vingt-deux –, Henri Herz est éperdument amoureux, et peut-être Thérèse éprouve-t-elle envers lui un vague frisson d'intérêt. Le goût de la musique les réunit. Herz est un pianiste célèbre. Juif comme elle, né à Vienne, il a fait les beaux jours du règne de Louis-Philippe avant que Chopin et Liszt ne lui volent la vedette. Il possède une manufacture de pianos, une salle de concert, il est séduisant, polyglotte, brillant causeur. Et surtout, il est riche. En 1842, les voilà installés à Paris, où Herz vient d'être nommé professeur au Conservatoire. Grâce à lui, Thérèse – ou Blanche à ses heures – change brusquement de statut. Dans l'hôtel particulier qu'Henri Herz possède rue de Provence, ils vivent comme mari et femme. Oubliés, Antoine Villoing et l'enfant qu'elle a abandonné à Moscou… Une nouvelle vie commence pour la jeune femme. Thérèse Lachmann se refait une virginité. Mais l'histoire se répète. Avec Henri, elle aura une petite fille, Henriette, qu'elle délaissera, elle aussi, préférant la confier à son beau-frère Jacques Herz et à sa belle-sœur.

Décidément, Thérèse n'aura jamais la fibre maternelle. Profitant des relations mondaines de son « mari », elle préfère papillonner dans le salon très parisien qu'elle a créé et où se retrouvent écrivains, artistes et musiciens en vue. Théophile Gautier, Émile de Girardin – patron de presse influent et homme politique –, les frères Goncourt y côtoient Meyerbeer, Rossini ou encore Richard Wagner. Seule fausse note, l'entourage du « couple Herz » est presque exclusivement masculin. Car Thérèse ne recherche nullement la compagnie des femmes, elle n'a pas d'amies, seulement des rivales. Et d'ailleurs, aux yeux de la bonne société féminine, elle demeure une « poule ». Aux Tuileries, le roi Louis-Philippe et la reine Marie-Amélie, sans doute conseillés par les belles dames de boulevard Saint-Germain, refusent de la recevoir. Thérèse a beau s'affubler de robes luxueuses, de colliers et bracelets coûteux, elle ne parvient pas à faire oublier la lorette qu'elle a été. L'idylle avec Henri Herz est de courte durée. En 1846, n'ayant jamais su mettre un frein à la prodigalité de sa femme, le musicien doit reconnaître qu'il est au bord de la faillite. C'est le couac de trop. Thérèse assiste à la chute de la « Maison Herz » sans sourciller, cherchant déjà à rebondir pour ne pas être entraînée dans ce naufrage auquel elle a largement contribué. Herz doit vendre sa manufacture de pianos et décide de partir pour une tournée de concerts en Amérique, afin de se refaire une santé financière. Il y restera cinq longues années. Thérèse ne l'attendra pas. Elle veut jouir de la vie, briller, dominer. Elle veut mettre les hommes à ses pieds, les rendre fous d'elle, incapables de résister à ses caprices, soumis à ses volontés. Ce sera jusqu'au bout sa suprême volupté.

Sa rupture avec Herz la renvoyait malgré tout à la case départ, obligée de fuir la rue de Provence. Au cœur de la révolution de 1848, qui chasse Louis-Philippe, elle ronge son frein dans une petite chambre de l'hôtel Varlin. Elle est malade et crie son désespoir à son ami Théophile Gautier :

> Tu vois où j'en suis. Santé très basse et perdue. Il se peut que je ne revienne pas de mon épuisement. Alors tout est dit. C'est la mort isolée, la disparition sans phrase. Mais si j'en reviens, il nous faudra du changement. Je ne suis pas femme à gagner ma vie avec de la confection. Je veux avoir, avant qu'il soit longtemps, le plus bel hôtel de Paris. Rappelle-toi cela.

Une couturière, nommée Camille, lui fournit des toilettes à crédit. La Providence semble de nouveau veiller sur elle. Voilà Thérèse remise en selle. À Londres comme à Paris, on la voit parader dans des tenues somptueuses, couverte de bijoux qu'elle s'empresse, lorsque son train de vie dépasse ses revenus, de placer chez l'usurier. Car les bijoux resteront toujours son péché mignon. Ils seront comme le marqueur de sa réussite, et elle les collectionnera toute sa vie avec passion. Ses amants, hantant son alcôve, y voient un artifice supplémentaire de sa séduction. Thérèse aguiche, agace, mais elle attire, envoûte. Nul doute qu'elle ressemble alors à s'y méprendre à l'héroïne de Zola, peinte sous les traits de la trop fameuse « Nana ».

Nana, en effet, est un oxymore, à la fois terriblement humaine et totalement artificielle. Elle est belle, d'une beauté animale à la peau blanche que soulignent ses duvets blonds et ses cheveux roux « comme une toison de bête ». Elle a des « poils de lionne » qui lui recouvrent ses « larges hanches [...] sa croupe et ses cuisses de cavale ». Mais Nana est belle surtout de son parfum si singulier qui asservit les hommes. Émile Zola souligne l'odeur de son héroïne de manière récurrente, car elle est le signe le plus évident de sa marginalité sociale, mais aussi de la puissance sexuelle qu'elle dégage, comme « une odeur de fleur et de femme qui l'étouffait ». Thérèse, à l'image de Nana, possède ce pouvoir animal, charnel et sensuel qui subjugue les hommes qui l'approchent, une sorte de puissance vitale, presque chtonienne. Partout, chez Zola, on retrouve, en outre, les effluves qui définissent l'environnement dans lequel évoluent ces femmes de « mauvaise vie » semblables à Thérèse. La cuisine de Nana, lieu privilégié des domestiques, sent « l'odeur du déjeuner » et « la fumée des cigarettes », mêlée à celle du « café chauffant sur un reste de braise ». Dans son cabinet de toilette, Nana apparaît enivrée et enivrante au milieu de ses parfums familiers. Dans son célèbre roman, Zola écrit : « Sur la toilette, les bouquets, des roses, des lilas, des jacinthes, mettaient comme un écroulement de fleurs, d'un parfum pénétrant et fort ; tandis que, dans l'air moite, dans la fadeur exhalée des cuvettes, traînait par instant une odeur plus aiguë, quelques brins de patchouli sec, brisés menu au fond d'une coupe. Et, se pelotonnant, ramenant son peignoir mal attaché, Nana semblait avoir été surprise à sa toilette, la peau humide encore, souriante, effarouchée au milieu de ses dentelles. »

La loge de Nana est pleine d'une « chaude odeur de femme » qui participe à son animalité, obligeant ses amants à respirer ses mouchoirs en signe de soumission. Tous ses lieux d'intimité, cabinet de toilette, loge et chambre, sont emplis de ses odeurs corporelles et de son parfum, qui soumet ses visiteurs et les entraîne dans la décadence et l'avilissement. Le parfum de Nana, c'est Eros et Thanatos réunis, comparé à un bouquet de tubéreuses, qui « quand elles se décomposent, ont une odeur humaine ». Ce parfum préfigure sa déchéance et sa mort. L'odeur de Nana, sur laquelle Zola insiste tant, représente la métaphore de cette puissance mortifère qu'elle dégage, et non pas simplement la trace odoriférante de sa sexualité de cocotte. Au fil du roman, l'odeur de Nana devient d'ailleurs puanteur. Car Zola, incarnation des valeurs bourgeoises de son temps, porte un regard cru sur la nature de cette femme, qui reste à ses yeux l'image parfaite de la « fleur du mal ». Dans la vie réelle, Thérèse ressemble étrangement à cette Nana romanesque. Elles ont en commun l'ivresse de la réussite et le goût effréné de l'argent. Le poète Émile Bergerat a d'ailleurs laissé d'elle un portait terrible, en ces années houleuses de la Deuxième République.

> [...] elle était l'archétype de ces courtisanes qui ne le sont que pour l'argent et de l'argent seul sont amoureuses. Elle était faite en tirelire. On ne lui a jamais connu de béguin, même pour un égoutier en bottes, cet idéal lunaire des professionnelles. Elle avait horreur des chiens, des chats, des oiseaux, des enfants, de tout ce qui coûte sans rapporter et peut distraire de la chasse au Veau d'Or. Mais elle se serait donnée à un mineur pour une pépite !

Thérèse a désormais assez d'argent pour s'installer seule dans un hôtel particulier de la place Saint-Georges et choisir les amants qu'elle y reçoit. Mais, en rupture avec son insouciance passée, elle s'est mise également à investir l'argent gagné pour ne plus jamais connaître la misère et la dépendance. Le passé, cependant, remonte de manière inattendue. En 1849, elle apprend la mort de son mari, Antoine Villoing, venu à Paris dans l'espoir, peut-être, de la reconquérir. Il lui laisse leur fils « à charge ». L'adolescent était alors élève chez les Frères des écoles chrétiennes, à Passy. Fidèle à elle-même, Thérèse ne s'embarrassa pas de ce rejeton abandonné, lui octroya une pension de deux cent cinquante francs par mois jusqu'à sa mort et ne le revit jamais [11]. En réalité, la disparition d'Antoine Villoing constituait une aubaine. Désormais, la place était libre pour un second mariage.

Parmi les prétendants possibles, Thérèse avait jeté son dévolu sur un homme qui lui paraissait être un bon parti. Albino Francisco de Païva était né à Macao, alors comptoir portugais. Fils d'un riche négociant, il se disait marquis, cousin du ministre du Portugal et, arguant d'un fabuleux héritage à venir au décès de sa mère, menait grand train. Thérèse, méfiante et avisée, ne tarda pas, cependant, à découvrir le pot-aux-roses. Païva, qui avait perdu la plus grande partie de son héritage au jeu, était criblé de dettes. Sa fortune était un trompe-l'œil. Mais, Thérèse, cette fois, décida d'investir. « Elle avait voulu, non seulement le cavalier, mais le nom et les armes, nous dit le romancier Marcel Boulenger… il lui fallut lâcher la forte somme [12]. » Thérèse « se payant » un mari !… On croit rêver. Mais devenir la « marquise de Païva » était une idée géniale. Avec ce titre ronflant, et une vie « régularisée », elle pouvait espérer se faire un nom dans le milieu qu'elle cherchait depuis si longtemps à pénétrer : celui du Tout-Paris respectable. Le 5 juin 1851, à la mairie du 2e arrondissement, Thérèse Lachmann, veuve Villoing, devient donc officiellement Madame la marquise de Païva.

« La Païva » claque comme un nom de guerre ! Thérèse, en épousant son faux marquis, faux riche et bientôt faux mari, acquiert un statut plus avantageux que celui dont elle bénéficiait auprès d'Henri Herz. Bien sûr, on continuera de murmurer malicieusement que « chez la Païva, qui paye y va » ! Mais, la plaisanterie, pour être amusante, ne correspond plus vraiment à la réalité. Thérèse est devenue inaccessible, car elle a les moyens, à présent, de refuser ceux qui lui déplaisent ou lui sont inutiles.

Femme d'affaires, lorsqu'elle ne reçoit pas quelques hommes empressés place Saint-Georges, elle discute avec son conseiller des meilleurs placements à effectuer, des objets précieux et des bijoux à acheter pour s'entourer de ce luxe qu'elle prisait tant. Elle a sa loge à l'Opéra, fréquente les Italiens. Elle aime voir et être vue, même si elle n'ignore pas les regards méprisants de celles et ceux qui la considèrent comme une prostituée de luxe. Les femmes de la haute société continuent de la trouver vulgaire, trop voyante, trop fardée, trop parfumée et de la tenir à distance. Comme l'écrit l'historien Alain Corbin :

> De toutes les vertus alors attribuées à la femme, le XIXe siècle privilégie la pudeur ; et l'interdit qui frappe le maquillage comme le parfum indiscret entre dans un complexe système de représentations, tout à la fois moral, visuel et esthétique. « La propreté sans recherche, l'élégance et les grâces naturelles du corps et de l'esprit, l'enjouement et la pudeur, sont les plus puissants des cosmétiques. » Il faut laisser au boudoir de la courtisane ou bien au salon du bordel les épaisses vapeurs de la chair macérée, les lourdes senteurs et les poudres musquées. Le contre-modèle de la femme vénale facilite ici la définition de l'élégance [13].

À l'évidence, Thérèse ne pouvait espérer séduire la bonne société par son physique et ses allures de femme fatale. Napoléon III régnant, elle devrait se contenter d'être la plus en vue des « grandes horizontales ». Un homme va pourtant s'efforcer de l'aider à réaliser son rêve. Il s'appelle Guido Henckel de Donnersmarck. Jeune comte prussien, richissime, il est venu à Paris pour se distraire. Il a onze ans de moins que Thérèse. Quand leurs routes se croisent, chacun a le sentiment d'avoir fait LA rencontre attendue. Donnersmarck parce qu'il est littéralement amoureux et fasciné par elle, Thérèse parce qu'elle voit en lui l'ultime chance de sa vie. En attendait-t-elle autre chose ? Certes, Guido était riche, très riche. Il possédait des mines de cuivre en Silésie, des terres immenses et des revenus à la hauteur de ses possessions. Mais il ne semble pas que l'argent ait été leur seule passion commune. D'abord, Donnersmarck est un bel homme. Grand, de visage agréable, le regard magnétique, il se dégage de lui une sorte de prestance aristocratique qui plaît aux femmes. Mais, à vingt-cinq ans, il est un jeune homme blasé. Thérèse sait l'attirer, lui redonner goût à la vie. « Ce que l'on peut affirmer, écrit l'historienne Virginia Rounding, c'est que sa liaison avec Guido fut exclusive et mit un terme définitif à sa recherche d'autres clients. En outre, les diverses affaires qu'il brassait ont pu lui offrir une raison d'être qui jusque-là avait fait défaut dans sa vie. Ils furent de vrais compagnons, et leur couple défraya la chronique du Paris du Second Empire. Pour son amant, Blanche n'avait pas de passé [14]. »

Le couple, qui s'est installé place Saint-Georges, mène grand train. Tous deux jettent l'argent par les fenêtres. « C'étaient, nous dit Marcel Boulenger, des factures folles chez le couturier à la mode, les marchands de chevaux, selliers, carrossiers, fleuristes, orfèvres, joailliers, négociants en meubles, objets d'art, vins précieux ou primeurs extraordinaires [...] L'or inépuisable du Rhin coulait dans la capitale sans défaillance ni fatigue [15]. » C'est le moment pour Thérèse de tenir la promesse faite à Théophile Gautier. Le 11 juin 1855, elle achète pour quatre cent mille francs un terrain situé au n° 25 de l'avenue des Champs-Élysées, non loin du Rond-Point. Le quartier est à la mode et a même fini par détrôner le faubourg Saint-Germain. Financiers, diplomates, princes étrangers y ont élu domicile au fil des dernières années. Là, madame de Païva côtoiera Ferdinand de Lesseps, Émile de Girardin, le prince Jérôme Napoléon, le duc de Brunswick, et bien d'autres noms du Tout-Paris. Cet hôtel, elle le veut splendide, à la démesure de ses ambitions. La construction prendra onze longues années et coûtera dix millions de francs or, une somme colossale pour l'époque. Mais le plus étonnant est que Thérèse mettra la main à la pâte en jouant la mouche du coche.

> [Ce n'était] pas un spectacle banal de la voir avec ses toilettes élégantes monter sur les échelles et les échafaudages, examinant le travail commencé, critiquant ceci, conseillant cela, stimulant le zèle de chacun. Elle ne manquait pas de goût et possédait des idées personnelles, ayant acquis au contact des hommes cultivés qu'elle fréquentait une éducation artistique assez complète. C'était sa manière à elle d'encourager les arts en faisant travailler les artistes qu'elle payait largement [16].

Le résultat sera à la hauteur de ses espérances. Un monument typiquement Second Empire, mais qui se donne, à l'extérieur comme à l'intérieur, des allures Renaissance. Un monument à la gloire, surtout, de sa propriétaire. Narcissique, Thérèse s'est fait représenter en plusieurs endroits sur les murs et les plafonds de sa somptueuse demeure. Passé cette étrange première impression, la plupart sont éblouis par le luxe déployé. Le grand salon, qui donne sur les Champs-Élysées, est éclairé par cinq larges baies vitrées. Au plafond, une fresque – « Le jour chassant la nuit » – a été peinte par Baudry, qui exercera plus tard ses talents à l'Opéra Garnier. La cheminée est de marbre blanc et rouge, les murs sont tendus de satin. Partout, des consoles de bronze, de l'onyx et du lapis-lazuli. Donnant sur la cour intérieure, la salle à manger, ornée de boiseries de chêne et de marbre.

Mais c'est le grand escalier qui impressionne. Monumental, vertigineux, entièrement d'onyx, il est décoré de statues de Dante, de Virgile et de Pétrarque, et mène aux appartements privés de la Païva. Là, des pièces d'apparat aux salons les plus intimes, du salon de musique à la bibliothèque, de la chambre à coucher à la salle de bains, le luxe défie l'imagination. Du marbre et du satin, des lambris et des moulures finement ciselées, des couleurs variées allant du satin noir au blanc immaculé des dentelles, de l'or au bleu turquoise. Marbres, céramiques et cristaux vénitiens, onyx, argent, bronze doré, or, pierres précieuses, rien n'est épargné pour exalter la gloire de la Païva. L'hôtel renferme même une bibliothèque, un cabinet d'archives et un salon de musique.

Thérèse dispose d'une salle de bains de style mauresque, l'orientalisme est alors à la mode, avec ses carrelages d'onyx, ses revêtements d'agate et de céramiques vénitiennes, ses faïences de Deck, ses miroirs orientaux. La baignoire est incrustée dans un caisson d'onyx jaune de neuf cents kilos, qui a été taillé sur place avec robinets en or, rehaussés de pierres précieuses. À l'intérieur a été posée une baignoire en argent surmontée par trois robinets d'où coulent eau chaude et eau froide, mais aussi, selon la légende, du tilleul, du lait d'ânesse ou du champagne, pour préserver l'éclat et la jeunesse de la Païva. Thérèse y a-t-elle jamais pris un bain en galante compagnie, ou ce privilège était-il si rare qu'il était le dernier fantasme de ceux qui franchissaient les portes de l'hôtel ? Dominant le tout, enfin, la chambre à coucher de la marquise, claire, spacieuse, largement aérée, aux murs couverts de lambris et au milieu de laquelle se trouve le lit, un lit immense, de proportions inusitées, dont le chevet supporte, dit-on, deux vastes coffres-forts où la Païva renferme son or et ses bijoux.

Dans cette chambre qui a la solennité d'un temple, un parfum de stupre semble flotter, pareil à un encens montant à la gloire de la Païva. Le lit, au milieu, incarne l'alcôve par excellence, le lieu débridé de toutes les voluptés. Thérèse se comporte d'ailleurs comme une véritable hétaïre. Son coucher obéit à un cérémonial. D'abord le déshabillage, lent et savamment calculé. Puis la Païva se défait de ses nombreux bijoux, de ses perles, de son corset, de ses jupons et de ses dessous. L'amant, tous sens éveillés, peut-être exaspéré par l'attente, peut alors en venir aux voluptés du corps à corps.

À la différence des épouses légitimes, Thérèse a érigé le sexe en religion. Ses manières sont un défi à la pudeur. Loin d'être un péché ou d'incarner le mal absolu – le fameux « péché de chair » – la volupté, à ses yeux, représente autant un moyen qu'une fin. Par elle, elle se libère des contraintes pour parvenir au sommet de l'art érotique, amenant ses amants à l'orgasme par de longs chemins connus d'elle seule, poussant la science des caresses jusqu'à son degré ultime, leur procurant de savants massages dont elle avait appris les secrets, dit-on, lors de ses séjours en Orient. On comprend mieux pourquoi sa chambre et ce lit surtout étaient des lieux privilégiés de pouvoir. Le luxe tapageur dont s'entourait la

Païva n'était qu'une façon d'amener ses admirateurs jusqu'au saint des saints, au tabernacle d'où rayonnait toute sa puissance. Peu importe si les écrivains de son temps la moquent régulièrement, un frère Goncourt, toujours en veine de compliments, et ne reculant pas devant les superlatifs, verra dans cet hôtel « le Louvre du cul » ! Alexandre Dumas, constatant la fin des travaux, se montre railleur et encore plus cru :

– C'est presque terminé, avait-il lancé, il ne reste plus qu'à mettre en place le trottoir !

Thérèse, elle, s'en moquait. Elle avait pris sa revanche et fait de son hôtel des Champs-Élysées son plus bel écrin. Dans la hiérarchie des femmes galantes, la Païva occupait désormais la première place. Riche, célèbre, entourée du luxe le plus ostentatoire, elle savourait la joie du triomphe, affirmant que « tous ses désirs étaient venus à ses pieds comme des chiens couchants ». Sitôt achevé, l'hôtel de la Païva deviendra d'ailleurs une sorte de centre magnétique attirant les admirateurs comme les critiques les plus tenaces. Car aux volants de ses robes s'attache toujours le même parfum de scandale. Dans l'air saturé de cet hôtel particulier à la beauté clinquante flottent les effluves les plus capiteux, les odeurs du péché, celles de la courtisane qui n'inspire que méfiance.

Ce sillage parfumé exprime le clivage entre le grand monde qui évite l'indécent patchouli ou la sulfureuse tubéreuse et le demi-monde qui, en revanche, en abuse. Il y a celles pour qui le parfum n'est qu'un « sent-bon », celui des pauvres, des domestiques et des midinettes. Ces femmes l'achètent généralement dans les bazars et les épiceries de campagne. Ces « sent-bon » sont enfermés dans des tubes très minces couronnés par un bouchon de liège. Ni flacon ni nom, juste une senteur bon marché de muguet ou d'œillet, qui les parfume le dimanche ou lors d'occasions exceptionnelles. Aucune maîtresse de maison ne tolérerait d'ailleurs de leur femme de chambre la moindre odeur forte, pas plus que les chefs d'atelier de leurs employées. Aux femmes licencieuses, les parfums capiteux ; aux femmes convenables, l'odeur des fleurs ou du savon de Marseille. Dans son manuel de savoir-vivre datant de 1878, Ermance Dufaux de la Jonchère se montre ainsi catégorique : « Une femme bien élevée ne porte sur elle aucun parfum. Elle les abandonne à la courtisane dont ils sont l'apanage exclusif. » Les auteurs du manuel de savoir-vivre pour jeunes filles se montrent à peine plus permissifs :

> Moins on emploie de parfums, mieux cela convient. Cependant, un soupçon d'odeur très légère et très comme il faut peut être toléré, mais… à condition de rester un soupçon.

Sourds à ces injonctions, les parfumeurs, devenus des industriels durant la seconde moitié du XIXe siècle, n'ont pas manqué, au contraire, de valoriser le potentiel de séduction prêté aux parfums. Certains ont ainsi donné à leurs produits les noms de célèbres courtisanes, comme Ninon de Lenclos, ou ont joué sur l'imaginaire érotique de l'orientalisme. Gelin a créé l'*Eau du Harem*, lotion utilisée par Marie Duplessis, inspiratrice de *La Dame aux camélias*. Un corsetier, du nom de De Plument, compose et vend une *Eau de Cologne des Sultanes*, dont le flacon n'est autre qu'un corset. Par la suite, la parfumerie n'a cessé d'offrir aux femmes non seulement des sachets, des savons, des eaux de senteurs pour parfumer leur corps et leur linge, mais aussi la conviction que, comme les fleurs, « chaque femme doit avoir son parfum [17] ».

Comme le suggère le titre de l'ouvrage du docteur Caufeynon, *La Volupté et les parfums*, ce questionnement s'insère dans une réflexion plus vaste autour de l'odeur féminine – la fameuse odor di femina – et de son influence sur le sens génésique. Il faut également établir une importante distinction entre l'odeur naturelle de la femme et son parfum artificiel. Le docteur Rostand met en garde ses lecteurs à l'article « Odeur » du *Dictionnaire de médecine* de 1826 : « L'abus des parfums donne naissance à toutes les névroses. » Les femmes du monde doivent parfumer leur mouchoir plutôt que leur personne. Ces prescriptions sociales strictes – où le parfum se voit quasiment banni du domaine public – ont pour effet de déplacer son usage dans la sphère privée, dans le domaine de l'intime, où il se trouve paradoxalement réinvesti du potentiel érotique dont on avait tenté de l'expurger. En effet, respirer l'odeur de l'autre, c'est avoir soudain accès à son intimité. Le parfum de la courtisane, en revanche, apparaît comme un marqueur indécent et incontournable. Il en imprègne la peau de ses clients, qui reviennent chez eux « en sentant la fille ». Chaque parfum, au fond, apparaît comme celui d'une caste.

Ces pratiques, codifiées à l'extrême, dessinent une grille de lecture précise permettant de distinguer entre le normal et l'anormal, l'élégant et le vulgaire, le moral et l'immoral en matière olfactive. Cette grille, esquissée à l'aide de sources médicales et mondaines, se révèle riche d'enseignements et de significations lorsqu'elle est projetée sur les usages de l'époque, mais également sur la production romanesque contemporaine. En effet, de nombreux romanciers de la fin du XIXe siècle accordent une place très importante à l'olfactif dans leurs œuvres. L'odeur du personnage – très majoritairement féminin – devient alors un indice permettant de le qualifier, de donner des informations concernant son rang, sa distinction et, surtout, sa moralité. Le décodage de ces indices passe par le recours à ces mêmes règles qui permettent de saisir les subtiles nuances des hiérarchies olfactives en société.

Étant donné que les romanciers de la fin du XIXe siècle s'intéressent bien davantage aux femmes qui sentent le musc qu'à celles qui sentent la violette, le bon goût olfactif se mue ici en repoussoir, en norme à partir de laquelle identifier la déviance. Par le biais de ces héroïnes qui « cocottent », l'imaginaire sulfureux entourant le parfum se trouve donc remobilisé, afin de suggérer une séduction trouble, un érotisme latent et vaguement menaçant.

L'engouement de ces romanciers pour la problématique de l'odeur féminine est tel que cette dernière devient rapidement un thème littéraire à part entière, sous le nom d'*odor di femina*[18]. En 1890, Maurice de Fleury, médecin et chroniqueur au *Figaro*, relève ainsi que « la littérature contemporaine se préoccupe des sensations olfactives [...] : jamais les mots fragrance, fleur (pour odeur), émanations, effluences, senteurs, relent, remugle, troublants effluves, sans compter l'*odor di femina*, [...] n'ont été si fréquemment employés que ces dernières années ». Et de conclure : « On en abuse même un peu. » En réalité, le siècle, derrière l'amour tarifé, fleure également la putréfaction et se méfie des Païva. Et même il les condamne, au nom de la morale du temps et de la stabilité de l'édifice social. Le roman de Zola, *Nana*, paru en 1880, en est la parfaite l'illustration.

> Ce que j'ai voulu dans *Nana*, c'est planter devant les yeux de tous « une de ces filles » dont on fait rêver les naïfs ; et, comme il y en a des milliers à Paris, la camper, telle quelle et pour de bon, tous prestiges arrachés, montrer qu'elle est le mal et le mal qu'elle engendre autour d'elle. J'ai voulu protester contre les Marion Delorme, les Dames aux Camélias, les Musettes, tout cet enguirlandage du vice que je trouve dangereux pour les mœurs et d'une influence désastreuse sur l'imagination de nos filles pauvres.

Nana suit le parcours d'une lorette semblable à la Païva et qui devient prostituée de luxe en ruinant des amants follement épris d'elle. Inspiré de Valtesse de La Bigne, une autre lionne mais de la Belle Époque, née en 1848, qui fut également aussi voluptueuse qu'ambitieuse, le personnage manifeste les mêmes désirs d'« honorabilité » que la petite Esther Lachmann. Assez logiquement, les tentatives de Nana, fille du peuple, pour adopter le train de vie et les manières d'une femme de la haute société passent notamment par une sorte de « respectabilité olfactive ». Mais cette entreprise ne va pas sans difficultés, puisque l'odeur naturelle de la jeune femme est à l'exact opposé des parfums « recommandables ». Elle exhale en effet une odeur musquée de fauve, de bête en rut, révélatrice de la séduction animale, et ses tentatives pour la dissimuler sous celle, souvent adoptée par les « femmes légitimes », plus innocente et surtout discrète, de la violette échouent lamentablement. Appliquée sur une créature aussi sensuelle et sulfureuse que Nana, l'odeur de violette perd tous ses attributs de pudeur et de réserve. Pire encore, elle se trouve corrompue, en devenant, par ce double mouvement de porosité et de contagion évoqué plus haut, un véhicule de son pouvoir de séduction. Ce pouvoir semble hanter l'imaginaire de Zola. Ne confie-t-il pas à un ami que « Nana est une sorte de chapelle ardente ; au centre, et comme au fond d'un tabernacle, le sexe de la femme ; autour, un peuple d'hommes prosternés, ruinés, vides » ?

Dans l'hôtel particulier de Nana, l'odeur de violette est d'abord limitée aux espaces intimes que sont le cabinet de toilette et la chambre à coucher. Cependant, ces espaces ne sont pas caractérisés par leur seul parfum, mais également par la semi-pénombre et la douce chaleur qui y règnent et en font des alcôves invitant à la paresse et à une certaine lascivité.

On le constate dans le cabinet de toilette de la courtisane, où « un rideau fermé [...] faisait un petit jour blanc, qui semblait dormir, comme chauffé d'un parfum de violette, ce parfum troublant de Nana dont l'hôtel entier, jusqu'à la cour, était pénétré ». Comme le suggère ce passage, le parfum de violette ne reste pas confiné audit cabinet de toilette, mais, sous l'effet de la chaleur, se diffuse à l'ensemble de l'hôtel particulier, qui devient alors un espace intime empli de la présence de la maîtresse de maison : « C'était, dès le vestibule, une odeur de violette, un air tiède enfermé dans d'épaisses tentures. » L'épicentre de ce phénomène de diffusion – ou de contagion – se trouve dans un lieu qui n'a rien d'innocent, la chambre à coucher de la courtisane :

> Le feu de l'après-midi se mourait en braise, il faisait très chaud, une chaleur alanguie, sous les rideaux et les portières. Et dans cette pièce toute pleine de la vie intime de Nana, où traînaient ses gants, un mouchoir tombé, un livre ouvert, on la retrouvait au déshabillé, avec son odeur de violette, son désordre de bonne fille, d'un effet charmant parmi ces richesses ; tandis que les fauteuils larges comme des lits et les canapés profonds comme des alcôves invitaient à des somnolences oublieuses de l'heure, à des tendresses rieuses, chuchotées dans l'ombre des coins.

L'association étroite entre le parfum et les lieux de l'intimité, notamment amoureuse, réaffirme le lien unissant l'odeur – même florale – et la sexualité. L'effluve mène – littéralement – les hommes par le bout du nez et fait naître chez eux des désirs qui ne trouvent leur assouvissement que dans la chambre de Nana. Il est en effet si puissant, si définitoire du personnage, qu'il en vient à le signifier même en son absence. La chambre parfumée devient alors à son tour séductrice, invitant à une sensualité paresseuse, à des « somnolences oublieuses de l'heure ». S'abandonner à cette lascivité équivaut dès lors, pour le personnage masculin, à renoncer à toute volonté. Tel est le sort qui attend le comte Muffat, l'amant le plus assidu de Nana. Dans la chambre de sa maîtresse, le digne chambellan « se sentait fondre à la tiédeur de la pièce, la chair pénétrée d'un parfum, envahie d'un désir voluptueux d'anéantissement ».

L'odeur est bien l'une des composantes principales de la séduction de Nana. Nul étonnement, donc, à ce que son hôtel particulier si parfumé ne soit comme « un élargissement brusque d'elle-même, de ses besoins de domination et de jouissance, de son envie de tout avoir pour tout détruire ». Tout comme la Païva ? Thérèse est de ces femmes que l'on compare volontiers à la panthère parfumée, et qui possède, comme la Nana de Zola, une « odeur de vie, une toute-puissance de femme » se situant au point où animalité et artificialité se rejoignent. Car Nana n'est jamais aussi belle que lorsque son parfum asservit les hommes, à l'image de la panthère qui, selon la tradition grecque, était le seul animal à exhaler une odeur attirante exerçant un pouvoir irrésistible sur les autres animaux sauvages. Hélas, en 1870, tous les témoignages s'accordent pour nous dire que la beauté de la marquise s'essouffle.

Son éclat s'était terni. Son savant maquillage ne parvenait pas à masquer des années l'« irréparable outrage ». Sous le fard, les rides apparaissaient. Avec son visage recouvert d'une épaisse couche de poudre de riz, ses yeux ombrés, ses lèvres rouges, ses lourds cheveux savamment ondulés et qu'on devinait ne pas lui appartenir – elle s'affublait de perruques –, elle évoquait ces « vieilles courtisanes » chères à Baudelaire. Tout comme le parfum, plus encore peut-être, la bonne société du Second Empire réprouve le maquillage outrancier. Dans ce siècle bourgeois et puritain qui prône les vertus de l'épargne, il n'est pas bienséant pour une femme du monde de céder à une trop grande ablution de parfums et autres excès d'artifices. Seules les actrices en sont excusées, à cause de la vive lumière éclairant les scènes de théâtre. Rimmel, parfumeur britannique, le dit clairement : « Nous ne pouvons en conscience recommander l'usage du fard. » La femme honnête apparaît le visage paré de sa seule vertu [19]. Elle doit avoir un teint aussi naturel que possible et les lèvres douces. Elle a également la beauté mélancolique et vertueuse. Le maquillage est présenté comme un vice contracté, dont on devient esclave. « Laissez-les aux femmes de mauvaise vie ! » tonitrue Dumas. À l'exception de la poudre blanche et d'une petite touche de rouge, la femme de la bourgeoisie n'utilise donc jamais de fards, laissant cet artifice aux demi-mondaines. Baudelaire, lui, s'oppose violemment à cet interdit, préférant dans sa recherche de l'idéal un embellissement artificiel :

> La femme est bien dans son droit, et même elle accomplit une espèce de devoir en s'appliquant à paraître magique et surnaturelle ; il faut qu'elle étonne, qu'elle charme ; idole, elle doit se dorer pour être adorée [...] Le maquillage n'a pas à se cacher, à éviter de se laisser deviner ; il peut, au contraire, s'étaler, sinon avec affectation, au moins avec une espèce de candeur [20].

Cora Pearl, la maîtresse du duc de Morny, le demi-frère de Napoléon III, se vante dans ses mémoires d'avoir été l'initiatrice du maquillage dans les années 1865 [21] :

J'avais l'idée qu'il devait être possible d'appliquer des tons plus doux, susceptibles de rehausser le visage, sans le rendre ridicule, et je commençai, seule tout d'abord, à faire des expériences, me peignant d'onguents de couleurs variées, l'argent et le nacré compris ; j'usais aussi d'une teinture en provenance de Londres pour rendre blonds mes cheveux roux. Quand je m'aventurai pour la première fois à l'extérieur après pareil essai, je fus très admirée ; j'eus bientôt des demandes de la part d'autres dames pour que je leur montre cet art, ce que je fus ravie de faire, et plusieurs années durant, je tins ouverts mes appartements où dames et messieurs me venaient voir me maquiller [22].

Les résistances finiront par fléchir avec le temps. Bientôt, les cosmétiques acquerront leurs lettres de noblesse sous la signature d'Alexandre-Napoléon Bourjois, un nom prédestiné. Malgré les rides et les couches de fard, Thérèse, pour sa part, conservait une taille haute et portait admirablement la toilette. Surtout, on continuait de voir en elle le modèle achevé de la « grande horizontale », celle à qui tout avait réussi. « Son triomphe, écrit Émile Le Senne, est un symbole, il marque l'avènement de toute une classe sociale, précédemment reléguée dans l'ombre. Jamais la fille n'avait connu pareille splendeur ; a aucune époque, sa suprématie ne s'était si nettement affirmée [...] Les courtisanes étaient reines. Elles avaient réussi à conquérir dans la société une place prépondérante. On les méprisait, mais on les enviait. [...] Les femmes du monde les regardaient avec hauteur, mais copiaient leurs toilettes et ne pouvaient s'empêcher de s'intéresser à leurs faits et gestes. Les unes et les autres rivalisaient d'élégance et de luxe. »

En dépit de cette éclatante réussite, le temps heureux de la Païva était pourtant révolu. L'hôtel des Champs-Élysées ne lui avait pas suffi, elle avait aussi voulu son château de province. Ce fut Pontchartrain, à un jet de pierre de Paris et de Rambouillet, acheté pour deux millions de francs. La Vallière, grand amour de Louis XIV, y avait vécu, tout comme le comte de Maurepas, ministre de Louis XV et de Louis XVI. Mais Thérèse n'était là-bas que pour y cultiver des fruits de saison qu'elle rapportait à Paris afin d'éblouir se hôtes. Les soirées qu'elle organisait les vendredis et dimanches les faisaient encore courir ventre à terre. S'il faut en croire les Goncourt, on s'y ennuyait pourtant ferme :

> Là-dedans, une conversation de gens gênés comme dans du faux monde et qui se traîne [...] Et on sent tomber sur cette table magnifique, éclairée de l'incendie des lustres, le froid spécial aux maisons de filles jouant la femme du monde, ce froid composé d'ennui et de malaise, qui glace, dans les palais de la prostitution et les Louvres de la putinerie, le naturel et l'esprit des gens qui passent.

Le temps de la Païva était passé. Vinrent la guerre de 1870, la débâcle, puis la Commune de Paris. L'hôtel rouvrit néanmoins ses portes, et la valse des dîners reprit un peu. Réinvité, Goncourt, dans son *Journal*, s'en donne à cœur joie dans la perfidie du trait.

> La maîtresse de maison, je la regarde, je l'étudie. Une chair blanche, de beaux bras et de belles épaules se montrant par derrière jusqu'aux reins, et le roux des aisselles apparaissant sous le relâchement des épaulettes ; de gros yeux ronds ; un nez en poire avec un méplat kalmouk au bout, un nez aux ailes lourdes ; la bouche sans inflexion, une ligne droite, couleur de fard, dans la figure toute blanche de poudre de riz. Là-dedans des rides, que la lumière, dans ce blanc, fait paraître

noires, et, de chaque côté de la bouche, un creux en forme de fer à cheval, qui se rejoint sous le menton qu'il coupe d'un grand pli de vieillesse. Une figure qui, sous le dessous d'une figure de courtisane encore en âge de son métier, a cent ans, et qui prend, par instants, je ne sais quoi de terrible d'une morte fardée.

Le 28 octobre 1871, Donnersmarck lui donne pourtant une dernière preuve d'amour en l'épousant en l'église évangélique de la Confession d'Augsbourg, rue Chauchat. En cadeau de noces : un somptueux collier à trois rangs de diamants dont l'impératrice Eugénie a dû se dessaisir en pleine débâcle. Une telle union n'avait été possible que parce que Thérèse, veuve de Villoing, avait obtenu l'annulation de son mariage, par Rome, avec monsieur de Païva. Les relations de Guido avaient permis ce petit miracle. Pour lui éviter des remords – en était-elle capable ? –, le malheureux Païva, ruiné et anéanti par la nouvelle de l'annulation de son mariage, eut le bon goût de se suicider. La boucle était bouclée. Comme Esther Lachmann s'était effacée avec Villoing, Thérèse avec le marquis de Païva, la Païva disparut un peu derrière la comtesse de Henckel de Donnersmarck.

Pas tout à fait, cependant. La guerre de 1870 et la naissance de l'Empire allemand avaient laissé des traces profondes. Son mari étant cousin de Bismarck, on lui prêta un rôle d'espionne. Il semble bien pourtant qu'elle n'ait fait que rapporter des propos de table que son mari s'empressait de transmettre à ses autorités de tutelle. N'avait-il pas été nommé gouverneur de l'Alsace-Lorraine par Bismarck ? Pour fuir cette atmosphère délétère, le couple finit par quitter la France, après avoir vendu Pontchartrain, et rejoignit le château de Neudeck, en Silésie, fief de la famille de Guido. Prévoyante, Thérèse, avant leur départ, avait fait confectionner par le joaillier Boucheron quatre petits coffres pour transporter avec elle ses diamants et ses pierreries les plus précieuses. Thérèse quittait néanmoins Paris avec désespoir. Neudeck était d'une tristesse absolue, et Guido, pour couronner le tout, se montrait de plus en plus taciturne. Elle commença par engager d'immenses travaux pour rendre la vieille demeure plus habitable. Mais ces travaux ne comblèrent ni son ennui ni sa solitude. Paris lui manquait, et ses amis, et ses dîners somptueux. La Silésie état un exil. Elle s'y laissa mourir d'ennui.

En 1880, à soixante ans passés, elle était devenue une vieille femme obèse et qui n'était plus que l'ombre d'elle-même. La Païva, celle qui avait régné sur Paris et fait chavirer les cœurs de toute une génération, s'éteignit ainsi d'une dernière attaque cardiaque le 21 janvier 1884. Avant de l'enterrer dans le caveau familial, Guido de Donnersmarck voulut la garder encore quelque temps auprès de lui, comme en souvenir de l'amour passionné qu'il lui avait porté si longtemps. Il la fit enfermer dans un cercueil de verre, son corps plongé dans le formol ou peut-être un alcool spécialement préparé.

L'hôtel particulier de la Païva existe toujours. Devenu la propriété de la famille de Donnersmarck, il fut vendu et revendu. Classé monument historique en 1980, il était, depuis 1903, le siège du Travellers Club. La Païva aurait-elle aimé cette présence au sein de son magnifique écrin ? Sans nul doute. Car le Travellers Club, fort de sept cent vingt membres, est un cercle très privé et exclusivement masculin. Il se murmure même que le dernier chic est de pouvoir dîner sur une table dressée au-dessus de la baignoire en onyx dans laquelle Thérèse offrait son corps aux douceurs du lait d'ânesse. Cent quarante ans après sa mort, la Païva continue donc de remuer le cœur des hommes et de nourrir leurs fantasmes.

La reine Victoria
Tableau de John Simpson, 1856
Collection privée. © Heritage Images / Aurimages.

XIII

L'odeur des baisers de la reine Victoria

Les fleurs de myrte et d'oranger

Poupine au teint de rose anglaise, Alexandrina Georgina Victoria naît le 24 mai 1819, au palais de Kensington. Surnommée Drina – pour Alexandrina – jusqu'à ses neuf ans, remplacé ensuite par Victoria, elle est la fille unique d'Édouard-Auguste, duc de Kent, et de Victoire de Saxe-Cobourg-Saalfeld. La monarchie anglaise est déconsidérée à la naissance de Victoria : décadence, abus et folie des aristocrates sont les fléaux qui règnent alors. Le roi George III, grand-père de Victoria, issu de la maison de Hanovre, était à moitié fou. Aveugle, presque sourd, il avait des crises de démence et des rémissions, qui lui valaient parfois la camisole de force !

Les fils de George III ne sont guère mieux. Éduqués à l'allemande, à la dure et sans un sou, les ducs mènent grand train et accumulent les dettes, ce qui agace le Parlement. Le quatrième duc de Kent et père de Victoria assure la régence du roi fou, affichant des idées libérales. Lorsque ce dernier était en garnison à Gibraltar, une gitane lui avait prédit qu'il serait père d'une grande reine. Sa mère, Victoire de Saxe-Cobourg, d'origine allemande, est déjà veuve et mère de deux enfants. Victoria passe une enfance plutôt triste, orpheline de père quelques mois seulement après sa naissance. Sous la coupe stricte et très protectrice de sa mère, duchesse de Kent, elle parfait son éducation de future reine, aidée par Léopold, son oncle maternel, qui la soutient matériellement, et du fidèle John Conroy, Irlandais ambitieux, aide de camp du défunt, qui va devenir l'amant de la duchesse… Le trio, craignant l'empoisonnement ou l'enlèvement, n'a qu'une peur : qu'un héritier prenne la place de la petite Drina-Victoria. En conséquence, l'enfant ne doit jamais rester seule et dort avec sa mère !

Victoria va en grande partie être élevée à l'écart des autres enfants, sous ledit « système de Kensington », qui consiste en une série de règles et de protocoles rigides. Ce système vise à isoler la jeune princesse de la cour débauchée de George IV, qui vit avec deux maîtresses et organise fête sur fête… Mais aussi, l'objectif inavoué est de mieux garder le contrôle sur elle. Dans cette enfance solitaire, elle suit une éducation stricte et très encadrée. On veut déjà la marier avant ses dix-huit ans… Le roi Guillaume IV, qui a dix bâtards et deux filles héritières mortes rapidement, entend s'occuper de sa nièce et veut la voir épouser son cousin George de Cambridge, ou encore l'héritier de Hollande, un grand ennemi des Belges. Mais Victoria refuse les partis qu'on lui présente, trouvant les princes d'Orange (de Hollande) très laids. Âgée à peine de dix-huit ans, elle succède à son oncle Guillaume IV sur le trône d'Angleterre. Elle est acclamée comme l'héritière, devant trois mille invités. Pour la première fois de sa vie, elle pourra dormir seule…

Victoria est un petit bout de femme énergique et menue, complexée par sa taille (un mètre cinquante-trois) et ses rondeurs, qu'elle n'arrive pas à corriger, en raison de sa grande gourmandise. Ses bras et ses mains potelées, pas très jolies, qu'elle couvre de bagues, en témoignent. Elle n'est pas ce que l'on appelle une beauté : de grands yeux bleus un peu globuleux, une petite bouche, un menton proéminent et un joli nez aquilin. Mais elle sait jouer de son charme, qui repose sur un ravissant teint de porcelaine et un port de tête royal, qu'elle possède naturellement et qu'elle sait entretenir.

À vingt et un ans, elle tombe follement amoureuse de son cousin, le prince allemand Albert de Saxe-Cobourg-Gotha. L'oncle Léopold, devenu roi des Belges, toujours très proche de Victoria, véritable père de substitution, avait d'ailleurs choisi pour elle Albert, neveu de Léopold, second fils du duc héritier de Cobourg, âgé de trois mois de moins que Victoria et son cousin.

Le duc de Cobourg arrive à Londres avec ses deux fils, Ernest et Albert, en 1836. Victoria est immédiatement sous le charme d'Albert, un beau blond d'un mètre soixante-dix aux yeux bleus, comme elle l'écrit dans son journal : « Albert est tout à fait charmant, excessivement beau, avec de magnifiques yeux bleus, un nez ravissant, une jolie bouche, une fine moustache et de petits favoris. Il a une belle stature, des épaules larges, la taille fine. Mon cœur est pris [1]. » Albert a plus de mal à partager ses sentiments, répondant seulement : « Mon amour est sans calcul [2]. »

Le mariage a lieu le 10 février 1840 dans la chapelle royale du palais Saint James. Dans une grande liesse populaire, elle s'y rend en carrosse, accompagnée par sa mère. Les trompettes sonnent pour lui rendre hommage, les uniformes sont rutilants, les canons de la tour de Londres tonnent au moment où Albert, portant l'uniforme de maréchal des armées royales anglaises – tunique rouge, ruban bleu de l'ordre de la Jarretière –, passe l'alliance au doigt de Victoria, à une heure précise de l'après-midi. Le gâteau de mariage, décoré de petits bouquets de fleurs et de cupidons, pèse cent cinquante kilos, nécessitant quatre hommes pour le soulever.

Alors que Victoria aurait dû porter une robe de mariée rouge, en raison de son statut de monarque, comme le voulait la tradition, elle fait le choix de la modestie par égard pour son époux. Elle porte une robe blanche en satin brodé, avec une toute petite traîne, dont le modèle a été détruit pour éviter qu'elle ne soit copiée. La robe est agrémentée de volants en dentelle de Honiton, une dentelle anglaise qui imite celle de Bruxelles, mais dont la particularité est d'avoir des motifs brodés séparément puis reliés les uns aux autres.

Son voile de dentelle, confectionné par deux cents ouvrières, est retenu par une simple couronne de fleurs d'oranger, sans diamants. À l'époque victorienne, le langage des fleurs était en vogue : il était courant de transmettre des messages en offrant des fleurs. Par exemple, selon la mythologie grecque, Zeus/Jupiter aurait offert des fleurs d'oranger à son épouse, Héra/Junon, la déesse du mariage, celles-ci étant le symbole aussi bien d'un amour pur et éternel que de la fertilité [3]. Depuis l'Antiquité, il n'était pas rare de voir des mariées se parer de fleurs d'oranger le jour de leurs noces. Cette tenue déclenche un véritable engouement dans toute la Grande-Bretagne et dans l'Europe entière. Les mariées se mirent alors à porter une robe blanche et une couronne de fleurs d'oranger assortie à leur bouquet. Pour les plus aisées, les fleurs d'oranger étaient naturelles, en cire pour les plus modestes.

Quelques années plus tard, lors du mariage de sa fille aînée à Londres [4], la reine Victoria perpétua cette tradition de la robe blanche ainsi que de la dentelle de Honiton à motif de roses, trèfles et chardons [5] et de la fleur d'oranger, mais elle y ajouta des fleurs de myrte, signe de loyauté et de chance, cueillies à Osborne House, son lieu de villégiature favori sur l'île de Wight. En Allemagne, patrie du fiancé de la princesse Victoria, les fleurs de myrte possèdent la même symbolique que les fleurs d'oranger. Le myrte (*Myrtus communis*) est issu d'un arbre des régions méditerranéennes, dont les feuilles sont particulièrement odorantes. Dans la Grèce antique, les nouveaux mariés portaient des couronnes de myrte, l'arbre étant consacré à Vénus. Cette petite fleur à cinq pétales blancs et aux multiples étamines dégage une odeur aromatique et légèrement fruitée. La reine Victoria se souvenait d'avoir reçu un bouquet de myrte de la part de la grand-mère de son cher époux, l'année où ils achetèrent Osborne House. Elle y planta quelques branches de ce bouquet contre les murs de la terrasse. Depuis, toutes les mariées royales anglaises ont un brin de myrte venant d'Osborne House dans leur bouquet : la reine Élisabeth II en 1947 ou, plus près de nous, Lady Diana en 1981, mais aussi Kate Middleton en 2011 et Meghan Markle en 2018, les épouses des princes William et Harry.

La légende raconte que, le matin du mariage du siècle, le 29 juillet 1981, Lady Diana Spencer aurait renversé sous le coup de l'émotion son flacon de parfum sur sa fameuse robe, juste avant de l'enfiler. En remontant l'allée de la cathédrale Saint-Paul à Londres pour ce qui devait être le plus beau jour de sa vie, elle aurait tenté de cacher l'auréole laissée par le parfum avec son bouquet de mariée… et ce parfum était *Quelques Fleurs*, créé en 1912 par la maison française Houbigant, maître parfumeur des cours royales depuis 1775.

Mais revenons en février 1840, au mariage de la jeune reine Victoria et du beau prince Albert, qui, juste après la cérémonie et la réception officielle, se retirent pour un souper dans l'intimité de leurs appartements à Windsor. Les époux se préparent à vivre leur nuit de noces, que Victoria raconte, sans trop de pudeur. Albert se met au piano, Victoria s'allonge sur le sofa. Ils se serrent dans les bras et s'embrassent durant de longs préliminaires amoureux. Tous deux sont vierges, et l'odeur de leurs baisers enflammés détermina voluptueusement leur entente sexuelle. Si le regard signifie la reconnaissance de l'autre, l'ouïe le dialogue et l'entendement, l'odorat va conduire au rapprochement physique, marque première de l'expérience sensuelle et sexuelle. Ce que Léon Tolstoï exprime magnifiquement dans *La Guerre et la Paix* : « Il sentait la tiède chaleur de son corps, mêlée à la suave odeur des parfums, et il entendait vaguement craquer son corset au moindre mouvement [6]. »

Et au-delà de l'odeur du corps, celle de l'haleine et de la bouche provoque attirance ou répulsion. Le baiser sur la bouche est un échange non seulement de salive, mais aussi de souffle. Il représente la rencontre d'Éros et de Psyché. Le souffle, dans les mythologies antiques, est le siège de l'âme. Il donne vie et pouvoir au baiser, qui engage les amoureux, presque plus qu'un coït, car il est synonyme de l'affectif. Les bouches qui s'unissent exhalent vers le cœur un flux de plaisir et ouvrent l'âme des amoureux. Un poème javanais affirme : « Par le nez, nous respirons, par le nez, nous percevons le souffle de l'être aimé ; nous avons le sentiment que nos âmes se mêlent. » Plus tard, Jean-Paul Sartre analysera également ce phénomène :

> L'odeur d'un corps, c'est ce corps lui-même que nous aspirons par la bouche et le nez, que nous possédons d'un seul coup, comme sa substance la plus secrète, et pour tout dire sa nature. L'odeur en moi, c'est la fusion du corps de l'autre à mon corps.

Après les préliminaires de la séduction s'installe l'excitation érotique. On ne peut forcer l'odorat comme le mental, et Victoria ne se cache pas de l'excitation aphrodisiaque ressentie lors de ces échanges de baisers : « On s'est embrassés encore et encore, c'était l'extase », écrit-elle à son Premier ministre sans aucune pudeur. Au plus fort de leur transport amoureux, les amants royaux ont aimé profondément se sentir et se goûter par les lèvres. Aujourd'hui, on pourrait analyser cette anecdote historique racontée par la reine Victoria elle-même en disant que l'odorat, sens chimique par excellence, les avait reliés entre eux, développant de la dopamine. Cette molécule biochimique permet la communication au sein du système nerveux, activant le circuit de la récompense, qui procure cette forte envie d'y revenir. Le rapprochement des chairs oublie alors le parfum civilisé, racolant des odeurs vraies, authentiques, afin de combler les instincts réveillés.

Dans la chambre royale, l'entente sexuelle va être immédiate, toujours à en croire les écrits de la jeune reine. « Nous n'avons pas beaucoup fermé l'œil de la nuit », « Nuit tout à fait délicieuse », écrit-elle dans son journal. Loin d'être prude, fascinée par l'art érotique, la jeune reine est plutôt très sensuelle, et surtout exigeante, voire insatiable. Victoria l'exprime sans ambiguïté : cette passion physique magnifie sa vie. Gourmande, elle souhaite une vie sexuelle très active et épanouie auprès de son mari, qui, sous ses airs effacés, cachait bien son jeu.

En effet, depuis l'enfance, Albert se réfugie dans la rêverie et la réflexion intellectuelle. Il ne regarde pas les femmes, au point d'arriver vierge au mariage, ce qui fut loin d'être un handicap. Il s'est construit en opposition à son père, incorrigible coureur de jupons, au point que sa mère prit un amant pour se venger des infidélités de son mari, qui, en retour, la chassa du foyer familial. Albert a alors sept ans et ne reverra plus sa mère. De ce traumatisme de l'enfance, il se releva en devenant un excellent amant pour sa femme, sachant entretenir ses aptitudes avec talent. Les époux royaux avaient agrémenté leur chambre de statues de nus, qu'ils s'offraient mutuellement, afin de pimenter l'érotisme de leurs relations, et ils avaient même concocté un dispositif spécial permettant de clore la porte de leur chambre à clé sans sortir du lit, afin de faire l'amour sans risquer d'être dérangés par des domestiques.

Autant Victoria aime faire l'amour avec Albert, ce qu'elle considère comme un « avant-goût de paradis », autant elle en redoute les conséquences, à savoir ses neuf grossesses rapprochées, qu'elle compare à des « ennemis personnels ». Dès qu'elle est enceinte, elle sombre dans des épisodes dépressifs. Cette « cruelle épreuve » est un obstacle à sa liberté de femme, qui lui fait conclure que « notre sexe n'est vraiment pas enviable ». Progressivement, Albert convertit au bonheur familial celle qui préfère être sa maîtresse. Ils dorment très bourgeoisement dans la même chambre. Victoria se parfumait avant de le rejoindre au lit, mais uniquement sur le tissu de sa chemise de nuit, jamais sur sa peau ou les cheveux, comme seules les courtisanes le faisaient. Elle aimait les petits plaisirs d'une intimité partagée. Elle le regardait se raser, lui l'aidait à enfiler ses bas.

Le couple royal invente et incarne un nouveau modèle familial, fidèle et vertueux, qui va être adopté par toutes les familles bourgeoises d'Europe. Victoria et Albert ont neuf enfants en quinze ans, offrant là au peuple britannique l'image parfaite du bonheur conjugal. Si Albert est plutôt austère et rigoureux, Victoria n'hésite pas à aller à la rencontre de ses sujets dans tout le royaume. Elle lance des *garden parties* et organise régulièrement des bals de valse anglaise. C'est une reine heureuse et comblée, qui partage son amour pour l'art avec son époux. Ils forment un duo uni et populaire, dont la grande notoriété se mesure lors de l'inauguration de l'Exposition universelle, au Crystal Palace, en 1851. Victoria confère à Albert le titre de prince consort, et ce dernier joue auprès d'elle un rôle de conseiller. Ensemble, ils souhaitent dévoiler aux yeux du monde entier la grandeur de la Grande-Bretagne, en pleine seconde révolution industrielle. L'époque victorienne rayonne à travers toute l'Europe, instaurant ses valeurs de richesse et de prospérité pour les uns, sur fond de pauvreté et de misère pour les autres, mais aussi et surtout de bonne moralité pour tous, laquelle commence par la propreté du corps.

Depuis le XVIIIe siècle, les Anglais ont découvert les bienfaits de l'hygiène et transforment, au XIXe siècle, la toilette rudimentaire en véritable plaisir. Ils créent un mobilier de bain fonctionnel, dont le *tub*, importé en France vers 1880. Il s'agit d'un large récipient en zinc que l'on remplit d'eau froide et où l'on se frotte avec du savon, avant de se rincer à l'eau chaude agrémentée de vinaigre de toilette[7]. À la sortie du bain vient le moment de la friction à l'eau de Cologne pour dynamiser l'organisme, que la maison anglaise Yardley fournit au palais royal depuis 1770.

À l'époque victorienne, le savon anglais est alors le meilleur au monde, réputé pour sa douceur et son parfum. Les graisses y sont plus onctueuses, aussi sa découpe et son estampillage exigent-ils moins de main-d'œuvre, ce qui lui permet d'être vendu à meilleur marché[8]. Face à ces excellents produits, seuls les savons français Roger & Gallet parviennent à rivaliser et à s'attirer les faveurs de la reine Victoria. Ils possèdent trois secrets : matières premières les plus fines, essences les plus naturelles (avec une base 100 % végétale, riche en huiles essentielles), méthode de fabrication authentique au chaudron. Parfumés jusqu'au cœur, ils se distinguent aussi par leur douceur sur la peau, ainsi que par leur forme ronde, adoptée en 1879 pour le savon parfumé à la violette. Ceux à la lavande, à la rose, au thé, au bois de santal, au jasmin, à la jacinthe, au lilas, à l'ylang-ylang ou à l'œillet sont également appréciés outre-Manche pour leur présentation raffinée « à la française », avec l'estampille marquée du sceau de la maison, leur enveloppe de papier de soie « plissé soleil », la bague aux couleurs de la fragrance pour les dix senteurs des savons ronds en 1900. Adoptant l'art du bain « à l'anglaise », Roger & Gallet fabriquent des « petits pots de sels anglais », nommés aussi *smelling salts* (1880), des poudres de talc parfumées (1904) et une ligne de savons pour la barbe, ou *shaving sticks*, qui témoignent non seulement de l'adaptation au marché anglais, mais aussi de l'influence de ce marché sur la production de la maison française.

Au XVIIIe siècle, les barbiers avaient donné à la parfumerie anglaise ses lettres de noblesse, en créant des fragrances discrètes et soutenues. Ce sont eux qui ont imprimé le style olfactif de la production britannique : frais, tonique, léger mais persistant. Le premier parfumeur à venir s'établir à Londres en 1730 est un jeune Espagnol de Minorque : Juan Famenias Floris. Il s'installe dans l'arrière-boutique d'un barbier à Londres, dans le quartier huppé de St James's. Marqué par son séjour en France, à Montpellier, à l'époque où la ville était en passe de devenir la capitale de la parfumerie, Juan commence à créer des parfums divers pour sa clientèle. Les senteurs qu'il imagine sont fraîches : eaux de jasmin, d'orange douce, et la fameuse *Lavender.* Il transmet ensuite sa vocation de parfumeur à ses enfants, qui ont perpétué la tradition.

Au XIXe siècle, son catalogue se compose d'un ensemble de soixante-quinze senteurs qui le consacre « parfumeur du Londres élégant ». Près de trois siècles après son établissement à Londres, la maison Floris est l'une des plus célèbres marques de parfum au monde et demeure la marque chérie par la famille royale, parfumeur officiel en son temps de la reine Élisabeth II. La boutique « Floris » se trouve toujours dans Jermyn Street, n° 89, où il se murmure que le parfum favori de la reine fut *White Rose*, parce que les roses blanches étaient ses fleurs préférées.

Hormis la lavande et la menthe, la Grande-Bretagne ne produit pas de matières premières, mais peut se les procurer de façon avantageuse grâce à son vaste empire colonial. Elle possède une industrie importante, car ses relations commerciales lui offrent de multiples débouchés. Les parfumeurs anglais exportent principalement au Canada, au Cap, aux Indes, en Chine, en Australie et dans tous les pays « où flotte l'étendard britannique [9] ». De 1790 à 1830, ils dominent le marché international. Ils profitent notamment des troubles liés à la Révolution en France. D'ailleurs, l'aristocratie française émigrée en Angleterre constitue pour eux une clientèle non négligeable. Vers 1860, Londres compte environ soixante parfumeurs, dont quelques-uns ne font que du savon de toilette, et leurs qualités sont unanimement louées. Le parfumeur Eugène Rimmel écrit dans son catalogue [10] :

> La parfumerie anglaise a atteint un degré de perfectionnement qui la place au-dessus de toutes les autres ; seule elle a gardé le secret de ces parfums délicieux qui rappellent les suaves brises du printemps, de ces savons à la mousse onctueuse et abondante, et de ces merveilleux cosmétiques à l'aide desquels les belles insulaires conservent si longtemps

leur fraîcheur renommée. Ainsi obtient-elle la préférence parmi les sommités de l'élégance et du bon ton.

Ce parfumeur franco-anglais, membre de la Royal Society of Arts de Londres, de la Société des Lettres, Sciences et Arts des Alpes-Maritimes, de la Royal Horticultural Society de Londres et de la Société d'Horticulture de Nice, a une succursale à Londres et tient un magasin à Paris, au 9, boulevard des Capucines. Il possède également des magasins à Florence, Rome, La Haye, Amsterdam, Liège et Anvers, où il pratique les ventes au détail, en gros et à l'exportation pour une clientèle fortunée.

La réputation de femme austère de Victoria – ce qu'elle n'était pas dans sa jeunesse – lui colle à la peau à partir de son veuvage et va qualifier la période victorienne de siècle pudibond, empreint de morale religieuse. En effet, certaines anecdotes largement relayées ont contribué à forger la légende d'une reine sérieuse, notamment la phrase « *The Queen is not amused* », alors que les témoignages de ses contemporains dressaient le portrait d'une jeune femme rieuse, pleine de vie et d'esprit. Elle fut hédoniste, enjouée, épicurienne, féminine, coquette, bien que pas très belle, petite et lourde, adorant dans sa jeunesse la danse, les fêtes, les concerts. Elle fut la première reine d'Angleterre à porter des robes de couleur vive, afin d'être vue de tous ses sujets quand elle apparaissait en public.

Mais, à la mort du prince Albert, le 14 décembre 1861, la reine, toujours plus boulotte, sombra dans une profonde mélancolie. Elle fut anéantie, inconsolable, insomniaque, passant des nuits à pleurer. Elle écrivit dans son journal :

> Jamais je ne pourrai oublier la beauté de mon chéri alors qu'il gisait là avec son visage éclairé par le soleil levant, ses yeux

brillants fixant l'invisible mais ne me voyant pas. Je me suis levée, j'ai embrassé son front et ai poussé un cri désespéré : « Oh mon cher amour ! » Je suis ensuite tombée à genoux, pétrifiée, incapable d'émettre une syllabe ou de verser une larme.

Elle ne voulut pas se séparer de la dépouille d'Albert et demanda que tout reste en l'état. Chaque matin, le valet de chambre disposait les vêtements, préparait la salle de bains en apportant l'eau chaude. Victoria parlait au buste d'Albert et fit installer des statues de lui partout. Jusqu'à sa mort en 1901, elle dort avec le portrait de son mari et fait graver la date de la première et de la dernière nuit d'amour avec lui sur le lit.

Cette phase dépressive va durer quatre ans, durant lesquels Victoria ne s'occupe plus des affaires d'État. Elle ne peut plus marcher, on la porte dans une chaise. Elle envisage d'abdiquer et disparaît de toutes les manifestations, ce qui entraîne une grave baisse de popularité. Elle devient pudibonde et puritaine, tourmentée davantage encore dans sa sensualité. Elle n'est plus vêtue que de noir. Son peuple, qui l'a tant aimée, se met à la détester, du fait de son isolement volontaire. Pire encore, elle impose ce deuil interminable à son entourage et à l'empire.

Elle interdit alors à toutes les femmes de porter le moindre maquillage qu'elle considérait comme un manque de politesse à l'exception des comédiennes, qui ont un statut particulier de par leur métier. Une Anglaise surprise avec du rouge à lèvres est considérée comme une dame de petite vertu. Les femmes sont seulement autorisées à blanchir leur teint avec de la pommade de céruse, soit un mélange de vinaigre et de plomb. Prudes comme la reine, elles ne portent plus qu'un soupçon d'eau de Cologne.

La société victorienne paraît de plus en plus lassée de la rigueur morale que le deuil de la reine a imposée aux mœurs et au climat social. Certains trouvent un exutoire dans la fréquentation des prostituées, dont le commerce se développe – ou renaît ! Toléré, il n'en contient pas moins des germes de scandale, de chantage, de compromissions de tous ordres, contribuant à détruire la façade déjà bien ébranlée de la société victorienne. La reine ne sert plus d'exemple. Reste la sacralisation de la femme mariée, indifférente – sinon hostile – aux rapports sexuels. Comme l'écrit Jacques de Langlade :

> Cette distance entre mari et femme, l'une respectable et respectée, l'autre frustré et impatient, fait apparaître la prostitution comme un moyen de libérer des pulsions refrénées par des conventions de plus en plus pesantes, mais aussi comme un fléau du monde victorien [11].

La parfumerie est alors conforme à la société de l'époque, éprise d'hygiène et convaincue des théories des physiologistes.

> Le talent chez la femme de goût ne consiste pas seulement à savoir choisir les parfums les plus fins ; il consiste surtout à savoir user de celui qui amplifie, sans le dénaturer en aucune façon, le parfum naturel qui lui est propre [12].

Il est donc recommandé aux femmes de ne point abuser des parfums. Toute débauche olfactive pourrait s'apparenter, dans la morale victorienne, à du narcissisme corporel, qui serait malséant pour une femme dont le rôle social se résume à mettre au monde et élever ses enfants, afin de perpétuer la famille et donc la possibilité de transmettre la fortune. Le corps est désormais perçu comme un temple abritant une âme pure et innocente, qui ne doit être souillé ni par l'abus du maquillage ni par les plaisirs de la chair auxquels pourrait conduire un excès de parfum. Dans ce même esprit, il est encore rare, hormis l'eau de Cologne ou l'eau de toilette, que le parfum soit en contact direct avec le corps. En général, la femme parfume son mouchoir – les « parfums pour le mouchoir » seront en vogue jusqu'à la fin du siècle. « Placez le mouchoir dans un élégant porte-mouchoir [...] dans le couvercle de cette jolie et indispensable superfluité, vous introduisez, sous un satin piqué, de très douces odeurs qui formeront une atmosphère tout justement perceptible à des nerfs olfactifs bien exercés et d'une haute civilisation ; et ces odeurs délicates jointes à la fraîcheur d'un linge uni et fin rendront l'application d'un mouchoir sur le visage un plaisir parfait [13] », recommande Lady Morgan à ses contemporaines, qui peuvent aussi porter des rubans parfumés ou des sachets d'odeur sous le gousset, parfumer leur linge de corps ou utiliser des crèmes ou poudres aux senteurs délicates. La reine Victoria parfumait ses gants avec de l'huile de rose pour sentir bon toute la journée.

La société du XIXe siècle affiche un puritanisme qui craint avant tout l'osmose entre la peau et le parfum. Ce dernier sert juste à sentir bon, à se protéger de la maladie. Pour cela, il doit être composé d'odeurs proches de celles répandues dans la nature. L'Angleterre victorienne ne plaisante pas avec la morale et défend l'image de la femme vertueuse et sacrificielle. Et la reine Victoria incarne ce qui doit être l'« idéal féminin ».

Et puis, un jour, Victoria remarque un beau palefrenier écossais, du nom de John Brown. Il est roux comme un Écossais, grand et musclé, la barbe hirsute, mais dévoué et au grand cœur. La vie retrouve alors pour elle de la saveur. C'est une véritable résurrection pour la reine ! Cette rencontre n'était pas fortuite, mais avait été organisée par sa fille

Béatrice et par son médecin. Il était notoire que Victoria aimait les beaux hommes et ne boudait pas son plaisir de passer les militaires en revue. Ils décident donc de faire venir auprès d'elle cet ancien valet d'Albert, à la belle stature musclée et portant si bien le kilt, avec qui elle va pouvoir à la fois évoquer le souvenir de son défunt époux et le pleurer. Peu à peu, la femme est en train de revivre. John Brown est le deuxième homme de sa vie. Il lui redonne le goût de vivre, l'accompagne partout, portant sa cape. Elle apprécie sa compagnie, aime son franc-parler et l'appelle « Johnny », ou encore « chéri » dans ses lettres privées.

Il lui apprend le gaélique, les légendes écossaises. Les caricatures la surnomment « Miss Brown ». Mais elle n'en a rien à faire, car « Brown est ce qui me reste d'Albert », dit-elle, voyant en lui la réincarnation de son mari défunt. Après dix ans de retraite choisie, ragaillardie par l'amour, Victoria décide de revenir peu à peu vers son peuple et prend le titre d'impératrice des Indes, le 1er mai 1876. Elle règne désormais sur un quart de la population mondiale, incarnant une figure matriarcale bienveillante ! L'Inde, berceau des parfums, devient sa passion première, d'autant plus qu'à la mort de Brown entre dans sa vie Abdul Karim, connu comme le *Munshi* (« secrétaire »). Il a vingt-quatre ans et elle soixante-huit. Il fut son serviteur indien, son secrétaire particulier, durant les quinze dernières années de son règne. Victoria s'intéresse à sa culture, mais aussi à sa nourriture, désirant même chaque matin manger un curry. Elle reprend goût aussi aux parfums.

Peu avant 1890, Victoria nomme William Henry Penhaligon barbier et parfumeur de la cour royale. Né à Penzance, sur la côte sud-est de l'Angleterre, William Henry Penhaligon s'installe comme barbier à Londres en 1869, puis ouvre un salon de coiffure en 1870, Penhaligon's & Jeavons, réputé pour ses *after-shaves* raffinés au parfum de lavande. Son salon, fréquenté par des *gentlemen* de la bourgeoisie londonienne, comme les Rothschild, est situé dans le quartier de St James's, sur Jermyn Street, non loin des bains turcs. Ayant remarqué que les bains de vapeur soufrée laissaient une odeur désagréable sur la peau, Penhaligon invente en 1872 *Hammam Bouquet*. À partir de 1902, son fils Walter reprend la maison et ouvre une autre boutique sur St James's Street. La même année est créé *Blenheim Bouquet*, à base de rose, de jasmin et de santal, spécialement conçu pour le duc de Marlborough, mais qui devient le parfum préféré d'un autre membre de cette même famille : Winston Churchill. Les descendants de Walter Penhaligon reçurent aussi un mandat royal de la reine.

Autres fournisseurs attitrés de Victoria : le parfumeur Creed et la maison Crown, qui est l'une des premières enseignes de parfumerie anglaises que la reine autorise à utiliser la couronne royale comme symbole de l'excellence de ses produits.

La reine Victoria, qui chercha à améliorer les relations entre la Grande-Bretagne et la France, va inspirer les parfumeurs français et se fournit aussi chez eux. Dès 1855, Édouard Pinaud proposa un savon spécialement conçu pour elle. La maison E. Coudray, par exemple, créa pour elle le parfum *Queen Victoria Perfume*, ainsi qu'un savon au suc de laitue. Et, puisque la reine aimait parfumer ses gants et ses mouchoirs de dentelle à l'eau de rose, Guerlain imagina le parfum *Bouquet de la Reine Victoria* et l'extrait d'odeur pour le mouchoir du même nom [14], lors de sa visite officielle à Paris, en 1855. Guerlain contribua même à l'érection du fameux arc de la rue de la Paix, sous lequel passa la reine à son arrivée, le 18 août. Lorsque Victoria devient impératrice des Indes, le parfumeur français lui dédie son *Bouquet de l'Impératrice*.

Toutefois, la reine Victoria reste plus que tout attachée aux parfums de la maison Roger & Gallet, qui figure alors parmi les plus puissantes parfumeries au monde, particulièrement à leur ligne « Violette de Parme », qui obtient le Grand Prix du jury lors de l'Exposition universelle de Paris, en 1889. Parmi toutes les odeurs de fleurs, celle de la violette est très prisée par les femmes. Cette vogue s'amplifie encore suite à la découverte, en 1893, par les savants allemands Tiemann et Krüger, de l'ionone, à partir du citral extrait de l'huile essentielle de lemon-grass. Cette nouvelle note de synthèse possède une chaude odeur de violette et d'iris. Roger & Gallet possède alors l'exclusivité de l'ionone auprès de la société de Laire, « Fabrique de produits de chimie organique », moyennant l'achat de quantités minimum annuelles. Leur parfumeur, Henri Roger, crée en 1894 la ligne « Vera Violetta », qui fait aussi fureur. En 1910, ce seront cinq lignes de parfums à la violette qui coexistent chez Roger & Gallet : *Violette de Parme* (créée en 1880), *Violette ambrée* (1890), *Vera Violetta* (1892), *Violette merveilleuse* (1905) et *Violette Rubra* (1910). La maison Roger & Gallet n'ose cependant avouer l'emploi de substances chimiques à la place des violettes, et explique « qu'elle a su se débarrasser de l'odeur de gras qui altérait l'odeur du parfum en ne les [violettes] employant pas, pouvant reproduire le parfum de la violette dans toute sa pureté, dans toute sa vérité [15] ». Cet engouement pour la violette s'accompagne d'ailleurs du goût pour la couleur mauve dans l'habillement, à la même époque. En 1897, à l'occasion des soixante ans du règne de Victoria, la maison Roger & Gallet édite le savon *Violette du jubilé* [16].

Lors d'un voyage officiel en France, du 25 mars au 28 avril 1891, Victoria visite Grasse, la ville des parfums. La Côte d'Azur est alors un haut lieu de villégiature hivernale pour plus de vingt mille citoyens britanniques. En souvenir de sa visite, la reine fait don à l'église anglicane Saint John d'un vitrail représentant saint Georges, saint Jean-Baptiste et saint Jean l'Évangéliste, ainsi que les armes royales, la devise du Royaume-Uni et son sceau personnel. Le temps est on ne peut plus beau, et la souveraine se promène en landau dans la région, entre visites privées et cérémonies officielles. Léon Chiris, député des Alpes-Maritimes et parfumeur, la reçoit à dîner à son domicile, le château Saint-Georges, après la visite qu'elle fait dans ses usines. Le 25 avril 1891, le magazine *London News* fait la une avec cette rencontre mémorable. On y lit et on y voit la reine Victoria devant l'usine et la visite guidée du sénateur dans la salle de distillation.

C'est aussi à cette occasion que la reine découvre les jardins d'Alice de Rothschild dans sa Villa Victoria, suivant un chemin carrossable de trois kilomètres. Celle-ci y a appliqué les principes du jardin à l'anglaise, laissant les nombreux oliviers déjà en place et développant une impressionnante collection de plantes exotiques. Victoria peut ainsi découvrir des palmiers, des cactus et aloès, des bois de citronniers et d'orangers, des mimosas, et des milliers de ses chères violettes de Parme plantées à l'ombre des oliviers.

Peu à peu, sa santé se dégrade, tous les problèmes étant liés à la vieillesse. La vigueur de sa jeunesse fait place à de l'arthrose en fin de vie, empêchant tout déplacement, d'autant que son obésité empire dans un cercle vicieux, entraînant faiblesse musculaire et trouble de l'équilibre. On ne la voit plus qu'en chaise roulante. Pour soulager ses douleurs rhumatismales, la reine Victoria prenait de la marijuana, importée d'Inde et prescrite par le médecin de la cour. Elle prenait aussi de l'opium sous forme de laudanum, très prescrit alors en Grande-Bretagne, et présent dans les pharmacies pour faire dormir les bébés. Elle aura d'ailleurs plus tard conscience des effets délétères de l'opium et luttera pour que la prescription soit régulée dans le royaume.

En 1901, pendant les vacances de printemps qu'elle passa en Écosse, elle fut affligée par la fatigue et par des problèmes de digestion. Son état de santé empira en septembre : elle perdait du poids et n'arrivait plus à dormir. Malgré tout, elle se rendit à Balmoral en octobre et à Windsor en novembre, pour y inspecter la garde et les troupes canadiennes. Le 9 décembre, la reine Victoria écrivit : « Je ne me sentais pas bien, même s'ils ont dit que j'allais mieux. » Elle insista quand même pour assister à l'Exposition des industries irlandaises, tenue à Windsor le 12 décembre. Ce sera sa dernière apparition en public. Elle quitta ensuite Windsor pour se rendre à Osborne et y célébrer Noël.

Le premier de l'an, la reine Victoria, accompagnée de son fils le duc de Connaught, alla visiter les soldats convalescents à Whippingham Church. Le jour suivant, elle reçut Lord Roberts. Le mercredi 16 janvier, la reine Victoria sortit pour faire une promenade sur la pelouse d'Osborne House. Ce fut sa dernière. Peu après, le docteur Reid informa officiellement le public que la reine était malade. Le jour suivant, elle éprouvait des difficultés à parler et était confuse. Randall Davidson, l'évêque de Winchester, fut appelé pour prier à son chevet. Le samedi 19, presque toute sa famille était présente à Osborne : ses fils, le prince de Galles et le duc de Connaught, ses filles, Helena, Louise et Béatrice, et son petit-fils, l'empereur Guillaume II. Le mardi 22 janvier, à 11 heures, son petit-fils, le prince Alexandre de Battenberg, lui parla et elle le reconnut, mais, à 14 h 30, elle entrait en agonie, frappée de paralysie depuis cinq jours et ne pouvant plus parler. Sa famille se rassembla autour de son lit. L'empereur Guillaume II la berça dans ses bras pendant près de trois heures. À 17 heures, elle murmura le nom de ses enfants, « Bertie », « Lenchen », « Louise », « Arthur », « Beatrice ». Elle mourut juste après 18 h 30.

Dans ses dernières volontés, Victoria demande qu'aucune reine ne porte le nom de Victoria. Elle est inhumée dans le mausolée du grand parc de Windsor, qu'elle avait elle-même fait construire pour abriter le cercueil de son cher Albert. Selon son souhait, elle fut habillée d'une robe blanche et d'un voile de mariée, afin d'avancer vers l'éternité encore vibrante de la révélation que fut pour elle sa nuit de noces et qu'elle exprima en termes passionnés dans son journal :

> JAMAIS, JAMAIS, je n'oublierai une telle soirée !!! MON TRÈS, TRÈS CHER Albert... sa passion et son affection excessives m'ont offert des sensations d'amour et de bonheur divins que je n'aurais jamais espéré ressentir auparavant ! Il m'a serrée dans ses bras et nous nous sommes embrassés encore et encore ! Sa beauté, sa douceur et sa gentillesse ; vraiment comment pourrais-je jamais être reconnaissante d'avoir un tel mari ! [...] d'être appelée par des noms de tendresse que je n'avais encore jamais entendus auparavant ; le bonheur était incroyable ! Oh ! Ce fut le plus beau jour de ma vie !

À sa demande furent placés dans son cercueil, d'un côté, un des peignoirs d'Albert et, de l'autre, cachées au regard de la famille par un bouquet de fleurs, une mèche de cheveux et une photographie de John Brown, son fidèle serviteur écossais à qui elle fut attachée de manière ambiguë. Domestique rugueux mais dévoué, ou amant loyal ? Victoria garde pour elle à jamais ce secret.

Derrière les fleurs d'oranger et de myrte se cache toujours le cœur d'une femme, ne pouvant ignorer amour et passion, même en étant reine !

Sissi, *L'impératrice Elisabeth d'Autriche aux cheveux défaits*
Huile sur toile de Franz Xaver Winterhalter, 1864
Musée d'Histoire de l'art de Vienne.
Photo : Collection particulière.

XIV

Le mystérieux sillage de Sissi

Reconnue comme étant la plus belle femme d'Europe, Élisabeth Amélie Eugénie de Wittelsbach est née le dimanche 24 décembre 1837. Les fées s'étaient penchées sur son berceau, tant elle sembla douée pour un destin extraordinaire, si l'on en croit les signes qui entourent sa naissance. Le nourrisson a déjà deux dents, tout comme Napoléon et Louis XIV, et on prédit aux enfants du dimanche beauté et prospérité. Ses parents, le duc Maximilien en Bavière, de la branche cadette des Wittelsbach, et la duchesse Ludovica, fille du roi de Bavière Maximilien Ier, considéraient leur enfant comme un être de paix et de lumière. Ils la surnommaient Sissi.

Entre Munich et Possenhofen, sa résidence d'été, le couple ducal mène une existence très libre et anticonformiste, aimant peu les mondanités et privilégiant la vie de famille. Dans un style « bourgeois bohème » avant l'heure, ils élèvent Sissi au milieu de sept autres frères et sœurs. Une éducation au contact de la nature et des animaux, si bien que Ludovica avoua que sa fille s'était « empaysannée », notamment au regard de ses sœurs promises à de prestigieux mariages.

Sissi, comme ses frères et sœurs, passe la majeure partie de ses journées au grand air, particulièrement l'été, où les excursions en montagne sont fréquentes. Sa mère veille toutefois autant que possible à ce qu'elle reçoive une éducation digne de son rang : leçons de danse, de maintien, de musique et de dessin, sans oublier la lecture, l'écriture et l'étude des langues étrangères. Sissi est une piètre musicienne, massacrant tous les morceaux qu'elle interprète. En revanche, elle possède un joli coup de crayon et montre aussi un certain talent pour la poésie. Très jeune, elle exprime sa sensibilité exacerbée, son spleen, autrement dit cette mélancolie si caractéristique des Wittelsbach, dans des poèmes sombres qu'elle écrit dans son cahier intime, son seul confident. Rêveuse, passionnée, elle aime les poèmes romantiques, notamment ceux d'Heinrich Heine. Sa pièce de prédilection est la comédie de Shakespeare *Le Songe d'une nuit d'été,* dont elle récite des extraits entiers. Parmi ses préférés :

> Dors, et je vais t'enlacer de mes bras…
> Ainsi la clématite
> Enlace le chèvrefeuille embaumé,
> Ainsi le lierre femelle fait des anneaux aux doigts d'écorce des ormes [1].

Spontanée, espiègle, fougueuse et rebelle, Sissi charme son entourage et séduit son cousin, le jeune empereur François-Joseph d'Autriche, à qui sa sœur aînée Hélène était pourtant promise. Le cœur ayant ses raisons que la raison d'État ne peut ignorer, Élisabeth épouse en 1854, à seize ans, son cousin – par amour, mais sans avoir choisi ce destin d'impératrice. Elle murmure, triste et émue à la fois : « Si seulement il n'était pas empereur… »

Cependant, sous la bluette sentimentale se cache une réalité historique moins romantique, celle d'un amour contrarié au nom de la raison d'État. À l'âge de quatorze ans, Élisabeth tombe follement amoureuse d'un écuyer de son père et s'entiche de vouloir l'épouser. Sa mère, Ludovica, s'y oppose farouchement, car ce serait un mariage en dessous de sa condition : l'heureux élu n'est qu'un simple comte. L'histoire aurait pu en rester là, mais la tragédie s'en mêle, car le jeune homme meurt de tuberculose. Sissi plonge dans une tristesse infinie, un profond chagrin exacerbé par son âme romantique. Elle écrit des poèmes mélancoliques, apprivoisant la mort comme une compagne inaliénable.

Sa mère décide de lui changer les idées et de la sortir de ce spleen mortifère en lui proposant de l'accompagner en voyage durant l'été 1853 à Bad Ischl, en Autriche. Officiellement, il s'agit de se rendre à l'anniversaire de leur cousin François-Joseph Ier d'Autriche, qui fête ses vingt-trois ans. Officieusement, la raison est de présenter Hélène, la sœur aînée de Sissi, au jeune et fringant empereur en quête d'une épouse. Après deux propositions d'union infructueuses avec les héritières des royaumes de Prusse et de Saxe, la famille impériale autrichienne se tourne vers la Bavière, troisième royaume le plus puissant de la région. Or rien ne se passe comme prévu. Pendant le dîner de rencontre, François-Joseph tombe fou amoureux de Sissi. « Elle est fraîche comme une amande. Cette magnifique couronne de cheveux autour de son visage, la douceur de son regard… Et ses lèvres, comme les plus belles fraises ! » déclare-t-il passionnément. Trois jours plus tard, François-Joseph demande sa main, bouleversant ainsi les projets matrimoniaux de Ludovica et de la famille impériale.

Dès son arrivée à la cour d'Autriche, Sissi est adulée et appelée la « rose de Bavière ». L'empereur s'amuse de son naturel, de sa jeunesse et sa fantaisie. Mais, le jour de son mariage, Sissi voit que son idylle se transforme en cauchemar.

Elle est trop jeune et, surtout, elle n'est pas préparée à quitter sa vie en Bavière pour une existence en perpétuelle représentation, régie par une étiquette et tout le décorum de la cour viennoise. Sissi a pour première dame d'honneur la terrible comtesse Esterházy-Liechtenstein, qui épie le moindre de ses gestes et la réprimande à la manière d'un cerbère de salon. Elle souffre aussi et surtout de la surveillance permanente de sa belle-mère, l'archiduchesse Sophie, et ne se pliera jamais à l'étiquette que cette dernière tente de lui inculquer. L'archiduchesse critique son manque d'expérience et d'assurance, la jugeant immature et impertinente, la traitant de petite sotte mal dégrossie. Élisabeth deviendra pourtant une femme lettrée, parlant couramment l'anglais, le français, le hongrois, et maîtrisant le grec ancien et moderne.

Peu de temps après son arrivée à Vienne, le cadre trop strict dans lequel elle doit désormais vivre, les brimades et ingérences autoritaires de sa belle-mère deviennent la cause de son profond mal-être, de ses états d'âme, de cette mélancolie qui ne la quitte pas. À la cour de Vienne, les nobles ne comprennent pas la personnalité et l'attitude de la jeune impératrice, qu'ils tournent en dérision et dont ils se moquent comme d'une capricieuse fuyant ses responsabilités. Rapidement, elle est autant détestée à Vienne qu'adulée dans le reste de l'empire, et en particulier en Hongrie. Ce qu'elle ressent comme une privation de liberté va plonger Sissi dans une profonde dépression, aggravée par la mort de sa première fille, la petite Sophie, en 1857.

Son pire ennemi porte un nom : le protocole. À chacun de ses déplacements, la jeune impératrice est l'objet d'un intérêt immense. Les foules se pressent sur ses pas. On admire la perfection de ses traits et son regard magnétique. Sissi souffre de se sentir comme une bête curieuse et ne quitte pas ses accessoires fétiches : un éventail, pour dissimuler son visage, et une paire de gants, pour se protéger du contact des autres.

Il faut reconnaître que la silhouette de l'impératrice est exceptionnelle pour son époque : un mètre soixante-douze pour cinquante kilos, avec une taille de guêpe de moins de cinquante-cinq centimètres. Une beauté moderne qui attire les regards, mais qui cache un drame secret, que l'on nommera par la suite « syndrome de Sissi » : une dépression au long cours se manifestant principalement par un rapport conflictuel, obsessionnel et pathologique avec son corps.

À la lecture des poèmes que Sissi écrivit en cachette pendant trente-neuf ans jusqu'au suicide de son fils Rodolphe à Mayerling, on comprend mieux comment son psychisme hypersensible a pu être à ce point ébranlé. Ces poèmes de l'impératrice d'Autriche ne seront publiés que vingt-quatre ans après la date prévue sous le nom de Titania, pseudonyme qu'elle s'était choisie, emprunté à l'un des personnages du *Songe d'une nuit d'été* de Shakespeare, celui de la reine des fées victime d'un mauvais sort qui la fait tomber amoureuse d'un âne.

Ce choix n'avait pas été fait au hasard ! L'impératrice d'Autriche se dévoile sans filtre ni censure dans ses carnets, où elle expose sa vie privée jusqu'aux tréfonds de son intimité, à commencer par le récit de sa nuit de noces avec François-Joseph, qui s'apparente ni plus ni moins à un viol arrangé. La lourde étiquette qui règle la cour de Vienne impose que celle-ci se déroule en public. Ce que Sissi refuse catégoriquement, avec toute l'énergie et la pudeur de ses seize ans, résistant ainsi à sa belle-mère, qui prépare elle-même la jeune vierge pour cette nuit de dépucelage. Bien que Sissi se soit résignée à ce mariage et qu'elle apprenne à aimer François-Joseph, la nuit de noces se passe très mal. Comme une biche apeurée, elle résiste aux assauts de son mari habitué aux « comtesses hygiéniques » choisies par sa mère. Elle se refuse à lui, puis, de guerre lasse, finit par consentir. Mais le pire arrive le lendemain, quand sa belle-mère lui remet des caisses de pièces d'or pour la remercier du don de sa virginité. Toute sa vie, Sissi aura le goût amer d'avoir été victime d'une forme de prostitution. De cette nuit de noces, elle ne se remettra jamais, comme en témoigne tragiquement un de ses poèmes, rédigé pourtant trente et un ans après :

> Mon cœur était de pur cristal, / Ton aiguille un diamant ; / Ce qu'elle y a gravé pour mon supplice / Mieux vaut ne pas le nommer. / Tous deux, nous essayons de l'effacer / Mais cela ne veut pas s'en aller… / Passer l'éponge ! est souvent utile / Mais reste ici sans effet.

À cela s'ajoute le traumatisme de ses accouchements rapprochés – trois enfants en quatre ans –, qui la font vivre dans la crainte perpétuelle d'une nouvelle grossesse. Sissi s'inhibe sexuellement, ce qui brise peu à peu l'équilibre du couple impérial. François-Joseph est un homme vigoureux, qui a été habitué aux conquêtes faciles et expérimentées. Après seulement quelques années de mariage, il trompe sa femme, qui ne consent pas à lui donner ce plaisir physique qu'il attend. Lorsque Sissi apprend cette incartade, elle est d'abord plus vexée que jalouse. Mais surtout, elle souffre de voir François-Joseph s'éloigner d'elle, multiplier les aventures, dont la cour aux aguets se fait le prompt relais. Ces commérages aggravent la maladie d'Élisabeth, qui dépérit et devient de plus en plus chétive, souffrant probablement d'anorexie mentale, des symptômes qui s'accompagnent souvent d'un rejet de toute plénitude corporelle et, avant tout, de la sexualité.

Sissi se sent abandonnée, perd davantage confiance en elle. Elle répugne à la vie conjugale, à laquelle elle ne croit plus. Elle se résignera ensuite à accepter un ménage à trois avec l'actrice viennoise Katharina Schratt, qui fait vibrer François-Joseph. Ce dernier lui demande la « permission » de faire de cette actrice sa maîtresse, ce que Sissi accepte avec pragmatisme. D'ailleurs, elle avoue dans un poème : « Pour moi ni amour ni vin, / L'un fait mal, l'autre fait vomir. »

Sa grande beauté, si particulière pour l'époque et en partie conséquence de ce mal qui la ronge, Sissi en est consciente. On la célébrait partout dans l'empire, et elle a fait sa légende. François-Joseph offre des statuettes à son effigie aux ambassadeurs, ce qui fit s'écrier au shah de Perse, après avoir fait sa connaissance : « Dieu, qu'elle est belle ! C'est la femme la plus belle que j'aie jamais vue. Quelle dignité ! Quel rire ! Quelle bonté ! Si je revenais, ce ne serait que pour la revoir elle ! »

L'impératrice ne lésinait sur aucune dépense pour entretenir son corps et le protéger de manière maladive, recourant à des baumes, crèmes et autres remèdes. Certaines routines beauté tournaient à l'idée fixe, à ce que l'on nomme aujourd'hui des TOC (troubles obsessionnels compulsifs), et traduisaient sa forte anxiété de vieillir.

Reine des amazones, cette écuyère absolue défraie les chroniques de l'époque. Sissi est obsédée par les régimes alimentaires, qu'elle suit avec rigueur, prend des bains de vapeur et fait quotidiennement de la gymnastique. Pratiquant l'ascétisme, ou plutôt souffrant d'anorexie mentale, Sissi se nourrit en petites quantités régulières de fruits – surtout des oranges –, de lait de vache ou de chèvre, ne boit que du café noir et beaucoup d'eau, et ne mange que de la viande blanche, sous forme de bouillon de poulet, et des blancs d'œufs salés. Elle avale aussi en grande quantité du jus de sang de bœuf dans un ustensile en argent confectionné à Paris.

Afin que l'impératrice puisse boire en permanence du lait encore chaud, des vaches sélectionnées et contrôlées très régulièrement par un vétérinaire sont élevées dans les jardins du château de Schönbrunn. Par crainte du bétail étranger, celles-ci font même partie du voyage lorsque l'impératrice visite d'autres pays. Malgré tout, Sissi a du mal à résister aux friandises et se permet de temps en temps d'en manger des quantités impressionnantes. Son péché mignon : les violettes confites de la pâtisserie-confiserie impériale et royale Gerstner. Son IMC (indice de masse corporelle), sans compter les cheveux, est de 15,2, ce qui correspond à une maigreur morbide.

Comme la plus grande préoccupation de l'impératrice est sa silhouette mince et frêle, mais aussi tonique, Sissi fait installer dans ses appartements onze barres d'agrès et des anneaux de gymnastique à la place de l'ancienne chambre commune du couple, entre deux pièces, sous les lambris dorés. Elle s'épuise en tractions, contorsions et assouplissements, provoquant l'épouvante de l'archiduchesse Sophie et l'évanouissement de sa dame d'honneur, qui la surprend un jour en train de s'entraîner.

Cette férue de sport pratique aussi la randonnée à pied ou à cheval (parfois pendant dix heures sur une même journée) et la « marche forcée ». Sissi se pèse jusqu'à trois fois par jour et note à chaque fois son poids. Le résultat est enregistré sur une liste. Le tour de la taille, des cuisses, des mollets est aussi mesuré avec précision. Elle s'astreint à mettre un corset, porté très serré sur l'abdomen. Ce « corsetage » est réalisé par les femmes de chambre, qui passaient une heure entière à lacer son corset. Malgré la minceur de sa taille, Sissi ne voulait pas que celle-ci dépasse les cinquante centimètres ! Il arrivait aussi que les robes de l'impératrice soient cousues directement sur elle, pour être parfaitement ajustées à son corps. Sous sa tenue de cheval, elle ne portait pas de lingerie mais une tunique en cuir de cerf extrêmement mince et humide pour lui aller comme une seconde peau [2].

Cette obsession de la perfection physique est une manière de surmonter ses angoisses face au rang qu'elle doit tenir et aux exigences toujours plus aliénantes de sa belle-mère. Ce comportement lui permet aussi d'exister de manière originale, en balayant les conventions imposées par l'archiduchesse. Tantôt débonnaire, tantôt strict, François-Joseph donne souvent raison à son épouse, mais lui rappelle gentiment : « Voyons, Sissi ! Tu ne dois pas oublier que tu règnes avec moi sur des millions de sujets [3]… »

Outre sa salle de sport, l'impératrice réclamera l'installation d'une baignoire dans ses appartements privés, à la Hofburg (le palais impérial situé au cœur de la vieille ville de Vienne), ce qui provoque un scandale et fait dire à l'archiduchesse Sophie que sa belle-fille est anarchiste. Tout comme quand elle fume en public en signe de mécontentement et qu'elle est imitée par des jeunes femmes admirant son attitude rebelle.

Force est de reconnaître que l'imposante baignoire métallique [4] détone dans le style bourgeois et raffiné des appartements de l'impératrice… Sissi impose ainsi à son entourage une vision très moderne, voire avant-gardiste, de la féminité et de la beauté. Elle façonne de manière absolue son image, contrôle sa séduction, corrige s'il le faut la nature, afin de ne plus la subir.

À cette époque, la parfumerie se fait – car c'est son intérêt – l'émissaire d'un tel message, à travers des guides de beauté et des conseils en tout genre auprès de femmes qui suivent encore très peu de tels programmes. Les parfumeurs étendent leur gamme de produits, qui sont autant d'« armes » mises à la disposition de leurs clientes [5] : cosmétiques, produits de soins, ouverture des premiers instituts de beauté, cours de gymnastique… Les parfumeurs s'en expliquent ainsi :

> L'art du parfumeur, qui touche de si près la beauté, s'attache non seulement à faire un parfum suave pour charmer l'odorat, mais aussi à l'étude de bons produits, hygiéniques et salutaires pour entretenir et conserver la jeunesse depuis le plus jeune âge [6].

En pionnière, Sissi souhaite « chasser ses rides », elle entretient son corps par l'exercice, elle soigne ses attraits naturels et sait en tirer parti. Elle fait l'admiration de ses contemporaines et leur sert de modèle, même si la plupart des femmes ne lui emboîtent pas le pas et critiquent ce comportement qu'elles jugent excessif.

Chaque matin, Sissi prend une douche froide, suivie d'un massage ; le soir, c'est un bain d'huile d'olive ou au lait d'ânesse. Pour préserver sa taille, elle dort avec des étoffes imbibées de vinaigre de cidre sur les hanches, et le cou enveloppé de linges trempés dans de l'eau salée. Sa couche n'est d'ailleurs qu'un simple lit de métal, sans oreiller, pour garder cette posture bien droite qui caractérise sa silhouette. D'ailleurs, on la reconnaît de loin à son maintien parfait et à son port de tête.

Sissi ne se maquille pas, préférant se montrer au naturel, mais applique sur son visage de nombreux masques de beauté, ainsi qu'une crème. Guerlain lui fournit son produit phare, la « crème à la fraise » spécialement créée en 1840 pour préserver l'éclat de son teint de porcelaine et le protéger du hâle. Ce *cold cream*, ou cérat, permet d'entretenir la souplesse de la peau, de l'adoucir, la rafraîchir et l'embellir. La pharmacie de la cour impériale lui fournit un *cold cream*, d'après la recette du médecin grec Galien, datant du IIe siècle apr. J.-C. Cette préparation était dite « *cold* » (froide), parce que rafraîchissante. Composée d'huile d'olive, d'eau et de cire d'abeille, la recette originale est affinée pour Sissi et renommée « crème céleste ». Elle se compose de cire d'abeille, de spermaceti*, d'huile de sésame, d'eau de rose, de beurre de cacao et d'huile d'amande. Pour se protéger du soleil lors de ses longues promenades ou durant ses voyages, Sissi ajoute à sa crème du zinc et du talc. La nuit, elle s'applique sur le visage des tranches de veau cru, maintenues sous un masque de cuir, pour que le collagène et les protéines présents dans la viande contribuent au bon raffermissement de sa peau.

Entre vingt-cinq et trente-cinq ans, sa beauté est à son apogée, et la souveraine incarne un mythe, entretenu par de très beaux portraits, dont celui dit « aux étoiles » du peintre de cour Franz Xaver Winterhalter, sa chevelure iconique, telle une crinière auburn, lui tombant jusqu'aux pieds. Elle se pique de passion pour les premières photographies, mais refuse que tout portrait d'elle soit réalisé après ses trente ans, tourmentée par l'idée de vieillir et que cela se voie.

Ses détracteurs, avec à leur tête l'archiduchesse, lui ont reproché son narcissisme, ce qui est dans l'esprit puritain de l'époque un défaut terrible, pouvant conduire au « féminisme », le pire fléau aux yeux des conservateurs du XIXe siècle… On prétend que Sissi ne soigne sa beauté que pour elle seule. On se plaint de son hypersensibilité féminine et de son extravagance qui lui font refuser d'accomplir ses devoirs d'impératrice.

C'est vrai que Sissi est fascinée par la beauté, la sienne mais aussi celles des autres femmes. Elle demandait à ses ministres en voyage de lui rapporter de l'étranger des clichés de femmes réputées pour leur beauté, qu'elle collectionnait de manière obsessionnelle, affirmant que les plus belles femmes du monde étaient les Perses !

Sissi voyage pour oublier : en Hongrie, où elle séjourne aussi souvent que possible, mais aussi à Madère, en 1860, à Corfou, en 1863, où elle se fait construire une villa, puis dans l'Europe entière. Trop jeune et trop franche pour consentir à des concessions sur l'organisation de la vie familiale, elle voit dans ces voyages – officiellement destinés à soigner la tuberculose dont elle souffre et qui nécessite des séjours au soleil – un prétexte pour s'éloigner de la cour, dont les usages la brisent et l'amaigrissent. Ses médecins veulent l'y soustraire et lui préconisent lumière et repos. Chaque nouveau retour à Vienne s'accompagne d'une rechute plus violente de la dépression. Pour aller mieux, Sissi consomme de la cocaïne, un traitement recommandé par les médecins au XIXe siècle aux patients dans son cas. Ce psychotrope est utilisé comme anesthésiant local, comme sédatif ou comme antidépresseur. Sigmund Freud sera l'un des partisans les plus célèbres des traitements à la cocaïne pour aider les patients neurasthéniques [7].

Sissi se sait instable et se compare à une « mouette qui vole d'île en île » pour s'enivrer du parfum de la liberté. Afin de sillonner incognito l'Europe, l'empereur lui fait même aménager une voiture-lit-salon qui peut être accrochée aux chemins de fer internationaux ! Pour se consoler de ses absences, l'empereur contemple les magnifiques portraits de son épouse, tableaux, gravures, photographies qui couvrent les murs des appartements impériaux. Il la regarde longuement, comme sur cette peinture étonnante où Sissi apparaît de face, en déshabillé, sa longue chevelure dénouée comme une crinière, ses épaules nues et dégagées. « Je préfère te savoir heureuse loin de moi plutôt que malheureuse près de moi », lui dit-il, plein de tendresse.

Quel est donc ce sillage tant aimé par François-Joseph ? Quelle trace Sissi laisse-t-elle en consolation à son époux durant ses longues absences ? En parfumerie, ces années-là sont celles de la consécration des bouquets floraux, qui symbolisent la beauté féminine. La femme est comparée à une fleur, et l'essence de la séduction féminine est contenue dans l'odeur florale. Le talent du parfumeur consiste à reproduire au plus juste cet effluve répandu dans la nature, à imiter le plus parfaitement possible le réel, à travers ces multiples combinaisons appelées « bouquets ».

Le parfum idéal est celui d'une fleur douce, romantique et évanescente, telle que le muguet, le lilas, le jasmin, l'héliotrope*, la violette ou la rose. Sissi aime les roses rouges, les orchidées, les cèdres du Liban et les pins exotiques découverts lors de ses voyages. En matière de parfums comme en arômes, sa préférence va vers la violette, telles la « violette de Parme » ou la « violette de Paris », des senteurs à la mode.

Originaire de la région de Parme, en Italie, la violette est une fleur d'un mauve extraordinaire, dont le parfum, à la fois discret et enivrant, ne se laisse pas facilement capturer, à l'image de l'insaisissable Sissi. Préférant l'ombre à la lumière, elle possède la propriété d'endormir les nerfs olfactifs en quelques secondes. Rien d'étonnant à ce que Sissi ne supporte que ce parfum, qui engourdit plutôt qu'il n'exacerbe. Il faut sentir en plusieurs fois la violette pour s'imprégner de son odeur, discrète. À Paris, des petits bouquets de violettes se vendent à la sauvette au coin des rues. Les hommes les offrent aux femmes pour déclarer leur amour.

La maison Guerlain fournit à Sissi des extraits de violette ou des essences de fleurs, tout comme le parfumeur anglais Creed, qui livre à l'empereur son eau de Cologne, ses lotions après-rasage, vinaigres tonifiants, sans oublier la « pommade hongroise » qui lui sert à fixer ses favoris bien fournis.

Sissi se parfume très peu et toujours très discrètement, préférant laisser une empreinte par l'odeur naturelle que diffuse sa spectaculaire chevelure : « La chevelure de certaines femmes est tellement empreinte de leur parfum, qu'on sent leur tête avec autant de plaisir qu'un bouquet [8]. » Sissi considère ses cheveux comme sa vraie couronne et en prend grand soin, au point que cela devient une obsession, comme Sissi avouera elle-même : « Je suis l'esclave de ma coiffure. »

Objet de culte autant que cause de ses tourments, sa chevelure mesure un mètre soixante-dix et pèse près de cinq kilos ! Dans son ouvrage, l'historienne autrichienne Erika Bestenreiner a écrit à ce propos :

> Leur poids cause à l'impératrice de grands maux de tête. Lorsqu'elle est assise, on les lui suspend parfois à un fil ou on les relève avec des rubans afin de la soulager [9] ! Sa coiffeuse, Fanny Angerer, exerçait auparavant au théâtre Burgtheater à Vienne. L'impératrice, qui avait repéré ses talents auprès des actrices, lui propose une offre fabuleuse pour la servir. Elle fut la créatrice de la « coiffure à la couronne », qui fut le signe distinctif d'Élisabeth.
>
> Le soin de la coiffure durait trois heures chaque jour : le lavage était un rituel qui pouvait occuper toute la journée et se tenait toutes les deux à trois semaines. Une mixture à base de trente jaunes d'œufs crus mélangés à du cognac était appliquée avec un

pinceau sous forme d'un produit mousseux et devait agir pendant une heure [10].

Ce jour-là, toutes les autres obligations du royaume étaient annulées. Sissi rinçait sa chevelure avec une lotion parfumée à la vanille. Pour combattre les pointes fourchues, sa coiffeuse lui appliquait un mélange de vinaigre de cidre, d'eau citronnée et de teinture d'orties. Malgré une crinière abondante, la chute du moindre cheveu était pour Sissi une perte irréparable : sa coiffeuse imagina alors un subterfuge, faisant disparaître les cheveux qui tombaient sur un ruban adhésif fixé à son tablier, à l'insu des regards critiques de Sa Majesté [11].

Jusqu'à la fin de ses jours, Élisabeth se consacrera à ce service « sacré », dont témoigna son lecteur grec, Constantin Christomanos :

> Derrière l'impératrice se tenait la coiffeuse. Elle fouillait dans les ondulations de la chevelure, la soulevait et la palpait comme du velours ou de la soie, l'enroulait autour de son bras comme des ruisseaux qu'elle eût cherché à capter. Puis elle présentait sur un plateau d'argent les cheveux morts, les regards de la maîtresse et de la servante se croisaient une seconde, chargés chez la première d'un muet reproche, chez l'autre de culpabilité et de repentir [12]...

Si l'impératrice est fière de sa magnifique chevelure, elle a en revanche les dents gâtées. Cette mauvaise dentition expliquerait pourquoi elle ferme souvent la bouche sur les clichés. « Oui elle est jolie, mais elle a les dents jaunes », avait persiflé l'archiduchesse Sophie quand son fils était tombé amoureux. François-Joseph avait alors pris la défense de sa fiancée dans une lettre adressée à sa mère quelques semaines plus tard :

« Ses dents sont maintenant tout à fait blanches », lui assurait-il. L'amour rend aveugle, car Sissi garda toute sa vie sa mauvaise dentition, qui fut pour elle un motif de honte, l'empêchant de rire aux éclats et la contraignant à pincer les lèvres sur tous les clichés.

Sans doute à cause de son régime draconien, Sissi avait une santé fragile et souffrait d'anémie, de névrite (inflammation d'un nerf), d'insomnie, d'arthrite et d'une légère dilatation cardiaque. Son état psychologique fragile, déjà mis à mal en 1857 avec la mort de sa fille Sophie, âgée de seulement deux ans, se dégradera encore avec la perte de son fils unique Rodolphe, en 1889. Celui-ci meurt à l'âge de trente ans dans des circonstances mystérieuses : suicide amoureux avec sa maîtresse Marie Vetsera ou conflit politique ? Le mystère reste entier, mais l'accablement de Sissi est profond. Elle vit dans le culte de la mort, brisée par la malédiction familiale et dans un désir de perfection jamais satisfait.

En vieillissant, Sissi se cachera davantage le visage derrière un voile et fera retoucher tous ses portraits. Son cousin Louis II de Bavière, avec qui elle partage les mêmes humeurs mélancoliques et nostalgiques, la surnomme « la Mouette noire ». Elle écrit :

> Je voudrais que les gens me laissent
> En paix et enfin tranquille,
> Car je ne suis en vérité
> Qu'un être humain semblable à eux [13] […]

Très marquée par la disparition de ses proches – celle de ses deux enfants bien sûr, mais aussi les morts tragiques d'autres personnes de son entourage –, Sissi se réfugie dans le spiritisme et fuit davantage encore Vienne. Plus que jamais, elle

Romy Schneider, image tirée du film *Boccace 70*,
réalisé par Federico Fellini et Luchino Visconti (1961).

sera une voyageuse errante, qui lutte contre la dépression. Elle qui ne rêvait que d'anonymat et souhaitait libérer les peuples meurt le 10 septembre 1898, le cœur poinçonné par un anarchiste italien qui voulait simplement tuer une personne célèbre. Finalement, ce n'est ni la maladie ni le désespoir qui ont emporté Sissi, mais la folie d'un homme voulant se faire un nom et qui l'assassine « par hasard », alors qu'elle est en déplacement à Genève, pour une énième cure. Elle a soixante ans. Mais plus d'un siècle après, sa grâce continue d'opérer, sa modernité fascine, et sa personnalité complexe ne cesse d'intriguer. Sa beauté magnétique, son sillage mystérieux et son destin malheureux ont fait d'elle un mythe de son vivant, et la légende est toujours en marche.

La légende prit les traits ravissants de l'actrice Romy Schneider, qui l'incarna, dès 1955, à l'écran dans la série du réalisateur autrichien Ernst Marischka. Cette histoire très romancée de l'impératrice Élisabeth d'Autriche déborde de rires et de joie, et fait de la vie de Sissi un vrai petit conte de fées, dénué de drames et de douleurs. La vision très idéalisée et historiquement très contestable des jeunes années de l'impératrice Élisabeth avait pour but de célébrer en couleurs la grandeur passée de l'Autriche et de faire oublier le passé « nazi » d'un pays associé au IIIe Reich, et dont Hitler était originaire [14]…

Dans cette féerie viennoise scintillante, Romy Schneider est engagée en même temps que sa mère, Magda Schneider, qui campe l'archiduchesse Ludovica. Dès le premier film, le succès est fracassant et assure à la jeune actrice une popularité immense. Mais, réclamant plus de profondeur et de vérité pour son personnage, Romy refuse le deuxième volet. Sous la pression, elle finit par accepter et en tournera également un troisième en 1957. Lassée de ces films lissés et policés jusqu'à la niaiserie, fatiguée de devoir porter une lourde perruque et de pesantes crinolines, l'actrice abandonne le rôle désuet d'une princesse pimpante et primesautière. En 1972, Romy acceptera à nouveau de devenir Élisabeth dans le film de Visconti *Ludwig, ou Le Crépuscule des dieux*. Dans cette magnifique évocation de Louis II de Bavière, Romy Schneider interprète cette fois le personnage d'Élisabeth d'Autriche avec une densité et une profonde gravité qui correspondent mieux à la véritable Sissi.

À l'époque où Romy Schneider interprète la trilogie des *Sissi*, elle porte un parfum romantique et frais de l'illustre maison anglaise Floris, *Lily of the Valley*. Ce parfum floral vert a été créé en 1847. Romy est alors une jeune actrice encore poupine, aux joues roses et au sourire aussi éclatant que fondant. Comme beaucoup de jeunes filles de son époque, cette odeur douce et subtile du muguet lui constituait un sillage bienséant et plein de promesses.

Originaire d'Asie, le muguet est connu et acclimaté en France depuis le Moyen Âge. Longtemps symbole du renouveau et du printemps, il devint logiquement un porte-bonheur. Les petites clochettes du muguet ne permettent pas d'obtenir d'huile essentielle à partir de la fleur, et la note du muguet, fleurie et verte, est reproduite à partir d'autres essences. Pour reconstituer son odeur réelle et obtenir la parfaite illusion olfactive de cette fleur demeurée muette, le parfumeur s'est servi de la chimie. Les années cinquante et soixante voient naître un cortège de parfums au muguet, dont un des plus célèbres est *Diorissimo*, créé en 1956, un soliflore frais et floral autour de la fleur fétiche de Christian Dior, qu'il glisse par superstition dans les ourlets de ses mannequins les jours de défilés.

Mais plus Romy Schneider affirme sa personnalité, plus sa signature olfactive se distingue et s'affine, pour se rapprocher de sa nature profonde. Au sortir des crinolines de Sissi, Romy a suivi Alain Delon en France. Nous sommes en 1959, et l'Allemagne n'a pas pardonné à Sissi de devenir de plus en plus française. Quatorze ans après la fin de la Seconde Guerre mondiale, le jeune premier du cinéma hexagonal et la jolie héroïne des films germaniques sont amoureux et donnent à rêver dans un pays à la paix et à l'harmonie retrouvées. Romy Schneider découvre Paris, son luxe et sa belle parfumerie. Elle s'éprend des parfums de la Maison Guerlain, qui incarne si bien l'élégance française, et parmi eux choisit *L'Heure Bleue*, un parfum crépusculaire qui lui ressemble, au charme romantique et ambivalent, créé par Jacques Guerlain en 1912, alors que la Belle Époque s'essouffle et que l'Europe s'apprête à sombrer. Quinze ans après la mort de Sissi, l'héritier du trône et neveu de François-Joseph Ier, l'archiduc François-Ferdinand, et sa femme sont tous deux assassinés à Sarajevo en 1914 par un étudiant nationaliste serbe. Ce double meurtre fut le *casus belli* de la Première Guerre mondiale.

Jacques Guerlain raconte avoir ressenti cette catastrophe imminente, dont il avait eu la prémonition. Il l'exprima ainsi : « Le soleil s'est couché, pourtant la nuit n'est pas encore tombée. C'est l'heure incertaine. Dans une lumière du bleu le plus profond, tout – le bruissement des feuilles, le clapotis de la Seine – semble exprimer un amour, une caresse, une infinie tendresse. L'homme est soudain en harmonie avec le monde des choses, dans un moment du temps : le temps d'un parfum. »

L'Heure Bleue fut le dernier élan romantique de ces temps crépusculaires, le dernier parfum de la paix, qui sonna le glas d'une époque révolue. Avec équilibre et douceur, *L'Heure*

Bleue allie les notes poudrées de l'iris et gourmandes de la vanille mariées au musc, à la chaleur de l'œillet et de l'anis, lui donnant un velouté sensuel très particulier. Les notes de tête, délicatement fraîches, sont un accord audacieux de bergamote et d'anis. Les notes de cœur, épicées, fleuries et grisantes, allient l'œillet, le néroli, l'héliotrope à la rose de Bulgarie et à la tubéreuse. Sur ces notes nostalgiques du souvenir persistent en fond, troublantes et poudrées l'iris, la violette, la vanille et l'infusion de musc. Le musc est bien ce qui caractérise *L'Heure Bleue* et fait de lui un parfum de peau. Posé en proportions importantes, il lui assure un tombé charnel, une volupté assurée, celle d'un amour accompli dans la sérénité.

Ce parfum magnifiquement architecturé est un prodige, qui est aussi le premier de Guerlain à contenir des aldéhydes. Féminin et délicat, *L'Heure Bleue* est pourtant capable de se répandre avec volume et puissance. C'est bien son paradoxe, à la fois tendre et sensuel, délicat et intense, maîtrisé et bouillonnant, secret et flamboyant. Un parfum qu'il est si difficile de définir et si aisé à retenir. Désuet pour certain, moderniste pour d'autres.

Son flacon, un des premiers dessinés par Raymond Guerlain en collaboration avec Jacques Chevalier chez Baccarat, s'inspire de l'Art nouveau. L'épaulement curviligne du flacon aux lignes sensuelles et les virgules taillées dans le verre s'inscrivent dans ce mouvement artistique caractérisé par la sinuosité des lignes, qui rappellent les courbes féminines. Son bouchon évidé, dit « au cœur renversé », ou encore « chapeau de gendarme », évoque le sentimentalisme de cette fin de siècle.

Sur un cliché en noir et blanc signé Helga Kneidl et datant de 1973, on voit Romy Schneider se maquiller, les épaules dénudées. Sur sa table de toilette, on devine le flacon au cœur renversé, un flacon-montre et un vaporisateur. On peut presque sentir le parfum qui flotte dans l'air autour d'elle, tel un velours parant sa peau pour envoûter les hommes. Car il ne faut pas se fier aux airs timides ou du moins discrets de l'actrice et de *L'Heure Bleue* : tous deux ont des pouvoirs magiques, qui ensorcellent les cœurs.

Plus tard, Romy Schneider devint cette interprète lumineuse à la beauté épanouie, qui possédait une intelligence du cœur incomparable. Elle incarnait suprêmement la femme des années soixante-dix. Libre tout en restant fragile, déchirée entre l'image qu'elle projetait et celle qu'elle était vraiment. À cette époque, elle confiait : « Je n'ai plus peur de me comporter librement. »

Habitant rue du Bac, elle avait aussi pris ses habitudes chez « L'Artisan parfumeur », une maison de parfums créée en 1976 par Jean Laporte, dont la boutique était située rue de Grenelle. Botaniste et entrepreneur, il venait de créer une parfumerie dans la grande tradition artisanale, sur des thèmes olfactifs très figuratifs, souvent inspirés de la nature et mettant en avant les matériaux, dont il inscrivait les noms sur l'étiquette des flacons. Cet homme visionnaire, qui revendiquait une parfumerie d'auteur, était un personnage hors du commun par son amour de l'art et ses connaissances, mais aussi par son côté baroque et passionné. À sa clientèle, il répétait :

> La parfumerie, que j'essaie de représenter modestement sous l'étiquette de « Jean Laporte, L'Artisan parfumeur », est un art qui doit obligatoirement aller vers le beau. C'est comme la mode, c'est comme toutes les industries de luxe, nous essayons de créer, de produire des objets qui vont embellir nos prochains.

Cette générosité dans le partage de la beauté et de l'embellissement avait touché bon nombre d'actrices, comme Romy Schneider, qui passait régulièrement dans la boutique aux allures de boudoir, s'y sentant à l'aise et se laissant aller à quelques confidences.

Romy mettait alors *Mûre et Musc*, « le matin en se levant », avait-elle confié un jour à Jean Laporte, car elle se sentait ainsi elle-même, et « quand elle était très en forme et qu'elle voulait sortir, donc séduire, elle mettait de la tubéreuse ». « Une branche de tubéreuse, ça vous enivre », avait-elle raconté avec ce grand sourire qui illuminait son regard clair. Ces choix étaient très justes.

Mûre et Musc est un parfum de peau ni féminin ni masculin, mais terriblement humain. Créée en 1978, l'année où Romy Schneider tourne *Une histoire simple* de Claude Sautet, cette note chaude et caressante évoque et magnifie la mûre par une blanche journée d'été. À contretemps de tous les parfums de l'époque, lourds et capiteux, Jean-François Laporte rêvait d'une mûre fruitée mais pas sucrée, gorgée d'eau et de soleil. Ce parfum frais sur un fond musqué original fut une formule innovante et devint un chef de file. Jean-François Laporte avait utilisé pour la première fois une overdose de musc galaxolide, un musc blanc associé à la frambinone, issue des arômes alimentaires. Cette « odeur belle et tendre », comme la décrivait le parfumeur, accompagnait Romy Schneider dans sa quête toujours plus grande de vérité et d'authenticité.

Quant à la tubéreuse, Romy Schneider portait celle de L'Artisan parfumeur, mais aussi celle de la maison anglaise Creed, *Tubereuse Indiana*, créée en 1980. Cette ode à la tubéreuse des Indes s'épanche sensuellement dans l'ambre gris et la vanille. La tubéreuse possède une odeur de corruption travaillée par l'acidité, une odeur féroce et envoûtante qui était entrée de nouveau en grâce dans de nombreux parfums des années quatre-vingt. Oubliant de travailler la tubéreuse en parcimonie, les parfumeurs en faisaient un thème central, jusqu'à la rendre criminelle, afin d'exprimer ces femmes conquérantes et fortes. Non plus seulement amoureuses et langoureuses, ces femmes libérées étaient devenues des mantes religieuses, portant les parfums à la tubéreuse en étendard.

Cette armure invisible demeure éternellement l'empreinte olfactive de Romy, qui aurait pu être aussi celle de Sissi. Elle correspond à des personnalités similaires, parce que le drame de Sissi fut aussi celui de Romy.

Tout comme Sissi, Romy Schneider fut une enfant sensible, dont sa mère avait choisi le destin. Tout comme Sissi, Romy s'engageait pour des causes qu'elle croyait justes et nobles. Honteuse d'avoir vu sa mère fréquenter des dignitaires du IIIe Reich et lui prêtant une liaison avec Hitler, elle cherchera sans relâche à expier les crimes nazis dans un besoin exacerbé de réparation et un sentiment de responsabilité collective [15].

Tout comme Sissi, Romy eut son lot de drames, de deuils et de larmes, jouant à l'écran comme dans la vie avec des émotions extrêmes. Elle raconta en 1976 ce passé douloureux à Alice Schwarzer [16], évoquant son beau-père, Hans Herbert Blatzheim, qui aurait, à plusieurs reprises, tenté de la violer, alors qu'elle était une toute jeune fille.

Tout comme Sissi, Romy était allemande et chercha éperdument le bonheur sans jamais le trouver, avec une quête d'absolu et d'impossibles ailleurs. Cette fuite en avant vers d'infinis lointains, Romy expliquait que c'était le spleen, et pas n'importe lequel. Elle le définissait ainsi : « Le spleen germanique, c'est la contradiction continuelle, totale. Mais c'est aussi d'être toujours entière. C'est-à-dire, tu ne choisis jamais la facilité. »

« Chacun peut faire de soi une île », disait Élisabeth d'Autriche-Hongrie, ayant cherché toute sa vie un port d'attache pour la jeune Sissi. « Je n'ai peur de rien. Sauf de moi », confiait Romy Schneider, qui sut donner à son double de fiction non pas la légèreté d'être, mais la profondeur d'aimer.

Portrait de Sarah Bernhardt
Huile sur toile de Georges Clairin, 1876
Petit Palais / © Ghybly Collection / Aurimages.

XV

Sarah Bernhardt

La divine fragrance

Elle était celle que le Tout-Paris surnommait « la Divine ». Une femme faite de l'essence des dieux, mais possédant une force vitale qui lui faisait mépriser les conventions sociales et savourer chaque instant de vie, chaque plaisir de la chair dans une pleine jouissance et une parfaite euphorisation des sens. Mieux qu'une autre, Sarah Bernhardt répandait autour d'elle cette « vapeur de beauté » comme l'écrit Flaubert, autrement dit un parfum exerçant une séduction suave.

Elle était, selon les mots d'Edmond Rostand, « la reine de l'attitude et la princesse du geste ». Elle fut incontestablement l'une des plus grandes actrices de tous les temps, le premier « monstre sacré » ! La formule est de Jean Cocteau. Nul doute qu'elle s'applique à Sarah Bernhardt, reine du théâtre sous le Second Empire et la Troisième République, adulée jusqu'aux États-Unis. De ses débuts à la Comédie-Française en 1862, à l'âge de dix-huit ans à sa mort en 1923, elle incarna plus de cent vingt personnages – des reines, des courtisanes, mais aussi des hommes, pour lesquels elle se travestit pour interpréter Hamlet, Lorenzaccio ou l'Aiglon. Sarah Bernhardt se quittait alors pour devenir autre ou tout simplement jouer son propre personnage, excentrique, libre et insolent. Le meilleur de son répertoire.

Sarah Bernhardt fut aussi la première égérie de la parfumerie moderne, qu'elle voit naître dès les années 1860 avec son cortège de révolutions industrielle, commerciale et esthétique, dont elle est témoin. A-t-elle senti et même aimé certains des chefs-d'œuvre olfactifs qui sont alors créés, portés par l'élan des premières applications de la chimie organique à l'art du parfum : *Fougère Royale* de Houbligant, *Jicky* de Guerlain, *Ambre Antique* ou le *Chypre* de Coty, *Tabac Blond* de Caron et même le fameux *N° 5* de Chanel ? Possédant comme personne l'art de la pose, elle prête son visage à des parfums et des produits de beauté. Elle devient d'ailleurs une muse pour des artistes célèbres, comme Alphonse Mucha, qui collaborent aux premiers pas de ce que l'on ne nomme pas encore la publicité.

Elle possédait, au plus haut point, le sens de la mise en scène, comme sur ce célèbre tableau de Georges Jules Victor Clairin la représentant dans son salon-atelier de l'hôtel particulier qu'elle s'était fait construire, à l'heure de sa gloire, sur la plaine Monceau. On était alors en 1876, et Sarah, gloire montante du théâtre français, avait trente-deux ans. Elle s'offre aux regards avec l'assurance d'une diva, alanguie sur un sofa rouge, portant une sorte de bavette flottante, habillée d'une longue robe fourreau blanche à longue traîne, qui laisse apercevoir une mule noire ; les jambes sont croisées, sa main tient un éventail de plumes blanches, un lévrier est à ses pieds. Edmond de Goncourt, venu présenter ses hommages à la maîtresse de céans, décrit le tableau :

> Elle est représentée sans front, sous une coiffure noire d'astrakan, dans une espèce d'emmaillotement blanc. Devant

les tableaux, des meubles de toute sorte, des bahuts moyen-âgeux, des cabinets de marqueterie et une infinité d'objets d'art rastaquouères, des figures du Chili, des instruments de musique de sauvages, de grands paniers où fleurs et feuilles sont faites de plumes d'oiseaux. Là-dedans, une seule chose d'un goût personnel : de grandes peaux d'ours blancs, jetant dans le coin où se tient Sarah une blancheur lumineuse.

Sur une photographie de Nadar, assez similaire pour la pose, elle est étendue sur une peau de panthère, se prolongeant par une peau d'ours blanc, tapis d'Orient à ses pieds. Elle est toujours entourée d'une profusion de bibelots, de tentures, de coussins, de plantes vertes et de fleurs, dont principalement les capiteux lis blancs et les pénétrants camélias, en souvenir de l'héroïne de *La Dame aux camélias*, qu'elle a si souvent incarnée. Leurs effluves s'associent aux odeurs puissantes d'ours blanc et d'ocelot sur lesquelles s'épanouissait toute une animalerie.

Pour découvrir les senteurs qui tapissaient son univers et sur lesquelles elle portait ses choix, il faut remonter le fil de son histoire. On ne connaît pas avec exactitude la date de naissance de Rosine-Sarah Bernard, future Sarah Bernhardt. Mais, en l'absence de documents d'état civil – les archives de l'Hôtel de Ville ont brûlé pendant la Commune de Paris, en 1871 –, on tient celle du 23 octobre 1844 pour la plus probable. Elle est née au 5, rue de l'École-de-Médecine, dans les actuels bâtiments du siège de la Sorbonne-Nouvelle. Et de père inconnu. Était-il un notable du Havre, un étudiant en droit ou un armateur-négociant du port ? Sarah ne s'étendra guère sur le sujet. Ce qui est certain, en revanche, c'est que ce père absent a versé une confortable pension pour son entretien. Sa mère, Judith Van Bernhardt, juive hollandaise, était une demi-mondaine, et sans doute souhaitait-il, de cette façon, éviter à Sarah les pièges de la prostitution.

N'ayant guère le temps de s'en occuper, Judith l'expédia cependant très vite à la campagne. Placée chez une nourrice bretonne, Sarah y passa ses trois premières années, sans éducation ni affection. Jusqu'au jour où, un accident domestique – une chute dans le feu – lui ayant occasionné de graves brûlures, Judith se décida à venir la récupérer à Quimperlé, puis à rapatrier enfant et nourrice à Neuilly. Cette fois – sur ordre de son inconnu de père ? –, c'est la pension d'Auteuil qui l'attend. C'est là qu'elle découvrira, lors d'une lecture d'*Athalie* par Stella Colas, pensionnaire à la Comédie-Française, la magie du théâtre. Sarah est éblouie et envisage son avenir d'un œil nouveau. Mais, en 1853, brusque changement de décor. Sa tante Rosine, autre demi-mondaine, vient la chercher pour la jeter dans un couvent de Versailles.

Ballottée au gré des vents et des humeurs de sa mère, Sarah se forge un caractère rebelle – et une devise qu'elle conservera toute sa vie, « Quand même ! », choisie à neuf ans : « Si, si, je recommencerai, quand même, si on me défie encore ! Et je ferai toute ma vie ce que je veux faire ! » L'amitié de la mère supérieure apaisera cependant ses colères et ses crises de nerfs, au point de lui faire entrevoir une possible vocation religieuse. Une vocation que Judith, dite Youle, n'encouragera guère, on s'en doute. L'annonce d'un héritage paternel allait d'ailleurs rebattre les cartes. Le mystérieux géniteur de Sarah lui laissait cent mille francs, à une condition : qu'elle se marie. Sarah refusa tout net ce marché de dupes, et sa mère crut s'étrangler de fureur. Cette gamine délurée, rebelle, maigriotte, égocentrique ne lui disait rien qui vaille. Elle lui préférait ses sœurs Jeanne-Rosine et Régina. Car Youle était une génitrice aussi prolifique, que peu attentive.

Que faire, dès lors, de Sarah ? Ce fut le duc de Morny – le demi-frère de l'empereur Napoléon III – qui, un soir, trancha dans le vif : « Ce qu'il faut faire de cette enfant ? Il faut la mettre au Conservatoire ! » « Je devinais, écrira Sarah dans son autobiographie intitulée *Ma double vie*, publiée en 1907, que cette phrase était le poteau indicateur de ma vie [...] Je voulais être religieuse : on trouvait cela absurde, idiot, sans raison. "Mettez-la au Conservatoire !" avait ouvert le champ des discussions, l'horizon d'un avenir. »

Morny, il est vrai, amant occasionnel de Youle comme de la tante Rosine, s'était déjà occupé de son éducation. La décision, brutale, pouvait toutefois prêter à confusion. Car la carrière d'actrice, à moins de faire partie du haut du panier, n'était guère plus enviable, à cette époque, que celle de courtisane. Sarah, elle, accepta d'emblée. Tout plutôt que de suivre l'exemple maternel ou d'épouser un riche barbon, même pour cent mille francs ! Elle ne devait pas s'en repentir. On la présenta au concours du Conservatoire, et ce fut en lisant une fable de La Fontaine qu'après avoir fait rire la salle, elle emporta la conviction de ses examinateurs. Dès lors, Sarah Bernhardt allait « entrer en théâtre » avec la même ferveur qu'elle serait, quelques semaines plus tôt, entrée en religion. Car le Conservatoire d'art dramatique de Paris est alors une rude école et Sarah, sous la férule de maîtres aussi talentueux qu'impitoyables, y fait un apprentissage sans concessions.

Elle ne brille pas dans ses études, notamment en raison d'une prononciation qui marque trop les dentales et d'une diction avec les dents trop serrées. Les exercices portent leurs fruits. Nantie d'un second prix de comédie, elle décroche son premier contrat à la Comédie-Française. Sarah Bernhardt conclut le récit de ce premier engagement par ces mots aussi déterminés que prémonitoires : « Et je résolus ardemment d'être quelqu'un : quand même ! », reprenant sa célèbre devise. À l'âge de dix-huit ans, elle joue dans *Iphigénie* de Racine. Mais tout le monde ne l'apprécie pas, certains lui conseillent même d'arrêter le théâtre. Elle persiste. Mauvais caractère, elle gifle un jour une comédienne en lui criant « Vache ! vache ! ».

Le scandale fait davantage pour sa popularité qu'un rôle de premier plan. Ces ruptures et retrouvailles avec la Comédie-Française, l'Odéon ou le théâtre du Gymnase, seront désormais récurrentes. En fait, Sarah ne tient pas en place. À cette époque, il est vrai, elle mène encore une double vie, puisqu'elle est répertoriée par la police des mœurs comme l'une des quatre cent quinze « dames de petite vertu » susceptibles de se livrer à la prostitution clandestine. Sarah arrondit-elle ses fins de mois en cas de nécessité absolue ? Une actrice doit financer elle-même ses tenues et ses accessoires, tout cela coûte cher. Et puis, il y a maintenant le petit Maurice, un fils né d'une aventure bruxelloise avec le prince de Ligne. Née elle-même de père inconnu, Sarah se plaira à dissimuler l'identité de son fils, lequel refusera plus tard d'être reconnu officiellement par son géniteur. Car Sarah collectionne alors les amants, qui fréquentent son appartement, ce qu'elle appelle sa « ménagerie ».

Elle trône au milieu de son salon comme une moderne Circé, rassemblant des spécimens fort divers. On y trouve des acteurs, mais aussi de richissimes Espagnols, un Égyptien, un banquier, Jacques Stern, des industriels en train de faire fortune, ou encore des journalistes, comme Émile de Girardin ou Arthur Meyer. Sarah leur écrit à chacun des lettres ardentes et passionnées, elle anime son cercle d'intimes et peaufine son image de femme fatale, tandis qu'on commence à lui faire une réputation d'éternelle insatisfaite. Elle dépense sans compter, fait des dettes et vit dans le luxe, n'hésitant pas à solliciter le soutien financier de ses admirateurs [1].

« Ménagerie » n'est pas un mot ironique ou méprisant. Chez elle, outre des hommes, on trouve également toutes sortes d'animaux. Sarah en sera toujours folle et avait fait l'acquisition de bêtes plus exotiques, bien avant la mode des nouveaux animaux de compagnie. Elle les aime différents, tantôt attachants – chiens, chats, tortues, perroquets –, tantôt même effrayants pour ses invités – boa, puma, singe, guépard, etc. La ménagerie de Sarah Bernhardt est aussi un instrument médiatique dont elle sait user afin de faire la une des journaux : les lions Scarpien et Justinien, les tortues Crisophage et Zerbinette, dont elle a fait recouvrir les carapaces de pierres précieuses, Ali Gaga, son crocodile, qui meurt d'avoir bu trop de champagne d'un coup. Quant à ses lionceaux, elle finit par s'en séparer en raison de leur trop intense odeur de fauve. On imagine sans peine ces effluves déconcertants imprégnant les étoffes et se mêlant à celles de lis et de camélia, d'ambre et de jasmin, pour venir chatouiller les narines de ses visiteurs, dans le bric-à-brac de son appartement de la rue de Rome. L'univers intime et olfactif de Sarah ne cesse d'étonner par son intensité. Le jeune Paul Morand se souviendra plus tard, vaguement effrayé, de ses rencontres avec la diva :

> On m'habillait de velours noir, on me séparait de ma bonne, on me faisait traverser Paris pour m'enfermer dans de grandes pièces sombres, couleur chocolat, étouffées par les tentures et les épais tapis d'Orient. Tout m'effrayait : les lionceaux, les habilleuses, les femmes de chambre, la serre d'hiver

avec ses lis, ses porcelaines chevelues, le cercueil en satin blanc, les fleurs comme dans les enterrements, les cassolettes qui répandaient des odeurs inconnues…

Il y avait de quoi effrayer un jeune garçon, en effet. Malgré ses ruptures fracassantes et ses réconciliations non moins inattendues avec les directeurs de théâtre, Sarah est devenue une « tête d'affiche ». Le public l'acclame, lui jette des violettes, les étudiants lui font une haie d'honneur. Ses foucades, son impertinence, ses caprices séduisent autant que son jeu d'actrice. Elle est devenue un personnage emblématique de la scène parisienne. En 1880, le patron du Français l'a baptisée « Mademoiselle révolte ». Bien mal lui en prend. À cause d'un rôle manqué parce qu'elle était malade, elle claque la porte et quitte Paris. Désormais, c'est vers l'étranger que ses regards se portent.

Hyperactive, elle n'est d'ailleurs jamais où on l'attend. Pendant la guerre de 1870, elle s'est improvisée infirmière à l'Odéon. Cette fois, c'est l'odeur du sang qu'elle a respirée. Un certain Ferdinand Foch s'en souviendra. En 1881, elle prend le chemin de Londres, Saint-Pétersbourg, Copenhague, New York. Sa carrière est devenue internationale. La presse la suit pas à pas, et ses « fans » aussi. Sarah Bernhardt est sans doute la première vraie « star » de l'Histoire. Aux États-Unis, tout a été préparé à l'avance pour que son arrivée connaisse le maximum de publicité : marketing, articles de presse, brochures vantant ses talents mais aussi ses amours innombrables – inventées au besoin –, journalistes accrochés jour et nuit à ses basques. Sarah Bernhardt provoque, choque, enthousiasme, suscité l'indignation ou l'effroi, mais ne laisse jamais personne indifférent.

De 1880 à 1914, elle va ainsi connaître une carrière éblouissante, mais, surtout, la femme va s'imposer comme une icône, amoureuse insatiable, dévoreuse d'hommes, actrice hors norme, protéiforme, aux talents multiples. On saura bientôt – et la presse se chargera de le diffuser – qu'elle a aimé des femmes, qu'elle fume le cigare, qu'elle adore jouer habillée en homme, qu'elle a frappé un professeur de boxe. On lui prête des enfants inexistants, des hommes qu'elle n'a pas conquis, des vices ou des vertus qu'elle n'a jamais eus. Mais peu importe, on ne prête qu'aux riches. Sarah est l'objet de tous les fantasmes, elle affole les hommes et fait rêver les femmes, jalouses de ses succès. En fait, Sarah Bernhardt intéresse autant ses contemporains pour sa vie privée, son « existence à la ville », que pour ses apparitions sur scène. Et c'est précisément ce qui la rend unique. Autrefois, l'actrice eût suffi à combler son public. En ce début du XXe siècle, ce public, qui sombre parfois dans une forme d'idolâtrie, exige davantage : il veut tout savoir, ou presque, de celle qu'il adule. Sarah l'a compris, qui voit aussi, dans cet intérêt qu'on lui porte, une revanche sur la petite fille mal aimée exilée au fin fond de la Bretagne. Son goût de la mise en scène dépasse largement le soin qu'elle met à choisir ses rôles ou ses tenues de scène. Sarah Bernhardt se doit d'incarner autre chose qu'une « impératrice du théâtre » ou celle qu'on surnomme « la Divine » ! Elle doit devenir ce « monstre sacré » évoqué par Cocteau, inaccessible, intouchable.

En marge de l'actrice, il y eut donc très tôt la femme Sarah Bernhardt, et celle-ci savait faire parler d'elle. Son physique ne correspondait pourtant pas aux canons de la beauté propres à son époque. Trop grande, trop mince – « un beau brin de fil », disait Alexandre Dumas fils. Certains la trouvent même laide et la surnomment « la négresse blonde », en raison de sa chevelure frisée tirant sur le blond-roux. Ses yeux bleus, son teint clair et son long nez lui valent même, au moment de l'affaire Dreyfus, quelques caricatures antisémites. En réalité, Sarah possède un corps androgyne et un charme fou, ce qui déconcerte. En 1885 est donnée au théâtre de la Renaissance une pièce intitulée *La Parisienne*, à laquelle Maupassant fait allusion dans un roman :

> Elle gardait sous ses cheveux blonds la grâce alerte et jeune de ces Parisiennes qui ne vieillissent pas, qui portent en elle une force surprenante de vie, une provision inépuisable de résistance, et qui pendant vingt ans restent pareilles, indestructibles et triomphantes, soigneuses avant tout de leur corps et économes de leur santé [2].

Cette Parisienne fascine, tout comme Sarah qui, pourtant, ne l'incarne pas vraiment au premier abord. Car le mythe de la Parisienne, élégante et pimpante, dotée de cet atout incomparable qu'on appelle le charme, est en passe de devenir l'objet d'un véritable culte, un culte que viennent alors sublimer la mode vestimentaire et la parfumerie. À la fin du XIXe siècle, en effet, ces deux industries du luxe sont en pleine ascension. Les couturiers comme Worth, Doucet, Redfern et Drecoll suivent désormais le rythme des changements de mode. À l'Exposition de Paris, en 1900, des collections de haute couture sont présentées à un public ébahi d'admiration. Paris est alors consacré temple de l'élégance et la femme y est élevée au rang de symbole. C'est l'époque où l'on adopte le combiné corset-jupon de style Pompadour et des robes de cour fastueuses richement ornementées. Mais les jupes sont encore étroites et incommodes. Les femmes souhaitent afficher une silhouette plus naturelle, un style plus confortable, parfois même exotique. Les Ballets russes, qui remportent un franc succès, influencent les créateurs, notamment Paul

Poiret. En 1907, la manche kimono, à la manière japonaise [3], triomphe dans les défilés de mode. Les parfumeurs, à la grande joie de Sarah Bernhardt, ne sont pas en reste et leur emboîtent le pas. En 1910, un parfumeur dessine le portrait parfait selon lui, de cette mythique Parisienne :

> Le devoir absolu de la femme est d'être belle pour plaire, charmer, aimer et être aimée. La Parisienne en cela est vive, enjouée, ayant grâce et séduction, possédant un joli profil aux traits bien réguliers, avec un beau teint dans lequel le blanc, le rose, l'azur des veines s'allient et se fardent en des nuances. Sa chevelure est abondante. Sa plus riche parure sont ses yeux ardents et scintillants, sa gorge opulente et ferme. Sa ligne en descendant s'arrondit au bassin large et évasé avec sa croupe richement formée, continuant le buste souplement cambré et la courbe délicieuse des reins. Sa cuisse est marmoréenne et d'une blancheur diaphane au mollet ferme et rond, ses chevilles et ses pieds sont menus et adorables [4].

La « chair », au sens le plus cru du terme, continue donc de triompher chez la femme, au travers d'un corps sexué et désirable, façonné pour inspirer l'amour. Ce portrait pourrait cependant laisser croire que la femme demeure résolument un objet de séduction, une sorte de bibelot tout entier livré à la convoitise masculine. Il n'en est rien. Désireuse d'assumer ses charmes, mais aussi de conserver son indépendance, elle veut, à l'image d'une Sarah Bernhardt, façonner elle-même son image, corriger s'il le faut les imperfections de la nature et non plus la subir. Son corps n'est plus exclusivement lié à la fonction procréatrice, mais aussi à la liberté, à la séduction maîtrisée, voire à la provocation. Après avoir été seulement la cible de tous les regards, la femme souhaite se montrer, mais à son avantage et pour sa propre satisfaction.

Changement de paradigme ! Elle refuse de subir les outrages du temps. Elle veut traquer ses rides et les effacer, faire bouger son corps pour mieux le préserver de l'embonpoint, mettre en valeur ses attraits naturels et en tirer le meilleur parti. S'entretenir, s'embellir, exploiter son potentiel physique, autant de nécessités qui s'insinuent peu à peu dans les mentalités féminines. Être séduisante, à l'aise avec son corps, n'est plus seulement une question de représentation sociale, mais d'abord un respect de soi. La nouvelle femme est sensuelle et vaporeuse, et inspire l'Art nouveau. La beauté, le charme, sont d'ailleurs définis comme un tout, qui ne tient pas uniquement aux traits gracieux du visage, mais « à l'ensemble parfait et à la bonne harmonie de toutes les parties du corps [5] ».

Le monde de la parfumerie a immédiatement saisi tout l'enjeu de cette évolution. Il n'a pas tardé, à travers des guides de beauté, à prodiguer des conseils en tout genre, récupérant à son profit les nouvelles attentes d'une clientèle empressée à suivre le mouvement et élargissant une gamme de services propres à la séduire : cosmétiques, instituts de beauté, cours de gymnastique, etc. Le lieu stratégique de cette guerre des parfumeurs : le cabinet de toilette, ce « sanctuaire mystérieux » où la femme, grâce aux soins de beauté, aux ablutions intimes, aux lotions sophistiquées et à la coiffure, parfait sa mise en valeur.

Ainsi, ces poudres, ces lotions, ces onguents, ces jeux d'ombre et de lumière sur la peau sont, pour les femmes en général, et non plus seulement pour une actrice comme Sarah, des armes de séduction massive. Le maquillage, à travers de nouveaux codes, leur confère une sorte de pouvoir tout en traduisant leur appétit de vivre et leur besoin de liberté. Bien loin de ce que Socrate appelait une « misérable tromperie », il les rassure et les réconcilie avec elles-mêmes. Le maquillage donne des couleurs à la vie. « Ce qu'il y a de plus profond chez l'homme, c'est la peau », écrivait ainsi Paul Valéry. Une femme moderne joue donc chaque matin tout ce qu'elle est, et tout ce qu'elle paraît, devant son miroir. Le reflet qu'elle y contemple n'est plus exclusivement la « belle image » qu'elle souhaite donner aux autres, mais quelque chose de plus profond. Se « refaire une beauté », c'est autant remettre de l'harmonie et de l'ordre dans son être qu'agrémenter les traits de son visage. Ici, le maquillage devient presque un argument métaphysique.

Sarah Bernhardt l'a compris avant tout le monde et n'a cessé, en se mettant en scène, en choisissant avec soin ses costumes, ses bijoux, ses parfums, de dépasser le simple monde des apparences. Sarah fascine parce qu'elle livre, sans en avoir l'air, une partie de son intimité et de ses secrets par sa seule présence physique. Rien d'étonnant, dès lors, à ce que son magnétisme ait attiré les parfumeurs comme les publicitaires. Ses succès internationaux au théâtre, tout comme sa vie libre et parfois délicieusement scandaleuse, l'ont propulsée en haut de l'affiche. Mais, surtout, ils ont conquis le cœur et l'admiration des Parisiennes. Ses innombrables liaisons, son mariage éphémère avec Jacques Darmala – cocaïnomane impénitent –, ses prises de position en faveur de Louise Michel, la Vierge rouge de la Commune, de Zola pendant l'affaire Dreyfus, son hostilité à la peine de mort en ont fait un personnage public, une femme qui pense par elle-même et n'hésite pas à défendre ses opinons. Au fil du temps, Sarah Bernhard a acquis ainsi une dimension bien plus profonde que celle d'une simple actrice à succès.

Pour d'autres, elle représente évidemment un investissement potentiel. Sarah, il est vrai, se prête au jeu avec bonheur, autant par plaisir que par narcissisme et appât du gain. On sait ainsi, dans le Paris bien informé, qu'elle a été l'une des premières comédiennes à posséder sa propre loge et sa propre table de maquillage, installée devant un miroir à huit faces. Sur la table : éponge à blanc, poudre de riz, baume de la ferté, pâte à sourcils, bâton de rouge à lèvres, pyrommée inspiré du khôl et bien sûr de l'eau de Cologne.

On sait aussi que Sarah adore les parfums, les fleurs, tout ce qui relève du domaine olfactif. L'écrivain Jules Renard, en visite chez « la Divine », en témoigne : « Non seulement le salon et les autres pièces embaumaient du parfum de ces bouquets souvent composés de lis ou de camélias, mais ils s'imprégnaient des essences tenaces et fortes, à base d'ambre et de jasmin que répandaient l'actrice, secouant à même les rideaux et les coussins le contenu des flacons. » Albert Flament, lui, affirme que, les soirs de première, les divans de sa loge « ne semblaient plus être que des jardinières tant les bouquets, les gerbes, s'y amoncelaient ».

D'ailleurs, Sarah adore porter des fleurs fraîches, accrochées en petit bouquet à ses robes ou des petites violettes cousues à son décolleté. À Paris, les marchés aux fleurs sont en plein essor, et la bourgeoisie aime fleurir ses appartements – c'est même un signe d'aisance financière. Le langage des fleurs transmet des messages, et si Sarah Bernhardt choisit la pureté du lis ou la modestie de la violette, ce n'est pas par hasard ! Son ami Reynaldo Hahn confiait volontiers que le parfum de Sarah Bernhardt était si pénétrant que « lorsqu'elle s'appuie sur votre bras, la manche en reste imprégnée pendant plusieurs jours ». Une manière invisible mais terriblement habile de ne pas se faire oublier. Edmond de Goncourt devisait que « certaines odeurs semblent avoir été composées pour augmenter l'enchantement des étreintes amoureuses ».

Une aubaine, donc, pour les grands parfumeurs ! Le théâtre, il est vrai, leur a toujours fourni un « terrain de jeu » idéal. Dès l'Antiquité, les parfums ont été utilisés sur scène pour accroître l'expérience sensorielle des spectateurs et même influencer leurs émotions. Les Grecs leur accordaient une place éminente, tant pour purifier les lieux que pour satisfaire les dieux. Aux XVIIIe et XIXe siècles, l'utilisation de fragrances contribuait également au réalisme du jeu des acteurs et à la mise en condition du public, intensifiant leur perception de la dramaturgie. Certaines maisons de parfum s'étaient d'ailleurs spécialisées dans la « parfumerie pour actrices ». Celles-ci étaient les seules à porter du maquillage, alors appelé « fards de théâtre », et à se parfumer de manière extravagante. Au tournant des XIXe-XXe siècles, avec l'évolution des modes et des mœurs, ces actrices deviennent les ambassadrices de l'art de la parure et des secrets de beauté. Elles seront d'ailleurs choisies pour illustrer les premières publicités peintes sur les murs des grandes capitales.

Ainsi, la Maison Rigaud, fondée en 1854, popularise l'essence d'ylang-ylang, une fleur des Philippines appelée « la fleur des fleurs ». Liane de Pougy, Cléo de Mérode, la Belle Otéro, Yvette Guilbert, Loïe Fuller, Cécile Sorel, mais aussi Sarah Bernhardt, contribueront à son succès. Sarah fait également les beaux jours d'un parfumeur syrien, Malharmé Bichara, installé au numéro 10 de la Chaussée d'Antin et spécialisé dans les fragrances orientales. Elle devient ainsi la première « égérie » à être réclamée à cor et à cri pour assurer la publicité de parfums et de cosmétiques. Devenue une star internationale, elle verra son nom décliné sur d'innombrables accessoires : poudres, crèmes, savons parfumés, gants et lingerie fine.

Dès les années 1890, son nom symbolise l'excellence de la poudre de riz *La Diaphane*, de la parfumerie Mazuyer & Cie, dont les affiches publicitaires sont l'œuvre de Chéret.

Quelques années plus tard, on ne parlera plus d'ailleurs que de la *Poudre Sarah Bernhardt*, éclipsant son nom d'origine. Son visage si célèbre inspire des affiches, comme celle du lance-parfum Rodo que dessine Alphonse Mucha, un artiste peintre et décorateur tchèque, qui l'a si souvent représentée pour les affiches de ses spectacles, à sa demande, entourée de lis blancs. Certes, le visage peint, avec ses cheveux roux et bouclés, n'est pas celui de Sarah Bernhardt, mais il lui ressemble à s'y méprendre, au point de jouer sur cette confusion dans l'esprit du public.

L'image de Sarah est devenue « porteuse » de symboles, une icône divinisée par la gloire. Alphone Mucha et d'autres s'en emparent. Une imagine féminine comme la sienne, à travers une représentation quelque peu onirique, est le plus souvent gage de succès. Sous l'influence de l'Art nouveau, des femmes à chevelure d'or, au visage souriant, à la taille de libellule, au corsage largement ouvert et aux charmes capiteux deviennent les figures allégoriques du parfum à la mode. Ces femmes se redressent et se cambrent en ondulations provocantes, dans un mouvement vaporeux d'étoffes légères où l'on aperçoit des jambes fines. Frappant l'imaginaire de consommatrices, elles incarnent une sensualité évanescente et lointaine, un monde où se conjuguent séduction et romantisme.

Un homme, mieux que quiconque, avait compris l'influence de ces images. Installé en 1828 à Paris, rue de Rivoli, le fondateur de la Maison Guerlain, Pierre-François-Pascal Guerlain draine vers sa boutique tout ce que Paris compte de femmes du monde, d'actrices et de chanteuses lyriques. Elles trouvent en lui un conseiller, un mentor, parfois même un ami. Guerlain parfume les scènes de théâtre et d'opéra. Son surnom : « le prince des parfums ». Son petit-fils, Jacques Guerlain, est un des nez les plus créatifs et les plus prolifiques de son époque. Il souhaite que chaque fragrance apporte à celui ou celle qui se l'approprie ce fameux « supplément d'âme » cher à Bergson, et il entre en symbiose avec l'« Art nouveau » qui triomphe alors, que ce soit en France, en Angleterre sous le nom de « Modern Style », ou en Allemagne en tant que « Jugendstil ». Son credo peut se résumer en quelques mots : observation et sublimation de la nature, culte de la femme, goût pour la ligne et nette attirance pour les modèles orientaux et japonais. L'esthétique 1900 a envahi tous les domaines de la vie ordinaire, laissant son empreinte sur la verrerie, sur l'orfèvrerie et la céramique, sur les réverbères, les façades d'hôtel. Les entrées de la première ligne de métropolitain (Étoile-Nation) sont réalisées par Hector Guimard. Rien, ou presque, n'échappe à cette obsession de la « nouveauté ».

Pourquoi le parfum se tiendrait-il en marge de ce mouvement ? La parfumerie française a accompli ce passage de l'artisanat à l'industrie avec succès, et les valeurs de rareté, d'expertise, de créativité, de luxe et d'élégance lui sont reconnues. Elle jouit alors d'une suprématie internationale. Les parfumeurs, audacieux, entrepreneurs, innovateurs, hommes de terrain mais aussi et surtout créatifs, firent du parfum, cet article d'hygiène, d'ordre essentiellement subjectif, ce sent-bon camouflé dans le cabinet des élégantes, un article que l'on offre, le cadeau par excellence, le premier pas vers le luxe reproduit à des milliers d'exemplaires. La profession s'enrichit de personnalités nouvelles, les techniques se sont affinées pour approcher toujours plus la perfection, la chimie appliquée à la parfumerie fit naître de nouveaux accords, le savoir-faire et le faire-savoir s'unirent pour mieux répondre à la demande et générer le rêve. En quelque sorte, l'industrie a rencontré l'art pour faire du parfum une entité immatérielle, aux résultats commerciaux éblouissants. Une nouvelle « esthétique olfactive » est née. Dans bien des cas, les produits synthétiques se sont substitués aux produits naturels : musc naturel et artificiel, vanille et vanilline, violette et ionone et, depuis peu, les aldéhydes. Un nom barbare qui renvoie à des odeurs abstraites, que les parfumeurs n'utilisent encore qu'avec parcimonie.

À l'Exposition universelle de Paris en 1900, inaugurée le 14 avril 1900 par le président Émile Loubet, la parfumerie française triomphe. Les médailles qu'elle obtient – 44 % du total – ne laissent planer aucun doute sur sa suprématie. Le palmarès est impressionnant. La France remporte 10 des grands prix sur 17, 16 médailles d'or sur 27, 19 médailles d'argent sur 35, 15 médailles de bronze sur 42 et 13 mentions honorables sur 74. Cette Exposition, qui est la plus visitée et la plus prestigieuse des manifestations, occupe une surface de deux cent seize hectares et accueille quatre-vingt-trois mille exposants. La femme y est à l'honneur. La Parisienne, surtout, symbole de la beauté, du charme et de l'élégance. Sa statue orne la porte d'honneur, offrant à chaque visiteur l'image d'une femme indépendante, résolument moderne, une femme « à la mode, qui lance les modes ».

En parfumerie, ces années 1900 voient d'ailleurs la consécration des bouquets floraux, symboles et incarnations de la féminité. La femme est un parfum, sensuel, vaporeux, elle est donc, pour Guerlain, une égérie, une inspiratrice. C'est à elle que Jacques Guerlain dédie sa nouvelle création, un parfum au nom aussi long qu'extravagant : *Voilà pourquoi j'aimais Rosine* que les visiteurs découvrent avec stupéfaction ! Ce parfum rompt radicalement avec les effluves de notes florales alors à la mode, pour évoquer une féminité forte, libre et fantasque. Certes, on sent un magnifique bouquet de fleurs, composé de rose, jasmin et iris. On reconnaît la bergamote de la « guerlinade », ce sceau olfactif des parfums Guerlain, qui s'impose en tête, accompagnée de la lavande aromatique. Puis se déploient les arômes de la marjolaine, qui se marient avec la pointe épicée de la cannelle. Mais le fond boisé, composé de patchouli et de mousse de chêne sur lit de vanille, intrigue par sa puissance et sa sensualité. Ce parfum préfigure une forme d'androgynie olfactive. Il est présenté comme floral et épicé, mais il est déjà un chypre cuivré, avec des accents fumés qui rappellent le thé lapsang Souchong. Bref, une odeur de fauve qui évoque les peaux de bêtes sur lesquelles Sarah aime s'alanguir.

On pourrait soupçonner que Jacques Guerlain ait pu, comme le journaliste Jules Huret, admirer le « salon de la Divine ».

> [S'y] étale le plus magnifique, le plus sauvage, le plus troublant des lits de repos : c'est un immense divan fait d'un amas de peaux de bêtes, de peaux d'ours blanc, de castor, d'élan, de tigre, de jaguar, de buffle, de crocodile [...] Par terre, d'un bout à l'autre du hall, des tapis d'Orient couverts, toujours de peaux de bête ; on se heurte, à chaque pas, à des têtes de chacal, d'hyène et à des griffes de panthère [...] Et puis, partout, des fleurs, des fleurs, des touffes de lilas blanc et de muguets d'Espagne, des bottes de mimosas, des bouquets de roses et de chrysanthèmes, entre des palmiers dont le sommet touche au plafond de verre [6].

Ce parfum singulier est contenu dans un flacon coiffé d'un bouquet de narcisses blancs, bégonias ou encore roses en soie, composé à la main selon le choix de la cliente au moment de l'emballage, et qui semble jaillir d'un vase avec élégance.

Ce flacon avait-il été inspiré par les vers du célèbre poème « Le vase brisé » de Sully Prudhomme[7] : « Le vase où meurt cette verveine / D'un coup d'éventail fut fêlé [...] » ? Il semblerait que Sarah Bernhardt ait fait répéter ce poème à la courtisane Liane de Pougy, qui se voulait comédienne et qui avait sollicité la Divine pour quelques cours et conseils. Après cinq ou six séances, Sarah Bernhardt, découragée, déclara à son élève : « Mon petit, je ne puis faire grand-chose pour toi. Montre ta beauté, mais surtout n'ouvre jamais en scène ta jolie bouche ! »

Tous ces indices semblent donner la réponse à l'énigme de ce nom étrange, *Voilà pourquoi j'aimais Rosine*. Derrière Rosine se cache donc Sarah, qui avait adopté ce pseudonyme à la Comédie-Française, car c'était un prénom familial que portaient sa tante et sa jeune sœur. Sarah Bernhardt est une amie de la famille Guerlain. Jacques l'admire en secret et rêve de lui consacrer une essence particulière, une essence qui lui ressemblerait, unique en son genre. À celle qui pensait qu'il « fallait haïr très peu car c'est fatigant ; mépriser beaucoup, pardonner souvent, mais ne jamais oublier », Jacques Guerlain offre donc le plus beau sillage. Ce parfum, intense et vibrant, prend la forme d'une création singulière, bien à l'image de celle qui n'aime rien tant, par défi, qu'incarner sur scène des rôles masculins, car elle avoue préférer les cerveaux mâles. Elle les trouve plus aptes à la réflexion, mais aussi plus habiles à exprimer les émotions et les souffrances humaines.

Pour Sarah Bernhardt, Jacques Guerlain a donc composé un parfum différent, très loin des classiques notes florales habituelles, incarnant celle dont le style et la silhouette inspiraient la mode, les arts décoratifs et même toute l'esthétique de l'Art nouveau. La comédienne est alors à l'apogée de sa carrière, aussi bien en Europe qu'aux États-Unis. Surtout, elle a compris l'impact croissant de l'image, de ce que l'on ne nomme pas encore « publicité ». Elle est partout – sur scène, sur les murs des théâtres et dans les boudoirs, sur la table de maquillage des femmes élégantes. L'hommage que lui a rendu Guerlain a répandu autour d'elle un parfum d'encens qui l'assimile à une divinité païenne.

En 1914, à la veille de la Grande Guerre, la célébrité de Sarah Bernhardt a dépassé celle de toutes les grandes actrices, mais aussi de toutes les femmes connues et admirées du grand public. On dit « Madame Sarah Bernhardt » avec la même révérence que l'on saluerait une reine en majesté. En 1915, Sarah est devenue riche, très riche. Elle a désormais son propre théâtre et son hôtel particulier. Elle a acheté une propriété à Belle-Île-en-Mer, dont elle est tombée véritablement amoureuse. Dans ce fort militaire abandonné de la pointe des Poulains, elle aménage un petit paradis et son jardin secret. À chaque séjour, Sarah déploie sa bannière brodée blanche pour signaler sa présence, comme la reine d'Angleterre à Buckingham, Windsor ou Balmoral. Pour se rendre à la falaise, elle traverse son jardin planté de tamaris, la lande embaumée d'ajoncs et de genêts [8]. Elle rejoint son promontoire face à la mer et respire à plein poumons l'air marin, la fraîcheur saline des embruns et la note épicée des immortelles, ces petites fleurs jaunes sauvages qui ont le goût et l'odeur du curry. Là, elle déclame avec emphase les vers de son ami Victor Hugo, qui l'avait surnommée « la Voix d'Or ».

Chaque été, c'est le même rituel à Belle-Île, où elle se rend avec sa famille et ses amis et surtout jamais sans sa ménagerie, ce qui nécessite toute une logistique lors des deux jours de voyage à l'aller en train puis bateau. Elle est couverte de gloire et d'honneurs. Non contente d'avoir interprété plus d'une centaine de pièces de théâtre et joué dans plusieurs films, elle est une artiste complète, elle écrit, peint et sculpte. Elle a été la « première » quasiment partout, y compris en utilisant une technique toute nouvelle et appelée à un brillant avenir : le lifting. Que pourrait-on ajouter à une existence aussi somptueuse ?

Mais Sarah est trop lucide pour ignorer que la vie réserve également de mauvaises surprises. Elle a soixante-dix ans, elle est atteinte de gangrène au niveau d'un genou. Au mois de février, on l'ampute d'une jambe. Elle garde le sourire. Refusant toute prothèse, elle rend visite aux « poilus » sur le front, lesquels, avec humour et affection, lui décernent le surnom de « Mère la Chaise ». Cette infirmité ne l'empêche pas de continuer à jouer assise. Espère-t-elle, à l'instar de Molière – et même si c'est une légende –, mourir sur scène ? En 1920, elle interprète encore *Athalie* de Racine. Mais, le corps est usé. Le 26 mars 1923, alors qu'elle tourne sur un scénario de Sacha Guitry dans *La Voyante*, Sarah Bernhardt meurt chez elle, dans les bras de son fils Maurice, le seul véritable « homme de sa vie ».

« Ce nom seul demeurait synonyme d'art et de beauté », pourra-t-on lire dans *Le Monde illustré*. Sarah Bernhardt s'est installée dans une gloire si lumineuse que son rayonnement, constamment alimenté par de nouvelles révélations, devait s'accroître jusqu'au seuil de la mort même…

Sa devise « Quand même » ne s'appliquait pas à la mort, qui fut le seul frein à sa toute-puissance et pour laquelle elle cultiva toute sa vie une fascination, au point de dormir dans un cercueil ou de se rendre à la morgue pour contempler les rangés de cadavres allongés sur les tables de marbre. Ses funérailles, auxquelles assistera une foule immense, comparable à celle qui avait accompagné quarante ans plus tôt le corbillard des pauvres de Victor Hugo, seront sa dernière représentation. Quelques heures auparavant, des admiratrices étaient venues déposer, dans le hall de son hôtel particulier du boulevard Pereire, des centaines de bouquets de roses, d'orchidées, de lilas, de violettes. Ces odeurs qu'elle aimait tant et qui composeront le dernier nuage de parfum accompagnant Sarah Bernhardt jusqu'à sa tombe du Père-Lachaise.

La France du luxe, comme celle, plus modeste, de ses innombrables admiratrices, était en larmes. On raconte qu'une jeune actrice, penchée au-dessus de la fosse, aurait alors murmuré : « Les dieux ne meurent pas ! » En effet, ils se manifestent par leur belle odeur. Ce jour-là, on n'enterrait pas une actrice internationalement connue, on enterrait une « star » qui continue aujourd'hui encore à briller au firmament du théâtre et de l'éternel féminin. Parce qu'elle le valait bien, Sarah Bernhardt a ouvert la voie à l'utilisation de l'image des actrices pour incarner le rêve des femmes et promouvoir les marques qui savent le produire.

Photographie de Colette
Anonyme. © Frédéric Maget.

XVI

Colette

« Et je vends des parfums »

« Je m'appelle Colette et je vends des parfums » annonçait allègrement l'enseigne de sa boutique à Paris, qui interrogeait les passants par ce slogan : « Croyez-vous au second métier de l'écrivain ? »

Sidonie-Gabrielle Colette demeure bien plus célèbre pour son immense talent littéraire, nourri en particulier de références olfactives très pointues, et pour sa personnalité socialement et sexuellement libre, que pour son affaire de parfums et de cosmétiques lancée en 1932. C'est certainement l'épisode le plus étonnant de sa carrière, mais aussi et paradoxalement le plus en phase avec ce qu'elle a toujours été, une amoureuse de la vie et de la beauté.

« Je suis la fille d'une femme qui, dans un petit pays honteux, avare et resserré, ouvrit sa maison villageoise aux chats errants, aux chemineaux et aux servantes enceintes. » Ainsi s'exprimait Colette en parlant de sa mère, Sidonie Landoy. C'est à cette femme singulière qu'elle doit la sensibilité exceptionnelle qui lui permettra un jour de devenir cet être libre, volontiers provocateur et le grand écrivain que l'on connaît.

Sidonie Gabrielle dite Colette est née le 28 janvier 1873, à Saint-Sauveur-en-Puisay, dans l'Yonne. Sa mère, Sidonie nommée aussi « Sido », avait hérité une maison d'un premier mari, lequel lui avait donné deux enfants, Juliette et Achille. D'un second mariage avec le capitaine Jules-Joseph Colette, elle aura deux enfants, Léopold, né en 1866, et Colette, en 1873. Colette est donc la benjamine d'une fratrie de quatre enfants.

Le personnage clé de sa vie est sans nul doute cette mère, cultivée, autodidacte et bourgeoise avec irrévérence. Sidonie passe ses premières années à la campagne, puis en Belgique avec ses frères, où elle vit dans un milieu privilégié de peintres, de journalistes et d'intellectuels. C'est une formation éclectique que sa mère cherchera à transmettre à ses enfants, et notamment à la future romancière. Il n'est qu'à lire l'œuvre de Colette pour comprendre que sa mère a d'abord joué un rôle crucial dans l'éveil de sa sensibilité au sens le plus concret du terme : l'éveil de tous les sens. Colette nous fait découvrir le monde par les narines et les papilles. Elle nous apprend à boire, à manger, à goûter, à savourer, à respirer. Tout ce que Sido, sa mère, lui a enseigné, pas à pas, depuis sa naissance : ressentir la vie et son flux avec l'ensemble du corps. Dans son livre *La Retraite sentimentale*, elle affirme d'ailleurs : « Moi, c'est mon corps qui pense, il est plus intelligent que mon cerveau. » Ailleurs, dans son *Journal à rebours*, qui date de 1941, elle souligne que « l'attention d'un enfant obéit au plus averti de ses sens. Déjà le mien était l'odorat ».

Et que de références olfactives à travers ses romans ! Loin de penser comme le philosophe Emmanuel Kant que l'odorat est le sens le plus ingrat car le plus contraire à la liberté, Colette le considère au contraire comme « le plus aristocratique de nos sens », de même que le parfum est, à ses yeux, le « plus indispensable des superflus ». C'est dans le jardin merveilleux de sa maison d'enfance à Saint-Sauveur-en-Puisaye qu'elle a appris à observer, à goûter et à sentir toutes les effusions de la nature. Sido lui a même inculqué des notions de botanique, des connaissances sur la faune et la flore. Mieux : son premier mari, qui était grand amateur de vins – la cave de leur maison de Bourgogne regorgeait de crus exceptionnels –, a transmis à sa femme son amour de la vigne, de même que ses qualités gustatives. Plus tard, Colette saura ainsi tenir la dragée haute à n'importe quel sommelier professionnel.

C'est donc Sido qui, durant toutes ses premières années, façonnera son regard sur le monde. « Regarde », lui dit-elle souvent.

> Peu de jours après, je trouvais ma mère sous l'arbre, passionnément immobile, la tête à la rencontre du ciel d'où elle bannissait les religions humaines...
>
> — Chut !... Regarde...
>
> Un merle noir, oxydé de vert et de violet, piquait les cerises, buvait le jus, déchiquetait la chair rosée [1]...

Le nez chez Colette joue le rôle de « sentinelle avancée », comme le disait Brillat-Savarin. Elle l'écrit dans *Sido* : « mes narines plus sensibles que tout le reste de mon corps ». L'odorat de Colette est le plus sauvage de ses cinq sens, mais parfaitement dompté, qui s'exerce dans une œuvre où l'on rencontre sans cesse odeurs, arômes, parfums, effluves et fumets. À chaque page, nos narines sont sollicitées, excitées et même exacerbées. Elle sait parfaitement pratiquer l'« examen olfactif », comme elle sait « humer le vin ». Colette sait évoquer ses souvenirs avec une précision visuelle, olfactive et gustative qui relève d'une mémoire affective et sensorielle presque parfaite. Même vieillissante et recluse, elle saura encore solliciter cette mémoire comme celle de ses « vieux sens subtils » et continuera à frémir de bonheur lorsqu'elle recevra « un colis de cornuelles », qui réveillera chez elle tous les souvenirs de l'enfance heureuse passée à Saint-Sauveur-en-Puisaye : « Odeurs de joncs riverains, de l'eau remuée et de la menthe grise, saveur douteuse et séductrice de la cornuelle. »

Jusqu'à la fin de sa vie, même à Paris, toujours follement amoureuse de la nature, celle qu'on appellera alors « la bonne dame du Palais-Royal » vivra ainsi, entourée de ses chats et de bouquets de fleurs.

Est-ce également de sa mère que l'écrivain tiendra son sens de la provocation ? On raconte que Sido emmenait volontiers son chien à la messe pour qu'il aboie pendant l'élévation et qu'elle lisait Corneille au lieu de son livre de prières, tout comme le duc de Choiseul, dans sa chapelle de Chanteloup, lisait des ouvrages licencieux dissimulés dans son missel.

Et le père de Colette ? Originaire de Toulon, Jules Colette était premier capitaine d'un régiment de zouaves, l'infanterie de l'armée d'Afrique. Il avait eu une jambe arrachée à la bataille de Melegnano, en Italie. En compensation de quoi on lui avait donné la perception de Saint-Sauveur-en-Puisaye. L'ancien zouave collectait et gérait donc les impôts du village. C'est dans ce contexte qu'il avait rencontré Sidonie et fondé sa famille en l'épousant le 20 décembre 1865.

Il semble que Jules Colette ait été toute sa vie un écrivain frustré. Peut-être est-ce pour cette raison que Colette lui emprunta son patronyme pour en faire son nom de plume ? Pour introduire cet homme – au demeurant sympathique, bon chanteur et nageur émérite – dans le monde des lettres par la petite porte.

Hélas, la comptabilité n'était pas non plus son fort. Lorsque Juliette, l'aînée de la fratrie, se marie en 1884, la belle-famille réclame la dot ainsi que les comptes de tutelle. Mauvais gestionnaire, Jules Colette doit emprunter au Crédit foncier. Sidonie ne se montrant pas moins dépensière, la famille se retrouve bientôt face à un gouffre financier. C'est la ruine !

Les Colette n'étant pas natifs de Saint-Sauveur, les villageois font des gorges chaudes de leurs malheurs et s'amusent de la vente publique de leur mobilier. Il faut déménager. Grâce à l'aide d'Achille, la famille s'installe à Châtillon-sur-Loing en novembre 1891 [2]. Ce départ précipité, dans la honte, restera pour Colette un traumatisme, et elle s'efforcera toute sa vie de retrouver un peu du « bonheur perdu » de la grande maison de Saint-Sauveur-en-Puisaye. Elle en gardera aussi une peur de manquer, au point de ne cesser de se battre pour son indépendance financière, seule garante de sa dignité.

Mais, plus que tout, c'est sans doute la vie amoureuse de Colette qui oriente son destin. En 1892, lors d'un séjour parisien, elle fait la connaissance d'Henry Gauthier-Villars, dit Willy. Celui-ci est un critique célèbre et influent dans le milieu littéraire, mais qui a pour habitude de faire écrire ses articles par des prête-plumes. Il est brillant, séduisant, Colette tombe sous le charme. Le 15 mai 1893, ils se marient à Châtillon-sur-Loing avant de venir vivre à Paris, quai des Augustins, dans l'hôtel familial des Gauthier-Villars.

Avec Willy, Colette rencontre le Tout-Paris intellectuel de la Belle Époque : Paul Valéry, Alfred Jarry, Jules Renard, Marcel Proust, Claude Debussy. Surtout, il la pousse à écrire. En 1900, avec *Claudine à l'école*, débute une collaboration houleuse sous le nom de Colette Willy. Car c'est peu de dire que Willy exploite le talent de sa femme, même s'il appose également sa « griffe » sur chacun de ses ouvrages.

Willy, bon vendeur, sait assurer la publicité des livres du tandem. Il a l'art de la réclame : il crée les cols Claudine, imprime des faux tracts, invente un faux ménage à trois avec Polaire, une actrice qui joue le rôle de Claudine au théâtre dans *Claudine à Paris*, en 1902. Mais, à la longue, cette collaboration forcée va prendre une mauvaise tournure. Colette voudrait voler de ses propres ailes, et les rapports conjugaux finissent par se dégrader. Jusqu'à l'inévitable rupture, en 1905. Le divorce suit, et Colette retrouve sa liberté. Elle réglera ses comptes bien plus tard. Il lui faudra attendre 1923 pour, enfin, écrire sous son propre nom. Et 1936 – cinq ans après la mort de Willy – pour enterrer son premier amour au son d'une vengeance implacable, le traitant dans *Mes apprentissages*, de « vieux salaud profitant du talent des autres, à commencer par celui de son épouse ».

Sans doute avait-elle attendu longtemps ce règlement de comptes pour une autre raison : elle avait aimé Willy, et celui-ci avait été son initiateur. Dans le même ouvrage, elle affirme d'ailleurs avec humour qu'« en peu d'heures, un homme sans scrupules fait d'une fille ignorante un prodige de libertinage » ! C'est avec lui, en effet, que Colette a entamé son long périple amoureux. Car, en la matière, Colette n'a pas attendu leur divorce pour s'émanciper de la tutelle de son mari. Très vite, elle a multiplié les liaisons, masculines et féminines, goûtant à tout et de façon immodérée. Elle fréquente les cercles lesbiens de la capitale, devient la maîtresse de Natalie Barney, une femme de lettres d'origine américaine qui tient un salon littéraire rue Jacob, ou encore celle de Mata-Hari, fausse danseuse orientale mais véritable espionne, qui terminera sous les balles d'un peloton d'exécution.

Colette osera revendiquer dans ses œuvres la pureté de ses amours lesbiens. Pour elle, il n'y a pas d'émancipation féminine sans une libération de la sexualité de la femme, laquelle est fondamentalement une bisexualité et une sensualité polyphonique. Un discours qu'elle clame à qui veut l'entendre en se qualifiant elle-même d'« hermaphrodite mental ». De 1905 à 1911, elle se lie ainsi à Mathilde Morny – nièce de Napoléon III – marquise de Belbeuf, dite Missy, qui lui offre la villa Rozven, près de Saint-Malo, en 1909. Généreuse, cette dernière sera à la fois son amie, son amante et sa mécène.

Les hommes ne sont naturellement pas absents de ce balai amoureux. En 1913, elle se remarie avec Henry de Jouvenel, alors directeur du grand quotidien *Au Matin*. De cette union naît même une petite fille, alors que Colette atteint la quarantaine, prénommée Colette-Renée. Mais, là encore, c'est l'échec. Dix ans plus tard, Colette et Henry divorcent. Colette, quelque temps plus tard, aura une liaison avec le jeune fils de son mari, Bertrand, liaison qu'elle relatera dans *Le Blé en herbe* (1923).

Dix ans se passent encore avant que la romancière ne convole en 1935 à nouveau avec Maurice Goudeket, un négociant en pierres précieuses d'origine juive rencontré dix ans plus tôt. Cette fois, Colette, assagie peut-être, lui restera fidèle, du moins à sa manière, jusqu'au bout, allant plus tard jusqu'à se mettre en danger pour le tirer des griffes de la « rafle des notables » en 1941, lorsque 743 Juifs sont arrêtés dans Paris pour être déportés [3].

En 1936, Colette a été nommée commandeur de la Légion d'honneur, elle a été reçue à l'Académie royale de langue et de littérature françaises de Belgique. Sa carrière est au plus haut, sa célébrité au sommet. Pourtant, elle continue d'écrire avec acharnement livres et articles de presse. Comme si elle menait plusieurs vies à la fois, tout comme les chats qui furent sa passion, elle a goûté au spectacle. Elle s'est produite comme mime sur la scène de l'Olympia, enthousiasmant son public. Elle a joué en 1907 dans *Rêves d'Égypte* au côté de sa maîtresse Missy, au Moulin Rouge, concluant la représentation par un baiser final à pleine bouche qui déclencha un tollé. Le scandale est tel que le préfet de police Lépine interdit le spectacle ! Elle a écrit des chroniques de films, signé les dialogues et le scénario de *Divine* en 1935. Le cinéma lui-même s'est emparé de son œuvre écrite, faisant du *Blé en herbe* un film à succès.

Touche-à-tout de génie, Colette n'a pas non plus négligé le monde de la publicité. Aussi douée en marketing que l'était Willy, elle est devenue un nom qui fait vendre, tant dans les librairies que dans les colonnes des journaux, mais également dans la publicité : les cigarettes Lucky Strike, Vogue, Hermès, Perrier, Nicolas font appel à elle. Car si le mot marketing date du début des années 60, depuis le premier tiers du XXe siècle, et en particulier après la Grande Dépression de 1929, les industriels s'étaient en effet laissé gagner par un changement de culture. C'est à cette période que les écrivains sont sollicités pour séduire. Les clients n'achetant plus spontanément, il incombait alors aux marchands de les y inciter. Recruter des personnalités des lettres pour le faire s'impose dès les années vingt et surtout les années trente. Colette compte parmi eux et excelle.

Voilà pourquoi elle assume cette nouvelle casquette sans états d'âme. Elle qualifie Perrier de « Champagne des eaux de table », dit de la maison Hermès que sa plus grande coquetterie « est de vouloir que le dessous vaille le dessus, et le dedans le dehors ». Elle vante les bienfaits du café de Colombie pour Corcellet, comme elle n'hésite pas à s'afficher pour assurer la promotion des vins Mariani où à décrire le denier modèle automobile d'Henry Ford en concluant : « La mode, la Ford, la femme : et vous savez, ne vous y fiez pas trop : changeantes… »

Journaliste aux multiples collaborations, Colette trouve encore le temps de courir les défilés, les théâtres et autres spectacles. Sa signature est recherchée par tous les rédacteurs en chef et les patrons de presse. C'est ainsi que Jean Provost et Pierre Lazareff relancent *Paris-Soir* grâce aux articles d'auteurs célèbres comme Colette, mais aussi Joseph Kessel, Blaise Cendrars, Antoine de Saint-Exupéry. La presse s'intéresse à Colette car elle sait parler aux femmes.

En 1935, six semaines après leur mariage, Colette embarque avec Maurice Goudeket pour la première traversée transatlantique du paquebot *Normandie*. Toute l'élite littéraire et artistique fait le voyage, à l'instar de Blaise Cendras, Claude Farrère, Pierre Wolff, mais également le milieu politique constitué de ministres et de sénateurs. Colette envoie des articles tous les jours de New York pour donner ses impressions au journal. Comme tous les célèbres voyageurs, Colette reçut un flacon du parfum *Normandie de Patou*, célébrant l'inauguration du paquebot transatlantique affecté à la ligne Le Havre-Southampton-New York. Dessiné par le décorateur Louis Süe, le flacon en forme de navire n'a été fabriqué qu'à cinq cents exemplaires pour être donné aux passagers du bateau.

Colette se montre une redoutable observatrice de son temps, et en particulier des femmes qui, en coulisses, jouent un rôle essentiel dans la société de l'entre-deux-guerres. Elle parle des mannequins « prisonnières du luxe, abreuvées de café », elle décrit les couturières comme des « collaboratrices modestes et étonnantes qui se dévouent, la vie durant, à une grande maison ». Elle rend hommage à cet artisanat de la mode ignoré de beaucoup. En 1930, elle décrit Coco Chanel comme le « petit taureau noir travaillant des dix doigts, de l'ongle, du tranchant de la main, de l'épingle et des ciseaux à même le vêtement », pareille « à la lavandière prosternée qui bat le linge, aux dures ménagères, entraînées, jour après jour, vingt fois le jour, à de prestes génuflexions de nonnes ».

Le sort des femmes, en effet, a toujours été son obsession. En revanche, éprise de liberté et revendiquant son indépendance financière, elle éprouve paradoxalement un rejet, voire du dégoût, pour le féminisme. Son militantisme est ailleurs, et elle exprime sa dissidence autrement. Colette est hypersensible à l'essence de la féminité et à son expression sous toutes ses formes, elle est soucieuse du bien-être des femmes, de leur être comme de leur apparence physique. Cela ne l'empêche pas de s'élever contre le diktat de la minceur et de clamer combien elle adore le vin, la bonne chère, le chocolat, qui font s'accumuler les kilos superflus. « J'aime être gourmande », répète-t-elle. Des préoccupations légères, mais qui traversent à la manière d'un fil rouge aussi bien sa vie que son œuvre littéraire, marquée par cette sensorialité proclamée.

En 1932, soucieuse de diversifier ses activités, de redresser ses finances mises à mal par la crise des années 1930, qui a pour conséquence de voir les ventes de ses livres baisser, mais désireuse aussi d'exprimer tout un pan d'une personnalité d'ordinaire dissimulée derrière ses personnages, Colette s'est lancé un défi : ouvrir une boutique dédiée à l'esthétisme et au bien-être féminin. On l'a vu, la nature, les odeurs, les parfums, la beauté ont toujours été au centre de son imaginaire, au point qu'elle possède ce don d'écrire avec justesse sur la sensualité des odeurs et sur l'esthétisme des couleurs.

Colette pense avec les cinq sens avant de filtrer ses sensations à travers le prisme de son cerveau.

En matière de parfums, elle est ainsi fidèle depuis 1906 – et le restera jusqu'en 1930 –, au *Jasmin de Corse* de Coty, un opulent parfum floral blanc, qui lui constituait un sillage très singulier. Mais Colette avoue aussi son penchant pour tous les parfums : « Aucun être vivant n'est indifférent au parfum. Je suis fidèle au mien depuis quarante ans et plus… jusqu'à ce que je ne trouve plus une goutte de mon essence préférée. »

Colette a l'amour des fleurs blanches, ces reines de la nuit, qui lui correspondent si bien : jasmin, tubéreuse ou gardénia. « Toutes fleurs sans tache, écrit-elle, longtemps rebelles à la distillation […] dont la corolle pulpeuse dilate son arôme entre le crépuscule du soir et celui du matin ». Elle proclame, en revanche, son mépris pour les essences synthétiques qui sont apparues sur le marché des parfums : « C'est que nous souffrons nous autres nez fins. Nous sommes trop sensibles pour ne pas nous rallier à une famille assez restreinte de parfums typiques, classiques, éternels comme la fleur, inspirés d'elle, et qui ne s'en écartent pas, par lyrisme pur, que pour revenir à elle. » Et elle ajoute : « Tout parfum qui ne se réclame pas d'une origine végétale ne peut compter que sur un caprice bref de la mode. »

Colette préfère célébrer le lis des sables « au terrible parfum – un parfum que l'on dit de perdition de l'âme et du corps » ; la tubéreuse, qui « est la dernière odeur délicieuse de l'été » ainsi que la « pure sensualité du jasmin » ; ou encore le gardénia, mais aussi, dans *La Maison de Claudine*, le tabac blanc, qui « ouvre la nuit ses tubes étroits de parfum et ses corolles en étoile ». Dans son dernier livre, *Le Fanal bleu*, Colette a relaté son voyage à Grasse à l'été 1948. Depuis le XIIe siècle, cette ville est devenue la riche capitale économique de la Provence orientale, qui bénéficie d'un microclimat exceptionnel et d'un cheptel considérable, alliés à une abondance de sources et de plantes aromatiques. Elle se distingue par sa spécialité, qui est le tannage du cuir. Le succès de la ganterie-parfumerie grassoise est à l'origine d'une extension remarquable des cultures florales : la fleur d'oranger, mais aussi le jasmin, la rose centifolia, autrement dit la rose de mai, et la tubéreuse. Le climat de la région est idéal à la culture des plantes et des fleurs fragiles. Au XIXe siècle, la « ville des fleurs et des parfums » gère la récolte, le traitement des matières premières et le négoce, laissant aux entreprises parisiennes la fabrication des parfums, dans une association complémentaire fructueuse. Le jasmin grandiflorum est, avec la rose de mai, l'un des fleurons de Grasse, où il fut exclusivement cultivé jusqu'en 1930. À Grasse, on l'appelle juste « la fleur » pour le désigner.

Son arthrite de la hanche l'empêchant de marcher, c'est en « chaise roulante », « prostrée et optimiste », que Colette déambule en Pays de Grasse, attentive à tout frémissement d'odeurs. Le jasmin est alors en pleine floraison et son parfum « barre les routes, raide comme une corde tendue », s'extasie-t-elle, les sens comblés. Elle assiste à la cueillette entre l'aube et le soleil levé, suivant les fleurs jusqu'à leur « consomption » et admirant « les pas muets des hommes qui servent le parfum ».

La romancière visite l'usine Robertet, guidée par son ami Maurice Maubert, le maître des lieux. Il lui présente « les destins successifs qui attendent, en vases clos, les dépouilles des cultures de Grasse : nul regard ne les verra plus sous leur aspect de fleurs. » Colette goûte avec une précision sensorielle chaque étape du traitement des fleurs, jusqu'à l'obtention de la concrète qu'elle hume, gourmande, avant de la comparer à « une confiture » et « à un chocolat onctueux et brun ».

La Maison Robertet avait été fondée en 1850 et Maurice Maubert représentait la troisième génération dirigeant cette entreprise familiale, qui avait choisi comme marque : « À la confiance ». À ses débuts, l'usine ne traitait que les fleurs et les plantes de la région provençale. Depuis les années 20, l'entreprise avait développé de nouveaux procédés pour l'obtention de produits naturels odorants. Colette y fut sensible et apprécia le savoir-faire de cette entreprise, qui s'imposait par son excellence sur le marché mondial des produits floraux : « C'est une grande merveille que l'intégrité d'une telle industrie. Ici, on extrait le jasmin du jasmin, et des bulbes d'iris vient l'iris. »

Durant son bref séjour, Colette s'abreuve aux fontaines jaillissantes de ces « eaux grassoises qui élèvent la nuit, dans l'air pur et sans brise, une brume insaisissable qui capte l'odeur des jasmins et l'immobilise ». Elle respire le jasmin à plein poumons jusque dans la nourriture, constatant que « la fleur sera, bien qu'invisible, de plus en plus présente », note-t-elle pour son plus grand plaisir. Colette aimait porter au creux de son cou ce jasmin incoercible, capturé dans un flacon par un grand parfumeur d'origine corse, François Coty.

Surnommé « le père de la parfumerie moderne », Coty avait réussi en 1906 à transformer cette essence légendaire en un parfum moderne. Colette fut séduite par ce jasmin en absolu, mêlé à la fleur d'oranger et à l'ylang-ylang se fondant sur un superbe fond couturé d'œillet. Ce jasmin, plus vrai que nature, était infusé avec encore plus de puissance grâce à ses notes artificielles, qu'elle fustigeait tant mais qui avait permis ce petit miracle de rendre la senteur de cette fleur encore plus persistante et réelle. L'illusion olfactive avait dû avoir raison de ses réticences. Cette formule courte mais éclatante restituait à la perfection les senteurs d'un jardin corse empli de jasmin. En hommage à l'île natale du parfumeur, *Jasmin de Corse* à la douce opulence et infiniment raffiné, fut vendu entre 1906 et 1930, mais ne sera jamais reproduit par la suite. On raconte que cette étonnante composition, évoquant le rêve et le romantisme, était pourtant le parfum préféré de la princesse Tatiana, l'une des filles du tsar Nicolas II.

Colette aimait également *Arpège* de Lanvin, qu'elle trouvait d'une « impeccable modernité », quoiqu'elle avouât avec dépit : « Sur moi, il perd une grande partie de ses vertus. » Son amour pour Lanvin la fait collaborer avec la célèbre maison. Elle rédige la préface de *L'Opéra de l'Odorat*, une ravissante brochure éditée en 1949, accompagnée des poèmes et calligrammes de Louise de Vilmorin et des aquarelles de Guillaume Gillet. Colette y fait part de son expertise en la matière : « J'ai eu le temps de connaître les modes diverses du parfum », insistant sur sa narine « qui ne craint pas beaucoup de rivales » ! Elle y affirme que c'est la femme qui fait la tendance du parfum, même si, regrette-t-elle, c'est une industrie d'hommes : « [on attribue] au mâle une narine plus experte que la nôtre [...]. Le fait est que l'industrie moderne cote les dégustateurs de vins, les chimistes en parfumerie, et que leurs laboratoires n'aiment pas la présence de la femme, séléniquement troublée. Mais c'est pour la femme qu'ils œuvrent, ainsi elle a le dernier mot. »

Elle poursuit sa déclaration d'amour au pouvoir du parfum et clame à nouveau son dégoût des matières de synthèse dans une courte nouvelle, « Parfums Gabilla », extraite de *Paysages et Portraits*. La narratrice rencontre dans le tramway un parfumeur chimiste, auquel elle reproche l'usage de la synthèse :

> Je tiens à mes illusions, monsieur, lui dit-elle. Quand je respire un parfum vanillé, je crois bonnement que vous mettez de la vanille [...] il me semble que l'odeur de la tubéreuse coule des calices étroits, intarissables, et non d'un sale petit résidu minéral... chimiste ? On le sait, allez, on ne le sait que trop, que vos parterres ont le goudron pour rosée sur des bourgeons d'anthracite.

Le parfumeur lui rétorquera que c'est bien la synthèse qui fit naître l'art du parfum tel que Colette le décrit, et finira par admettre que ces notes artificielles avaient permis qu'un « art aussi français que la parfumerie de luxe touche aujourd'hui à la perfection. Robe et flacon, jaloux de porter la même estampille, s'associent, se rassemblent. La coûteuse fiole fait fine taille, la robe est galbée. Sûres d'être en tous lieux reconnues, elles partent, passent les mers et les antipodes voient leur double triomphe ».

C'est en effet aux parfums des couturiers, comme son amie Coco Chanel, qu'elle accorde le plus grand crédit, car elle juge ces derniers les mieux à même de savoir ce qui convient aux femmes ; entre leurs mains, le parfum devient un complément de la toilette, un impondérable et nécessaire panache. Le parfum est, pour elle, « le thème mélodique, la claire, la directe expression des tendances et des goûts de notre époque ».

C'est pour cela que sa préférence ira, après-guerre, outre *Arpège* de Lanvin, au *Vent Vert* de Balmain, créé en 1947 par Germaine Cellier, une femme parfumeur, aussi libre qu'extravagante. Cette dernière invente alors une nouvelle famille de fragrances, celle des fleuris verts, totalement en opposition avec les tendances florales à dominante de rose ou de fleurs blanches qui se partageaient alors le marché. Les notes vertes, crissantes et dynamiques, évoquent la jeunesse et une forme de dissidence. *Vent Vert* contenait à l'origine 8 % d'essence de galbanum. À cette fraîcheur incisive d'herbe coupée, composée de fleurs d'oranger et de feuilles de violette, s'ajoutaient les notes vertes de la jacinthe, du muguet, de la rose et du géranium. Les notes de fond sensuelles associaient le santal et l'iris. Très vert et très chic, ce parfum entraîne alors dans son sillage Colette, dont l'amour des senteurs remonte, on le sait, à son enfance, lorsque la liberté champêtre lui avait donné des antennes subtiles vers « ce qui se contemple, s'écoute, se palpe et se respire ». La jeune femme avait appris à percevoir, à sentir et ressentir que « le feuillage de la tomate se mêlait au parfum de l'abricot ».

En 1914, un parfum a été créé à son effigie, mais on ne sait si Colette l'a porté ou même aimé. La parfumerie Delettrez, fondée en 1835 à Paris, imagine pour l'auteure des *Claudine* une fragrance ambrée, dont le flacon prend place dans un coffret rectangulaire avec la photo de Colette imprimée dessus [4]. Cette maison était devenue sous le Second Empire, en 1853, « La Parfumerie du monde élégant et de la *High Society* ». Le nom de Colette fait vendre, que cela soit sur la couverture d'un livre, en signature d'un article ou d'une affiche. Sa puissance sur les femmes attire ainsi les marques, qui lui proposent toutes sortes de collaborations. Colette, toujours soucieuse de son indépendance financière, ne néglige pas le potentiel de son image et comprend précocement que sa notoriété a une valeur marchande, hors du monde des lettres.

Comment, dès lors, n'aurait-elle pas envisagé de partager cet amour avec les femmes de son temps pour son propre compte ?

Grâce à l'appui financier de la princesse de Polignac, elle peut concrétiser ce projet : ouvrir un institut de beauté. L'inauguration a lieu le 1er juin 1932, au 6, rue de Miromesnil, à Paris. « Je m'appelle Colette et je vends des parfums » est-il inscrit au fronton de sa boutique. Lors de l'inauguration, le Tout-Paris assiste à l'événement : Cécile Sorel, Liane de Pougy, Charlotte Lysès, Marguerite Moreno, Natalie Barney, Joséphine Baker.

Colette s'est inspirée de l'expérience de son amie Henriette Gabilla, qui avait lancé sa ligne de parfums en 1910, et dont elle était actionnaire. La romancière n'a pas l'intention, cependant, de jouer seulement les femmes d'affaires, elle entend bien se confronter à la réalité sur le terrain. Pour cela, elle met à profit son expérience du maquillage de théâtre. L'époque est encore au fard rudimentaire : poudre de riz, eau de violette, les crèmes se fabriquent chez soi avec quelques recettes et conseils échangés au préalable entre amies. Pendant des années, Colette avait acheté fidèlement son « koheul » chez Bichara, un parfumeur syrien, pour souligner son célèbre regard de chat.

Colette fabriquera donc elle-même ses produits à partir de fruits, de légumes et de *cold cream*. Dans sa boutique, on trouve de la « poudre à la Colette » et la « patte du chat », un petit plumeau qui sert à se poudrer. Une réclame filmée la montre dans son magasin, expliquant de sa voix rauque et avec son inimitable accent bourguignon l'art de manier la poudre et le parfum, et vantant les mérites de sa patte du chat. Sur des photos, on la voit maquiller elle-même ses clientes et leur prodiguer des soins de beauté, notamment à la célèbre comédienne Cécile Sorel [5]. « Je n'ai jamais donné autant d'estime à la femme, autant d'admiration, dira-t-elle, que depuis que je la vois de tout près, depuis que je tiens, renversé sous le rayon bleu métallique, son visage sans secret, riche d'expression, varié sous ses rides agiles, ou nouveau et rafraîchi d'avoir quitté un moment sa couleur étrangère. Ô lutteuses ! C'est de lutter que vous restez jeunes [6]. »

Dans une lettre adressée à une amie, elle parle de ces « trucsasfouttsulapeau » dont elle fait commerce, et ajoute : « C'est assez amusant et j'en ai déjà de bien jolis. »

Certains lui reprochent de se déshonorer en devenant commerçante. Elle n'en a cure ! Elle a inventé son slogan : « Êtes-vous pour ou contre le "second métier" de l'écrivain ? » Aux critiques qui ne comprennent pas comment un écrivain peut vendre son âme au capital, elle répond : « Voilà qu'à l'âge où d'autres finissent je prétends commencer ! Mon cas est grave. [...] Que je vous aime, ô les détracteurs, ô mes conseillers inconnus ! [...] Encore une fois, il va falloir que je vous conquière. »

Au sein de sa boutique et dans ses écrits, elle continue de chanter les louanges de la beauté féminine : « La beauté s'accommode d'être admirée, et vous l'armez pour qu'on l'admire davantage. En appareil de guerre et d'amour, vous dites à la beauté : "Ceci est ton domaine, tu n'iras pas plus loin. [...] Prends garde que nous te voulons, cette année, dépourvue d'une chair douillette, et dure comme un champion" [7]. » Elle affirme encore :

> Depuis que je soigne et maquille mes contemporaines, je n'ai pas encore rencontré une femme de cinquante ans qui fût découragée, ni une sexagénaire neurasthénique. C'est parmi ces championnes qu'il fait bon tenter – et réaliser – des miracles de maquillage. Où sont les rouges d'antan et leur âpreté de groseille, les blancs ingrats, les bleus-enfants-de-Marie ? Nous détenons des gammes à enivrer un peintre.

L'art d'accommoder les visages, l'industrie qui fabrique les fards remuent presque autant de millions que la cinématographie [...] Plus l'époque est dure à la femme, plus la femme, fièrement, s'obstine à cacher qu'elle en pâtit. Des métiers écrasants arrachent à son bref repos, avant le jour, celle qu'on nommait « frêle créature ». Héroïquement dissimulée sous son fard mandarine, l'œil agrandi, une petite bouche rouge peinte sur sa bouche pâle, la femme récupère, grâce à son mensonge quotidien, une quotidienne dose d'endurance, et la fierté de n'avouer jamais...

Toujours ce souci exclusif des femmes et de leur bien-être, au-delà des attaques personnelles injustes et du mépris de certaines élites. Soucieuse de son image, Colette veille d'ailleurs à tout : publicité, image de marque, logo. Elle crée elle-même ses recettes, avec l'aide de sa fille, dans son laboratoire de Puteaux. Elle dessine les flacons et les emballages, mais aussi invente les noms et rédige les notices :

– les lotions *Hop-là*, *Eau-couleur-de-rose*, *Peau d'ange* ;
– les rouges à lèvres *Cerises volées*, *Rouge tragique*, *Pomme d'amour* ;
– une crème *Je nourris* ;
– un fard à paupières *Bleu d'orage* ;
– la crème *Perle*.

Au sujet de la crème Perle, Colette écrit : « Son emploi est celui de toutes les crèmes de jour. Ses efforts ne sont pas ceux de toutes les crèmes de jour. Son rôle est d'assurer l'exubérance parfaite de la poudre. Du bout des doigts appliquez la Crème Perle sur tout le visage, en appuyant fortement. Essuyez avec un linge lisse (le coton laisse des filaments) et poudrez. »

Un mois après l'ouverture de l'institut, dans une lettre autographe à Hélène et Philippe Berthelot, Colette semble satisfaite des résultats de sa petite entreprise :

Il fait chaud, il fait Paris. Oui, le magasin marche gentiment. J'ai la sagesse de me passionner pour chaque visage que je farde. Mon succès, c'est le maquillage discret pour la ville. En trois semaines, j'ai déjà des abonnées, figurez-vous, des abonnées reconnaissantes. Et la province et l'étranger s'éveillent [8].

Ne ménageant pas sa peine et usant de ses relations, elle n'hésite pas à écrire aux clientes célèbres, comme à Joséphine Baker, à laquelle elle envoie du maquillage, non seulement par respect et admiration pour l'artiste, mais aussi dans l'espoir que celle-ci deviendra une ambassadrice de sa marque :

Chère Joséphine,

J'ai plaisir à vous redire combien vous avez été magnifique l'autre soir. [...] Je vous envoie du maquillage que je fabrique, parce qu'il est très bon, et qu'il ne peut pas abîmer votre belle peau de velours. S'il vous plaisait par chance, je vous enverrai tout ce que vous voudrez.

Je vous embrasse de tout cœur et vous souhaite une bonne année chère Joséphine.

Redoutable « nez », Colette considère le parfum comme une « poésie de l'hygiène », nécessitant rigueur et fidélité. Selon elle, seules les senteurs d'origine végétale ont une réelle valeur, les autres étant soumises aux caprices passagers de la mode. Une fois la bonne fragrance trouvée, elle préconise de lui rester fidèle, car elle constitue une empreinte olfactive indissociable de l'identité de celui ou celle qui la porte. Elle écrit que la fidélité à un parfum relève d'une « grave abnégation », ce dernier incarnant la séduction et la présence d'une personne, tant pour ses proches que pour les inconnus. Le parfum doit sublimer le corps, s'intégrer à lui pour devenir une signature, un élément intime et indissociable de la séduction féminine. Elle perçoit dans cet art une tension entre naturel et artifice, la fragrance étant un mensonge séduisant qui révèle tout en cachant. Quant aux femmes en général, dans un texte écrit pour les parfums Renoir, elle leur lance cet avertissement : « Connais-toi toi-même, ô femme éprise, un peu follement, de trop de parfums et qui les visite l'un après l'autre comme une abeille enivrée. Sache ce que devient à ton contact la goutte précieuse dont tu humectes le lobe de ton oreille, le vallon d'ombre entre tes seins. Essaie ; consulte surtout le regard, le froncement de narines de celui à qui tu ne refuses rien – rien sauf le nom de ton parfum, mais ne te trompe que le moins possible, et ne traite pas légèrement cette grave affaire de la bonne senteur. Selon l'accord que tu réussiras entre ton corps changeant, vivant, chaud, indiscret et ton parfum immobile, tu détiens en flacon le bonheur de deux personnes au moins. »

Colette continue de chercher au sein de la nature son inspiration première. Les odeurs lui sont aussi nécessaires que l'eau dont on se désaltère ou l'alcool dont on s'enivre. Sa narine, dit-elle, ne connaît pas beaucoup de rivales. Elle décèle aussitôt d'affreux parfums qu'elle nommerait volontiers *Coup de trique* ou *À tuer un bœuf*. De même, elle ne craint pas, dans *La Femme cachée* (1924) [9], de dénoncer les associations de mauvais goût, telles « la lavande affadie d'angélique, la rose poissée de géranium, le narcisse goudronneux, le lilas cyanhydrique, l'œillet créosoté, le benjoin déguisé en ambre, et toute cette flore imprécise, ces parterres distillées [*sic*], où se révèle inévitable, mal cachée, l'âme nauséeuse du panais sauvage ».

D'innombrables notations olfactives jalonnent ses romans. Les odeurs y semblent d'ailleurs des personnages à part entière, elles agissent de manière autonome, à l'égal des êtres et des objets. Car le parfum, par nature, est délateur, il trahit aussi bien le bon que le mauvais chez celui ou celle qui le porte. Il imprègne l'espace comme le temps. « L'odeur, l'odeur souveraine que nous buvons avec délices… » s'extasie-t-elle dès 1917 dans *Les Heures longues*. Pour Colette, l'odeur, parfois sublimée ou esthétisée en parfum, est comme une extension impalpable du corps et partage avec lui la même spatialité. L'isolement de *Chéri* lui fait entraîner « hors de portée sa zone de parfum » ; semblablement, le corps d'Alice est « baigné dans sa zone de parfum faible » (*Duo*), et une vedette de music-hall imprègne d'un parfum « fort à miracle » sa « zone d'air » (*Bella Vista*).

Cette « zone » est le lieu que l'on s'approprie en sentant son propre parfum « dans une chambre d'hôtel » (*L'Entrave*). Dans *Le Blé en herbe*, cette « zone » que l'on pourrait simplement qualifier de sillage permet surtout de perpétuer une présence dans l'absence, comme ce parfum de Mme Dalleray, évasif et insistant, « qui s'envolait quand il le voulait fixer sous ses narines, mais qui vibrait alentour ». Le parfum peut aussi être la seule chose accessible, métonymiquement, d'un corps encore interdit, comme celui d'Alain pour Camille : « Elle cherchait dans l'air, sauvagement, la fragrance d'un corps blond, à peine couvert » (*La Chatte*).

Colette a enfin une idée précise du parfumage du corps, « car le chaud et véritable épiderme humain, trop riche en effluves, fait chanceler, dénature l'équilibre du parfum » (*Paysages et portraits*). Elle prône même une sorte de distanciation du corps avec le parfum : « Le parfum imprègne mieux le vêtement, le linge et la fourrure qu'il ne sert l'épiderme. » Et elle ajoute : « Autrefois les sachets, dormant entre les plis du linge, suspendus dans les armoires, amendaient délicatement l'odeur corporelle. En se dévêtant, fruit qui rejetait une à une ses écorces parfumées, la femme n'en retient que le souvenir atténué et divers » (*À portée de la main*).

Une telle prescience, une connaissance aussi subtile de ce monde olfactif aurait dû augurer d'un succès triomphal pour la boutique de la rue de Miromesnil. Il n'en fut rien. Les critiques l'éreintèrent, dénoncèrent le côté mercantile de son entreprise d'esthétique, ce « second métier » qu'elle revendiquait volontiers comme louable, voire nécessaire. Des femmes comme Natalie Barney ou Cécile Sorel, bien ingrates, se montrèrent même extrêmement sévères à son égard, l'accusant d'être meilleure romancière que maquilleuse. Bien plus que sa vie sulfureuse de femme bisexuelle, indocile et jouisseuse, c'est ce mélange des genres entre les belles lettres, le lucre du commerce et la vanité des fards que l'opinion lui reprocha cruellement.

Et puis, il y eut l'arrivée d'une concurrence contre laquelle Colette ne pouvait lutter, celle d'Helena Rubinstein ou d'Elizabeth Arden. L'aventure prit fin, et la boutique de la rue de Miromesnil, jugée à tort comme une « lubie » ou une simple tentative marchande, dut fermer rapidement ses portes. Après l'échec de son entreprise, elle reprend dès 1933 son activité de journaliste, enchaînant les papiers dans différents journaux. Elle consacre ses chroniques à décrire notamment l'envers du décor des mondanités, collaborant à *Vogue*, à *L'Officiel de la Couture*, à *Marie Claire*, et après-guerre à *Elle*.

Contrairement à ce qu'il en avait été pour la Première guerre mondiale, Colette se fit discrète durant la Seconde. D'aucuns lui reprochèrent même plus tard de se montrer trop tendre avec certains personnages classés parmi les collaborateurs et d'avoir écrit dans des journaux d'extrême droite pro-Vichy. Était-ce parce qu'elle avait déjà pris des risques pour sauver Maurice Goudeket de la déportation ? Elle vieillissait, tout auréolée de sa gloire et de sa réputation sulfureuse. Depuis 1938, elle souffrait d'une arthrite de la hanche, une maladie qui donne de fortes douleurs articulaires et à laquelle n'était sans doute pas étrangère sa surcharge pondérale. Elle perdait ainsi peu à peu de sa motricité. Dans la perspective inéluctable d'une fin prochaine, elle fit de Maurice Goudeket son légataire universel.

Dans ses écrits, elle parle alors de la vieillesse et de ses difficultés : « Désapprendre à écrire, cela ne doit pas demander beaucoup de temps. Je vais essayer [...] Il est difficile de mettre un terme à soi-même [...] Je vois d'ici le bout de la route. » Deux ans plus tard, en 1947, sa maladie s'aggrave, la condamnant à l'immobilité. Les soins et l'attention qu'on lui porte lui offrent la possibilité de faire des séjours à Monte-Carlo au sein de l'Hôtel de Paris durant l'été 1950. En 1954, peu avant sa disparition, elle est faite grand officier de la Légion d'honneur. Elle meurt quelques semaines plus tard, l'année même où Françoise Sagan lui dédie son *Bonjour tristesse*. Colette aurait-elle été sensible aux honneurs qui lui furent rendus à l'heure de sa mort, à travers des funérailles nationales ?

Cela n'est pas certain. En elle, au-delà de la femme émancipée, couverte de gloire littéraire et parfois d'injures, sommeillait la petite fille de Saint-Sauveur-en-Puisaye qui parcourait son jardin comme un paradis merveilleux où ses sens pouvaient s'exalter à chaque instant, à chaque occasion : un souffle, une odeur, la vue d'une fleur... Bien qu'alitée et impotente, elle était restée fidèle, sur la fin de sa vie, à cette enfant émerveillée dont Sido avait pressenti les dons exceptionnels. En 1947, l'écrivain américain Truman Capote, de passage à Paris, la décrit ainsi, tassée dans son fauteuil :

> Des yeux de chat des faubourgs, obliques et bordés de khôl : un visage tout de finesse, mobile comme l'eau. Les joues fardées de rouge. Les lèvres, d'une minceur et d'une ductilité de fil d'acier, mais rehaussées d'écarlate comme celles d'une vraie fille des rues [...] Un parfum – quelque mélange de roses et d'oranges, de tilleul et de musc – se balançait dans l'air comme une buée : comme une brume légère. Ainsi elle était là, calée par des couches d'oreillers à bordures de dentelles, les yeux liquides de vie et de gentillesse et de malice. En travers de ses jambes, un chat, un gris singulier, était étendu, plutôt comme un couvre-pied.

L'Église, eu égard à sa bisexualité et à ses provocations, ne la jugea pas suffisamment « en odeur de sainteté » pour l'accueillir. Mais, à travers toute l'œuvre de Colette, c'est son parfum à elle qui demeure. Un hommage posthume paru dans le journal *La Montagne* le 21 février 1971 en témoigne avec justesse : « Il y a des écrivains qui écrivent avec leurs mains, et certains avec leurs pieds, beaucoup avec leurs yeux, leur tête [...] Colette écrit avec son nez. C'est une chatte dans la valériane. Grisée d'odeurs et de sensations. » Colette n'avait qu'une devise pour exprimer sa vision sensorielle du monde : « Il faut voir et non inventer. » Elle écrivait : « Pour moi, tel mot suffit à recréer l'odeur, la couleur des heures vécues, il est sonore et plein et mystérieux comme une coquille où chante la mer... »

Se souvenir, selon Colette, c'est avant tout sentir. Les souvenirs appartiennent aux yeux, aux narines, à la bouche pour constituer l'essence intemporelle des mots, qui abolit le temps : « Porte plutôt à tes narines le parfum invariable de ces violettes changeantes et regarde, en respirant le philtre qui abolit les années, regarde comme moi ressusciter et grandir devant toi les printemps de ton enfance [10]... »

Les mots comme les parfums s'imposent à Colette comme le plus doux des refuges, qu'elle emporta avec elle dans l'éternité.

XVII

Joséphine Baker

Les accords du scandale et de la liberté

2 octobre 1925, la nuit est tombée sur le théâtre des Champs-Élysées. La foule a répondu présente devant le numéro 15 de la célèbre avenue Montaigne. Ce magnifique théâtre à la façade Art déco inauguré douze ans plus tôt a déjà connu la gloire et le scandale au moment de la période des Ballets russes. Il est en quête d'un second souffle. En France, et plus particulièrement à Paris, on aime danser sur des musiques nouvelles comme le tango, le jazz ou encore les fameuses « revues nègres ». On voit les Parisiens dépenser sans compter, rire, boire et s'amuser… En profite le marché de la parfumerie, même s'il est aussi volatil que le parfum lui-même. Les créations se multiplient, mais ne tiennent guère longtemps le haut de l'affiche, même si certains s'imposent déjà comme de véritables légendes, qui composent le sillage de ce qu'on appellera plus tard les années folles.

Au bout d'un long couloir, dans sa loge, une jeune femme à la peau noire et à la taille élastique se prépare. Freda Josephine McDonald ignore que dans quelques heures, par un succès retentissant, elle marquera l'histoire du music-hall en lettres capitales, au point de devenir l'une des égéries de ces

Joséphine Baker aux Folies Bergères, en 1926
Photographie de Waléry.

années folles. Pour l'heure, ce soir d'octobre 1925, la future Joséphine Baker n'est encore que cette danseuse américaine de dix-neuf ans. Elle a traversé l'Atlantique, il y a une douzaine de jours à peine. Elle a bien dansé à Broadway, mais, en Europe et en France, elle n'est pas aussi célèbre qu'aux États-Unis. Et pourtant, dès son arrivée, elle commence les répétitions d'un spectacle qui va changer à tout jamais l'histoire de sa vie.

Chacun d'entre nous conserve une image de Joséphine Baker, parfois même un cliché : la « Vénus noire », les contorsions d'une danseuse exceptionnelle, ses grimaces, la ceinture de bananes, la résistante au nazisme, la mère courage et sa famille « arc-en-ciel », enfin la femme panthéonisée… Mais, qui connaît vraiment le parcours de cette femme hors norme dont la vie tout entière semble un pied-de-nez aux conventions et diktats de son époque, jusqu'à son propre sillage ?

Tout commence un 3 juin 1906, à Saint-Louis, dans le Missouri, lorsque naît Freda Josephine McDonald. Sa mère, une blanchisseuse noire, s'appelait Carie, et elle était la première de sa lignée à ne pas connaître l'esclavage. Son père, Eddy Carson, assuma provisoirement sa paternité avant de quitter le domicile familial. Était-il d'ailleurs réellement son père ? Joséphine se trouvera des origines espagnoles pour expliquer la pigmentation plus claire de sa peau en comparaison de celle de son jeune frère, Richard, né un an après elle. Mais le mystère n'a jamais vraiment été levé. Les McDonald vivaient dans un quartier sale et sordide du ghetto noir de Saint-Louis. Remariée à un certain Arthur Martin, sur fond d'alcool et de disputes conjugales, Carie finit par confier sa fille à sa sœur Caroline, puis l'exila à la campagne, d'où on la retira pour mauvais traitements. De retour à Saint-Louis, Joséphine allait cependant connaître des jours meilleurs.

Placée chez les Mason, dans une belle maison bourgeoise, elle vécut pendant quelque temps une vie presque normale, fréquentant l'école et recevant un peu d'affection. Jusqu'au jour où M. Mason eut, envers elle, des gestes déplacés.

Cette fois, c'est le retour à la case départ et au taudis familial. À nouveau livrée à elle-même et à la dure loi de la rue, Joséphine retrouve la misère, les punaises, les rats, la faim et l'ennui. Celle qu'on surnomme Tumpie [1] va pieds nus, été comme hiver, mais se refuse à mendier. En tant qu'aînée, elle se doit d'aider sa fratrie. Balayer la neige devant les maisons des plus riches, laver les trottoirs ou les escaliers lui permet de gagner un peu d'argent, qu'elle rapporte fièrement chez ses parents. Parfois, elle ramasse les fruits et légumes sur le marché de Soulard Market, ou encore elle dérobe des sacs de charbon dans des trains de marchandise, qu'elle revend ensuite aux habitants du ghetto. « Ces jours-là, dira-t-elle avec amertume, on m'aimait à la maison. »

De son séjour chez les Mason, elle a cependant gardé un souvenir précis et émerveillé : celui d'une soirée passée au théâtre, lors d'un spectacle de chants et de danses. Joséphine en est sortie bouleversée. Sa mère dansait merveilleusement et, depuis l'enfance, elle-même a pris pour habitude de se trémousser dans les ruelles du ghetto de Saint-Louis, surtout lorsque le froid devient insupportable. Elle adore ça. Déjà, elle traîne dans les arrière-salles de bars louches où la musique du ragtime suscite la fièvre. Enivrée par ces rythmes syncopés, elle peut danser pendant des heures, séduisant un public amusé par les déhanchements de cette gamine délurée.

Joséphine avait déjà goûté aux joies de la scène et du théâtre en organisant des spectacles dans la cave des Mason. Les gosses du quartier s'y pressaient pour la voir s'exhiber dans une robe et des chaussures trop grandes pour elle au milieu d'un décor de bouts de ficelle et de vieux rideaux. Le prix de la place : une épingle à cheveux. Lorsqu'un soir, la robe de la vedette s'enflamma au contact des projecteurs (des bougies volées à l'église), le jeune public s'enfuit, livrant la pauvre Tumpie à son destin. Le lendemain, pour reconquérir sa notoriété, elle annonça la gratuité exceptionnelle de la représentation. *The show must go on !* Déjà [2]...

Au milieu du désespoir ambiant, Joséphine conserve une sorte de joie féroce. Elle sait qu'elle ne peut compter que sur elle, et un peu sur la chance, pour sortir de l'étouffoir du ghetto. Or l'Amérique d'alors, ségrégationniste, ne lui offrira jamais cette chance, elle doit la provoquer. Et ce n'est pas un « mariage », rapidement conclu à l'âge de treize ans, qui la détournera de ses projets. Les lieux où l'on danse et boit de l'alcool, malgré la prohibition, sont légion. Joséphine les connaît pour y avoir chanté, joué un peu du trombone et exhibé sa silhouette minuscule, presque rachitique. Un jour, elle se présente au Booker Washington Theatre, une salle de spectacle réservée aux Noirs, et demande à voir le directeur. Elle n'a que treize ans. Abasourdi devant un tel culot, Bob Russell lui offre un premier rôle : celui de Cupidon, un dieu de l'amour suspendu à un fil au-dessus de la scène. Hélas, suite à l'erreur d'un machiniste, Joséphine se retrouve en fâcheuse posture lors de la première, au point qu'on doive interrompre le spectacle.

Mais l'incident a fait rire la salle. C'est un triomphe. Tumpie, sans en informer ses parents, part en tournée. Un soir, remplaçant une danseuse qui a fait une mauvaise chute, elle éblouit la salle par ses déhanchements et ses grimaces. Nouveau succès. Mais trois mois plus tard, à Philadelphie, la tournée s'arrête. Pas question, cependant, d'en rester là. Joséphine trouve un engagement pour une comédie musicale, *Shuffle along*, qui lui ouvre les portes de Broadway, à New York. Entretemps, elle s'est remariée, en 1921, avec Howard Baker, qui, à défaut de lui laisser des souvenirs mémorables, lui donnera un nom.

Joséphine, déjà, ne s'embarrasse pas de sentiments. Les hommes défilent dans sa vie, mais elle n'y attache jamais une grande importance. Il faut dire que le milieu familial dans lequel elle a vécu ne la prédisposait guère à la stabilité affective. De toute façon, c'est la danse qui est sa première passion – et sa « seconde peau ». Même si on la trouve encore « trop laide », « trop noire », son talent explose dès qu'elle monte sur scène. Son jeu lui vaut alors un engagement au « Plantation Club », un cabaret où Noirs et Blancs se côtoient dans la bonne humeur. C'est là que la chance va se présenter à Tumpie sous les traits de Caroline Dudley. La jeune femme est venue de Paris pour recruter des artistes noirs et monter un spectacle : la « Revue nègre ».

Joséphine croit tout d'abord à une farce. En quelques secondes, les images défilent sous son front ; le taudis familial, l'alcool, les coups, la misère du ghetto. Pourtant, la proposition est sérieuse. Oubliés la famille Martin et Howard Baker, oubliées aussi les années de galère, de doute et d'humiliation. Sans en informer personne, Joséphine accepte. Au mois de septembre 1925, en compagnie de vingt-cinq autres comédiens, danseurs, musiciens, elle embarque à bord du transatlantique le *Berengaria*. Huit jours plus tard, elle est au Havre, et trois heures après sur le quai de la gare Saint-Lazare.

– *And so, this is Paris !* s'exclame-t-elle en riant.

Paris lui semble plus petit que New York, les rues trop étroites, au point qu'elle se demande comment elle va pouvoir jouer dans une telle ville. Mais, la fascination est là, et Joséphine tombe amoureuse de la capitale, qui, deviendra, au fil du temps, son port d'attache. Elle n'oubliera jamais son arrivée :

> J'avais une robe à carreaux avec des poches, tenue par deux bretelles à carreaux qui passaient par-dessus ma blouse à carreaux. J'avais un chapeau à plumes sur le bout de la tête. Je portais par-dessus le marché un appareil photographique sur la fesse gauche et une paire de grosses jumelles sur la fesse droite. Je n'ai jamais su pourquoi, mais quand un Américain se promène à l'étranger, il doit toujours avoir par-derrière des jumelles et un appareil photographique.
>
> J'avais des chaussettes et des talons plats.
>
> Ah ! j'étais jolie pour aller voir l'Arc de triomphe et le tombeau de Napoléon !

2 octobre 1925. C'est la première de la « Revue nègre ». Le peintre Paul Colin a représenté Joséphine sur l'affiche du spectacle, les mains sur les hanches, vêtue d'une robe blanche et trônant entre deux hommes, l'un avec des lèvres épaisses et rouges, des cheveux crépus, et l'autre avec un nœud papillon à carreaux et un chapeau incliné sur l'œil. Pourtant, Joséphine n'est pas encore la vedette du spectacle. Son nom ne figure même pas sur l'affiche.

Le Tout-Paris s'est donné rendez-vous au théâtre des Champs-Élysées. L'Amérique est à la mode, le jazz aussi, le charleston, et la musique de Sydney Bechet. Mais, sur scène, on ne voit bientôt plus qu'elle, son long corps d'ébène, le rythme effréné de sa danse, ses facéties. Son corps dénudé fascine, intrigue ou indigne, c'est selon. Il y a également, dans son jeu de scène, quelque chose de lascif, de sexuel, de tribal même, qui satisfait aux fantasmes de l'époque, à cette liberté féminine de plus en plus revendiquée par toutes celles qui ont lu *La Garçonne* de Victor Margueritte. Un journaliste, Pierre de Régnier, traduit bien ce mélange d'érotisme sous-jacent et d'impudeur dérangeante qui, dans la « Revue nègre », feront d'emblée de Joséphine une danseuse unique :

> Est-ce un homme ? Est-ce une femme ? Ses lèvres sont peintes en noir, sa peau est couleur de banane, ses cheveux déjà courts sont collés sur sa tête comme si elle était coiffée de caviar, sa voix est suraiguë, elle est agitée d'un perpétuel tremblement, son corps se tortille comme celui d'un serpent ou plus exactement il semble être un saxophone en mouvement et les sons de l'orchestre ont l'air de sortir d'elle-même ; elle est grimaçante et contorsionnée, elle louche, elle gonfle ses joues, se désarticule, fait le grand écart et, finalement, part à quatre pattes, avec les jambes raides et le derrière plus haut que la tête, comme une girafe en bas âge [...] c'est quelque chose d'extravagant et de fugitif comme la musique, l'ectoplasme si l'on peut dire, de tous les sons que l'on entend [...] Une danse barbare dansée par les *girls* et par Joséphine Baker. Cette danse, d'une rare inconvenance, est le triomphe de la lubricité, le retour aux mœurs des premiers âges : la déclaration d'amour faite en silence et les bras au-dessus de la tête, avec un simple geste en avant avec le ventre, et un frémissement de tout l'arrière-train. Joséphine est entièrement nue, avec un petit collier en plumes bleues et rouges autour des reins, et un autre autour du cou. Ces plumes frétillent en mesure et leur frétillement est savamment gradué.

Le spectacle est un triomphe, et les ovations l'emportent sur les critiques des grincheux. Ce 2 octobre 1925, une star est née. Joséphine Baker ne quittera plus vraiment l'affiche. Elle l'avait dit elle-même : « Si je veux devenir une star, je dois être scandaleuse. » Et celle qu'on appellera bientôt la « Vénus noire », intelligente, douée d'un étonnant sens de l'humour, sait parfaitement comment s'y prendre. Elle sait ainsi que son corps est son meilleur atout. « On aime beaucoup mon derrière à Paris, plaisante-t-elle. Ce qui m'a le plus flattée, c'est qu'on dit qu'il est espiègle et spirituel. Depuis, j'ose à peine m'assoir dessus ! »

Rapidement, l'Américaine se construit une image. Par exemple, en adoptant et en exhibant des animaux étonnants, voire effrayants : un tigre, des singes, un perroquet, une chèvre, un cochon qu'elle asperge de parfum, un serpent – Kiki – qu'elle porte autour du cou lors de ses sorties nocturnes, sans oublier son célèbre guépard, nommé Chiquita. La presse adore ses frasques et se montre friande des anecdotes plus ou moins scandaleuses qu'on colporte sur elle un peu partout. Elle est devenue la coqueluche du Tout-Paris, séduit les directeurs de théâtre, mais aussi les peintres, les photographes, les intellectuels. Picasso, Calder, Georges Simenon, Le Corbusier en raffolent. Elle est l'égérie du cubisme, la reine de l'Art déco. Partout où elle passe, l'effet de scandale est assuré. À Vienne, à Munich, on la traite de « danseuse pornographe », et le clergé fait dire une messe à son intention pour sauver son âme. À Amsterdam, elle danse le charleston en sabots. En Argentine, où les autorités ne l'apprécient guère, elle déclenche une émeute dans la salle. Les tournées en Europe et à l'étranger se multiplient. Les Folies Bergère et le Casino de Paris se l'arrachent.

Pour que cette image perdure, Joséphine a très tôt pris grand soin d'elle et de son apparence. Entre 1925 et 1926, elle dépensera ainsi 300 000 francs en robes, diamants, parfums, cosmétiques et manteaux de fourrure. Elle connaît l'art de mettre son corps en valeur et dilapide pour cela des fortunes, jusqu'à 20 000 francs pour une seule robe. L'argent lui file entre les doigts. Tout cela ne va pas non plus sans quelques excentricités. À une époque où la peau bronzée est devenue à la mode, Joséphine n'hésite pas, pour se faire blanchir, à se passer chaque matin du citron sur le corps !

Pourtant, si Colette, la romancière, la surnomme « la plus belle panthère du monde », ses cheveux courts, ses seins menus, son air androgyne déconcertent encore une partie du public. Mais qu'importe ! La Vénus noire s'en moque. Ce qu'elle souhaite plus que tout, c'est ne laisser personne indifférent. Qu'on remarque son corps dénudé, sa voix, ses bijoux, ses fourrures, son parfum, sa gestuelle, l'important est de laisser sur son passage une sorte de sillage profond et lumineux que l'on n'oubliera jamais. Séduire à tout prix peut devenir une maladie, nul doute que Joséphine en soit affligée. Hommes ou femmes, elle les veut sous le charme, voire dans son lit, mais, sitôt que la magie cesse d'opérer, elle rompt avec une facilité inouïe et passe à autre chose. Joséphine est comme un petit animal qu'on peut apprivoiser un temps, mais pas pour la vie. Aucun tabou sexuel, mais pas non plus d'« amour éternel ».

Pour donner plus d'éclat à cette beauté magnétique, elle passe une heure chaque matin à se préparer, à parfaire ce physique si singulier qui est comme sa signature. Bien qu'elle sorte la nuit dans des endroits où l'on consomme alcool et drogue en abondance, elle s'efforce de conserver une plastique irréprochable. Elle se maquille longuement avec des produits de la nouvelle marque Helena Rubinstein, noircit ses sourcils et ses paupières avec du khôl, souligne ses lèvres de rouge et se coiffe avec de la brillantine. Une gomina a même été créée à son nom : *Bakerfix*. Dans ses *Mémoires*, on peut lire :

> Pour chacun de mes tours de chant, chacun de mes sketches, j'ai fait faire une coiffure différente, qui s'adapte à mon rôle. Cela m'est plus nécessaire pour chanter, pour bien jouer, qu'une robe nouvelle. Les jolies femmes l'ont bien compris, qui se font laquer les cheveux. Elles savent ce qu'on peut attendre de l'artifice qui les transfigure, qui les multiplie pour le cœur de l'homme. Car il est changeant, son goût n'est pas fidèle, au monsieur. De là ces comédies, ces tragédies, les farces, les faits divers, les transformations auxquelles une femme doit se prêter pour être la même et toujours une autre, avec les saisons, avec les heures.

Jean Clément, qui coiffe Joséphine chez Calou, sur les Champs-Élysées, lui confectionne des coiffures endiablées. À Paris, Clément a construit un petit laboratoire spécialement réservé pour elle où ils ont pris l'habitude d'étudier ensemble mille et une nouveautés. C'est l'âge d'or de la haute coiffure dans le monde. Le coiffeur fait preuve d'un génie renouvelé, inventant des sophistications sculptées d'arabesques, de palmes, de fleurs, d'oiseaux, de cheveux laqués, baptisées de noms exotiques comme « Orchidée noire », « Chinchilla des îles », « Oriflamme »... L'usage immodéré de brillantine et d'autres produits plus « agressifs » finira, hélas, par attaquer son cuir chevelu. Clément aura raison de ses réticences :

> [...] elle doit s'astreindre au port de la perruque. L'ovale de son visage complique encore la chose, qui ne supporte que les cheveux tirés en arrière et remontés. On ne peut ainsi

jamais lui poser une perruque complète. Par conséquent, d'incontournables montages spéciaux demandent des prouesses à Clément dans la pose et du courage à la vedette pour les porter [3].

Joséphine se soumettra. Séduire, toujours séduire. Et quoi de plus envoûtant, pour une femme, que de trouver le parfum qui la définira le mieux, le « must » qui soulignera son sex-appeal et laissera, sur tous ceux qui l'approchent, une empreinte magique et indélébile. La parfumerie est alors en plein essor et jouit d'une suprématie mondiale. D'abord parce que les techniques ont évolué à une vitesse grandissante, notamment dans les procédés d'extraction des matières premières. Ensuite, la chimie organique permet désormais de synthétiser des composantes aromatiques ne figurant pas à l'état naturel. Les techniques de distillation ont également progressé, de même que les contrôles de qualité.

En 1917, en pleine guerre, François Coty avait lancé une petite bombe : un *Chypre* reposant principalement sur des notes de bergamote, de mousse de chêne, de ciste-labdanum et de patchouli. Un accord qui, à sa manière, incarne une forme d'androgynie olfactive. Le succès de *Chypre* fut immédiat. Le petit commentaire qui l'accompagne, précise : « Ondes mystérieuses et captivantes qui exaltent le charme des brunes ». En 1919, Caron lance *Tabac Blond.* Cet accord puissant, qui a séduit les femmes comme les hommes au lendemain de la guerre, a fondé la famille des cuirs. Les Alliés ont laissé après leur passage des cigarettes blondes de Virginie, qui ont été adoptées par celles qui se voulaient « garçonnes ».

L'Art déco et l'évolution des mœurs ne sont pas étrangers à ces bouleversements. Autres façons de penser, autres esthétiques, autres modes. La femme des années folles est au cœur de cette révolution. La haute couture l'a délivrée du corset, libérant sa taille et sa poitrine Le pantalon a fait son apparition. Les femmes ont pris une part plus importante dans le monde du travail depuis la fin de la Première Guerre mondiale et ont opté pour des vêtements plus confortables, mieux adaptés à leurs nouvelles activités. Une certaine sophistication n'a pas disparu pour autant. Gabrielle Chanel, qui a déjà lancé son fameux *N°5*, l'assure :

> Un parfum artificiel, je dis bien artificiel, comme une robe, c'est-à-dire fabriqué. Je suis un artisan de la couture. Je ne veux pas de rose, de muguet, je veux un parfum qui soit un composé !

Les flacons, aux formes complexes et qui tendent à devenir des œuvres d'art à part entière, de même que les noms des parfums, traduisent cette nouvelle tendance. Ainsi, *Fumée* de Lubin, ou *Shocking* de Schiaparelli. D'autres évoquent l'exotisme et le goût des voyages qui se sont emparés de la nouvelle société : *Bois des Isles* de Chanel (1926) *Vol de nuit* de Guerlain (1933) ou *Normandie* de Jean Patou (1935). Souci plus marqué aussi du design et du packaging. Au catalogue des parfumeurs, on trouve désormais de nombreux articles de toilette : savons, huiles, lotions et crèmes capillaires.

Joséphine Baker incarne à merveille cette femme moderne des années vingt-trente, qui se veut libre : elle conduit sa propre voiture, danse le charleston dans des soirées endiablées et choisit ses amants d'un soir. Une femme émancipée, et qui ne craint plus d'afficher son indépendance. Les parfumeurs ne s'y sont pas trompés et la courtisent depuis qu'elle est devenue une star internationale. Jacques Guerlain, lui, a découvert la « Vénus noire » aux Folies Bergère, comme tant d'autres. Féru d'opéra et amis des artistes de son temps, il a déjà créé plusieurs parfums qui s'associent à la musique et au théâtre. En 1919, son parfum *Mitsouko* est inspiré par le roman de Claude Farrère *La Bataille*, mais aussi par l'opéra de son ami Giacomo Puccini, *Madame Butterfly*. *Mitsouko* sera adopté par des hommes, comme les artistes Serge de Diaghilev, le créateur des Ballets russes en 1907, ou le célèbre danseur russe Nijinsky. Danseurs, poètes, musiciens et peintres se rassemblent pour faire de ces ballets des spectacles uniques. Ces hommes aimaient les parfums différents, qui incanent à leur manière la modernité en marche. En 1911, le théâtre du Châtelet, à Paris, accueille la première saison des Ballets russes. Et avant chaque représentation, comme un rituel destiné à porter chance, Diaghilev pulvérise sur les rideaux du théâtre le parfum *Mitsouko* de Guerlain.

Lorsque Giacomo Puccini, figure majeure de l'histoire du théâtre lyrique, meurt en 1924, laissant son opéra *Turandot* inachevé, Jacques Guerlain décide de lui rendre hommage par la création du parfum *Liu*, après avoir assisté en 1926 à la création de manière posthume de cet opéra à la Scala de Milan [4]. Grand amateur des arts vivants, le parfumeur rêve d'associer l'un de ses parfums aux îles paradisiaques « plus vertes que le songe », les Leeward Islands, les fameuses îles Sous-le-Vent. Nous sommes à présent en 1933.

Jacques Guerlain admire Joséphine Baker, qui tient l'affiche depuis de nombreuses années. Il l'a vue triompher lors de l'Exposition universelle de 1931. Elle chantait son fameux tube : « J'ai deux amours, mon pays et Paris [...] Ma savane est belle, mais à quoi bon le nier, ce qui m'ensorcelle, c'est Paris ! » Bien sûr, elle n'a jamais mis les pieds dans une savane. Envoûté par l'artiste, Jacques Guerlain décide de dédier à Joséphine Baker sa nouvelle fragrance, *Sous le Vent*, présentée dans son flacon « Tonnelet ». Ce parfum est un chypre floral, qui semble fait pour elle. Il danse sur la peau comme un tango et s'accorde parfaitement à son charme androgyne. Cette odeur exprime à merveille la joie de vivre et l'extravagance de la belle au charme métissé et sulfureux. Ce souffle d'air frais place le jasmin, fleur préférée de la Vénus noire, au centre de la composition, y ajoutant des notes profondes de bois et de sous-bois, la chaleur de l'œillet et de l'iris, et les accents aromatiques de l'estragon et de la lavande.

Nimbée de ces vapeurs ensorcelantes, Joséphine Baker symbolise désormais, pour toutes les femmes, la sensualité et la magie des îles. La célébrité lui a ouvert les portes de l'industrie, et son nom se décline à présent sur de nombreux produits : bijoux, parfums, cigares, cocktails, maillots de bain, et même un camembert baptisé « Charleston » à son effigie ! Mais la haute couture lui fait également une cour assidue. Joséphine, grande dépensière, est de tous les défilés au côté de Madeleine Vionnet (créatrice de la coupe en biais) ou d'Elsa Schiaparelli (la créatrice du « rose » *schocking*), ou encore de Paul Poiret, et plus tard de Dior et Balenciaga. Elle porte des robes en crêpe de Chine, des chapeaux cloches et des souliers en peau de lézard dont un modèle porte son nom. Joséphine raffole des fourrures et se ruine en robes extravagantes. Lorsqu'elle part en tournée, elle voyage avec des dizaines de malles remplies de vêtements, de paires de chaussures, de chapeaux, de diamants. On estime alors sa garde-robe à 50 000 dollars ! À New York, en 1951, elle est déclarée la « femme la mieux habillée de l'année ».

Ses difficultés financières, récurrentes, ne changeront rien à sa passion du luxe. En matière de parfums, il suffit de visiter en Dordogne son château des Milandes, acheté en 1947, pour s'en rendre compte. Dans sa sublime salle de bains, tapissée de mosaïque et de marbre dont on admire le style Art déco, les flacons de parfum abondent, posés comme hier sur les étagères. Rien ne semble avoir bougé. On y découvre bien sûr *Sous le Vent* que Jacques Guerlain avait créé pour elle. À côté, *Miss Dior* de l'un de ses couturiers préférés, Christian Dior. « Je pense être créateur de parfums aussi bien que créateur de haute couture », avait-il déclaré en 1947 avant de lancer avec fracas *Miss Dior*, qui devait faire le tour du monde. « Je suis devenu parfumeur pour que l'on n'ait qu'à déboucher un flacon pour imaginer toutes mes robes, et afin de construire, pour chaque femme que j'habille, un sillage à son inoubliable aura. »

Un parfum totalement à l'image de Joséphine Baker. Un seul mot d'ordre du couturier fut donné aux parfumeurs Jean Carles (Roure), Bertrand Dupont et Paul Vacher : « Faites-moi un parfum qui sente l'amour. » Christian Dior en fait une jolie description :

> *Miss Dior* est léger, frais et vif, depuis les premières notes de galbanum et de gardénia, rehaussées par l'impertinence de la sauge. Puis, s'enroulant dans l'espace parfumé, le charme insaisissable du jasmin, de la rose et du néroli se mêle aux en envoûtantes harmonies du patchouli et du ciste-labdanum, tandis que la chaleur veloutée de la mousse de chêne s'attarde dans l'air.

Un parfum né pour entrer dans la légende, à l'avant-garde de son temps et pourtant éternel. *Miss Dior* fit son entrée dans le monde habillé de cristal de Baccarat, dans un flacon amphore « très couture », dessiné par Fernand Guéry-Colas. Décliné en trois couleurs, bleu, blanc, rouge, ce flacon à l'esprit patriote symbolisait les courbes harmonieuses de la ligne « corolles » du « New Look » : délicat cabochon posé sur une fine encolure, arrondi gracieux du corps descendant jusqu'à son pied léger. Ce parfum capturait l'esprit des jeunes filles modernes, fraîches et fougueuses, qui retrouvaient après les années de guerre les joies de l'insouciance. *Miss Dior* marqua les esprits des clientes et des journalistes présentes le 12 février 1947 au premier défilé de Christian Dior, qui créa la révolution « New Look ».

Alors que Christian Dior imaginait la collection « Verticale » en 1950, il dessina un flacon « coupé comme un tailleur », au motif pied-de-poule, réalisé en cristal par Baccarat. Ce motif gravé en relief sur le flacon de verre dépoli symbolisait pour son créateur le contraste entre la chaleur et la fraîcheur de *Miss Dior.* Et c'est ce flacon que l'on trouve chez Joséphine Baker. Son nom *Miss Dior* fut trouvé par l'élégante et féline Mitzah Bricard, collaboratrice et muse de Christian Dior, qui, voyant arriver la sœur de couturier dans les salons gris perle de la jeune maison de couture, dit :

– Tiens, voilà Miss Dior.

– Miss Dior ! Voilà mon parfum !

Miss Dior est ainsi un hommage que Christian Dior fit à sa sœur Catherine Dior, dont il était très proche et qui était entrée en 1941 dans l'un des réseaux de Résistance les plus dynamiques en France. Arrêtée le 6 juillet 1944, elle est torturée puis déportée au camp de concentration pour femmes de Ravensbrück. Libérée près de Dresde en mai 1945, Catherine Dior est rapatriée à Paris, très affaiblie et amaigrie. Son cousin Sean Dior dira d'elle : « Elle a risqué sa vie pour que les autres restent libres. »

Tout comme Joséphine Baker, devenue française en 1937 et qui s'engagea aussi dans la Résistance, par reconnaissance envers son pays d'adoption. Mais c'est à un parfum lancé en 1927 que Joséphine Baker est restée fidèle toute sa vie : *Arpège*, de Jeanne Lanvin. « Comme l'amour, un parfum doit ensorceler une femme dès le premier contact », disait Jeanne Lanvin. Et Louise de Vilmorin de préciser : « *Arpège* laisse un sillage de notes fraîches et chaleureuses. Une extraordinaire combinaison, qui sent les fleurs, les fruits, la fourrure et les feuilles. Il chuchote un chant heureux. » Composé pour le trentième anniversaire de sa fille, Marie-Blanche, ce parfum musical incarne l'amour maternel plus que la sensualité débridée, même si ses senteurs mélodieuses s'affirment dans un accord délicat obtenu par les fines essences de rose de Bulgarie, d'absolue de jasmin, d'essences d'ylang-ylang et de néroli, équilibrées par les notes reconstituées du lilas et du muguet. Le bouquet en est magnifié par un cœur de vétiver et des épices (poivre et muscade), ainsi que des notes d'ambre et de vanille.

« On dirait un arpège », se serait exclamée Marie-Blanche, musicienne de talent, en le respirant pour la première fois. Armand Albert Rateau, le dessinateur Art déco qui avait décoré l'appartement parisien de Jeanne Lanvin, imagina le flacon en forme d'une somptueuse boule noire, gracieux épanouissement à l'image des courbes féminines, qu'illumine la « framboise d'or » en guise de bouchon. La gravure d'or qui représente Jeanne Lanvin en tenue du soir s'inclinant pour étreindre Marie-Blanche est l'œuvre d'un autre artiste fameux, Paul Iribe, faisant ainsi partie des symboles d'*Arpège*. Joséphine était si envoûtée par ce parfum, évoquant les liens d'amour indéfectibles entre une mère et sa fille, que son flacon lui inspira le décor et les tons noirs rehaussés d'or de sa salle de bains au château des Milandes. Les Milandes ! Le nom évoque à lui seul une autre Joséphine Baker, bien loin de la « Vénus noire », de la panthère et des facéties de la « Revue nègre ».

Remariée en 1937 à Jean Lion, un homme d'affaires, elle a alors acquis la nationalité française. Mais, on l'a vu, la France est dans son cœur depuis ses débuts parisiens, en 1925. Ce pays a fait ce qu'elle est devenue : une star, une icône du music-hall. Il lui a apporté consécration et richesse. Comment pourrait-elle l'oublier ? Aussi veut-elle lui rendre un peu de tout ce qu'il lui a apporté. En 1931, quand la vague de chômage consécutive à la crise de 1929 submergeait le pays, elle participe à l'organisation de soupes populaires dans Paris. Elle est même devenue la marraine du « Pot-au-feu des vieux », une œuvre caritative venant en aide aux vieillards démunis et dont l'esprit évoque nos actuels « Restos du cœur ».

Quand la guerre éclate, en 1939, il n'est pas question pour elle de rester les bras croisés. Contactée par un officier de renseignement en quête d'« honorables correspondants », Jacques Abtey, Joséphine Baker accepte la proposition. Grâce à ses relations et à ses tournées professionnelles – sur la ligne Maginot, par exemple, durant la « drôle de guerre » –, elle collecte des informations. De soirées mondaines en réceptions au sein d'ambassades étrangères, elle recueille des renseignements « sur la politique du Japon et sur certains agents allemands à Paris », précise le décret qui la fera chevalier de la Légion d'honneur en 1957.

Joséphine a mis le doigt dans l'engrenage. Impossible, désormais, de rebrousser chemin. Aux Milandes, où elle a eu connaissance, par Abtey, de l'appel du général de Gaulle à Londres, elle crée peu à peu un noyau de Résistance et organise des séries de spectacles qui vont lui permettre de développer un réseau aux ramifications multiples. Ses tournées artistiques lui offrent, en effet, une excellente couverture pour se livrer à des activités de renseignement. Direction le Portugal. Grâce à Jacques Abtey, Joséphine apprend toutes les ficelles du métier, dissimule des photographies épinglées à ses sous-vêtements, des informations chiffrées à l'encre sympathique dans ses partitions. Aux frontières, sa célébrité lui vaut d'ailleurs de n'être jamais inquiétée. Qui oserait arrêter Joséphine Baker, ou même la fouiller ?

Du Portugal, la petite « troupe » passe ensuite en Afrique du Nord et établit son QG à Marrakech, où Joséphine séduit le pacha El Glaoui, francophile notoire. Mais, en juin 1941, une péritonite aux multiples complications la condamne à l'immobilité durant dix-neuf mois. Sa chambre, dès lors, devient une sorte de « boîte aux lettres » pour toutes les informations recueillies par son réseau. Enfin guérie, Joséphine reprend ses tournées pour soutenir le Gouvernement provisoire à Alger et l'action de la Résistance. Partout, elle fait entendre la voix de la France. Inlassablement, elle martèle ses encouragements à ne pas céder devant le nazisme.

> Après le débarquement allié de l'automne 1942 en Afrique du Nord, Joséphine Baker retrouve la scène. Maroc, Algérie, Tunisie, Syrie, Égypte… Entre levées de fonds et soutien aux armées, elle porte le message de la France libre tout en renseignant l'état-major du général de Gaulle. Détentrice d'un brevet de pilote, la chanteuse est détachée en tant que « sous-lieutenant » auprès de l'état-major de l'armée de l'air et envoyée sur des théâtres d'opérations [5].

De retour en France à l'été 1944, Joséphine poursuivra ses activités patriotiques en organisant des concerts, en chantant notamment en Allemagne pour les prisonniers et déportés qu'on venait de libérer. Les Français, eux, ne découvriront son rôle de combattante dans la France libre qu'en 1946, lorsqu'elle recevra la médaille de la Résistance avec rosette. Ce retour à la paix et à la « vie civile » aurait pu signifier, pour Joséphine Baker, un retour à sa carrière, aux paillettes et à la vie facile. Mais ce serait oublier qu'on ne met pas sous le boisseau un tempérament rebelle comme le sien. Joséphine se trouve immédiatement d'autres combats à mener. Dès les lendemains de la guerre, elle s'engage, en France et aux États-Unis, contre la ségrégation raciale. La célébrité et l'argent ne lui ont jamais fait oublier la petite fille du ghetto de Saint-Louis. En Amérique, elle fait scandale en exigeant que ses spectacles soient ouverts aux Noirs et aux Blancs indistinctement. Devenue la cible du Ku Klux Klan, accusée d'être communiste, elle n'en participe pas moins à la marche des droits civiques en 1963, au côté de Martin Luther King.

Ses actions, il est vrai, sont parfois mal comprises, notamment lorsqu'elle se rend en tournée à Cuba et rencontre Fidel Castro, à qui elle apporte son soutien. Mais Joséphine, un rien idéaliste, croyant à l'égalité et à la fraternité entre les hommes, finira par déchanter. Cette fois, elle laisse définitivement l'Amérique derrière elle. Sa charité naturelle, ses dépenses, les travaux du château des Milandes, l'entretien de sa fameuse « tribu arc-en-ciel » – douze enfants de nationalités et de races différentes adoptés au fil du temps – l'ont conduite à la ruine. Elle doit des dizaines de millions au fisc et ne sait plus comment faire face à ses dettes.

Au mois de février 1964, la France apprend que Les Milandes vont être vendues aux enchères. Un formidable élan de solidarité se lève alors en faveur de Joséphine Baker. Brigitte Bardot, donnant l'exemple, lance un appel à la télévision et lui adresse un chèque substantiel. Le roi Hassan II lui envoie de l'argent et lui propose un terrain au Maroc. Gilbert Trigano, le créateur du Club Med, se dit prêt à racheter le château et à lui en laisser l'usufruit. Même chose pour Sylvain Floirat, propriétaire d'Europe n° 1. Le général de Gaulle intervient en personne et lui propose un domaine dans l'Allier. Réplique de Joséphine : « La France n'a pas à payer pour mes bêtises ! »

En 1969, elle se voit obligée de quitter Les Milandes. Ayant obtenu un sursis, elle est harcelée par les nouveaux propriétaires, qui ne lui épargnent aucune humiliation. On lui coupe l'eau et l'électricité. Joséphine se barricade alors dans sa cuisine, menace de faire la grève de la faim, mais des hommes la délogent sans ménagement et elle se retrouve à la porte, pieds nus, sous une couverture, abritée par un parapluie. Les photos des paparazzis feront le tour du monde. La princesse Grace de Monaco la relogera généreusement dans une villa de Roquebrune. Joséphine Baker est aux abois et, sans son amie Grace, elle serait à la rue, en guenilles, redevenue la petite fille du ghetto de Saint-Louis.

Courageusement, Joséphine remontera pourtant sur scène. Il y aura d'autres tournées, d'autres spectacles : l'Olympia en 1968, Belgrade en 1973, le Carnegie Hall la même année, le Palladium de Londres et le Gala du cirque à Paris en 1974. La « Vénus noire » est épuisée. Ses maladies d'estomac, une crise cardiaque, le spectre de la pauvreté peut-être ont miné sa santé. Le 10 avril 1975, elle est admise au service des urgences de la Pitié Salpêtrière. Elle n'a que soixante-huit ans. Deux jours plus tard, elle s'éteint auprès de Grace Kelly, victime d'une dernière attaque cérébrale. L'hôpital est alors cerné par une foule de journalistes qui campent en attendant l'annonce de la mort. L'affluence est telle que les proches de la star ont du mal à se frayer un chemin jusqu'à sa chambre.

Malgré tout, sa dernière volonté est respectée : il n'y a pas de photos d'elle sur son lit de mort. Afin d'éviter les clichés volés par les paparazzis qui n'hésitent pas à se déguiser en infirmiers pour l'approcher, le cercueil est très vite scellé.

Auparavant, on a revêtu cette femme ruinée d'une robe en dentelle ivoire dessinée par Nina Ricci, qu'elle avait portée une semaine plus tôt, lors d'une soirée de gala organisée au Bristol pour célébrer le spectacle de ses cinquante ans de carrière. Sa demi-sœur, présente à son chevet, entame un chant afro-américain populaire dans les États du sud des États-Unis dont est originaire Joséphine Baker. Ayant reçu les honneurs militaires et après des funérailles catholiques à l'église de la Madeleine à Paris, ses obsèques seront célébrées en l'église Saint-Charles de Monte-Carlo. Elle repose aujourd'hui au cimetière de Monaco. Joséphine est morte, mais sa flamme vit toujours dans le cœur des Français qui, pendant des décennies, vont vibrer au rythme de ses danses endiablées et de sa voix chaleureuse. Jo Bouillon, son dernier mari, avoua un jour à un ami : « Cette femme me fait penser à la fois à un torrent, à un incendie et à un rossignol. »

Le 30 novembre 2021, Joséphine Baker faisait son entrée au Panthéon, pour les services rendus à sa patrie d'adoption. Le « Rossignol noir » aurait-il vraiment apprécié ces honneurs officiels ? Joséphine ne les avait jamais recherchés, étant toujours restée discrète sur son passé de résistante, ainsi que sur son combat contre le racisme. Elle préférait la vie sous toutes ses facettes, l'amour à profusion et la générosité désintéressée. Mais sans doute se console-t-elle en sachant que l'un de ses glorieux voisins n'est autre que Victor Schoelcher, l'homme qui, dès 1833, s'était battu pour l'abolition de l'esclavage. Le merveilleux parfum de la liberté !

Frida Kahlo
Photographie argentique de © Bernard Silberstein, 1984.
© Cincinnati Art Museum / Museum purchase / Bridgeman Images.

XVIII

Frida Kahlo

Le parfum de la vida

Adulée ou controversée, Frida Kahlo demeure l'une des peintres les plus iconiques du XXe siècle. Celle qui en voulant peindre sa réalité, celle d'un corps meurtri, devint immortelle. Car, au-delà de l'artiste, il y a la femme, libre, rebelle, engagée, mais surtout animée par une énergie vitale, une force de volonté exceptionnelle qui lui aura permis de triompher de tous les obstacles, ou presque. Une sorte de feu intérieur qui, toute sa vie, la portera à surmonter ses handicaps et à faire de ses souffrances le moteur de sa création.

Ses tenues, sa maison bleue la *Casa Azul*, ses collections d'objets folkloriques et ses parfums qui la définissent si bien font aussi partie intégrante de son univers artistique éclatant de couleurs et célébrant la culture mexicaine autant que la féminité triomphante.

Frida Kahlo est née le 6 juillet 1907 à Mexico, même si elle prétend avoir vu le jour en 1910, non pour se rajeunir par coquetterie mais par nationalisme, voulant naître en même temps que la révolution mexicaine. Sa mère, Matilde Calderón y González, était une Mexicaine, issue d'une famille de généraux d'origine espagnole. Son père, Wilhelm, devenu

Guillermo, était un émigré allemand du grand-duché de Bade, fils d'un bijoutier et orfèvre, Jakob Kahlo, et d'une grande bourgeoise, Henriette Kaufmann. C'est de son père que lui vient son nom : *die Friede*, en allemand, signifie « la paix ». Mais lors de son baptême, le prêtre menaçant de ne pas lui accorder le sacrement, on le transformera en « Frida ».

Pourtant, s'il y a bien un mot qui ne correspond guère à l'existence de Frida Kahlo, c'est bien celui-là. Car, dès le début, les difficultés s'enchaînent avec une sorte de fatalité inexorable. Mathilde ne pouvant l'allaiter, elle est confiée à une nourrice indienne qui, selon Frida, « sentait la galette de maïs et le savon ». Premier souvenir olfactif délicieux.

Entre une mère dépressive, religieuse, incapable de donner à ses filles – Frida a trois sœurs – la moindre affection, et un père photographe moins sévère mais malade et épileptique, il lui faut trouver sa place au sein de la grande maison bleue où vit toute la famille Kahlo.

Inscrite à l'école allemande de Mexico, Frida n'a que six ans lorsqu'elle est victime d'une brutale attaque de poliomyélite. Sa vie, du jour au lendemain, se retrouve brisée par la maladie. Sa jambe droite est atrophiée. Désormais, pour ses camarades d'école, Frida n'est plus que « *Frida, pata de palo* », « Frida jambe de bois » !

Devenue la risée des autres enfants, elle se replie sur elle-même, s'efforçant de masquer sa « mauvaise jambe » sous trois ou quatre paires de chaussettes, et porte des bottines pour corriger sa claudication. Ému par les souffrances de sa fille, Guillermo est le seul à la soutenir. Pour lui forger le caractère, il l'encourage à pratiquer des sports masculins : football, lutte, natation. « Mes jouets, dira-t-elle, étaient ceux d'un garçon : des patins à roulettes et des bicyclettes. » Admiratif devant sa fille à l'esprit vif et brillant, il lui offre des livres et stimule son appétit de connaissances. Il lui apprend même à se servir d'un appareil photo, puis à développer et retoucher des clichés. Tout cela aide un peu l'enfant à oublier son handicap et à retrouver sa joie de vivre. Mais il suffit parfois de saisir un éclat dans ses yeux sombres pour comprendre qu'un sentiment de solitude s'est ancré en elle qui ne disparaîtra jamais.

Alors qu'elle atteint quatorze ans, cet acharnement à vivre et à étudier lui permet néanmoins d'être l'une des premières filles – elles sont trente-cinq sur deux mille étudiants – à intégrer l'École préparatoire nationale, le meilleur établissement du pays. Frida choisit alors d'entamer une formation de cinq années qui doit aboutir à des études de médecine. C'est une gamine pleine de vie, de volonté et d'un charme farouche, avec sa chevelure noire épaisse et ses grands yeux sombres. L'un de ses condisciples au collège, Alejandro Gómez Arias, ne s'y trompe d'ailleurs pas : il en fait très vite sa petite amie.

Et pourtant, c'est à la même époque que se situe l'un des épisodes les plus romanesques de la vie de Frida Kahlo. On raconte que le peintre Diego Rivera avait été invité à couvrir de fresques les murs de la salle de conférences de l'école. Chahuté par les collégiens, il attirait les moqueries faciles de la plupart des *Cachuchas*, ce groupe d'élèves qui portaient en signe de reconnaissance des casquettes. Tombée amoureuse, Frida aurait alors annoncé à la cantonade, tout en se moquant de lui, et même en le traitant de « gros plein de soupe », qu'elle aurait un jour un enfant avec Diego Rivera. Cette prédiction passa naturellement pour une plaisanterie de gamine un peu trop imaginative et délurée.

Mais la révolution mexicaine qui déchirait le pays depuis 1910 allait bousculer leur existence. Pour Guillermo, les commandes officielles se tarissaient à vue d'œil. Les Kahlo durent restreindre leur train de vie, vendre des meubles et même hypothéquer leur grande maison bleue. Frida, désireuse d'aider sa famille, accepta, durant son temps libre, d'exercer divers métiers, tels ceux d'ouvrière d'usine, de comptable ou de caissière en pharmacie.

Il est vrai que Frida Kahlo n'est déjà plus la petite fille qui s'est présentée au concours quatre ans plus tôt, vêtue d'une jupe plissée et coiffée d'un chapeau de paille à rubans. Les cheveux rassemblés en chignon, elle porte désormais des bas et des chaussures à hauts talons. Surtout, elle a pris ses distances avec les idées frileuses de son milieu familial. Elle adhère aux principes de la révolution. Lorsqu'un mouvement révolutionnaire a éclaté au sein de l'École nationale, Frida a voulu y participer. Hélas pour elle, Mathilde veillait. Hostile à toute politique et à toute forme de violence, elle est parvenue à l'empêcher de sortir pour aller se mêler aux émeutiers.

C'est désormais une femme moderne, qui entend bien profiter du mouvement de libération des années folles et décider de son destin. Elle aime d'ailleurs s'habiller de tenues masculines, et sa personnalité singulière fascine. Frida bouscule déjà les codes établis, et en particulier les codes de genre.

L'existence, pour Frida, ne pouvait cependant continuer de se dérouler sans heurts. Le 17 septembre 1925, jour anniversaire de l'indépendance du Mexique, sa vie bascule à nouveau et de manière dramatique. Ce jour-là, le bus qui la transportait au retour de l'École est violemment percuté par un tramway. L'accident est terrible. Et le bilan catastrophique : plusieurs morts jonchent le sol. Frida, elle, est retrouvée vivante au sein des débris du véhicule. Mais vivante est-il le mot qui convient réellement ? Triple fracture de la colonne vertébrale et une jambe brisée, une clavicule cassée, un pied disloqué, une épaule démise, elle s'est empalée sur une barre de fer qui, pénétrant par le bassin, lui a perforé l'abdomen avant de ressortir par les organes génitaux. Une horreur. Détail hallucinant : une poudre d'or que transportait avec lui un ouvrier peintre s'est répandue sur son corps à demi dévêtu, la recouvrant d'un voile de sang et de lumière. Elle entend dans une semi-conscience les passants s'écrier « *la ballerina !* », croyant voir une danseuse étendue sur la chaussée… Frida racontera : « Ce fut un accident bizarre. Il ne fut pas violent mais plutôt silencieux, lent, et il toucha tout le monde. Moi plus que n'importe qui », ajoutant : « J'ai perdu ma virginité ce jour-là », avec un sourire amer.

Pour la seconde fois, sa vie marquait le pas.

Frida Kahlo doit abandonner son rêve d'adolescente : devenir médecin. À compter de ce jour funeste, sa vie ne sera plus qu'un combat permanent contre la souffrance et la désagrégation d'un corps meurtri à jamais. Faute de moyens, ses parents ne peuvent la faire soigner efficacement, et les séquelles n'en seront que plus lourdes. Condamnée à l'immobilité, à l'ennui et aux ruminations cafardeuses, Frida décide alors de peindre. Elle a déjà suivi des cours de dessin et de modelage à l'École nationale, et Guillermo l'a initiée à la photographie et à l'histoire de l'art : elle va trouver là une sorte d'exutoire à son malheur.

Elle peint sa famille, ses amis, mais surtout elle-même, grâce à un miroir que ses parents ont fait installer au-dessus de son lit à baldaquin. « Comme mes thèmes ont toujours été mes sensations, confiera-t-elle, mes humeurs et les réactions profondes que la vie a produites en moi, j'ai souvent objectivé tout cela dans les figures de moi-même, qui étaient la chose la plus sincère et la plus réelle que je pouvais faire pour pouvoir exprimer ce que je ressentais à l'intérieur et à l'extérieur de moi. »

Pour essayer de la distraire une fois à la maison, sa mère lui installe un lit à colonnes, au baldaquin duquel elle accroche un petit miroir ; elle fait fabriquer un chevalet spécial parce que Frida ne peut pas s'asseoir ; et son père lui offre une boîte de couleurs (peinture à l'huile). Frida est ainsi enfermée dans une sorte de cabinet de miroirs. Et quand elle sort de sa chambre, c'est toujours avec son lit qu'on la déménage dans le patio pour qu'elle prenne les rayons du soleil. Les miroirs ont joué un rôle clé dans la vie et l'œuvre de Frida Khalo. Ils sont présents dans tous les coins de la *Casa Azul* : sur la commode, dans l'armoire, encastrés dans les murs du patio et jusqu'à l'intérieur du baldaquin du lit de l'artiste.

Poser, façonner son apparence et peindre devant un miroir figuraient parmi ses activités quotidiennes. L'autoportrait s'impose à elle : « Je me peins parce que je suis très souvent seule, disait-elle, parce que le sujet que je connais le mieux, c'est moi-même. » Elle dépasse son traumatisme psychique à travers l'art, ce qui lui permet de s'en détacher, réalisant une forme d'autoanalyse qu'elle poursuivra tout au long de sa vie. Elle veut faire du beau et de l'art avec l'horreur de son drame. Elle souffre en outre d'avoir eu la « chance » d'être l'une des rescapées du tragique accident, ayant vu tous ces morts autour d'elle. Sa peinture, introspective, un peu naïve, hiératique, est la chirurgie de son âme. L'autoportrait sera désormais son mode d'expression privilégié. Prisonnière de son invalidité, elle n'entend pourtant pas jouer au martyr, susciter la pitié, et sait se montrer forte et gaie en public. Comme l'écrit son biographe, Hayden Herrera :

Le rôle de l'héroïne souffrante finit par envahir la personnalité de Frida. C'est alors que le masque prit la place du visage. Et comme la théâtralisation de la douleur occupait une place croissante dans l'image que Frida se faisait d'elle-même, la jeune femme modifia les événements pénibles de son passé et affirma, par exemple, qu'elle n'était pas restée un mois, mais trois, à l'hôpital de la Croix-Rouge. Elle se composa un personnage suffisamment fort pour résister aux épreuves et pour survivre sur la sinistre planète qu'en réalité elle réorganisait à sa guise [1].

Une telle peinture aurait pu demeurer confinée à un cercle restreint d'admirateurs. Mais un homme va s'employer à lui donner toute sa dimension : Diego Rivera, l'homme qu'elle avait aperçu à l'École nationale et avec qui elle s'était juré à l'époque d'avoir un enfant.

Rivera a vingt-deux ans de plus qu'elle. C'est le peintre le plus célèbre du Mexique, connu notamment pour ses gigantesques fresques murales. Un colosse assez laid, homme à femmes, obsédé par son art, mais intelligent, brillant, plein d'humour et de charme. Frida le traite affectueusement de crapaud ! Entre eux, c'est le choc. Hormis le goût de la peinture, ils partagent d'autres passions, et notamment celle de la liberté qui, au Mexique, passe par l'engagement au parti communiste.

Un amour passionnel et chaotique les unira ainsi jusqu'à la mort de Frida. À ce sujet, Frida dira : « J'ai eu deux accidents graves dans ma vie : l'un quand le tramway m'a écrasée, l'autre, c'est Diego. »

Le 21 août 1929, Frida et Diego se marient officiellement à Mexico. « L'union d'un éléphant et d'une colombe » commentera-t-on du côté de Frida. Diego s'est habillé à l'américaine et coiffé d'un gigantesque chapeau texan ; Frida, à l'indienne, a fait gonfler ses jupons et s'est enveloppée du *rebozo*, le châle traditionnel. La Belle et la Bête ! Son père, Guillermo, sera d'ailleurs le seul à assister à la cérémonie.

Il faut dire que ce mariage est à l'image de l'existence de Frida, hors norme. Les époux Rivera s'aiment, mais se trompent régulièrement, ayant une conception très libre de l'amour. Diego n'a pas perdu ses manières de séducteur, et Frida en souffre terriblement. Par réaction et en femme libre et moderne, elle se laisse aller à une sexualité débridée, tant avec les hommes qu'avec les femmes. Les liaisons saphiques étaient alors fréquentes et tolérées, et Frida ne ressentait aucune honte quant à sa bisexualité, ayant de nombreuses petites amies et amies lesbiennes. Dans leur univers bohème et libre-penseur, Diego encourageait Frida à avoir des liaisons homosexuelles, alors qu'il supportait mal l'idée qu'elle puisse avoir des amants. Ses liaisons hétérosexuelles, Frida les vivait en secret.

Mais le cœur de leur relation, de toute façon, se situe ailleurs. La soif impérieuse de création artistique les domine, les rapproche, entremêle sans cesse les fils de leurs vies, tout en consolidant paradoxalement leurs sentiments en dépit des écarts de conduite, des querelles et des éloignements. Une sorte de bienveillance mutuelle, au-delà des conflits, les unit en profondeur.

Ainsi, Diego se soucie autant des tableaux de sa femme, dont il vante le talent, que de l'apparence vestimentaire de Frida. Il l'incite à un retour à la culture populaire mexicaine, l'encourage à porter des vêtements d'autochtones mexicains, comme ceux des femmes de Tehuantepec : larges jupes, longues boucles d'oreille, bijoux précolombiens, coiffure agrémentée de rubans et de fleurs. Elle n'est jamais allée dans cette région, mais elle sait que c'est une société matriarcale, ce qui lui plaît. Son patriotisme, sa « mexicanité » s'expriment ainsi par son style vestimentaire. Dans son tableau, *Les Deux Frida*, elle porte une tenue occidentale et une tenue plus traditionnelle composée du *rebozs*, châle traditionnel très coloré, et du *huipil*, blouse brodée et décorée, qui est la signature de son style. Elle peint ce tableau en 1939, après que Diego a demandé le divorce. La Frida en habit traditionnel est celle que Diego aime encore.

Avec le temps, et parfois sous l'impulsion de Rivera, Frida se construit un style si personnel que celui-ci contribue à son mythe autant que ses peintures, une sorte d'allure intemporelle qui incarne son identité propre. À travers ses vêtements, elle cherche à s'affirmer. Elle enjolive le handicap de sa jambe avec une botte rouge vif et des motifs chinois customisés sur sa prothèse, détournant ainsi la vocation primitive de l'objet. Elle décore ses corsets, qui deviennent un élément essentiel de sa garde-robe. Elle les peint. Elle transforme ces objets de torture en œuvres d'art, exprimant même ses convictions politiques à travers eux, en ornant l'un d'entre eux d'une faucille et d'un marteau.

Quand elle n'est pas « en Mexicaine », il lui arrive de porter des vêtements occidentaux – pantalon et veste de cuir par exemple – ou d'associer des tenues inspirées de divers continents. Elle aime les châles espagnols, les jupons, les sandales italiennes. Même chose pour la coiffure, à laquelle elle apporte une attention extrême : traditionnelle mexicaine ou plus personnelle, les cheveux ramenés sur le haut de la tête et parsemés de rubans de laine aux couleurs chatoyantes et de fleurs de bougainvillée.

Chaque matin, Frida se compose un personnage, comme si cette apparence d'un jour devait effacer les malheurs et les souffrances de la vraie Frida. Elle a également une passion pour les bijoux, et Diego lui en offrira par dizaines. Des plus beaux, en jade de style précolombien, jusqu'à la simple verroterie. Elle change de bagues constamment, celles qu'on lui donne pouvant orner d'autres doigts dès le lendemain. Frida offre ce qu'elle aime, partageant sans espoir de retour. Sa générosité est légendaire.

Ce souci des apparences n'efface pas, cependant, une part plus profonde de sa féminité. Frida voulait donner un enfant à Diego, elle tombe enceinte. Mais le sort s'acharne, premier avortement médical. Ses autres tentatives se solderont également par des échecs.

Frida devra se résoudre à n'être jamais mère. Pensait-elle pouvoir, par ce moyen, retenir Diego auprès d'elle ? Les liaisons de Rivera l'affectent davantage qu'elle ne le laisse paraître – elle tentera même, semble-t-il, de se suicider à plusieurs reprises –, mais Diego revient toujours vers elle. Alors, à quoi bon lutter ? En public, elle ironise d'un ton railleur : « Être l'épouse de Diego, c'est la chose la plus merveilleuse du monde. […] je le laisse jouer au mariage avec d'autres femmes. Diego n'est le mari de personne et il ne le sera jamais, mais c'est un grand *camarada*. »

Ces déceptions, ces déchirures, ces maternités manquées la rejettent inévitablement vers l'art. En 1930, elle emménage avec Diego à San Francisco, où on lui a commandé des fresques pour le *San Francisco Stock Exchange* et la *California School of Fine Art*. Là-bas, Frida fait la connaissance de nombreux artistes, mécènes et marchands d'art. Mais ce séjour aux États-Unis n'est pas vraiment heureux. Si Diego est fasciné par le pays, Frida n'a que peu d'affinité avec la mentalité des *gringos*. Sa peinture s'en ressent. Après une seconde fausse couche au mois de juillet 1932 – due à sa fracture du bassin –, elle n'aspire plus qu'à rentrer au Mexique.

Rivera cède. Le couple regagne le Mexique et s'installe à San Angel. Frida espère en des jours meilleurs, plus épanouissants pour son art comme pour sa vie conjugale. Un an plus tard, elle apprend que Diego est l'amant de sa sœur Cristina depuis l'été 1934. Elle tombe dans une sévère dépression.

Frida quitte Rivera, s'installe dans un appartement au centre de Mexico, puis s'envole pour les États-Unis, où elle retrouve des amis. L'été 1937, elle devient la maîtresse de Trotski, qu'elle surnomme « barbichette », certainement pour se venger de la liaison de Diego avec sa sœur et se sentir à égalité avec lui. Elle ne comprend pas le « privilège » masculin de l'infidélité, qui est encore valorisée socialement et dont les hommes tiraient presque une fierté. Ce machisme l'insupporte.

Dans ces années qui précèdent la guerre, mûrie par les épreuves, Frida s'affirme enfin comme une entité à part entière, et non plus comme l'artiste « poussée » à l'ombre de Diego Rivera. Elle peint avec acharnement, affine sa technique et son originalité. En 1938 : première exposition à l'université de Mexico, premières ventes et début d'une autonomie financière.

À la fin de cette même année, c'est la consécration : New York l'accueille et fait exploser sa notoriété. Le « pape du surréalisme » André Breton, alors aux États-Unis, est littéralement fasciné par Frida et son œuvre. Il déclare que « l'art de Frida Kahlo est comme un ruban bigarré noué autour d'une bombe ». Mais Frida, enfermée dans ses soucis personnels, se méfie des excès d'enthousiasme. Une forme de désespoir l'a rendue lucide et détachée des compliments dithyrambiques. Elle vient de divorcer et de se couper la longue chevelure brune que Diego adorait. Dans son *Autoportrait aux cheveux coupés* (1940), Frida se représente, les ciseaux à la main – castration du féminin ou liberté reconquise –, flottant dans un large complet d'homme, dont on peut se demander s'il n'est pas celui de son ex-mari. Elle est assise sur une chaise de paille au milieu d'un sol jonché de mèches mortes. Va-t-elle renaître à la vie, guérie de toutes ses blessures de corps et de cœur ? Son âme, elle, reste vaillante.

Breton lui ayant promis un accueil exceptionnel dans une galerie pour elle seule, elle part malgré tout pour la France au début de 1939. C'est la douche froide. Elle juge Paris sale, décadente, et son univers bohême totalement superficiel. Tous les intellectuels parisiens, qu'elle trouve trop arrogants, lui donnent envie de vomir. En outre, Breton n'a rien prévu, et son œuvre est noyée au milieu de tableaux mexicains du XIXe siècle, de photographies et d'objets d'artisanat. On la juge « surréaliste », mais Frida refuse farouchement l'appartenance à quelque mouvement : « Je n'ai jamais peint mes rêves, se défendra-t-elle, j'ai peint ma réalité. »

L'exposition, qui se tient dans une des meilleures galeries, chez « Pierre Colle », également marchand de Salvador Dalí, débute enfin et malgré une désorganisation totale. Mais elle n'a qu'un succès d'estime. Juan Miró, Kandinsky et Picasso ont beau crier au génie, cette avalanche d'éloges la laisse de marbre. Picasso lui offre une paire de petites mains montées en boucles d'oreilles, en symbole d'amitié. « En somme, je peux dire que ça a été un succès, et si on tient compte de la qualité du caramel (c'est-à-dire de la foule des féliciteurs), je crois que l'affaire a assez bien marché », résume-telle à l'intention des Wolfe le 17 mars.

À son ami le photographe Nickolas Muray, Frida Kahlo dira cependant son dégoût des artistes-intellectuels parisiens, qui ne lui inspirent aucun respect. Une magistrale déception.

Mais Paris est aussi la ville de la mode et du chic, et Frida ne peut y être totalement indifférente. En 1937, elle a fait la une du *Vogue* américain, qui consacre un article aux « Señora of Mexico ». Sur la couverture, elle brandit un *rebozo* au-dessus de sa tête. Il est de couleur solferino – *tlapali* en nahuatl, terme que l'artiste traduit par « vieux sang de figue de Barbarie le plus vif en ancien ». Depuis l'indépendance, ce châle rectangulaire frangé est devenu l'emblème de la nation mexicaine, et Frida l'arbore dans les pages du magazine américain.

Lors de son séjour, le monde de la haute couture parisienne lui ouvre ses portes. Intrigué par son style baroque et coloré, on admire ses tenues traditionnelles, et notamment son châle devenu le porte-étendard de son identité *mestiza* (métissée). Elsa Schiaparelli l'accueille, admirative, dans ses salons de la place Vendôme. Inspirée par le surréalisme et grande amie des artistes, Elsa est immédiatement séduite par son costume de *Tehuana*, au point de s'en inspirer pour dessiner une robe *Madame Rivera* pour les élégantes parisiennes [2].

Pourtant, Frida Kahlo demeure imperméable à toute autre mode que la sienne. Pas question pour elle de se faire la représentante d'une importante maison parisienne, d'une marque, d'un grand nom du luxe. Frida n'a pas une mentalité de suiveuse. D'un flacon de *Chanel N° 5*, elle fera ainsi, volontairement ironique… une bouteille de dissolvant.

Frida, on le sait, reste très soucieuse de son image. Chaque matin, elle se coiffe, se maquille, se parfume mais, refuse de se raser la moustache, une autre de ses marques de fabrique ! Elle utilise même un produit qui facilite la repousse des poils, jouant sur les notions de masculin et de féminin. Comme toutes ses affaires ont été conservées chez elle à la *Casa Azul* après sa mort en 1954, et que Diego avait ordonné que soient placés des scellés, tout est resté intact et nous permet d'entrer dans son intimité.

S'apprêter, même si elle ne doit rencontrer personne de la journée, est devenu une routine. C'est sa façon à elle de reprendre le contrôle sur ce corps qui la martyrise et d'attirer les regards sur son visage. Plus son corps la lâche, plus elle met de couleurs sur ses joues et sur ses lèvres. Chaque jour, elle trace les contours de sa bouche et applique du rouge à lèvres et du blush. Chez Revlon, elle aime assortir la couleur de son vernis à ongles à celle de son rouge à lèvres, un magenta dont elle signe parfois ses lettres en une trace légère et parfumée.

Elle utilise également un crayon pour les yeux, afin d'intensifier son regard magnétique. Diego aime ses yeux bruns extraordinaires, encadrés par des sourcils épais qui ressemblent aux ailes d'un oiseau, comme s'ils étaient là pour l'aider, symboliquement, à s'échapper de son corps-prison. Alors, cette implantation particulière, elle l'accentue au point d'en faire son autre marque personnelle, mettant en valeur ce que la nature lui a laissé après lui avoir ôté tant d'attributs féminins. Ce fameux monosourcil hérité de sa grand-mère paternelle deviendra ainsi un élément distinctif immédiatement repérable sur ses toiles.

À travers la mise en scène de son visage, Frida Kahlo cherche à imposer une image tantôt féminine, tantôt masculine qui déroute, intrigue, séduit et finit par envoûter. Elle a besoin de se valoriser, de plaire, de signaler sa présence au monde. Tout plutôt que de laisser remonter, du fond de ses abysses intérieurs, la petite fille brisée par la maladie et l'accident du 17 septembre. Celle-là doit rester bien enfouie. Si les autoportraits de Frida Kahlo sont une façon de se montrer sans se dévoiler, sa manière de se vêtir, de soigner son apparence, de se maquiller et de se parfumer, lui permet encore de s'afficher outrageusement pour mieux se dissimuler. Jeu de cache-cache absolu.

Comment, dans cet attirail de beauté, oublier, en effet, le parfum qui définit, mieux que tout, la personnalité d'une femme ? Le sillage de Frida Kahlo porte un nom : *Shalimar*, créé par Jacques Guerlain qui puise son inspiration en Inde dans le Taj Mahal, un hymne à la fidélité et à la magie de l'amour. En sanskrit, *Shalimar* signifie d'ailleurs « demeure de l'amour ».

Ce parfum de la maison Guerlain semble avoir été fait pour elle. N'a-t-il pas été lancé en 1925, l'année de l'accident, qui a fait basculer toute sa vie ? Comment Frida Kahlo pourrait-elle l'avoir choisi par hasard ?

Elle, qui aime jouer sur l'ambiguïté masculin-féminin, ne peut que se reconnaître dans ce chef-d'œuvre de la parfumerie française. Sa douceur ourlée d'un excès maîtrisé de vanille en fait un élixir érotique qui a notamment conquis l'Amérique triomphante de Scott Fitzgerald dès 1925. Son succès y est tel qu'il inspire même une chanson, baptisée du même nom. Raymond Guerlain, parti pour les États-Unis afin de développer les affaires de la maison outre-Atlantique, ne tarde pas à s'en apercevoir : les noms de Guerlain et de *Shalimar*, dans l'esprit des Américains, ne font désormais plus qu'un, au point d'être confondus et utilisés l'un pour l'autre. Sur le paquebot *France*, sa jeune épouse, se promenant chaque jour sur le pont, a déjà pu mesurer l'engouement des femmes américaines au nombre de celles qui lui ont demandé ce qu'elle portait comme parfum, simplement après avoir senti son sillage.

En Amérique, Frida l'a certainement respiré partout lors de ses nombreux séjours chez les *gringos*. Par amour pour Diego, elle a choisi d'en faire son habit de lumière, de l'associer à son aura. De même qu'elle s'habille pour le paradis, dans un rapport profond au vêtement, cette fragrance liée à la passion amoureuse est son talisman, son arme secrète, son réconfort, comme une conjuration et une revanche sur la vie et sur l'amour. À l'apogée de la dynastie moghole, *Shalimar* était le nom donné aux jardins parfumés de Srinagar, Lagore et Kapurthala. Ils incarnaient le paradis sur terre, le lieu magique où s'étaient aimés l'empereur moghol qui régnait sur l'Inde au XVIIe siècle, Shah Jahan, et sa très belle épouse favorite Mumtaz Mahal, à qui il accorda ce nom, qui signifie « le bijou du palais ». Loin d'être la simple favorite un peu potiche parmi les trois épouses de l'empereur, Mumtaz Mahal fut la compagne de confiance de l'empereur, voyageant avec lui partout dans tout l'Empire moghol. Elle avait une grande influence sur le pouvoir politique, tenant un rôle de conseillère non officielle. Princesse guerrière, elle appréciait la bravoure des combattants de l'empire. En 1630, Mumtaz Mahal accompagna Shah Jahan qui guerroyait lors d'une campagne militaire sur le plateau du Deccan. Ce fut son dernier voyage. Elle mourut le 17 juin 1631 en mettant au monde son quatorzième enfant et fut enterrée à Burhanpur, sur le lieu de sa mort. Fou de douleur, Shah Jahan décida de construire à son épouse un mausolée aussi beau que fut son amour pour elle. Les travaux durèrent vingt-deux ans et vidèrent le trésor des Moghols pour édifier le Taj Mahal.

Jacques Guerlain avait été fasciné par cette histoire, que son ami chimiste Justin Dupont, au retour d'un voyage aux Indes en 1920, lui raconte. Dans une impulsion créatrice, il jette quelques gouttes d'éthylvanilline dans un flacon de

Jicky ! L'aphrodisiaque vanille confère alors une sorte de dualité à ce parfum d'une étrange et paradoxale harmonie, à la fois frais et léger, mais aussi riche et sensuel. Après bien des retouches pour obtenir l'accord parfait, *Shalimar* était achevé en 1921, mais la maison Guerlain, sûre de sa réussite et désireuse de créer un événement autour de son parfum, attend l'Exposition des arts décoratifs et industriels modernes de 1925 à Paris pour le présenter. Le succès est immédiat.

« Porter *Shalimar*, c'est laisser ses sens prendre le pouvoir » affirmait Jacques Guerlain. Frida est envoûtée par ce parfait équilibre entre la sensualité, la légèreté, la douceur crémeuse de la vanille originaire du Mexique et la chaleur poudrée des baumes. Il fait écho à ses désirs, à sa sensualité. Frida aime faire l'amour. La sexualité est d'une importance vitale pour elle, presque hygiénique. Faire l'amour, c'est d'abord se sentir vivante, complète, oublier tout ce qui, en temps ordinaire, lui rappelle la « femme fracturée » qu'elle est depuis ses dix-huit ans. L'amour lui est un baume, un antidouleur. Que ce soit avec Diego, avec d'autres hommes ou d'autres femmes, elle a besoin de cette douceur pimentée de l'orgasme que lui évoque *Shalimar*. Un jour, elle avait expliqué à son biographe Hayden Herrera sa conception de la vie : « Faire l'amour, prendre un bain et refaire l'amour [3]. » Sa liberté sexuelle est révolutionnaire, d'autant qu'elle fait toujours le premier pas. Elle séduit ouvertement les hommes ou les femmes. Frida a beaucoup de maîtresses, dont Joséphine Baker. Comme la peinture, la jouissance la délivre provisoirement de ses entraves corporelles.

Frida Kahlo sait-elle que la vanille est hermaphrodite, qu'elle doit s'enrouler autour d'un tuteur pour pouvoir s'épanouir ? Elle ne peut s'autoféconder. Un hymen empêche le pollen de pénétrer son intimité, qu'il faut percer avec un stylet. Affectivement perturbée depuis l'enfance, Frida représentera ainsi, à travers son œuvre, des lianes, des plantes grimpantes qui traduisent ce besoin d'amour fusionnel qu'elle recherche éperdument en multipliant les liaisons amoureuses. De même, la vanille, depuis longtemps chère aux parfumeurs, possède une sensualité propre aux multiples nuances, considérée comme une odeur universelle et addictive, évoquant le lait maternel, l'enfance et le sucre. Avec *Shalimar*, Frida Kahlo retrouve cette sensation enveloppante qui va si bien à sa peau, qui la relie autant au Mexique qu'à l'amour.

Nombre de femmes se trahissent inconsciemment à travers leur façon de se vêtir ou de se parfumer, de se maquiller ou de porter des bijoux. Frida, elle, assume consciemment ce rôle de « miroir » que remplissent la mode, les parfums et les soins de beauté.

Un autre parfum français a aussi conquis Frida Kahlo : *Shocking* d'Elsa Schiaparelli, laquelle a fait figure d'ovni dans le monde de la haute couture. Les deux femmes se rencontrent lors du séjour de Frida à Paris et se comprennent instantanément. Dans ces années 1937-1938, Elsa Schiaparelli, parvenue au sommet de sa carrière, n'a pas réellement guéri de ses blessures. Elle est en perpétuelle recherche de beauté. Ne la surnomme-t-on pas « la jolie laide » ? La « lutte » intérieure, qui la déchire depuis l'adolescence continue de se livrer derrière les masques et les accessoires chics dont elle aime s'affubler. Indépendance, extravagance, excentricité, détournement sont des mots qui la définissent. « La création des robes n'est pas pour moi une profession mais un art », dit Elsa, qui n'est jamais satisfaite, toujours à la recherche de l'idée originale qui pourra séduire, décontenancer, choquer. D'ailleurs, son expression favorite est

« *Shocking* », au point d'en faire sa devise. Sa ligne de conduite : faire ce qui lui plaît, tout comme Frida.

En 1937, Elsa Schiaparelli lance un concentré d'arômes destinés avant tout à provoquer : *Shocking* se définit comme un parfum très féminin à la senteur tenace, dans laquelle une harmonie de bergamote, d'estragon, de framboise et d'aldéhydes laisse ensuite émerger un cœur floral de miel, d'œillet, de narcisse et de rose d'Orient. Le fond est tapissé de civette, vétiver, vanille, patchouli, musc et santal. Mais ce que dégage d'abord *Shocking* surprend, dérange, effraie, même. On y sent, en effet, une odeur de gousset, d'aisselle. *Shocking* évoque de manière brutale le monde de la nuit, du sexe, de l'amour défendu qui laisse sur la peau son empreinte animale.

Ce parfum volontairement érotique, Elsa Schiaparelli a su d'emblée qu'il serait un succès. *Shocking* envoûte. Son flacon est à l'image de cette sensualité revendiquée. Dessiné par l'artiste Leonor Fini, en collaboration avec le peintre Fernand Guéry-Colas [4], il s'inspire du buste de Mae West, pulpeuse sex-symbol du cinéma hollywoodien et fidèle cliente de la maison Schiaparelli.

Frida le sent dans les salons de Schiaparelli, place Vendôme. Elsa a fait installer dans l'entrée de sa boutique une vaste cage à oiseaux dessinée par son ami le décorateur Jean-Michel Frank, faite de bambous dorés encadrés d'une structure métallique noire et décorée de fleurs multicolores. À l'intérieur sont disposés d'immenses flacons vaporisateurs. Ainsi, Frida a pressé d'un doigt négligent la poire à parfum de *Shocking*, afin de tester si la fragrance conviendra à sa personnalité. Frida l'adore au point de se transposer dans ce parfum. Le fameux *Rose Shocking* se pose bientôt sur ses lèvres et sur ses joues en teinte de maquillage [5]. Ce rose vibrant, finalisé par une touche de magenta, est inspiré à Elsa par celui de la civilisation inca, qu'elle admira au pavillon péruvien de l'Exposition internationale des arts et techniques, ouvert à Paris en mai 1937.

Plus qu'une simple fragrance au caractère sulfureux, le parfum d'Elsa, devenu celui de Frida Kahlo, est véritablement une manière d'être. *Shocking* de Schiaparelli, en forme de buste, ou plutôt de corset – et Frida en a porté de nombreux (en tout vingt-huit, de cuir, de plâtre ou d'acier) depuis 1925 ! –, va être pour l'artiste comme son double olfactif. Le corset de *Shocking*, Frida le revendique sur la peau. De même que, par patriotisme, elle porte les costumes de *Tehuana* et plusieurs pièces de vêtements traditionnels, comme les châles et les énormes coiffes de dentelles ou encore la blouse brodée, elle affirme sa « mexicanité » à travers les parfums qu'elle choisit. *Shalimar* tout comme *Shocking* représentent sa signature, sa manière à elle d'être patriote.

Pour Frida Kahlo, Paris n'a donc pas que des désavantages. Elle prend même plaisir à rencontrer Paul Éluard et Max Ernst, ou encore à visiter le palais du Louvre. Elle sort dans les cafés d'artistes, les boîtes de jazz et se perfectionne au « cadavre exquis », jeu collectif inventé par les surréalistes. Cette relative insouciance parisienne précède des temps à venir plus douloureux.

1940. Un an après avoir divorcé de Diego Rivera, et cédant à son harcèlement, Frida Kahlo l'épouse pour la seconde fois le 8 décembre 1940 à San Francisco. Elle est en tenue espagnole : longue jupe vert et blanc et châle marron. Son visage est creusé par la souffrance. Elle n'est plus la jeune femme admirative qui s'unissait au grand peintre de vingt ans son aîné, elle a conquis une notoriété internationale et une indépendance financière qui lui autorise toutes les libertés. Entre eux, l'accord est tacite : union, mais liberté mutuelle et une volonté affichée de ne plus tenir compte des « querelles de ménage » qui ont tant empoisonné leur vie de couple. « Si je me portais mieux sur le plan de la santé, confie alors Frida à son ami et médecin le docteur Eloesser, on pourrait dire que je suis heureuse, mais ce truc de se sentir tel un déchet de la tête aux pieds me monte parfois au cerveau et me fait passer des moments difficiles. »

Frida est de plus en plus malade ; pourtant, elle trouve le courage de continuer à peindre, avec acharnement. Dans *Autoportrait en Tehuana ou Diego en pensée*, de 1943, on peut constater malgré tout à quel point la présence de Rivera demeure obsessionnelle. À l'évidence, de l'homme qui l'a poussée dans sa carrière d'artiste, elle est toujours passionnément amoureuse.

Le succès, les honneurs, les nouvelles fonctions – en 1943, elle dirige une classe de peinture à l'Académie des beaux-arts – ne l'empêchent ni de souffrir ni d'aimer. Son corps ne cesse de se détériorer. Elle doit porter un corset de fer pour pouvoir marcher, tant ses douleurs de dos sont violentes. En 1946, elle subit une première opération de la colonne vertébrale. Rien n'y fait. Son état s'aggrave. En 1950, elle séjourne durant neuf mois à l'hôpital ABC de Mexico et doit subir six autres interventions.

Le résultat ? Un demi-succès, puisqu'elle pourra se remettre à peindre, mais couchée.

Gavée de médicaments, percluse de douleurs, Frida erre désormais à travers sa maison, s'efforçant de garder assez d'énergie pour son œuvre, la seule « nécessité » capable de la maintenir encore en vie.

Au printemps 1953, la première exposition monographique de Frida Kahlo est organisée à Mexico. Au vu de son état – elle vient d'être amputée d'une jambe –, les médecins lui interdisent tout déplacement. Mais comment renoncer à un tel vernissage lorsqu'on s'appelle Frida Kahlo ? Avec la complicité de Diego, elle est portée dans son lit à colonnes jusqu'à une ambulance qui, toutes sirènes hurlantes, fonce sur les lieux de l'exposition. Après quoi, l'artiste est installée au beau milieu de la galerie, assise comme une sainte dans une châsse devant laquelle ses amis et admirateurs viennent s'incliner. Deux cents personnes défilent ainsi une par une pour lui présenter leurs félicitations. Ils formeront ensuite un cercle autour de son lit et chanteront avec elle des balades mexicaines jusqu'à une heure avancée de la nuit.

Triomphe ou chant du cygne ? Frida Kahlo, au sommet de son art, veut oublier ce soir-là toutes les souffrances dont la vie l'a accablée pour goûter un bonheur mérité. L'exposition est d'ailleurs prolongée d'un mois. À l'international, on ne parle que d'elle. Elle est devenue une icône unanimement célébrée et respectée.

Mais l'icône, elle, souffre le martyr. « Je suis la désintégration », note-t-elle dans son journal. Elle doit désormais se déplacer avec une jambe artificielle. Elle s'attache le torse avec une ceinture dans son fauteuil roulant pour pouvoir continuer à peindre. Elle se gave d'antalgiques et d'alcool pour éloigner la souffrance. Elle peint *Frida et Staline*, toujours convaincue que le communisme sauvera le monde. Mais toutes ces échappatoires ne peuvent avoir raison des multiples maux qui minent un corps usé.

Le 13 juillet 1954, à peine remise d'une bronchopneumonie, elle s'éteint, victime d'une embolie pulmonaire à la *Casa Azul*, la maison où elle était née. Les derniers mots inscrits dans son journal intime sonnent comme une épitaphe : « J'espère que la sortie sera joyeuse, et j'espère ne jamais revenir. Frida. »

Le lendemain, son corps sera exposé en grand apparat au Palais des beaux-arts de Mexico pour un hommage national. Sur le catafalque ont été brodés une faucille et un marteau. L'artiste sera incinérée, car elle ne voulait pas être allongée dans un cercueil. Cette position avait été celle de sa vie tout entière. La légende veut que, sortant du funérarium, Diego Rivera, ravagé par le chagrin, ait avalé une poignée de ses cendres. Trois ans plus tard, il mourait d'un cancer.

Si elle espérait « ne jamais revenir », le souvenir de Frida Kahlo, malgré tout, demeure pour le moins vivace. Diego Rivera avait légué la *Casa Azul* à une fondation chargée d'en faire un musée. Mais, surtout, la notoriété de Frida n'a cessé de grandir. En 1984, le gouvernement mexicain a déclaré son œuvre – près de cent cinquante tableaux, dont un tiers d'autoportraits – « patrimoine national ». Elle a depuis inspiré nombre d'artistes, de créateurs de mode, des mouvements féministes. Alexander McQueeen, Maria Grazia Chiuri, Jean-Paul Gaultier ont nourri leur imaginaire de ses fantaisies vestimentaires, et la collection Givenchy de 2010 lui a rendu hommage. Dolce & Gabbana en 2018 a présenté un défilé haute couture aux couleurs de Frida Kahlo à Mexico. Et qui pourrait dire aujourd'hui, parmi nous, qu'il n'a jamais vu un seul de ses autoportraits ?

Son image, avouons-le, a même été surexploitée. Cela aurait-il satisfait le sens de la mise en scène et du double jeu de Frida Kahlo ? Car, entre l'image de l'artiste et celles de la femme publique, de l'amoureuse, de l'amante, de la rebelle, de la combattante, de la libertaire, de l'icône marmoréenne peinte et repeinte sur ses toiles si aisément identifiables, de la « femme désintégrée », on s'y perd comme dans une galerie de miroirs déformants, de ces miroirs qu'aimait tant Frida, que ce soit pour peindre ou pour s'asperger de *Shalimar* de Guerlain ou encore de *Shocking* de Schiaparelli.

Mais peut-être existe-t-il un lien, malgré tout, entre toutes ces facettes d'un même diamant. Quelques jours avant de mourir, Frida Kahlo avait peint une dernière toile. Elle représentait une nature morte de pastèques, fruit typique du Mexique, dont les couleurs verte et rouge rappellent le drapeau national. Ce fruit symbolise la force de vie, car il est rempli d'eau, et sa couleur rouge rappelle la chair humaine. La vie, la mort, le Mexique, beau testament.

Mais, en travers de l'œuvre, d'un trait, comme un dernier message, un cri, une blessure jamais cicatrisée, elle avait jeté : « Viva la Vida ! » L'ultime marque de Frida Kahlo, qui avait toujours voulu peindre sa réalité, et dont la vitalité fut la véritable essence.

XIX

Marilyn Monroe

Quelques gouttes de N°5
ou l'essence de la sensualité.

On connaît l'anecdote, devenue célèbre. À un journaliste qui l'interroge sur ce qu'elle porte la nuit pour dormir, Marilyn Monroe répond d'un air ingénu : « Quelques gouttes de *N°5* ! » Et le miracle s'accomplit. Car cette petite phrase a fait davantage pour la maison Chanel qu'une opération publicitaire savamment orchestrée. D'autant plus que la sincérité de la comédienne ne peut pas être mise en doute, car aucun contrat ne la lie alors et ne la liera jamais avec la marque française.

Ce qu'on sait moins, en revanche, c'est que cette réponse déclencha les foudres d'un industriel de la lingerie féminine [1]. Il se plaignit directement à Marilyn que sa remarque avait provoqué un tsunami chez ses clientes. Puisque la star ne portait la nuit que quelques gouttes de parfum, elles ne voulaient plus entendre parler de chemises de nuit, d'où une baisse conséquente de son chiffre d'affaires. Il demandait réparation. Marilyn négocia cet accès de mauvaise humeur. Elle accepta de laisser une trace de ses lèvres sur une étoffe qu'il avait apportée. L'industriel imprima alors cette trace sur

Photographie de Marilyn Monroe
20th Century Fox Player © Bettmann / Getty Images.

des kilomètres de percale et en fit des chemises… pour hommes ! Le succès fut à la mesure de la popularité de Marilyn, sex-symbol et actrice vedette du monde hollywoodien. Les femmes se parfumèrent au *N°5* et les hommes portèrent sur eux la trace des lèvres les plus sensuelles du cinéma américain.

Pourtant, cette image de Marilyn que nous connaissons tous – la blonde pulpeuse dont la robe se soulève au-dessus d'une grille d'aération du métro, ses irrésistibles « poopoopidoo », ses amours avec le président américain John Kennedy ou le comédien français Yves Montand, ses films devenus cultes, comme *Certains l'aiment chaud* ou *Comment épouser un milliardaire*, et pour finir sa mort tragique – cette image ne correspond que partiellement à la réalité. Sans ignorer le côté glamour de Marilyn, la femme se révèle plus riche et complexe qu'on ne l'imagine.

Elle est née le 1er juin 1926, sous le double signe des Gémeaux et du Lion. Un profil à la fois nerveux, sensible, adaptable, souple, doué pour la comédie et solaire par sa puissance de séduction. Mais, à ce portrait plutôt flatteur, la génétique et les circonstances devaient apporter bien des nuances, comme autant de handicaps à la naissance. Marilyn ne connaît pas son véritable père. Elle porte sur ses épaules le poids d'une lourde hérédité. Sa famille maternelle traîne derrière elle des pathologies mentales redoutables. Son arrière-grand-père s'est suicidé, son grand-père est mort à l'hôpital psychiatrique, l'une de ses grands-mères a également séjourné en psychiatrie. Sa mère elle-même, Gladys Pearl Baker Mortenson Monroe, a été diagnostiquée schizophrène.

Marilyn, de son vrai nom Norma Jeane Baker, a reçu son patronyme du mari de Gladys, John Newton Jasper Baker, lequel, après lui avoir fait deux enfants, Robert et Berniece [2], a quitté sa petite famille pour aller se remarier dans le Kentucky. Pourtant, sur son acte de naissance, c'est un autre homme qui apparaît comme son père légal : Martin Edward Mortenson. Il a été établi depuis que ni l'un ni l'autre n'étaient le père biologique de Marilyn. Celui-ci était l'un des nombreux amants de passage de Gladys, un certain Charles Stanley Gifford, lequel ne reconnaîtra jamais sa fille. Une souffrance que Marilyn devait dissimuler toute sa vie, une cicatrice jamais refermée.

Gladys, il est vrai, est un modèle d'instabilité et ne rencontre que des hommes à son image. Dès la naissance de Marilyn, elle est jugée inapte à s'occuper de l'enfant. Elle est d'ailleurs rapidement internée pour schizophrénie. Marilyn, dès lors, sera ballottée de famille d'accueil en famille d'accueil, une dizaine au total, sans compter deux années passées dans un orphelinat.

Norman Jeane Baker ne voit donc que rarement sa mère durant les premières années de sa vie. Mais, alors qu'elle atteint l'âge de sept ans, Gladys, qui a pu acheter une maison près de Hollywood, la reprend. Dès lors, la future Marilyn va subir l'influence d'une mère passablement déséquilibrée et folle de cinéma au point de lui faire croire que son vrai père est l'acteur Clark Gable ! Cette ambiance délétère dans laquelle elle vit va se perpétuer encore plusieurs années. Régulièrement, Gladys est internée en psychiatrie, et Norma se retrouve tantôt chez une amie de sa mère, Grace McKee, qui devient sa tutrice ; tantôt en famille d'accueil, où Norma aurait subi une tentative de viol. Elle raconte ces faits dans *Confession inachevée*, une autobiographie inachevée coécrite avec Ben Hecht et publiée vingt ans après la mort de Marilyn par Milton Greene, ami photographe de l'actrice. Une telle existence, on s'en doute, ne prédispose guère à l'équilibre et au sentiment de sécurité chez l'adolescente.

C'est enfin chez une autre amie de Gladys, Ana Lower, que Norma va connaître un peu de douceur, qui ne sera que de courte durée. Anna Lower, gravement malade, décide-t-elle, pour lui éviter un retour à l'orphelinat, de la marier ? En 1942, à l'âge de seize ans à peine, la future Marilyn Monroe quitte l'école pour épouser James Dougherty. La guerre du Pacifique a commencé quelques mois plus tôt. Norma travaille désormais dans une usine d'aviation, à la confection de parachutes.

C'est dans cette usine que, pour la première fois, elle est repérée pour son charme et son physique. Un photographe, David Conover, publie une première photo d'elle dans le magazine militaire *Yank*. Succès immédiat, mais qui rend rapidement Dougherty fou de jalousie. Norma attire comme un aimant le regard des hommes. Elle les magnétise. En 1945, elle signe un contrat avec l'agence d'Emmeline Snively. Sa fiche de présentation nous informe que Norma pèse cinquante-trois kilos, mesure un mètre soixante et un, avec des mensurations 91-60-68, qu'elle a les yeux bleus et des cheveux blonds aux reflets dorés. Très vite, des marques réclament Norma pour modèle. Elle enchaîne les prestations en tant que mannequin et pose déjà pour des magazines tels que *Us Camera, Peek, Parade, See, Pagean.*

Ce succès précoce exaspère James Dougherty qui, dès la fin de la guerre, lui pose un ultimatum : redevenir une femme d'intérieur ou choisir le mannequinat et prendre la porte. Norma choisit la liberté et demande le divorce. Celui-ci est prononcé en juillet 1946 pour « cruauté mentale ayant altéré la santé mentale de la plaignante », le même motif invoqué par sa mère lors de son premier divorce !

Après avoir installé sa mère dans un meublé de Los Angeles grâce à l'argent de ses photos, Norma signe des contrats de publicité sous la tutelle de la Fox. Elle pose pour le fabricant d'appareils photo Emde, la compagnie aérienne Douglas, la Croix-Rouge et Nivea. Puis elle enchaîne les contrats pour des pilules amaigrissantes, du mobilier, des parasols de jardin, des cosmétiques (le savon Lux). De temps à autre aussi, pour quelques revenus supplémentaires, elle joue les pin-up et pose pour des photos de charme. Les agences de publicité exploitent largement alors ce modèle de « réclames » où les femmes apparaissent en maillot de bain, les drapant comme des étendards, les formes cambrées pour tenir compagnie aux soldats américains partis pendant la Seconde Guerre mondiale. Norma apparaît très vite comme la pin-up idéale, un antidote de charme aux brutalités du monde, dont elle assourdit le bruit et les fureurs par une exultation charnelle, palpitante de désirs et un brin vulgaire.

Au vu de cette carrière qui s'annonce prometteuse, le patron de la Fox, Harry Brand, lui suggère de changer de nom et lui propose celui de Marilyn Monroe, en référence à Marilyn Miller, une célèbre chanteuse et actrice des années 1920-1930 devenue la reine de Broadway. Monroe est le nom de sa mère. Ainsi naît Marilyn Monroe, identité utilisée jusqu'à la fin de sa vie dont l'appellation fut contrôlée.

Sur ses premières photos, Marilyn n'apparaît pas encore en « blond platine », mais avec sa couleur de cheveux d'origine, à savoir un châtain foncé aux reflets dorés. Emmeline Snively, la patronne de *Blue Book*, lui conseille pourtant d'éclaircir sa teinte, et Marilyn verra peu à peu sa chevelure blondir jusqu'à en devenir presque blanche. C'est l'époque, il est vrai, où les actrices ne percent que si elles sont parfaitement blondes, tout comme Jean Harlow ou même la française

Simone Signoret. Marilyn est lancée. Elle, qui n'a vécu depuis l'adolescence qu'à travers les écrans de cinéma qui fascinaient tant sa mère, tourne *Chérie, je me sens rajeunir* en 1952, où elle apparaît pour la première fois avec sa chevelure décolorée.

Elle n'aurait pu être que la nouvelle starlette blonde de la Fox, mais elle va devenir bien davantage : l'incarnation parfaite du *glamour.* Ce mot d'ancien écossais (1715) désignait une incantation magique, un changement d'apparence opéré par les fées ou les sorcières. Il prend, dans les années 1930, le sens de séduction romantique à Hollywood et renvoie à une féminité désirable, liée à un charme apprêté et très étudié, à l'opposé de l'attrait naturel. La magie trompe et séduit au moyen d'artifices. Et le « glamour » devient cet envoûtement qu'exerce une actrice de cinéma. En anglais, le terme *a glamour girl* est tout d'abord synonyme de mannequin, puis évoque les grandes vedettes de cinéma, qui étaient tenues de soigner leur apparence très sophistiquée et de se montrer dignes du rêve hollywoodien. La silhouette idéale était alors souple et harmonieuse.

Marilyn sait qu'elle doit se transformer en sex-symbol, afin de plaire aux producteurs, mais aussi trouver un réel point de différenciation, afin de percer dans ce monde impitoyable du cinéma, surtout venant de l'univers des pin-up. Emmeline Snively lui apprend également à modifier des détails de sa physionomie. Elle subit une légère opération du nez et du menton. Elle travaille cette façon si particulière de sourire à l'objectif, en poussant sa lèvre vers le bas comme si elle envoyait un baiser [3].

Elle doit encore apprendre à rectifier sa démarche. Pour cela, elle pratique régulièrement des exercices de gymnastique afin de muscler son corps et de déplacer son poids à volonté d'une jambe ou d'une fesse sur l'autre, de placer ses épaules en arrière et, plus généralement, de donner à toutes ses attitudes une sorte de sensualité propre à affoler les hommes. C'est enfin grâce à l'agence *Blue Book* qu'elle prend des cours de théâtre, de danse, de maintien, apprend l'art du maquillage et à utiliser toutes les ressources de sa somptueuse anatomie.

Marilyn Monroe est prête. Mais rien n'est jamais simple pour Norma Jeane Baker. Elle traîne toujours derrière elle une réputation sulfureuse de pin-up. Certes, il y a chez elle ce côté glamour parfaitement maîtrisé, mais l'univers du cinéma s'en méfie encore. Elle est engagée quelque temps à la Columbia, puis à la MGM, mais l'expérience ne dure pas. En 1948, un compositeur et professeur de chant, Fred Karger, la fait jouer dans *Les Reines du music-hall.* Enfin, grâce à Johnny Hyde, devenu son agent, son mentor et son amant, elle signe avec la Fox et décroche son premier rôle important dans *Quand la ville dort* de John Huston. La carrière de Marilyn semble enfin lancée.

Mais sa rencontre, puis son mariage en 1954, avec Joe DiMaggio, un ancien champion de base-ball plus âgé qu'elle, marque un nouveau coup d'arrêt. DiMaggio est jaloux et violent à l'excès. La fameuse scène du métro et de la robe retroussée, dans *Sept ans de réflexion*, déclenche ainsi une ultime colère de la part de l'ancien joueur. Une colère qui sera suivie de nombreux coups et, quelques mois plus tard, d'un divorce.

Dès lors, Marilyn s'installe à New York et se forme à l'Actors Studio afin d'acquérir un véritable statut d'actrice et de désexualiser son image. Si elle joue souvent les rôles de ravissante idiote, Marilyn Monroe est une amoureuse de la littérature. Fascinée par l'intelligentsia new-yorkaise dans laquelle elle veut s'épanouir, elle lit, notamment, Dostoïevski et Walt Whitman. Sa soif de guérison et de profondeur, véritable quête intérieure, l'amène à rencontrer Arthur Miller, célèbre dramaturge et écrivain, avec qui elle se marie en 1956 ; elle est âgée de vingt-neuf ans et lui de quarante et un.

Arthur Miller et le film *Certains l'aiment chaud* lui ouvrent les portes de Hollywood et de la gloire sur grand écran. Le mariage avec Miller, hélas, ne sera pas plus heureux que les autres. Mais Marilyn existe désormais en tant qu'actrice. On connaît la suite : *Le Milliardaire* et sa liaison avec Yves Montand ; *Les Désaxés* avec Clark Gable, le « père fantasmé » par Gladys ; les dépressions, les longues séances d'analyse chez le psychiatre à la recherche du père inconnu et de ses traumatismes d'enfance ; ses amours complexes et plutôt malsaines avec les frères Kennedy ; jusqu'au suicide par overdose ou accident ou meurtre le 5 août 1962. Une vie tragique, auréolée de gloire et de drames, jalonnée par quelques films cultes et autour de laquelle on continue d'entretenir des fantasmes, de creuser les ombres et d'épaissir les mystères comme à plaisir. D'autres stars ont néanmoins connu des parcours semés d'embûches, émaillés d'excès en tout genre, des destins qui, au-delà du strass et des paillettes, n'ont été, en réalité, que des tragédies. Alors, pourquoi Marilyn occupe-t-elle une place à part dans notre imaginaire ?

En réalité, l'actrice Marilyn Monroe tend à s'effacer derrière la femme, et la femme derrière le symbole.

Marilyn, c'est une image glamour, un sourire, une séduction, un parfum. À elle seule, elle incarne une certaine Amérique : celle de l'après-guerre, triomphante et décomplexée. Une Amérique qui n'ignore pas qu'elle occupe la première place sur la scène internationale et sait imposer ses idoles, ses modèles. De cette Amérique-là, Marilyn Monroe apparaît la projection idéale et charismatique.

Et plus que pour ses rôles, Marilyn est célèbre pour être… Marilyn. Si elle incarne la sensualité à travers son image de blonde pulpeuse, elle est une sorte de kaléidoscope à travers lequel toutes les femmes peuvent se retrouver. Il suffit de regarder ses films ou ses photographies pour voir à quel point elle peut apparaître sexy, sophistiquée, provocante, mais aussi pudique, sensible, simple, décontractée. Il y a toujours une facette de Marilyn à laquelle une femme peut s'identifier. Elle n'appartient pas à ce type de stars monolithiques, inaccessibles qui, si elles peuvent susciter l'admiration, voire la vénération – Dietrich, Garbo –, ne font jamais rêver et n'inspirent aucun sentiment de proximité. Marilyn, elle, à travers les péripéties d'une existence lourde de souffrances intimes, susciterait presque la familiarité.

Qu'elle s'habille en robe d'un blanc immaculé, en robe rose de style *old Hollywood* dans *Les hommes préfèrent les blondes*, en pantalon Capri – à mi-chemin entre pantalon et pantacourt –, qu'elle se prélasse sur la plage en maillot de bain sexy, qu'elle porte un short taille haute ou qu'elle arbore une chemise blanche unisexe, un *blue jean* et un chapeau de paille, elle reste Marilyn, et ses admiratrices l'ont très vite compris.

Sans qu'elle ait eu besoin d'imposer un style particulier, la star est parvenue à suggérer une sorte d'atmosphère qui lui était propre et où les femmes se reconnaissaient parce qu'elle incarnait une liberté de ton et d'allure qui ne les enfermait pas dans un rôle unique et programmé : celui de la femme au foyer ou celui de la séductrice, de la maman ou de la prostituée. Marilyn, elle-même protéiforme, leur lançait une sorte de clin d'œil affirmant : « Ce que je suis, vous pouvez l'être, et naturellement. » Marilyn proposait aux femmes cette sororité, c'est-à-dire une entente véritable et non une rivalité.

L'anecdote du *N°5* de Chanel est révélatrice. À la question indiscrète qu'on lui posait le 7 avril 1952, Marilyn a répondu en apparence avec ingénuité, mais en réalité avec une spontanéité et une sincérité qui ont été immédiatement ressenties comme telles. Par cette manière absolument délicieuse et déconcertante de dire : « *And yet I don't want to say nude ! But… it's the truth*[4] *!* », elle partage ce secret d'intimité avec toutes les femmes.

Cette sincérité candide surprenait pourtant nombre de ses contemporains. Dans un entretien en avril 1960 avec Georges Belmont, rédacteur en chef de *Marie Claire*, à l'occasion du tournage du film de Georges Cukor *Le Milliardaire*, où elle joue avec Yves Montand, Marilyn enfonce le clou et confirme : « Les gens sont drôles, lui déclare-t-elle, ils vous posent de ces questions ! Et si vous êtes franche, ils sont choqués ! On me demande : "Qu'est-ce que vous mettez pour vous coucher ? Un haut de pyjama ? Le bas ? Une chemise de nuit ?" Je réponds : "Une goutte de Chanel *N°5*" et l'on croit que c'est encore un bon mot, alors que j'essaie de répondre avec tact à une question grossière et indiscrète. Et puis c'est vrai ! Mais on ne le croit pas[5] ! » Marilyn, il est vrai, n'avait pas cité n'importe quelle fragrance, mais un parfum français tout droit venu de Paris, capitale de la mode et du chic. En février 1946, le parfumeur Ernest Beaux, qui en est l'auteur, donne une conférence à la maison de la Chimie, à Paris, sur la création de N°5 et sur sa modernité. Il en conclut que ce parfum qui a tant fait pour le prestige de la parfumerie française appartient désormais au patrimoine national. En 1947, une opérette intitulée *Chanel N°5* se donne à Berlin. Elle met en scène une femme qui emporte tous les cœurs sur son passage grâce à son parfum.

La déclaration spontanée de Marilyn Monroe sonne donc comme une évidence, tout comme les photos prises en 1955 qui la représentèrent enlaçant le célèbre flacon. Un miracle de sensualité et de grâce, à l'image de ce que *N°5*, une fragrance absolument moderne, apportait aux femmes : un supplément d'âme. Ce parfum d'exception qui, toute sa vie, fut associé à Marilyn Monroe, au point qu'elle confessait que « séparée de lui, je perds l'odorat », Gabrielle Chanel en avait eu l'inspiration durant l'été 1920 à Grasse, dans le sud de la France. Étrangement pour une créatrice de haute couture, l'odorat était son sens le plus développé. Elle prétendait sentir l'odeur des mains qui avaient coupé les fleurs, et elle affirmait que « la coquetterie était la conquête de l'esprit sur les sens » ! Volontaire et même obstinée, Coco Chanel avait déjà une idée très précise de ce qu'elle souhaitait. Sa rencontre avec Ernest Beaux allait être décisive. Avec lui, Chanel allait bouleverser les règles de la parfumerie moderne.

Pour comprendre l'audace de *N°5*, il faut se remettre dans l'ambiance olfactive de cette époque. Les parfums avaient presque toujours les mêmes notes grasses et incommodantes qui enfermaient alors les compositions florales. Ils avaient peu de stabilité et s'abîmaient très vite. Ainsi plombés, ils ne diffusaient qu'un discret sillage et surtout avaient toujours la fâcheuse réputation de cacher quelques odeurs indiscrètes ! Gabrielle Chanel voulait autre chose que ces odeurs lourdes, un parfum dont on pourrait doser l'emploi et qui aurait l'éclat de la pureté.

En 1921, Chanel a trente-huit ans. Elle est déjà célèbre en France et aux États-Unis. Elle a un nom et un style où la ligne l'emporte sur l'ornementation. La créatrice qui a démodé la mode va désormais révolutionner le monde du parfum en inventant sa propre grammaire olfactive, celle qui correspond à sa vision de la femme : une femme libérée de tous les carcans, amoureuse de la vie, indépendante et qui doit laisser sur son passage la trace de sa présence, unique, inoubliable. Sa définition du sillage, elle l'avait puisée chez Paul Valéry, qui affirmait : « Une femme mal parfumée n'a pas d'avenir. »

Ernest Beaux l'a immédiatement compris. Ancien parfumeur de la cour impériale de Russie, il s'est intéressé aux premiers parfums modernes, mélanges d'essences naturelles et de notes de synthèse. Il aime les fragrances qui sortent de l'ordinaire, qu'elles soient inventives, inattendues. Or ce que veut Chanel, c'est « un parfum inimitable, un parfum comme on en n'a jamais fait. Un parfum de femme à odeur de femme ». Elle ne veut pas d'une composition florale, elle ne veut pas imiter la nature, elle veut recréer son propre imaginaire olfactif. Elle le dit elle-même avec force : « Un parfum artificiel comme une robe, c'est-à-dire fabriqué. Je suis un artisan de la couture. Je ne veux pas de rose, de muguet, je veux un parfum qui soit composé. »

Gabrielle Chanel et Beaux sont ainsi tombés d'accord sur l'emploi des aldéhydes, ces composés organiques trop souvent négligés par les parfumeurs, alors qu'ils permettent de donner de la puissance, de la stabilité et de la brillance à une note olfactive. C'est donc dans le laboratoire d'Ernest Beaux que va s'opérer l'alchimie de *Nº5*. Le parfumeur et la couturière travaillant en osmose. Chanel lui demande de « composer un mélange abstrait, unique et somptueux ». « Sur une femme, affirme-t-elle, une odeur naturelle sent l'artificiel. Peut-être un parfum à odeur naturelle doit-il être créé artificiellement. »

Beaux s'emploie à lui donner satisfaction. Il racontera plus tard que l'idée du *Nº5* lui était venue au moment de la guerre en Russie, lors d'un séjour dans une région située « au-delà du cercle polaire, à l'époque du soleil de minuit où les lacs et les fleuves exhalent un parfum d'une extrême fraîcheur ».

Cette fraîcheur, ce sentiment de « propreté », c'est exactement ce que les aldéhydes peuvent apporter à la composition dont rêve la couturière. Parmi les senteurs puissantes de son enfance, on retrouve le parfum du savon à la soude de ses tantes chez qui elle vivait dans sa jeunesse et cette eau de Cologne qui « frottée derrière les oreilles » donnait un air de propreté, mais aussi l'odeur des herbes « aromatiques » de leur placard et celle des meubles cirés de leur intérieur toujours propre. Chanel se souvient aussi de son attirance pour les belles courtisanes, comme Émilienne d'Alençon, qu'elle avait connues à Royallieu chez Étienne Balsan, et qui « sentaient bon ».

De tous les échantillons que lui propose Ernest Beaux, Chanel ne retient que le cinquième. Outre le jasmin, la formule emploie près de quatre-vingts composants et n'hésite pas à recourir aux aldéhydes. Mais, davantage que simplement le choisir, Gabrielle Chanel le reconnaît. C'est son double olfactif. Ce parfum, tout comme elle, ne ressemble à personne. *Nº5* est né. Avec lui, Chanel inaugure un nouveau genre de senteur et une nouvelle ère de la parfumerie. Il porte un chiffre magique en numérologie, qui la relie à Boy Capel, son amant qui venait de mourir, et qui lui avait enseigné la théosophie. Chanel croyait en la magie.

Symbole de l'homme et de l'univers, le chiffre 5 est celui de la perfection. Le cinquième élément, le *quintia essentia* des alchimistes. Mais, avant tout, le chiffre 5 est dédié à l'humain. Ces cinq sens, les cinq doigts, les cinq membres sont la signature de sa nature. Les étoiles à cinq branches des mosaïques de l'orphelinat d'Aubazine, où elle fut confiée enfant ; la cinquième constellation, celle du Lion, sous laquelle est née Gabrielle Chanel ; *Les Cinq Doigts*, titre d'un morceau sur cinq notes qu'Igor Stravinsky compose au piano le 24 janvier 1921 à Garches, dans la maison de Gabrielle Chanel. Comment ne pas en faire son chiffre fétiche ?

Gabrielle Chanel voulut un flacon souverainement simple et donc majestueusement sophistiqué, aux lignes purement géométriques, aussi sobre que net et dépouillé. De même qu'elle voulait qu'un manteau habille une robe, elle voulait que l'étui recouvre le flacon. L'étiquette et l'étui en papier Canson blanc timbré de noir devaient être aussi sans ornement. Une harmonie sévère mais très moderne, qui s'appuyait sur le contraste du noir et du blanc. Aucune traduction n'était nécessaire pour ce design moderniste avec juste un monogramme et une étiquette, qui allait conquérir le monde.

En 1921, Gabrielle Chanel célèbre les débuts de *N°5* par un collage d'inspiration dadaïste, utilisant une technique mixte faite de bois, papier, coton, aiguilles, mèche, dé à jouer, amadou. La fonction de ce collage reste incertaine, mais servit certainement aux vitrines de la rue Cambon, où une autre pancarte indiquait aux femmes « Jouez le 5 ». Mais peu importe, le plus essentiel de ce collage fut le message, composé de quatre mots : mystère, empreinte, amour, éternité [6]. Gabrielle Chanel donnait à son parfum les attributs destinés à faire de lui un mythe.

Mais comment Marilyn Monroe a-t-elle eu connaissance de cette fragrance destinée à un succès international ? Alors que son premier mari était mobilisé pendant la Seconde

Guerre mondiale, elle-même travaillait à l'effort de guerre dans une usine d'aviation. Or, il faut savoir que *N°5* faisait alors un tabac aux États-Unis. Si la maison de la rue Camnon à Paris est fermée, les ventes du parfum outre-Atlantique ne cessent de croître car – coup de génie marketing des Wertheimer, les propriétaires des parfums Chanel –, il était vendu dans les PX, les fameuses coopératives d'approvisionnement des GI's, aux côtés des cigarettes Lucky Strike, des chewing-gums et autres tablettes de chocolat !

Rien d'étonnant, donc, à ce qu'en 1945, à la Libération, les GI's aient formé d'interminables files d'attente devant la boutique de la rue Cambon à Paris, pour rapporter un flacon de *N°5* à leur petite amie ou à la femme de leur vie. Il était le symbole du raffinement ultime de cette Europe qu'ils étaient venus défendre.

Marilyn a-t-elle reçu un flacon de *N°5* de la part de son mari démobilisé ? Ou l'a-t-elle acheté elle-même ? Dans les années d'après-guerre, les parfums français mis en valeur sur le marché américain étaient encore *Arpège* de Lanvin, *L'Air du Temps* de Nina Ricci, et bien sûr *N°5* de Chanel. Marilyn effectuait elle-même ses achats personnels dans les grands magasins, une perruque noire et un foulard sur la tête. Une facture du magasin américain I. Magnin & Co. de Beverly Hills en date du 24 décembre 1959 pour un flacon de parfum Chanel *N°5* et conservée dans les archives de la maison Chanel l'atteste [7]. On peut aussi supposer que Marilyn, arrivant dans un de ces grands magasins chics, peut-être cette fois après la fermeture des portes qui étaient rouvertes spécialement pour elle, et demandant un parfum, se soit vu proposer *N°5*. À l'époque, il était encore plus connu que la ligne de vêtements. Il était l'archétype du parfum français, l'assurance du chic et de l'élégance. Le porter, c'était la certitude de ne pas faire de faute de goût. Pour une actrice encore débutante comme Marilyn l'était en 1952, il représentait ce pouvoir transformateur qui lui conférerait l'aura et le mystère d'une femme fatale.

Les liens entre Marilyn Monroe et la maison Chanel ont néanmoins bien commencé avec la publication, en avril 1952, de l'interview de *Life Magazine*, dans lequel Marilyn avait répondu qu'elle ne portait, pour dormir, que quelques gouttes de Chanel *N°5*. Spontanément, le parfum avait trouvé sa première ambassadrice, après Mademoiselle Chanel, qui avait posé en 1937 pour une publicité de *N°5* parue dans le *Harper's Bazaar*, pour la seule et unique fois. À présent, *N°5* entrait dans la légende au côté de la star la plus désirable de son temps. Ces propos furent ensuite repris dans le *Time Magazine* du 11 août 1952, dans un article intitulé « *Something for the boys* » consacré à Marilyn Monroe, et dans lequel on peut lire : « *In bed, she claims, she wears "only Chanel No. 5"* ».

D'autres anecdotes ont contribué à cimenter l'association Marilyn-Chanel. Tel ce détail révélé par la presse, lors de son hospitalisation, en novembre 1954, au Cedars of Lebanon : Joe DiMaggio s'était empressé de lui apporter un flacon de *N°5*, lequel trônait sur sa table de nuit. Et quand ce flacon semblait être l'indice d'une éventuelle réconciliation, Marilyn s'était empressée de mettre les choses au clair : « Sûrement pas, mais nous restons bons amis [8]. »

Régulièrement, des photographies montrent également Marilyn Monroe munie de son *N°5* en pleines pages de magazines. En 1953, Bob Beerman réalise un reportage-photo pour l'article « *I love Marilyn* » de Sidney Skolsky qui doit paraître dans le magazine *Modern Screen*. Or, sur chaque cliché où Marilyn Monroe pose nue dans son lit, un flacon du fameux parfum apparaît, posé sur la table de nuit. Photos non publiées sur le moment, mais qui finiront par devenir célèbres par la suite.

Un autre professionnel, Ed Feingersh, réalisera toute une série de clichés de Marilyn Monroe à l'hôtel Ambassador, à New York, le 24 mars 1955, juste avant une représentation de *La Chatte sur un toit brûlant*, le film d'Elia Kazan avec Elizabeth Taylor et Ben Gazzara. Or, dans sa chambre, Marilyn est photographiée prête à sortir et se parfumant au *N°5*. « C'était la première fois, me semble-t-il, témoignait le parfumeur de la maison Chanel, Jacques Polge, que quelqu'un disait d'un parfum qu'il le portait comme on porte un vêtement. [...] un parfum n'existe que lorsqu'il est porté par quelqu'un qui en fait son parfum et qui le relève. » Et d'ajouter : « Marilyn a renforcé l'image de la féminité de *N°5*. [...] Ce qu'a dit Marilyn a considérablement souligné cet aspect féminin. Pendant longtemps, on a parlé de *N°5* comme d'un parfum de blonde [...] Je me demande si Marilyn n'a pas grandement contribué à cette dénomination [9]. »

Marilyn Monroe ne fut pourtant pas véritablement l'égérie de Chanel, et surtout pas la seule. Si l'on regarde tous les modèles que Chanel a choisis pour incarner l'image de son parfum, on constate une grande diversité. Catherine Deneuve, Suzy Parker, Ali MacGraw, Candice Bergen, Lauren Hutton, Jean Shrimpton, Carole Bouquet, Nicole Kidman, Audrey Tautou, Marion Cotillard, jusqu'à Margot Robbie en 2024... Toutes ont joué un rôle dans le succès rencontré par *N°5*. Et pourtant, en arrière-plan, subsiste toujours et encore l'image de Marilyn, ineffaçable. Malgré la gloire, Marilyn Monroe, tout comme *N°5*, ne se banalise pas et garde tout son mystère.

Aujourd'hui encore d'ailleurs, quand une femme achète Chanel *N°5*, ce n'est pas seulement un parfum qu'elle cherche, c'est aussi une certaine idée qu'elle a d'elle-même, ce qu'elle pense être ou ce qu'elle aimerait être. Ce parfum évoque pour elle une idée de la liberté et de la perfection, tout comme, en 1921, lorsque les femmes respiraient à travers lui le vent de la modernité. Gabrielle Chanel n'a pas uniquement créé une odeur nouvelle, elle a organisé cette rencontre magique entre la femme et son parfum, objet de désir et de conquête. Le mystère réside dans le sillage que cette fragrance crée à une femme et en ce qu'elle lui donne de la puissance. Et quand un homme l'offre à une femme, c'est une véritable brassée de fleurs qu'il lui adresse. En effet, dans l'extrait *N°5* (30 millilitres), il y a douze roses, mille fleurs de jasmin et pas moins de douze fleurs d'ylang-ylang !

Devenu plus qu'une légende, *N°5* est un mythe vivace, une construction de l'imaginaire collectif, un support intemporel et universel de rêve qui cristallise les désirs. Le mythe est ce qui rend visible une force invisible. Son aura est née de cette poésie et de ce pouvoir. Le mythe, au départ, c'est Mademoiselle Chanel elle-même, qui s'était reconnue dans *N°5*. Ce parfum était celui qui comblait l'absence. Celui de l'orpheline qui rechercha son père toute sa vie. Celui de l'amante qui avait perdu l'amour de sa vie, Boy Capel, tué dans un accident de voiture en 1919. Celui de la femme qui retrouvait le goût du bonheur et de l'amour en 1920 avec le grand-duc Dimitri. Ce parfum devient alors celui de la joie.

Comme Chanel, Marilyn se considérait non pas comme une « orpheline mais comme une abandonnée », ne connaissant pas le bonheur. Elle avait l'habitude de dire : « Enfant, je me sentais sale et sans valeur, mais je n'avais aucun refuge. » Ce refuge, elle l'avait trouvé au creux d'un parfum devenu mythique, comme elle. Elle l'avait choisi, car elle aussi s'était reconnue instinctivement dans ce parfum. À l'époque, le slogan publicitaire aux États-Unis est : « *The most treasured name in perfume* [10] ». Aux femmes, Gabrielle Chanel avait offert une senteur éclatante pour leur faire conquérir le monde. C'est précisément ce que souhaitait Marilyn Monroe : conquérir le monde et se laver du péché originel de sa naissance. Elle disait : « J'ai toujours pensé que je n'étais personne. Et la seule façon pour moi de devenir quelqu'un… eh bien, c'est d'être quelqu'un d'autre. » Peut-être par la force transformatrice d'un parfum.

Avec *N°5*, Gabrielle Chanel s'adressait aux femmes libres, à qui il était enfin permis de danser, d'aimer, de jouir de la vie. Marilyn Monroe revendique cette même liberté : « Je n'appartiens qu'au public et au monde. Non pas parce que je suis talentueuse ou jolie, mais parce que je n'ai jamais appartenu à personne. » La noblesse caractérise *N°5*, tout comme son irrévérence. Mais une certaine violence de *N°5*, voulue aussi par Gabrielle Chanel pour exprimer son désir d'un monde plus sensuel et plus vrai, ressemble à Marilyn Monroe. Ce parfum fut pour elle un viatique qui lui permettait de se sentir vivante.

On a dit plus tard que *N°5* n'était pas le parfum préféré de Marilyn. La star en aurait aimé un autre, plus secret, plus intime, plus confidentiel. Alors qu'elle résidait au Beverly Hills Hotel, elle aurait utilisé un faux nom pour commander six flacons d'un mystérieux parfum venu tout droit de Londres, de la maison Floris. On sait aujourd'hui qu'elle se servit de sa secrétaire personnelle, Dorothy Blass, comme prête-nom. Il s'agissait du *Rose Geranium*, un mélange de géranium associé à la citronnelle et au citron, et agrémenté d'un bouquet de rose poudrée, de violette et de palmarosa sur fond de bois de cèdre, de musc et de benjoin. Certains ont naturellement voulu associer *N°5* de Chanel à la star

Marilyn et le *Rose Geranium* à Norma Jeane Baker. Mais quel intérêt de susciter une fausse rivalité entre ces deux parfums qui ne sont guère comparables ?

Et comme s'il n'y avait pas de hasard dans la vie, Gabrielle Chanel avait elle aussi porté dans sa jeunesse un parfum de la maison Floris, ainsi qu'elle le raconte à son amie Claude Delay : « Il faut porter un parfum qu'on aime à soi [...] Quand j'étais jeune, si j'avais eu de l'argent, tout de suite, j'aurais acheté du parfum. On m'avait donné *Sweet Peas* de Floris... La jeune provinciale que j'étais croyait que c'était bien. Et puis j'ai bien vu que ça ne m'allait pas [11]. » Sans doute que Marilyn Monroe fit la même constatation et revint à son habitude de ne porter que quelques gouttes de *N°5* pour se sentir pleinement elle-même !

Et c'est bien ce que Gabrielle Chanel conseillait aux femmes : « Le parfum ? C'est ce qu'il y a de plus important. Vous vivez avec votre odorat. [...] Alors, voyez-vous, le parfum, c'est le luxe. Il peut être très léger, et peut être un petit parfum de rien du tout. L'essentiel est qu'il ressemble à la personne qui doit s'en servir. [...] Une femme bien parfumée, c'est très agréable [12]. » Gabrielle Chanel tout comme Marilyn Monroe ont incarné cette excellence qui vient d'ailleurs, cette séduction parfaite qui utilise le parfum comme une arme de séduction, leur permettant de devenir cette femme triomphante et donjuanesque, capable d'assumer librement son désir. Le parfum n'était d'ailleurs pas le seul accessoire dont usait Marilyn Monroe pour exprimer sa riche et troublante personnalité.

On sait qu'elle fréquenta le cabinet d'Erno Laszlo, un dermatologue hongrois des années 1930-1940 sur la 5e Avenue de New York, célèbre pour ses créations de crèmes et cosmétiques adaptés aux stars du cinéma américain, telles Ava Garder, Greta

Carbo, Audrey Hepburn, Lillian Gish, Paulette Goddard et… Marilyn [13]. C'est lui qui lui prescrivit l'application quotidienne – matin et soir – d'un savon pour peaux sèches, le *Phelityl Cleansing Bar.* L'application de corps gras tels que la vaseline, la crème hydratante ou l'huile d'olive sous le fond teint lui permettait de préserver sa peau des rayons du soleil et d'obtenir ce teint *glowy* propre à Marilyn Monroe.

Marilyn accordait également une énorme importance au maquillage. Sur ses joues, elle appliquait du blush rose corail des pommettes jusqu'au menton, pour souligner les traits de son visage et raccourcir le nez. Pour renforcer la puissance de son regard, elle passait du crayon blanc sur l'intérieur de sa paupière supérieure, s'inspirant ainsi du regard envoûtant de Greta Garbo. Parmi ses références préférées, on trouve *White Lustre*, mais également *Automn Smoke*, *Perly Blue* pour farder le pli des paupières extérieures, tous des cosmétiques d'Elizabeth Arden. La frange de ses cils artificiels était bordée d'un trait d'eye-liner noir assez épais, tandis que le bord inférieur de l'œil était passé au crayon blanc pour éclairer le regard. Un trait de crayon foncé, léger et assez prolongé sous l'œil accentuait encore l'illusion « œil de chat », en étirant le regard et en donnant l'impression que ses cils, si longs, créaient une ombre sous les yeux.

Mais le grand secret de son regard intensément brillant résidait dans la minuscule touche de rouge qu'elle posait au coin interne de ses yeux, pour offrir encore plus d'éclat au blanc de l'œil.

Soucieuse du moindre détail, Marilyn réalisait encore ses propres mélanges de rouges à lèvres, mixant plusieurs tons de manière à souligner le dessin de sa bouche et à lui donner ce côté pulpeux et sexy sans être vulgaire qui fit son succès. Au préalable, elle dessinait sa bouche au trait *ad hoc* et l'assouplissait de gloss de cire d'abeille et de cires végétales. Puis elle opérait un dégradé de couleurs (du plus foncé vers le plus clair), afin de donner à ses lèvres un aspect plus charnu. Elle terminait alors par une touche de fard blanc au milieu de la lèvre inférieure et laquait le tout avec une couche de gloss. L'ensemble était couronné par la pose de cette célèbre « mouche », de ce grain de beauté noir contrastant avec son teint transparent [14].

Son teint pâle était un gage de succès sur les écrans. C'est pour cette raison qu'elle ne fréquentait la plage qu'en fin de journée, de manière à éviter tout bronzage intempestif qui eût compromis ce teint immaculé.

Marilyn aimait également prendre soin de sa coiffure. Une fois par mois, elle se faisait faire une coloration, le *Pillow Case White*, à base d'acide sulfurique et d'eau oxygénée, ce qui finira, hélas, par détruire sa chevelure puisque, sur la fin de sa vie, elle sera obligée de porter des perruques tant ses cheveux étaient abîmés.

« Je peux métamorphoser mon visage, comme on transforme une toile blanche en tableau », déclara-t-elle un jour. Mais le paradoxe, selon le coiffeur George Masters, c'est que « plus on la maquille, plus elle semble naturelle. Il se produit en elle un changement extraordinaire. Sa voix change, son attitude et ses gestes ne sont plus les mêmes. Elle cesse d'être la fille banale en jean délavé et en chemise froissée de tous les jours. Je n'ai jamais assisté à une telle métamorphose [15]. » À propos de Marilyn, l'actrice Susan Strasberg dira aussi : « Son visage captait la lumière comme aucun autre et il formait comme un halo, et une auréole qui l'enveloppait en la nimbant d'une sorte de glaçage [16]. »

Marilyn Monroe meurt le 5 août 1962 à Los Angeles, officiellement d'une overdose de barbituriques. Très vite, on soupçonnera un meurtre déguisé en suicide, meurtre sur lequel plane l'ombre des frères Kennedy. Elle a emporté cet ultime secret pour l'éternité, habillée de sa petite robe verte Pucci qu'elle adorait et maquillée par son fidèle maquilleur Alan Snyder, qui tint sa promesse de l'embellir pour son ultime voyage.

Aujourd'hui, le mystère Marilyn reste entier. Car, si elle traîne encore derrière elle une réputation de pin-up un peu écervelée, bien des témoignages sont venus étayer l'image d'une femme intelligente, sensible, autodidacte et plus profonde qu'elle ne le laissait paraître dans ses rôles comme dans sa vie publique.

Brigitte Bardot, autre sex-symbol des années 1960, la rencontra au mois d'octobre 1956 à Londres au Leicester Square Empire, à la Royal Performance : « C'est là que je l'ai vue, confiera-t-elle en 2012, et je n'ai vue qu'elle : "Marilyn". Ravissante blonde dans une robe dorée, décolletée jusqu'aux chevilles, elle ne s'embarrassait pas du protocole [...] ses mèches rebelles collaient sur son cou et autour de ses oreilles, elle avait l'air de sortir de son lit heureuse et naturelle ! [...] Elle sentait le *N°5* de Chanel. Je l'adorais, je la regardais, fascinée [...] J'aurais voulu être "Elle", avoir sa personnalité et son caractère [...] Il émanait d'elle une fragilité gracieuse, une douceur espiègle, je ne l'oublierai jamais [17]. »

« Ce dont j'ai le plus besoin au monde, c'est d'aimer et d'être aimée », avait dit un jour Marilyn Monroe. Le Chanel *N°5* était sa façon à elle d'ajouter à sa séduction une note supplémentaire, une manière de toucher l'autre, d'aller à la rencontre de l'être aimé ou désiré. Et Gabrielle Chanel aurait pu lui souffler à l'oreille ce dernier conseil sur la manière de se parfumer : « Vaporisez sur tous les endroits où vous risquez d'être embrassée. »

Annexes

Notes

Introduction

1. Aristote, *Histoire des animaux* in *Œuvres complètes*, Pierre Pellegrin (dir.), Flammarion, 2022, p. 1372.

2. Pline l'Ancien, *Histoire naturelle*, livre V, chapitre 40.

3. Comédie écrite vers -411.

4. Marcel Détienne, *Dionysos mis à mort*, Paris, Gallimard, 1977, p. 97.

5. Wejdene Aidoudi Kraiem, *Figures Féminines dans l'œuvre de Zola : des romans aux films*, thèse sous la direction de Sylvie Camet et Hédi Khélil, université de Lorraine, 2018, p. 69.

6. Marcel Détienne, *Les Jardins d'Adonis*, Paris, Gallimard, 1972, p. 172 et suivantes.

7. Jean-Baptiste Delestre, *De la physiognomonie*, Paris, Renouard, 1866, p. 382.

8. *Ibid.*, p. 383.

I. La myrrhe et le kyphi de Cléopâtre

1. Maurice Sartre, *Cléopâtre. Un rêve de puissance*, Tallandier, 2018.

2. Frédéric Martinez, *Cléopâtre. La reine sans visage*, Passés / Composés, 2020.

3. Les mots suivis d'un astérisque sont définis dans un glossaire p. 315.

4. Félix Cola, *Le Livre du parfumeur*, Taurus, 1998, p. 21.

5. Ce papyrus fut retrouvé à Deir el-Médineh, au XIXe siècle, et se trouve au musée égyptologique de Turin.

6. Sydney H. Aufrère, « Nature et emploi des parfums et onguents liturgiques », in Marie-Christine Grasse (éd.), *L'Égypte. Parfums d'histoire*, Somogy, 2003, p. 118.

7. Un mot qui désigne la résine de térébenthine, puis l'encens et la myrrhe, et signifie « le parfum qui divinise ».

8. Paul Faure, *Parfums et aromates dans l'Antiquité*, Fayard, 1987, p. 18.

9. *Ibid.*, p. 47.

10. Félix Cola, *op. cit.*

11. D'après Félix Cola, le mot « *tekh* » reste une énigme. Il peut renvoyer à la rose ou à la violette.

12. José-Maria de Heredia, *Les Trophées*, A. Lemerre, 1893.

13. William Shakespeare, *Antoine et Cléopâtre* [1606], trad. Yves Bonnefoy, éd bilingue, Gallimard, coll. « Folio théâtre », 2003.

14. Plutarque, *Vie d'Antoine*, trad. Émile Chambry, Les Belles Lettres, coll. « Classiques en poche », 2015, fragments LXXXV et LXXXVI.

II. Le parfum langoureux de la reine de Saba

1. Pour les historiens, le royaume de la reine de Saba demeure introuvable. Les deux principales hypothèses le situent dans l'actuel Yémen ou dans le royaume d'Aksoum, en Éthiopie.

2. Voir Francisco del Rio Sanchez, « La légendaire reine de Saba : ce que révèle l'archéologie », *National Geographic* [en ligne], 8 juin 2021.

3. *Deuxième Livre des Chroniques*, 9 ; Premier Livre des Rois, 10.

4. Aujourd'hui encore les sèves de l'encens et de la myrrhe proviennent d'Oman et du Yémen en Arabie, d'Éthiopie et de Somalie en Afrique orientale.

5. Hérodote, *L'Enquête. Livres I à IV*, trad. Andrée Barguet, Gallimard, coll. « Folio classique », 1985, livre II, fragment LXXV et livre III, fragments CVII et CVIII.

6. *Premier Livre des Rois*, 10, 2.

7. Félix Cola, *Le Livre du parfumeur, op. cit.*

8. Nom arabe de la reine de Saba.

9. Richard Lebeau et Michel Le Louarn, *Les Parfums d'Orient. Alep, échelle du Levant*, Éditions du Garde-Temps, 2002.

10. *Deuxième Livre des Chroniques*, 9, 9.

11. Christopher Sheldrake, « Les effluves mystérieux du parfumeur », in *Les Parfums : histoire, anthologie, dictionnaire*. Coll. Bouquins (Robert Laffont) par Élisabeth de Feydeau, 2010.

12. Paul Faure, *Parfums et aromates dans l'Antiquité, op. cit.*

13. Joseph Halévy, « La Légende de la reine de Saba », in École pratique des hautes études, Section des sciences historiques et philologiques, *Annuaire 1905*, 1904, p. 5-24.

14. Christopher Sheldrake, *op. cit.*

III. La fabuleuse histoire de l'eau de la reine de Hongrie

1. Marie Meurdrac, *La Chymie charitable et facile en faveur des dames* [1666], CNRS Éditions, 1999.

2. Paul Dorveaux, « L'eau de la reine de Hongrie », in *Bulletin de la Société d'histoire de la pharmacie*, 6e année, n° 19, 1918, p. 358-361.

3. Selon les recherches d'André Chauvière, qui s'appuie sur la vie des cours galantes de Pologne et de Hongrie au XIVe siècle : *Parfums et senteurs du Grand Siècle*, Favre, 1999.

4. Élisabeth de Feydeau, *Les Parfums. Histoire, Anthologie, Dictionnaire*, Robert Laffont, coll. « Bouquins », 2010.

5. Bernard Beck, « Jardin monastique, jardin mystique. Ordonnance et signification des jardins monastiques médiévaux », in *Revue d'histoire de la pharmacie*, vol. 88, n° 327, 2000.

6. René Lacorre, *La Boutique de l'apothicaire au Moyen Âge*, Toulouse, Cléder, 1960.

7. C'est cependant aux gantiers qu'est attribué le commerce du parfum, puisqu'ils s'en servent quotidiennement pour assouplir et parfumer les peaux. Philippe Auguste octroie une charte en 1190 à la corporation des gantiers-parfumeurs, confirmée par le roi Jean en 1357 et par Henri III en 1582.

8. Le mot « lavande » vient de *lavare*, « laver ». Dès l'Antiquité, les Romains l'utilisaient pour parfumer bains et lessives.

9. Jean Verdon, *S'amuser au Moyen Âge*, Tallandier, 2007, p. 140.

10. Monique Closson, « Propre comme au Moyen Âge », *Historama* [en ligne], n° 40, juin 1987, p. 40-47.

11. Monique Closson, *op. cit.*

12. Unité de poids représentant environ 20 g.

IV. Les bains enivrants de Roxelane

1. Cité par Mamdouh Mohamed Eldamaty (directeur général du Musée égyptien du Caire), in Danièle Wozny, Geneviève Pierrat-Bonnefois, *Parfums et cosmétiques dans l'Égypte ancienne. Le Caire, Paris, Marseille, avril 2002*, Le Caire, Nubar Press, 2002 (catalogue de l'exposition « Parfums d'Égypte », qui s'est tenue simultanément au Caire, à Paris et à Marseille).

2. Richard Lebeau et Michel Le Louarn, *Les Parfums d'Orient. Alep, échelle du Levant*, *op. cit.*

V Les gants parfumés de Catherine de Médicis

1. Océane Fontaine Cioffi : « Les Parfums à la Cour de François Ier » in *Léonard de Vinci et les parfums à la Renaissance. Château de Clos Lucé*, Skira, 2024 p. 165.

2. André Chauvière, *Parfums et senteurs du Grand Siècle*, *op. cit.*, p. 32.

3. Lors d'une rencontre diplomatique dans le nord de la France, à proximité de Calais, François Ier réserve au roi d'Angleterre Henri VIII un accueil grandiose qui dure plus de deux semaines (du 7 au 24 juin 1520), mêlant jeux, festins, bals, banquets et tournois.

4. Durant la seconde moitié du XVIIIe siècle, le prestige de cette médication marque cependant un recul. À Paris, on prescrit de moins en moins cette drogue que certains jugent ouvertement « dégoûtante ». Toutefois, le médecin allemand Samuel Hahnemann, fondateur de l'homéopathie moderne, la recommande encore au début du XIXe siècle.

5. Après leur couronnement à Reims et une cérémonie à la basilique Saint-Denis, les rois se présentaient devant la porte Saint-Denis, pour y faire une entrée dans la liesse populaire. Les entrées royales conduisaient le roi de la porte Saint-Denis à Notre-Dame de Paris.

6. Une teinte rouge pâle, d'une intensité plus faible que l'incarnat (qui se situe entre le rouge cerise et le rose).

VI. Marie de Médicis

1. André Chauvière, *Parfums et senteurs du Grand Siècle*, *op. cit.*

2. Le mot « phéromone » vient du grec *pherein*, signifiant « transporter », et *hormon*, voulant dire « exciter ».

3. Elle tenait de sa mère, Catherine de Médicis, la délicatesse des maisons royales consistant à écrire sur un papier à ses armes et à son parfum.

4. Louis Batiffol, *La Vie intime d'une reine de France au XVIIe siècle*, Calmann-Lévy, 1906.

5. In Jacques Savary des Brûlons, *Dictionnaire universel du commerce*, t. II, J. Estienne, 1723.

VII. La narcotique tubéreuse de la marquise de Montespan

1. Louis de Rouvroy de Saint-Simon, *Mémoires complets et authentiques du duc de Saint-Simon, sur le siècle de Louis XIV et de la Régence*, Sautelet et Cie, 1829.

2. André Chauvière, *Parfums et senteurs du Grand Siècle*, *op. cit.*

3. André Chauvière, *op. cit.*

4. Saint-Simon, *op. cit.*

5. L'indole est un composé organique aromatique hétérocyclique, qui possède une odeur intense de matière fécale à l'état solide et à température ambiante.

6. Jean-Christian Petitfils, *Madame de Montespan*, Tempus, 2009.

VIII. La marquise de Pompadour

1. Par référence au livret de Lorenzo da Ponte accompagnant le *Don Giovanni* de Mozart. Le livret mentionne une « *odor di femmina* », orthographiée plus tard « *odor di femina* » par Barbey d'Aurevilly, dans son introduction aux *Bas-Bleus* (1878). Cette expression a été utilisée littérairement pour désigner les odeurs corporelles féminines.

2. Voir l'article « Petit-maître » de l'*Encyclopédie* de Diderot et d'Alembert.

3. Germain-François Poullain de Saint-Foix, *Essais historiques sur Paris et sur les Français*, Veuve Duchesne, 1776.

4. Vers anonymes, 1734.

5. *Mémoires de Madame du Hausset, Femme de Chambre de Mme de Pompadour* (éd. 1824) – Hausset (du) Nicole. Le Temps retrouvé, Mercure de France, 2002.

6. Jean-Louis Fargeon, *L'Art du parfumeur, ou Traité complet de la préparation des parfums*, Delalain fils, 1801.

7. L'alkermès était une liqueur composée de cannelle de Ceylan, de calamus, d'ambrette, de girofle, de macis, d'eau de rose, d'extrait de jasmin et d'infusion d'iris.

IX. L'impératrice Joséphine

1. À sa mort, alors même qu'elle avait abandonné la cour depuis cinq ans, on compte à Malmaison, dans sa garde-robe : quarante-sept châles,

neuf robes de cachemire, deux cent onze de soie, de crêpe et de mousseline, de tulle, de velours, de satin, deux cent vingt-trois chemises de batiste, cent quatre de mousseline, cent cinquante-huit paires de bas de soie, de fil, de coton brodé.

2. Eugène Rimmel, *The Book of Perfumes* (Le Livre des parfums), 1867.

3. Élisabeth de Feydeau, *Jean-Louis Fargeon, parfumeur de Marie-Antoinette*, Perrin, coll. « Les Métiers de Versailles », 2004.

4. Aux Antilles françaises, le cassier ou cassie ancienne est connu sous le nom d'acacia jaune ou acacia odorant.

5. Voir Marie-Noëlle Vekemans, « Secret de beauté : à quoi ressemble le rituel du bain parfait ? », *Elle* [en ligne], 30 mars 2020.

6. Pierre-Joseph Redouté, *Les Roses de l'impératrice Joséphine*, Tallandier, 1983.

7. *Ibid.*

X. George Sand

1. Simone Vierne, « Les Pantalons de Madame Sand », in *Vêtement et littérature* (dir. Frédéric Monneyron), Presses universitaires de Perpignan, 2001.

2. Jean-Paul Clément, « George Sand : le scandale du pantalon », in *Revue des Deux Mondes*, 23 mars 2018.

3. George Sand, *Lélia*, 1833.

4. *Correspondance* de George Sand, tome VI, lettre n° 2734. Édition établie par Georges Lubin, Paris, Garnier, 1991. Lettre écrite à Nohant le 4 novembre 1843, adressée à Eugène Delacroix après son deuxième séjour à Nohant.

5. Extrait des *Lettres d'un voyageur*, tome I, première lettre.

6. « Tu es une fleur dont le parfum m'appartient. » Alphonse Karr, *Sous les tilleuls*, 1832.

Le Livre des parfums. Préface d'Alphonse Karr. Illustrations de A. de Neuville, Duhousset, Chéret.

7. Lettre écrite à Nohant le 10 décembre 1873, adressée à Alphonse Karr.

8. *Correspondance* de George Sand, tome VII, lettre n° 3415. Édition établie par Georges Lubin, Paris, Garnier, 1991. Lettre écrite à Nohant le 26 mai 1846, adressée à Charles Veyret, riche industriel, ami de Frédéric Chopin, propriétaire à Marly-le-Roi d'un somptueux jardin et fournisseur attitré en fleurs de George Sand dans ces années-là.

9. Lettre écrite à Nohant le 10 décembre 1873, adressée à Alphonse Karr.

10. Lettre d'Auguste Charpentier, avril 1838, *Correspondance*, tome IV, p. 404.

11. George Sand, *Histoire de ma vie*, 1855.

XI. Le patchouli d'Eugénie

1. Jean des Cars, *La Saga des reines*, Perrin, 2012.

2. María Pilar Queralt del Hierro, « Eugénie, la belle Espagnole qui a conquis Napoléon III », *Histoire et Civilisations* [en ligne], 26 janvier 2021.

3. Irène Delage, Nebiha Guiga, « Napoléon III, empereur des Français (1808-1873) », en ligne sur le site d'histoire de la Fondation Napoléon, février 2016.

4. Voir Éric Anceau, « Napoléon III et Eugénie. Splendeurs et misères du dernier couple impérial », in Patrice Gueniffey et Lorraine de Meaux, *Les couples illustres de l'histoire de France*, Tempus/Perrin, 2019.

5. Eugène de Mirecourt, *Les Femmes galantes de Napoléon. Secrets de cour et de palais, documents et conversations authentiques*, tome I, Jules Abelsdorf, 1862.

6. André Castelot, *Napoléon III. L'aube des temps modernes*, Perrin, 1999.

7. María Pilar Queralt del Hierro, *op. cit.*

8. En 1885, conséquence des travaux du baron Haussmann, un léger déplacement se fait vers les 8e, 9e et 10e arrondissements, qui comprennent 33 % des magasins.

9. Baronne Staffe, *Usages du monde. Règles du savoir-vivre dans la société moderne*, Victor Havard, 1891, p. 334.

10. Jean-Baptiste Delestre, *De la physiognomonie*, Renouard, 1866, p. 383.

11. « Les Parisiennes sont des abeilles et Paris est leur ruche », *La Sylphide*, 1843.

12. *Ibid.*, p. 156.

13. Blanche de Géry, *Leçons de coquetterie et d'hygiène pratique*, Thirion, 1885, p. 233.

14. Alain Corbin, *Le Miasme et la jonquille. L'odorat et l'imaginaire social (XVIIIe-XIXe siècles)*, Flammarion, 1986, p. 218.

15. Eugène Rimmel, *Le Livre des parfums*, *op. cit.*, p. 370.

16. Catalogue des prix courants de la Maison Roger & Gallet, Bibliothèque historique de la Ville de Paris, série 120, 1880, p. 7.

17. Isabelle Bricard-Glaunes, *Saintes ou pouliches. L'éducation des jeunes filles au XIXe siècle*, Albin Michel, 1985, p. 180-201.

18. Auguste Debay, « Les parfums et les fleurs : de leur influence sur l'économie humaine et de leur usage dans la toilette des femmes », Moquet, 1846, p. 49. Cité dans *Le Miasme et la jonquille* d'Alain Corbin, *op. cit.*, p. 214-216.

19. Auguste Galopin, *Le Parfum de la femme et le sens olfactif de l'amour*, E. Dentu, 1886. p. 115.

20. *L'Indépendant*, 11 février 1863.

21. Archives Guerlain.

22. Jules Lemer, « La mode à Satory », *La Sylphide*, 10 juin 1853, p. 252.

23. Comte de Maugny, *Souvenirs du Second Empire. La fin d'une* société, E. Kolb, 1889.

24. The House of Creed, couturier, s'établit à Londres en 1760, puis ouvre une succursale à Paris vers 1850. Creed fournit Sissi, mais également la reine Victoria et l'impératrice Eugénie en vêtements pour l'équitation. En 1854, Creed ouvre sa première boutique de parfumerie parisienne.

XII. La Païva

1. *Bulletin de la société historique et archéologique des VIIIe et XVIIe arrondissements de Paris* (1908).

2. Frédéric Lolliée (1856-1915) : *La Païva*, Éd. Tallandier, 1920.

3. Alfred Delvau, *Dictionnaire érotique moderne*, 1864.

4. Alain Corbin, *Les Filles de noce. Misère sexuelle et prostitution au XIXe siècle*, Flammarion, 2020.

5. Guy de Maupassant, *L'Ami Patience*, 1883.

6. Comme le souligne le docteur Rotimi Adesanya dans un article publié sur le site du journal *The Punch* et sobrement intitulé : « Pourquoi le sexe sent ».

7. Debby Herbenick et Vanessa Schick, *Read My Lips : A Complete Guide to the Vagina and Vulva*, Rowman & Littlefield, 2011.

8. Voir *La Chimie de l'amour. Quand les sentiments ont une odeur*, de Hanns Hatt (professeur de biologie cellulaire) et Regine Dee (journaliste scientifique), CNRS Éditions, 2009.

9. « Syphilis et maladies vénériennes à l'époque de Gustave Flaubert (1821-1880) », Dr Karl Feltgen, Groupe d'Histoire des Hôpitaux-CHU de Rouen. Article communiqué par l'auteur le 7 septembre 2016 pour publication dans la *Revue Flaubert.*

10. Marcel Boulenger, *La Païva*, 1930.

11. Ce fils allait mourir de la tuberculose à l'âge de 23 ans (ou 25 ans selon d'autres sources). La fille qu'elle avait eue d'Henri Herz eut, quant à elle, une vie encore plus brève, puisqu'elle disparut à l'âge de 12 ans. Thérèse ne les revit ni l'un ni l'autre.

12. Marcel Boulenger, *op. cit.*

13. Alain Corbin, *Le Miasme et la jonquille*, 1982.

14. Virginia Rounding, *Les Grandes Horizontales*, Éditions du Rocher, 2005.

15. Marcel Boulenger, *op. cit.*

16. Émile Le Senne, *op. cit.*

17. Auguste Debay, *op. cit.*

18. Nous renvoyons à la note 1 du chapitre VIII, « La Marquise de Pompadour ou l'*odor di femina* », pour l'origine de l'expression.

19. Voir les réflexions de Philippe Perrot, in *Le Corps féminin, XVIIIe siècle-XIXe siècle*, Seuil, 1991, chap. VI : « Le simulacre du naturel ».

20. Charles Baudelaire, « Éloge du maquillage », *Le Peintre de la Vie moderne*, 1859.

21. Eliza Emma Crouch naquit en Angleterre en 1837 et devint sous le nom de Cora Pearl l'une des courtisanes les plus célèbres de France sous le Second Empire. Elle fut, entre autres, la maîtresse du duc de Morny, du prince Napoléon, du prince Murat, du prince Guillaume d'Orange. Elle rédigea, avant de mourir d'un cancer en 1886, ses mémoires au début des années 1880.

22. Cora Pearl, *Mémoires d'une courtisane*, Acropole, 1985, p. 131.

XIII. L'odeur des baisers de la reine Victoria

1. Jean des Cars, *La Saga des reines*, *op. cit.*, p. 206-207.

2. *Ibid.*

3. Cette symbolique est ancienne (voir chapitre IV).

4. La princesse Victoria épousa à l'âge de 17 ans le prince Frédéric de Hohenzollern, futur empereur d'Allemagne et roi de Prusse, le 25 janvier 1858.

5. Les emblèmes de l'Angleterre, de l'Irlande et de l'Écosse sur lesquelles règne la reine Victoria.

6. Léon Tolstoï, *La Guerre et la Paix*, tome I, chapitre III, trad. Irène Paskévitch, Hachette, 1901.

7. C'est encore en Angleterre que naît, au tout début du XXe siècle, la salle de bains moderne, dotée d'eau chaude courante, d'un lavabo, d'un bidet et d'une baignoire émaillés, et de robinets chromés. Les pays anglo-saxons lancent alors la démocratisation du bain et le culte du corps.

8. Eugène Rimmel, *Le Livre des parfums*, *op. cit.*

9. *Ibid.*, p. 367.

10. Catalogue de prix courants, Bibliothèque historique de la Ville de Paris, *Actualités*, série 120, décembre 1881.

11. Jacques de Langlade, *La Reine Victoria*, Perrin, 2000, p. 197.

12. Lady Morgan, lors d'un voyage à Paris, en 1829. Cité dans Isabelle Verhoeven (éd.), *Art et parfum. Histoire des flacons*, Pierre Mardaga, 1989 (recueil d'études de professeurs et chercheurs en histoire de l'art, archéologie et musicologie de l'université de Liège).

13. *Ibid.*

14. Guerlain avait alors comme dépositaires à Londres J. et E. Atkinson, Howell James & Co., et Barclay & Sons.

15. Roger & Gallet, Catalogue de prix courants, Bibliothèque historique de la Ville de Paris, série 120, 1906.

16. Roger & Gallet, *Le Luxe au quotidien*.

XIV. Le mystérieux sillage de Sissi

1. Tirade de Titania, reine des fées, à son amant Bottom.

2. *Ibid.*

3. Cité par Jean des Cars, *La Saga des reines*, *op. cit.*

4. Jean des Cars, *Sur les pas de Sissi*, Perrin, 1998.

5. « Parfumerie Dunier. Aux reines de l'élégance et de la beauté », Bibliothèque historique de la Ville de Paris, série 120, publicité de 1907.

6. Maison Clarks, *Produits pour l'hygiène et la toilette en général*, Bibliothèque historique de la Ville de Paris, série 120, annexe II, 20, 1904.

7. Le Musée Sissi à Vienne, qui se trouve dans les appartements impériaux de la Hofburg, conserve des centaines d'objets ayant appartenu à l'impératrice, y compris sa seringue à cocaïne, qu'elle gardait toujours dans sa trousse à pharmacie de voyage.

8. Auguste Galopin, *Le Parfum de la femme et le sens olfactif de l'amour*, *op. cit.*, p. 115.

9. Cf. aussi Renate Stephan, *L'impératrice Élisabeth d'Autriche. 1837-1898*, Austria Imperial Edition, coll. « Portrait d'une vie », 1998.

10. Erika Bestenreiner, *Sissi, ses frères et sœurs. Valse tragique en Bavière*, Pygmalion, 2004.

11. *Ibid.*

12. *Ibid.*

13. Élisabeth d'Autriche, « Aux badauds », Poèmes.

14. Henry-Jean Servat, *Romy. La légende*, Hors Collection, 2021.

15. La maison d'enfance de Romy Schneider était située à Berchtesgaden, juste en face de chez Hitler.

16. Alice Schwarzer a longuement interviewé l'actrice en décembre 1976 à Cologne.

XV. Sarah Bernhardt

1. Sophie-Aude Picon, *op. cit.*

2. Guy de Maupassant, *Fort comme la mort*, 1889.

3. « Les Créateurs de la mode », in les grands dossiers de *L'Illustration*, 19 novembre 1910, p. 94-100 ; « Les essais d'une mode nouvelle », 18 février 1911, p. 102-103 ; « Figures parisiennes : le mannequin », 27 décembre 1913, p. 112-116.

4. Maison Clarks, *Le Nouveau Bréviaire de la beauté*, BHVP, série 120, 1910.

5. *Ibid.*, p. 4.

6. Cité par Hélène Tierchant, *Sarah Bernhardt, scandaleuse et indomptable*, Tallandier, 2023, p. 198-199.

7. René-François Sully Prudhomme, *Stances et poèmes*, 1865.

8. Jean-Luc Komada, *La Ménagerie de Sarah Bernhardt*, Publishroom, 2016.

XVI. Colette

1. Extrait de *Sido*, 1930.

2. La maison de Saint-Sauveur est vendue, puis rachetée plusieurs fois. En 1925, un soyeux lyonnais, François Ducharne, l'acquiert et en offre l'usufruit à Colette jusqu'à la fin de sa vie. L'association des Amis de

Colette la rachète au propriétaire en 1956 et en fait un musée. Le livre *Trois... Six... Neuf...* (1945) raconte ses déménagements.

3. René Blum, le frère de Léon Blum, fait partie des personnes arrêtées. Colette fait libérer Maurice grâce à ses relations. Elle frappe à toutes les portes avant l'envoi du convoi pour Auschwitz et réussit à le faire relâcher grâce à l'aide de Jean Cocteau. Après cela, elle évite toute collaboration et se fait très discrète pendant la guerre.

4. Samia Bordji, *Tout sur Colette (ou presque)*, Cours Toujours, 2024.

5. Il existe plusieurs séries de photographies prises dans l'enceinte de son institut de beauté, dont celles de l'agence Meurisse, dépêchant un photographe pour immortaliser Colette avec ses clientes. Cette série, par exemple, dont on ignore l'auteur en personne, date de 1932.

6. Colette, « Maquillage », *Les Vrilles de la Vigne*, 1908, in Frédéric Maget (éd.), *Notre Colette. Un portrait de Colette par ses lectrices*, Paris, Flammarion, 2023.

7. Colette, *Le voyage égoïste*, recueil de nouvelles, 1922.

8. Lettre autographe signée à Hélène et Philippe Berthelot datée de juillet 1932. Huit pages manuscrites rédigées sur deux papiers aux formats et en-tête différents. Deux feuillets in-4° à en-tête de son magasin parisien « Colette ». Un bi-feuillet in-8° à en-tête de l'hôtel Claridge. Slnd : Paris, juin ou juillet 1932.

9. À redécouvrir dans une collection inédite publiée à l'occasion du 150e anniversaire des éditions Flammarion.

10. Colette, « Le Dernier feu », *Les Vrilles de la vigne*, 1908.

XVII. Joséphine Baker

1. Surnom tiré d'une chanson de l'époque, « Humpty Dumpty », un personnage en chocolat dont l'embonpoint faisait penser à Joséphine bébé.

2. Emmanuel Bonini, *La véritable Joséphine Baker*, Pygmalion, 2000.

3. *Ibid.*

4. Le parfum *Liu* est lancé en 1929, du nom de l'héroïne de *Turandot*.

5. Juliette Demey, Le Journal du Dimanche (29/11/2021).

XVIII. Frida Kahlo

1. Hayden Herrera, *Frida Kahlo*, Flammarion, 2013.

2. Hayden Herrera, *ibid.*, p. 292-293.

3. Hayden Herrera, *ibid.*, p. 241.

4. Il débute comme peintre, réalise des affiches pour Coty, dont il est le directeur artistique de 1931 à 1934.

5. *Vogue,* Paris, 01 janvier 1938, p. 96. Consultable en ligne : https://gallica.bnf.fr/ark:/12148/bpt6k936228j

XIX. Marilyn Monroe

1. Françoise Sagan et Guillaume Hanoteau, *Il est des parfums …*, Paris, Jean Dullis Éditeur, 1973.

2. Marilyn ne connaîtra jamais Robert, mort à l'âge de 15 ans, mais rencontrera Berniece en 1944 et nouera des relations avec elle.

3. Françoise-Marie Santucci et Élisabeth Franck-Dumas (dir.), *Monroerama*, Paris, Stock, 2012.

4. « C'est la vérité. Vous comprenez, je ne vais pas dire nue ! Mais… c'est la vérité ! » Retranscription selon l'enregistrement de l'interview accordé par Marilyn à Georges Belmont en 1960, qui est conservé dans les archives de Georges Belmont.

5. Passage exact de l'article paru dans *Marie Claire*, n° 72, octobre 1960, p. 56.

6. Pauline Dreyfus, *Chanel No. 5: Anatomy of a Myth. Architecture of a Legend*, t.5, Thames&Hudson, 2021.

7. La facture du magasin américain I. Magnin & Co. de Beverly Hills en date du 24 décembre 1959 pour un flacon de parfum Chanel *N°5* est d'un total de 73,15 $ comprenant la taxe et livraison par le biais du service « Red Arrow Spec.Delivery ». Le parfum a été facturé à Marilyn Monroe Miller et le document est signé par D. Blass pour être envoyé à Madame Agnes Flannigan [*sic*], 11972 Sunshine Terrace Studio City. Agnes Flanagan était l'une des coiffeuses de Marilyn Monroe durant de nombreuses années, notamment lors du tournage de *Bus Stop* en 1956 et de *The Misfits* en 1961.

8. Donald Spoto, *Marilyn Monroe*, Pocket, 1995.

9. Françoise-Marie Santucci et Élisabeth Franck-Dumas (dir), *Monroerama, op. cit.*.

10. « Le nom du parfum le plus adulé » en français.

11. Cité par Justine Picardie in *Coco Chanel*, Flammarion, 2024, p. 144.

12. Réponse à une interview de Jacques Chazot pour l'émission « Dim Dam Dom », réalisé par Guy Job, 1969.

13. *Ibid.*

14. *Ibid.*
15. Françoise-Marie Santucci, Élisabeth Franck-Dumas (dir), *op. cit.*
16. Henry-Jean Servat, *Marilyn, La Légende*, Hors Collection, 2012.
17. *Ibid.*

Glossaire des essences

Acore : plante désignée couramment sous le nom de jonc ou roseau aromatique. Elle est utilisée en parfumerie pour son rhizome. Son odeur rappelle celle du cuir.

Amome : plante d'Afrique tropicale, voisine du gingembre, dont les graines à la saveur piquante sont consommées sous le nom de « maniguettes » ou « graines de paradis ».

Antimoine : corps solide blanc argenté, cassant, proche de l'arsenic.

Armoise : plante herbacée vivace, poussant à l'état sauvage, dont l'huile essentielle dégage une note aromatique, qui joue un rôle dans la composition des accords boisés, cuir, chypre et fougère, en leur donnant du « montant ».

Baumier (ou arbre de baume) : arbre ou arbuste produisant une résine aromatique (la myrrhe).

Ben : l'huile de ben est obtenue à partir des fruits du *Moringa peregrina*, un petit arbre des pourtours de la mer Rouge.

Benjoin : baume ou résine extrait d'un arbre d'Asie du Sud-Est, *Styrax benzoin*, par incision de l'écorce. Son parfum est vanillé, tendre et caramélisé. Il fixe et arrondit les compositions.

Calamus : venant d'Égypte ou des Indes, il s'agit de la tige d'une plante creuse comme un chalumeau, remplie d'une substance fongueuse ou molle, d'un goût âcre et d'une assez bonne odeur.

Camphre : extrait du camphrier, arbre originaire d'Extrême-Orient, dont la racine et l'écorce sont distillées. Il est utilisé pour reproduire le parfum du lavandin, du romarin ou de l'eucalyptus.

Cannelier : laurier dont l'écorce fournit la cannelle.

Cassie : genre de mimosa cultivé dans les zones chaudes d'Amérique tropicale, d'Afrique et d'Australie pour ses fleurs au parfum intense et rare.

Castoréum : sécrétion des glandes génitales du castor sauvage, à l'odeur goudronneuse, avec un relent de résine de pin. On l'utilise pour avoir une note chaude et animale.

Chélidoine : plante à fleurs jaunes, contenant un latex orangé très toxique, commune au pied des vieux murs, appelée « grande éclaire » et « herbe aux verrues ».

Chypre : l'accord chypre est inspiré par l'eau de chypre, préparée dès le Moyen Âge par des moines sur l'île méditerranéenne. Il s'agissait d'une eau tonifiante à base de mousse de chêne et d'agrumes. La poudre de chypre, appelée également poudre à cheveux au XVIIIe siècle, était aussi parfumée aux rhizomes d'iris.

Cinnamome : substance aromatique provenant du cannelier de Ceylan. Très appréciée dans l'Antiquité, elle est citée dans la Bible comme un aromate de choix.

Ciste ladanifère : originaire du Moyen-Orient et des montagnes des régions côtières de la Méditerranée, cette résine est extraite d'un arbuste à fleurs roses ou blanches, le *Cistus ladaniferus*.

Civette : sorte de chat sauvage d'Éthiopie dont les sécrétions des glandes génitales, pâte molle et brune, dégagent une odeur fétide, mais agréable lorsqu'elle est fortement diluée.

Costus : plante originaire d'Inde, de Malaisie et de Guyane. On en utilisait les rhizomes séchés pour créer l'essence de costus.

Datura : plante toxique originaire de l'Inde. Certaines espèces sont utilisées comme narcotiques.

Fenugrec : plante aromatique, de la famille des papilionacées, dégageant une odeur forte et tenace.

Galbanum : grande plante qui pousse en Iran et produit une gomme que l'on traite par distillation pour obtenir une essence, ou par extraction pour obtenir un résinoïde. Son odeur âcre et amère est utilisée dans les tonalités vertes, chyprées et herbacées.

Galène : sulfure naturel de plomb contenant des traces d'argent, de fer ou de zinc.

Héliotrope : arbuste à fleurs originaire d'Amérique du Sud. Ses fleurs au parfum suave possèdent une teinte bleue ou blanche.

Labdanum : gomme-résine aromatique tirée du ciste, un arbrisseau poussant le plus souvent sur le pourtour méditerranéen.

Lentisque : arbuste à feuilles persistantes des régions méditerranéennes, voisin du pistachier. Son suc résineux (mastic) est récolté par incision du tronc.

Marum : plante aromatique appartenant à la famille des germandrées, appréciée des chats pour son odeur particulièrement forte.

Mélilot : plante herbacée dont le nom, d'origine grecque, signifie « plante à odeur de miel ».

Myrrhe : résine provenant du *Commiphora burseraceae*, un arbre qui pousse dans l'est de l'Afrique et sur la péninsule arabique. Très odorante, elle a un pouvoir cicatrisant.

Nard : l'huile de nard est considérée durant toute l'Antiquité, tant en Égypte qu'au Moyen-Orient et à Rome, comme un produit de luxe. Elle est extraite de la tige et du rhizome d'un arbre (*Nardostachys jatamansi*) qui pousse sur les hauts plateaux de l'Himalaya, et dont l'odeur sexuelle et animale exacerbe le désir. Cette huile était également utilisée lors de rites religieux, pour ses effets narcotiques. Avec l'expansion de l'Empire romain et la difficulté grandissante de se procurer cette précieuse huile couleur d'ambre, le nom « nard » sera utilisé pour désigner n'importe quelle senteur agréable, qu'elle provienne ou non du fameux rhizome.

Néroli : huile essentielle obtenue par la distillation des feuilles du bigaradier, appelé aussi oranger amer, un des arbres les plus utiles au parfumeur : il tire de ses fleurs une eau distillée, une essence, une huile et une pommade. Ses feuilles lui donnent une essence nommée « petit grain », et ses fruits produisent l'essence de bigarade.

Nitre : mélange naturel de nitrates.

Oliban : encens ayant pour origine une espèce particulière de genévrier.

Omphacium : huile que l'on tire des olives lorsqu'elles ne sont pas encore mûres.

Opiat : remède d'application interne dont une partie des propriétés vient de l'opium qu'il contient. On a pu appeler opiat des remèdes dépourvus d'opium, mais qui par certains effets calmants présentaient une similitude.

Opoponax : résine produite par incision d'un arbre d'Afrique et du Moyen-Orient. Il est obtenu par exsudation de l'écorce, puis par distillation. Son odeur balsamique, chaude et terreuse est principalement utilisée dans les parfums orientaux.

Patience : plante proche de l'oseille.

Santal : le santal est un arbre qui est coupé et distillé après environ trente ans. L'huile essentielle obtenue est chaude et odorante. Son odeur extrêmement tenace se marie avec les notes florales et orientales.

Séséli : plante herbacée de la famille des ombellifères dont la graine est longue et âcre.

Silphium : plante vivace médicinale appréciée notamment des Romains. Son suc, très aromatique, était récolté après incision de la tige ou de la racine.

Souchet : plante herbacée, vivace, originaire du bassin méditerranéen, qui pousse au bord de l'eau, dont la culture est aujourd'hui abandonnée. Son odeur sucrée et douce rappelle celle de la noisette.

Spermaceti : vient du grec *sperma* (graine) et du latin *cetus* (baleine). Cette substance blanche, d'apparence huileuse et sans odeur, est présente dans la tête de certains cétacés comme le cachalot.

Styrax (ou storax calamite) : résine qui découle d'incisions que l'on fait au tronc et aux branches de l'alibousier, un arbre dont les fleurs sont semblables à celles de l'oranger. Sa résine est brillante, grisâtre, assez solide et d'une odeur pénétrante et suave.

Térébinthe : résineux des régions méditerranéennes dont on extrait une résine très odoriférante : la térébenthine.

Verjus : jus acide extrait des raisins n'ayant pas mûri (dits aussi raisins verts).

Vétiver : graminée originaire d'Inde et d'Indonésie. Ses racines donnent une huile essentielle. La plante se présente sous forme de grandes touffes vertes dont la racine (rhizome) peut atteindre une profondeur de trois mètres. Elle pousse à l'état sauvage et est cultivée sous les tropiques.

Bibliographie générale

Aufrère, Sydney H., « Nature et emploi des parfums et onguents liturgiques en Égypte ancienne », in *L'Égypte, parfums d'histoire*, Somogy, 2003.

Batifol, Louis, *La Vie intime d'une reine de France au XVIIe siècle*, Calmann-Lévy, 1931.

Beck, Bernard, « Jardin monastique, jardin mystique », in *Revue d'histoire de la pharmacie*, volume 88, n° 327, 2000.

Blonski, Michel, « Pline, les Perses, le parfum. Analyse d'un fantasme », in *Revue de philologie, de littérature et d'histoire anciennes*, tome LXXXI, Klincksieck, 2007.

Castelot, André, *Napoléon III*, tome II, Perrin, 1974.

Chauvière, André, *Parfums et senteurs du Grand Siècle*, Favre, 1999.

Cola, Félix, *Le Livre du parfumeur*, Taurus éditions, 1998.

Corbin, Alain, *Le miasme et la jonquille. L'odorat et l'imaginaire social (XVIIIe-XIXe siècle)*, Champs, Flammarion, 1986.

Des Cars, Jean, *Sur les pas de Sissi*, Perrin, 1998.

Des Cars, Jean, *La Saga des reines*, Perrin, 2012.

Dorveaux, Paul, « L'Eau de la reine de Hongrie », in *Bulletin de la Société d'histoire de la pharmacie*, 6e année, n° 19, 1918.

Fargeon, Jean-Louis, *L'Art du parfumeur ou traité complet de la préparation des parfums, cosmétiques, pommades, pastilles, odeurs, huiles antiques, essences contenant plusieurs secrets nouveaux pour embellir et conserver le teint des dames, effacer les taches et les rides du visage*, Delalain fils, 1801.

Faure, Paul, *Parfums et aromates de l'Antiquité*, Fayard, 1987.

Fournier, Édouard et Gautier, Théophile, *Paris démoli*, E. Dentu, 1883.

Galopin, Augustin, *Le Parfum de la femme et le sens olfactif de l'amour*, E. Dentu, 1886.

Halévy, Joseph, « La Légende de la reine de Saba », in École pratique des hautes études, section des sciences historiques et philologiques, Annuaire 1905, 1904.

Lacorre, René, « La Boutique de l'apothicaire au Moyen Âge », in *Revue d'histoire de la pharmacie*, 50e année, n°173-174, 1962.

Lebeau, Richard et Le Louarn, Michel, *Les Parfums d'Orient*, Éditions du Garde-Temps, 2002.

Lolliée, Frédéric, *La Païva*, Tallandier, 1920.
Monget, Frédéric, *Les 7 vies de Colette*, Flammarion, 2019.
Meurdrac, Marie, *La chymie charitable et facile en faveur des dames*, Jean d'Hoüry, 1666.
Mirecourt, Eugène de, *Les Femmes galantes des Napoléon*, tome I, Jules Abelsdorf, 1862.
Nelli, René, *Érotique et civilisations*, éditions Weber, 1972.
Pline, *Histoire naturelle*, livre XIII, chapitre V.
Plutarque, *Vie d'Antoine*, LXXXV, 5-7 et LXXXXVI, 1.
Renate, Stephan, *L'Impératrice Élisabeth d'Autriche 1837-1898*, Austria Imperial Édition, 1998.
Rimmel, Eugène, *Le Livre des parfums*, Les éditions 1900, 1998.
Roger & Gallet, Le Luxe au quotidien, édition interne.
Saint-Simon, Louis de, *Mémoires complets et authentiques de Louis de Saint-Simon sur le siècle de Louis XIV et la Régence*, Jean de Bonnot, 1967.
Sartre, Maurice, *Cléopâtre, un rêve de puissance*, Tallandier, 2018.
Shakespeare, William, *Songe d'une nuit d'été*, J'ai Lu, 2016.
Shakespeare, William, *Antoine et Cléopâtre* [1606], in *Les Comédies, histoires et tragédies de M. William Shakespeare*, Londres, Blunt ; préface et introduction d'Yves Bonnefoy, éd. bilingue, Paris, Gallimard, « Folio théâtre », 2003.
Verhoeven, Isabelle, *Art et parfum, histoire des flacons*, Pierre Mardaga éditeur, 1989.

Remerciements

Que tous ceux qui m'ont apporté une aide précieuse veuillent bien trouver ici l'expression de ma reconnaissance. Et plus particulièrement :

Mary Leroy, directrice littéraire chez Flammarion pour la confiance indéfectible qu'elle m'accorde et pour son soutien attentif dès l'origine de cet ouvrage.

Marie-Catherine Audet, responsable iconographe chez Flammarion pour ses recherches et propositions toujours pertinentes.

Toutes les équipes des éditions Flammarion pour leur aide et assistance durant toute l'écriture de cet ouvrage : Alexandre d'Halluin et Nathan François. Sans oublier Éric Le Nabour.

J'adresse aussi ma gratitude à tous ceux qui facilitèrent mes recherches :

Julie Deydier, du conservatoire des Parfums Chanel qui m'a ouvert ses archives sur Marilyn Monroe et le N°5.

J'aimerais aussi remercier particulièrement Christine Bravo, les experts et fidèles complices (Stéphane Clerget, Marc Fourny, Karine Couëdel et Yvane Jacob) et toutes les équipes d'ADLTV qui œuvrent en coulisses au programme « Sous les Jupons de l'Histoire », diffusé sur Chérie 25 depuis 2013. J'ai partagé tant de bons moments avec eux à évoquer les multiples facettes de ces femmes qui ont marqué l'histoire.

Quant à ma famille, elle sait tout ce que je lui dois et je la remercie pour sa patience et son amour.

Table des matières

Cet ouvrage a été mis en pages par

<pixellence>

Achevé d'imprimer en avril 2025
par Normandie Roto Impression s.a.s.
61250 Lonrai
N° d'impression : 2501385
N° d'édition : 639629-0
Dépôt légal : avril 2025

Imprimé en France